इस चयन में शामिल सामग्री भारत भवन द्वारा प्रकाशित और अशोक वाजपेयी द्वारा सम्पादित आलोचना द्वैमासिक 'पूर्वग्रह' से ली गयी है।

कविता का जनपद

कविता का जनपद

सम्पादक
अशोक वाजपेयी

राधाकृष्ण प्रकाशन

ISBN : 978-81-7119-116-1

कविता का जनपद

पहला संस्करण : 1992
दूसरा संस्करण : 2016
This book is printed on **Print on Demand** Technology : 2026

मूल्य : ₹995

प्रकाशक
राधाकृष्ण प्रकाशन प्राइवेट लिमिटेड
जी-17, जगतपुरी, दिल्ली-110 051
शाखाएँ : अशोक राजपथ, साइंस कॉलेज के सामने, पटना-800 006
पहली मंजिल, दरबारी बिल्डिंग, महात्मा गांधी मार्ग, प्रयागराज-211 001
1, अनमोल सोराबजी संतुक लेन, धोबी तलाव, मरीन लाइंस, मुम्बई-400 002
वेबसाइट : www.radhakrishnaprakashan.com
ई-मेल : info@radhakrishnaprakashan.com

KAVITA KA JANPAD
Criticism Edited by Ashok Vajpeyi

श्री देवी शंकर अवस्थी
विजयदेव नारायण साही
मलयज की स्मृति में

क्रम

परिशिष्ट

भूमिका

सत्रह वर्ष कम नहीं होते और जब वे बीत चुके हैं तो अचरज होता है कि 'साहित्य में छायी आलोचनात्मक उदासीनता के विरुद्ध एक कारगर हस्तक्षेप करने की मंशा से' निकाली गयी पत्रिका 'पूर्वग्रह' इतने वर्षों तक सक्रिय और ध्यानाकर्षक रह पायी है। अपने लिए इतना लम्बा जीवन हमने सचमुच सोचा नहीं था और हिन्दी में पत्रिकाओं का जो औसत जीवत्व रहा है, उसे देखते हुए इसकी कल्पना करना कठिन ही था, पर यह भी सही है कि प्रकाशन की लगातार सुलभ सुविधा इसका कारण नहीं रही, हालांकि वह निश्चय ही महत्त्वपूर्ण कारक थी। हमारी जिजीविषा का मूलाधार रहा बढ़ती वैचारिक कट्टरता और असहिष्णुता, सर्वथा प्रत्याशित सामान्यीकरणों के अतिरेक और अर्नजित युयुत्सा के परिवेश में आलोचना-बुद्धि को सक्रिय-सजग, अप्रत्याशित और रहस्यपूर्ण को साहित्य और कलाओं में जानने की जिज्ञासा और एक ऐसे समय में जब सभी अनुशासन राजनीति और विचारधारा के पिछलगुआ बनाये जा रहे हैं, या आत्मनिष्ठता गँवाकर ऐसे होते जाते हैं, साहित्य और कलाओं की स्वाधीनता और अन्य अनुशासनों से (फिर वे धर्म, राजनीति, विज्ञान, विचारधारा हों) प्रजातान्त्रिक समकक्षता बनाये रखने और उनका दबाव लगातार परिदृश्य पर डालते रहने की जरूरत। 'पूर्वग्रह' के दस वर्ष पूरे होने पर हमने उसे खुले खतरनाक बीच का 'पूर्वग्रह' कहा था। यह जरूरत आज भी बनी हुई है। उम्मीद है अपनी सारी प्रश्नाकुलता, सन्देहों और अन्तर्विरोधों के बावजूद, उन सचाइयों को खोजने के लिए अपनी समूची विकलता के साथ, जो सिर्फ साहित्य और कलाओं की ही अद्वितीय और अदम्य सचाइयाँ हैं और जो किसी विराट् सत्य का उपनिवेश बनने से इनकार करती हैं, पूर्वग्रह आज भी सामयिक और प्रासंगिक है। छद्म विनय छोड़ दें तो कहा जा सकता है कि 'पूर्वग्रह' की अपनी अलग आवाज साहित्य में मानी गयी है : वह न अकेले कण्ठ की पुकार रही है न ही किसी एक ही दृष्टि का अनुकीर्तन। वह अनेक आवाजों और दृष्टियों की संहति रही। वह गम्भीरता, चिन्तन और जिम्मेदारी का सहज सहकार

था। जो लोग व्यंग्य या हिकारत से पूर्वग्रह स्कूल या भोपाल घराना जैसे पदों का इस्तेमाल करते रहे हैं वे कहीं न कहीं 'पूर्वग्रह' की विशिष्टता मानने को विवश हैं। एक पत्रिका के लिए अपने समय में ऐसी विशेष-स्थानीयता आसानी से नहीं मिलती और 'पूर्वग्रह' की लगातार यह कोशिश रही कि वह इस विश्वास और अपेक्षा की अपनी पात्रता बनाये रखे।

'पूर्वग्रह' ने अपने उपस्थापन के समय सृजनात्मक आलोचना का एक खुला और उत्तरदायी मंच बनने की आकांक्षा प्रगट की थी और इस पर भी बल दिया था कि सृजनात्मक आलोचना कृतिकारों द्वारा आपद्धर्म मानकर लिखी जा रही आलोचना नहीं है, बल्कि वह आलोचना है जिसे वे रचना की ही तरह सहज कर्म मानकर लिखते हैं। हमें इस बात पर सन्तोष करने का अधिकार है कि इस बीच सृजनात्मक आलोचना ने हिन्दी में अपने को प्रतिष्ठित किया है। इस प्रतिष्ठा में शायद पूर्वग्रह ने भी यत्किंचित् भूमिका निभायी।

अपने पाँच वर्ष पूरे होने पर 'पूर्वग्रह' ने सम्भावना प्रकाशन से उसमें तब तक प्रकाशित सृजनात्मक आलोचना की सामग्री का एक संचयन 'तीसरा साक्ष्य' प्रकाशित किया था। सत्रह वर्ष पूरे करने पर, जो कि 'पूर्वग्रह' के शतांक और उसके अंतिम अंक के प्रकाशन के साथ हुए, यह संचयन पिछले लगभग ग्यारह वर्षों में प्रकाशित सामग्री से किया गया है। इसे पुस्तकाकार सामने लाने के पीछे यह भरोसा है कि वह ऐसी सामग्री है जिसका पत्रिका के पृष्ठों में दबे रह जाने से अधिक और कुछ स्थायी महत्त्व है। इस बहाने इसका समाकलन भी सम्भव हो सकेगा कि 'पूर्वग्रह' के कविता के साथ कितने तरह के और कितने विविध सरोकार रहे थे।

इस संचयन में कविता के समाज के साथ अन्तरसम्बन्ध, उसका आत्मसंघर्ष, अमानवीयकरण, मध्यवर्गीय चेतना, एशियाई अस्मिता, शब्दप्रयोग, बिम्ब आदि पर विचार है। इसके अतिरिक्त अज्ञेय, शमशेर बहादुर सिंह, गजानन माधव मुक्तिबोध, त्रिलोचन, कुँवर नारायण, विजय देव नारायण साही, रघुवीर सहाय, श्रीकान्त वर्मा, धूमिल, कमलेश और विनोदकुमार शुक्ल की कविता का विश्लेषण है।

हमारा विश्वास है कि यह सामग्री और इसके लेखक पिछले एक दशक में इस क्षेत्र में जो गम्भीर और विचारोत्तेजक हुआ है, उसमें शामिल हैं। उनके माध्यम से हमारी कविता की समझ और कवियों के संघर्ष की हमारी पहचान और परख गहरी होती है। हम इन अकारथ हो रहे पदों और अवधारणाओं से मुक्त होकर, जिनसे आज की ज्यादातर आलोचना ग्रस्त है, नयी ताजगी और विचारोत्तेजना

से अपने समय की मूल्यवान कविता, उसकी अपने समाज में जगह और शब्द के विराट् अवमूल्यन के इस क्रूर समय में कविता की भाषा के अनेकार्थी और बहुस्तरीय जीवट और संघर्ष को समझ सकते हैं। यह आलोचना कविता के साथ है—उससे युगपत् है। जैसे हमारी कविता में जीवन, अनुभव और भाषा को समझने और विन्यस्त करने के अनेक स्तर और प्रक्रियाएँ हैं, हमारी आलोचना में भी कविता और उसके माध्यम से अपने समय और उसकी उलझनों तक पहुँचने और उन्हें परिप्रेक्ष्य देने के अनेक स्तर और दृष्टियाँ सक्रिय हैं। जैसे कि कविता में वैसे ही, सौभाग्य से, आलोचना में रुचि और दृष्टि का प्रजातन्त्र है।

हम इस प्रसन्न विश्वास के साथ यह संचयन प्रस्तुत कर रहे हैं कि यहाँ एकत्र आलोचना कवितादर्शी और जीवनदर्शी है : अखबारी सतहीपन और सनसनीखेजी, वैचारिक एकरसता के आत्मतुष्ट समय में वह हमें अपनी सूक्ष्मता और जटिलता से विचलित कर कविता की अर्थसमृद्ध और गहरी समझ की ओर ले जाने में समर्थ आलोचना है।

इस संचयन के तैयार करने में हमें 'पूर्वग्रह' के अपने सम्पादन सहयोगी और युवा आलोचक श्री मदन सोनी की बहुत सहायता मिली है।

भोपाल, 1 जून, 1992 **—अशोक वाजपेयी**

अमानवीयकरण के खिलाफ तीव्र प्रतिक्रिया

कुँवर नारायण

इधर एक-दो वर्षों में इतने काव्य-संग्रहों का प्रकाशित होना यह तो सिद्ध करता ही है कि पिछले वर्षों में कविता का पढ़ा जाना भले ही कम हुआ हो पर उसका लिखा जाना कम नहीं हुआ, शायद बढ़ा ही होगा। प्रकाशन का अलग तर्क होता है[1] और कविता के लिखे जाने का बिल्कुल अलग। वह आदमी के स्वभाव में होती है : इसीलिए आज भी ऐसा कुछ नहीं है जो उसके जीवन में कविता की

---

1. अभी हाल ही (1980) में मध्य प्रदेश सरकार ने साहित्यिक पुस्तकों की खरीद का जो निर्णय लिया है उसने प्रकाशकों को कविता पुस्तक छापने के लिए उत्साहित किया है। इससे अनेक काव्य-संग्रह जो सामान्यत: न छप पाते अब छप सके हैं। इनमें सभी काव्य-संग्रह उच्च कोटि के हों जरूरी नहीं, लेकिन इस खरीद से पहले प्रकाशकीय स्थिति यह थी कि अक्सर उच्च कोटि के संग्रहों का भी छपना मुश्किल था। इससे यह बेहतर है कि अच्छे के साथ कम अच्छा साहित्य भी छप जाये, बजाय इसके कि बिकाऊ साहित्य ही छप सके। इससे अच्छे-बुरे साहित्य के बीच विवेक की सम्भावना साहित्यिक स्तर पर बनती है, प्रकाशन के स्तर पर ही रद्द नहीं हो जाती। कौन-सा साहित्य छपे और कौन-सा नहीं इसका फैसला सरकारी दृष्टि से हो यह बहुत अच्छा विकल्प तो नहीं है, फिर भी इससे बेहतर विकल्प जरूर है कि यह फैसला बिल्कुल व्यावसायिक दृष्टि से हो। सरकारी मदद की वजह से जरूरत से ज्यादा काव्य संकलनों के छप जाने में, मैं वैसा कोई खतरा नहीं देखता जैसा जरूरत से ज्यादा ऐसी तमाम चीजों के छपने में देख रहा हूँ जिनसे आज समाज और साहित्य दोनों को नुकसान पहुँच रहा है।

जगह ले सके। आर्थिक आकर्षण अच्छी कविता को न तो बहुत प्रोत्साहित ही कर पाते हैं न विपरीत परिस्थितियाँ उसे नष्ट ही। इसीलिए अक्सर वह परेशान, प्रतिकूल और असुरक्षित समयों में भी सशक्त अभिव्यक्ति का साधन रही है। समय के साथ कविता बदलती है, समाप्त नहीं हो जाती और इस बदलाव को आज की महत्त्वपूर्ण कविताओं में स्पष्ट महसूस किया जा सकता है।

अमानवीयकरण की समस्या आज जितनी जटिल है उसका हल उतना आसान नहीं है जितना कुछ आदर्शवादी मान लेते हैं। यह सरलीकरण भी एक तरह का पलायन है उन समस्याओं से जिन्हें सचाई से समझना अक्सर हमें अपने विश्वासों के बावजूद बेहद बेचैन कर दे सकता है। इस तरह की कविता जो आज की दुनिया में आदमी की स्थिति को बिल्कुल बेलौस और निष्पक्ष होकर चित्रित करती है हमें आश्वस्त ही नहीं, एक खास तरह से विचलित भी करेगी। कविता मानवीय मूल्यों का पक्ष है और किसी भी तरह के अमानवीयकरण के खिलाफ तीव्र प्रतिक्रिया, चाहे वह सामाजिक और व्यावसायिक अनैतिकता हो, चाहे व्यवस्था की हृदयहीन जकड़। यह चिन्ता एक खास तरह से आज की कविता की जिम्मेदारियों और सम्भावनाओं को बढ़ाती भी है।

कविता आज सिर्फ बुनियादी आवेगों (प्राइमरी पैशन्स) की कविता नहीं रह गयी है। इस माने में वह कम-से-कम एक तह और ज्यादा गहरी तो हुई ही है कि वह बुनियादी आवेगों के प्रति भी सचेत और सतर्क है। यह शिकायत कि आज की कविता अतिबौद्धिक है और सहज बोधगम्य नहीं एक हद तक जायज होते हुए भी उतनी जायज नहीं जितनी यह शिकायत कि आज बहुत-सी सहज ही बोधगम्य कविता प्रासंगिक नहीं। आज कविता के लिए सिर्फ महसूस करना काफी नहीं, महसूस किये हुए को और महसूस करते हुए को सोचना-समझना भी जरूरी है। विचारशीलता आधुनिक सम्वेदना का अनिवार्य हिस्सा है और एक जरूरी यकीन भी है कि अगर अक्ल आदमी की दुश्मन नहीं तो अक्ल कविता की भी दुश्मन नहीं हो सकती। इन सदी के प्रमुख विचारक और चिन्तक मार्क्स, फ्रायड, आइन्स्टाइन, सार्त्र आदि अमानव नहीं थे, न ही उनका लेखन और चिन्तन कविदृष्टि-विहीन है। आज अधिकांश जो कुछ भयानक और अनचाहा हमारे जीवन में हो जाता है उसकी जड़ में बौद्धिकता नहीं मूर्खता होती है—मूर्खतापूर्ण उत्तेजनाएँ और अपने तत्काल स्वार्थ से आगे न सोच पाने की बौद्धिक असमर्थताएँ। विचार-सम्पन्नता अकाव्यात्मक नहीं—उस कवित्व का आधार है जो हम उपनिषदों, गीता, कबीर, ग़ालिब आदि में पाते हैं। मैं यहाँ छद्म-बौद्धिकता या अतिबौद्धिकता की बात नहीं कर रहा। एक कविता में विचारों और भावनाओं की आपेक्षिक स्थितियाँ, उनके सही या गलत या कमजोर अर्थ-विन्यास पर गुणात्मक असर डालती हैं। अगर एक कवि के स्वभाव में यह आवश्यक सन्तुलन

नहीं है कि वह कविता में विचारों के दबावों और आग्रहों को किस तरह उभारे और सुरक्षित रखे तो ज्यादा सम्भावना यही है कि वह उन्हें अपने उद्‌गारों या भावनाओं द्वारा ऊपर से चमका-दमका (ग्लेमराइज) करके रह जायेगा, हमें उनके भीतरी तर्क की शक्ति और अनुभूति तक नहीं पहुँचा पायेगा। जो कवि इस ओर पूरी तरह सचेत है कि विचारशीलता और भावनाएँ आदमी की दो भिन्न प्रकार की (विरोधी प्रकार की नहीं) क्षमताएँ हैं उसकी कविताओं में हम एक खास तरह का विचारों का उदात्तीकरण पायेंगे, मात्र उनका उद्दीपन नहीं।

राजनीति का गलत-सही गहरा प्रभाव कविता पर भी पड़ता रहा है। स्वतन्त्रता के बाद से भारतीय जीवन और साहित्य में राजनीति का हस्तक्षेप तेजी से बढ़ा है : राजनीतिक चिन्तन का नहीं, चिन्तनरहित राजनीति का—और यह एक खास माने में साहित्य के लिए चिन्ता का कारण है। यूरोपीय राजनीति वहाँ के साहित्य के साथ जितनी गहराई से जुड़ी है उससे कहीं ज्यादा गहराई से वह वहाँ के गैर-साहित्यिक विचारकों के साथ जुड़ी रही है। यूरोप में (अकेले वाम-पंथी चिन्तन को ही सोचें तो) मार्क्स के बाद मार्क्सवाद के पक्ष-विपक्ष में सोचने वाले सशक्त विचारकों की एक लम्बी परम्परा है जिसका चिन्तन और साहित्य के साथ सम्वाद साहित्य को अनेक स्तरों पर प्रभावित करता रहा है। लुकाच, गोल्डमान, फिशर आदि का पूरा चिन्तन साहित्यिक उदाहरणों से भरा पड़ा है। ऐसी कोई स्थिति भारतीय सन्दर्भ में नहीं बनती, यहाँ तक कि आज गाँधीवादी या समाजवादी या मार्क्सवादी विचारधाराओं और उनकी राजनीति के बीच फर्क करना ही मुश्किल हो गया है। इसीलिए शायद पिछले वर्षों में अधिकांश हिन्दी कविता भारतीय राजनीतिक यथार्थ को लेकर उग्र और व्यग्र ही ज्यादा रही, विचारशील कम।

इधर जो हिन्दी कविता लिखी जा रही है वह लगता है समकालीन जीवन के ज्यादा पक्षों को छू सकने में सक्षम है और उसकी भाषा निश्चित रूप से विस्तृत और अनेक रूप हुई है। कई संग्रह अपनी तरह और अपनी शर्तों पर समझे जाने का निश्चित कारण सामने रखते हैं, साथ ही पीढ़ियों के अन्तर एक खास तरह बिल्कुल कविता की जमीन पर तय (रिजाल्व) होते हैं। कई कवि जो पहले से लिखते रहे हैं उनकी अनेक कविताओं में एक सुखद ताजगी और नयापन है—वे आज के सन्दर्भ में चुक गये नहीं लगते ! ठीक उसी तरह इधर के कवि हैं जिनकी कविताओं में नये का कच्चा उतावलापन नहीं एक प्रौढ़ विवेक और अनुशासन है। समग्रता में लें तो विभिन्नताओं के बावजूद प्रमुखत: अच्छी कविता के लिए उनकी चिन्ता ही कहीं उन्हें शुद्ध साहित्यिक दृष्टि से सहयात्री बनाती है। जो संकलन कमजोर हैं वे कविता की दृष्टि से ही कमजोर ठहरते हैं—कोई वैचारिक आग्रह उन्हें न तो ऊपर उठा पाता है न नीचे गिरा पाता है। पिछले कुछ वर्षों में कविता

में जो स्पष्ट परिवर्तन आया है उसमें उन अनेक लघु प्रयासों का भी योग रहा है जो अलग-अलग भले ही अपनी सशक्त पहचान न बना पाये हों पर सम्मिलित रूप से, कविता सम्बन्धी चिन्तन को, उसकी भाषा और कथ्य दोनों को विभिन्न स्तरों पर प्रभावित करते रहे हैं। सावधानी से देखें तो हम कविता की एक ऐसी सन्तुलित गति को पहचान सकते हैं जो आदमी की पूरी जिन्दगी और उसके परिवेश पर शिक्षित और स्वतन्त्र सोच-विचार की कविता है—किसी आदर्श या विचारधारा में मात्र रोमेण्टिक उत्साह की कविता नहीं। उसमें एक खास तरह की आत्मसजगता है, आदमी के मौजूदा हालात के प्रति विश्लेषणात्मक बुद्धि है तथा उसके भविष्य को लेकर गहरी चिन्ता और प्रतिबद्धता।

आज की बहुत-सी कविता सीधे राजनीतिक प्रतिक्रिया की कविता नहीं है यद्यपि वह राजनीति-निरपेक्ष भी नहीं है। मूल रूप से वह जिन्दगी के उन पक्षों के चित्रण की—कभी सजीव, कभी प्रतीकात्मक—कविता है जिसमें एक खास सन्दर्भ में राजनीति और व्ययस्था को लेकर असन्तोष, आक्रोश या टिप्पणी निहित होती है। इस तरह की कविताओं में कुछ बहुत अच्छी कविताएँ भी सामने आयी हैं किन्तु कुछ बिल्कुल ही सतही और औपचारिक-सी।

अपनी बिल्कुल नयी और सशक्त पहचान बनाती हुई एक दूसरे प्रकार की कविता ने हमें इधर आकृष्ट किया है जो शिल्प की मध्यस्थता को न्यूनतम रखते हुए हमें हमारे जीवन के बहुत मार्मिक और गहरे पक्षों से साक्षात्कार कराती है। भाषा में एक नयापन और सुखद ताजगी है जो करीब-करीब बिल्कुल अनुत्तेजित और समतल रहते हुए अतिपरिचित स्थितियों, घटनाओं, पात्रों से भी हमें बहुत घनिष्ठता और गम्भीरता से जोड़ती है। वह हमें भावुक नहीं बनाती—एक खास तरह साक्षी बनाती है उस सारे जीवन का जो अपनी तकलीफों में, छोटी-छोटी खुशियों में, विसंगतियों में और हिम्मतों में हमारे चारों तरफ है। इन कविताओं में भाषा की सादगी और प्रसंगों की अनाटकीयता अपने आप में एक अनुभव भी है और एक प्रतिक्रिया भी—कभी सुन्दर के पक्ष में और कभी असुन्दर के खिलाफ।

मुक्तिबोध, शमशेर, त्रिलोचन, केदारनाथ सिंह आदि की कविताओं में उनका शिल्प और भाषा एक प्रमुख प्रवक्ता रहे हैं। मुक्तिबोध की कविताओं में शब्दों की भरमार रहती है, जनशक्ति की तरह इकट्ठा शब्द, जो कभी भीड़ है, कभी जुलूस, कभी हताश, कभी सुन्दर, कभी उत्साहित, कभी संगठित, कभी बेतरतीब, कभी गम्भीर, कभी अनर्गल, लेकिन हमेशा जिन्दा और बेचैन—वे होते हैं, अत्यन्त प्रामाणिक और जरूरी, अलग-अलग नहीं अपनी एकता में…।

शिल्प कविता में शिल्पहीनता की हद तक भी बारीक हो सकता है और इतना मोटा भी कि कविता उसके नीचे दबकर रह जाये। शिल्प या भाषा वहीं

कठिनाई उत्पन्न करते हैं जहाँ वे कविता के रचनात्मक तर्क से निकले हुए नहीं लगते, कथ्य पर ऊपर से आरोपित लगते हैं—या फिर वहाँ, जहाँ कवि के पास भाषा औरशिल्प तो हो पर जरूरी कुछ कहने को न हो। मैं समझता हूँ कविता की मूल शक्ति इसमें है कि उसके स्रोत जो हमारे अनुभवों, जानकारियों, चिन्तन और भावनाओं में होते हैं वे सूखने न पायें, बराबर ताजा होते रहें। नये या पुराने जैसे थोक विशेषण बेकार लगने लगते हैं जब हम मुक्तिबोध से लेकर विष्णु खरे और गिरधर राठी जैसे कवियों की कविताओं को सोचते हैं। उनकी आयु या उनके यकीन नहीं, उनकी काव्यात्मक प्रतिभा की पहचान कहीं उनकी कला-सम्वेदना, उनकी साहित्यिक समझ और प्रौढ़ता में ही ढूँढ़नी पड़ती हैं। कविता की सार्थकता शायद इसमें है कि वह हमें एक दूसरे से भिन्न—एक दूसरे की तरह का नहीं—काव्यानुभव दे सकें। मुख्य बात है कविता हमें स्वस्थ जीवनमूल्यों के प्रति किस तरह और कितना सम्वेदनशील बना पाती है और हमारी जीवनदृष्टि को कितना उदार और विवेकपूर्ण।

कविता हमेशा रही है लेकिन चर्चा के केन्द्र में नहीं रही है। यह काम कुछ ऐसी पत्रिकाओं और लघु पत्रिकाओं द्वारा ही हो पाता है जो सबसे पहले साहित्य के प्रति पूरी तरह समर्पित और प्रतिबद्ध हों। समकालीन कविता का केवल छपते रहना काफी नहीं होता, ज्यादा जरूरी होता है उन कविताओं के पूरे सन्दर्भ का स्पष्ट होते रहना, उन साहित्यिक बहसों और सामग्री का भी सामने आते रहना, जो उन कविताओं को अपने समय के लिए प्रासंगिक और जरूरी बनाती हैं—जो काम पिछले कुछ वर्षों में 'पूर्वग्रह' और थोड़ा-बहुत अनेक लघु पत्रिकाओं द्वारा भी सम्पन्न होता रहा है। आज की महत्त्वपूर्ण कविता की पहचान, उसकी सावधान और विवेकपूर्ण प्रस्तुति बहुत कुछ 'पूर्वग्रह' से जुड़ी रही है। अधिकांश कविताएँ जो इधर संग्रहों में आयी हैं पहले ही प्रकाशित और चर्चित हो चुकी हैं। 'पहचान' के बाद 'पूर्वग्रह' की पहले-पहल सीरीज में जो कविताएँ निकली हैं वे हमें नये सिरे से कविता के भविष्य के प्रति आश्वस्त करती हैं। स्वीकार करना पड़ेगा कि इधर कविता को चर्चा के केन्द्र में लाने का बहुत बड़ा श्रेय 'पूर्वग्रह' और अशोक वाजपेयी को जाता है। अन्य पत्रिकाओं से बिल्कुल अलग इनकी कोशिशों ने आज की कविता के पूरे परिदृश्य को निष्पक्षता से प्रासंगिक बनाया है।

कई तरह के और भी सवाल हैं। कविता के बारे में आज हमारी जो धारणाएँ बन रही हैं उसके सबसे विश्वस्त आधार क्या होंगे और क्या होने चाहिए? गम्भीर साहित्यिक समीक्षाएँ? जबानी प्रतिक्रियाएँ—लॉबी आदि? विश्वविद्यालयों से आनेवाली समीक्षाएँ, शोधप्रबन्ध आदि? शुद्ध साहित्यिक पत्रिकाएँ? व्यावसायिक, अखबारी पत्र-पत्रिकाओं के हाशिये, स्तम्भ, कॉलम वगैरह? या इस तरह के संग्रह? कविता को लेकर आज जिस प्रकार का चिन्तन हो रहा है, क्या

ये संग्रह उससे भिन्न किसी प्रकार के चिन्तन की जरूरत को महसूस कराते हैं? चिन्तन से मेरा मतलब उस अखबारी किस्म की जल्दबाज पुस्तक समीक्षाओं से नहीं है जिन्होंने हर तरह के साहित्य को आज अखबारों के और शायद हमारे दिमागों के भी हाशियों में पहुँचा दिया है, मेरा मतलब उस गम्भीर विचारशीलता से है जो कविता की बुनियादी बनावट तक में परिवर्तन ला सकने की क्षमता रखती है। पिछले वर्षों में, शायद हिन्दी कविता और हिन्दी समीक्षा के बीच फासला बढ़ा है, एक खास तरह का ध्रुवीकरण, जिसमें कविता और समीक्षा एक दूसरे से दूर होती चली गयी और कविता में सार्थक बिन्दुओं की तलाश के बजाय समीक्षा के अपने पूर्वग्रह ज्यादा मुखर रहे। कुछ अपवादों को छोड़कर, कविता के लिए समीक्षा न तो उत्प्रेरक ही रही और न सम्वादनीय। कविता और समीक्षा के बीच यह दूरी कविता ही नहीं, समीक्षा के लिए भी नुकसानदेह रही। समीक्षा का इतिहास रचनात्मक साहित्य के साथ जुड़ा है, और समीक्षा स्वयं कविता का विपक्ष बनकर उतना नहीं स्थापित हुई है जितना उसकी सहयोगी चेष्टा के रूप में। कविता-संग्रह का प्रकाशन एक सादी और विनम्र घटना है तथा उसका मूल्यांकन एक लम्बी और जटिल प्रक्रिया। कविता प्रदर्शन-कर्लाओं की तरह तत्काल सफल या तत्काल विफल नहीं होती। वह अपने पाठक से भी एक अतिरिक्त धैर्य और प्रबुद्ध उत्साह की अपेक्षा रखती है क्योंकि कविता केवल आकर्षण नहीं, खोज की एक दुनिया भी है।

कविता का गल्प

अशोक वाजपेयी

'ज्ञान, जहाँ का रहा
रहे समझ है मुझमें पूरी, तुम
कथा यदि कहो।'

—निराला

सत्य पर दावा करने और फिर उसे दूसरों पर थोपनेवाले इतने हो गये हैं कि कई बार लगता है कि अगर वह बेचारा अकेला छोड़ दिया जाये तो शायद बच भी जाये, अन्यथा अब इस शताब्दी के अवसान के निकट यह कह पाना कठिन है कि सत्य क्या है, फिर वह आत्मा के झिलमिल से निकला निजी सत्य हो या क्रूरता, दमन और नरसंहार से लहूलुहान सामाजिक सत्य। शायद समय आ गया है कि हम इस बात पर गम्भीरता से विचार करें कि विज्ञान द्वारा किये जा रहे सूक्ष्मातिसूक्ष्म विशेषीकरण, उपभोक्ता संस्कृति द्वारा लाये जा रहे एकरूप समग्रीकरण, आध्यात्मिक उलझनों और दृष्टियों और विचारों की अपार बहुलता के चलते साहित्य के लिए भी सत्य का एक दावेदार बना रहना न तो व्यावहारिक है और न ही शायद उसके जीवत्व और महत्त्व के लिए आवश्यक ही।

आइन्स्टाइन ने आज से लगभग साठ बरस पहले कहा था : "जहाँ तक गणित के नियम वास्तविकता का निर्देश करते हैं, वे निश्चित नहीं हैं और जहाँ तक वे निश्चित हैं, वे वास्तविकता का निर्देश नहीं करते हैं।" सत्य के दो प्रधान गुणों, उसके निपट निरपेक्ष होने और सर्वथा सुनिश्चित होने का, मानो इस शताब्दी के आरम्भ में ही ध्वंस हो गया था। दरअसल यह शताब्दी इस अर्थ में विलक्षण है कि उसने सत्य की सारी धारणाओं को विचार और व्यवहार दोनों स्तरों पर इतनी आत्यन्तिक चुनौती दी है कि सत्य नाम की कोई चीज है भी या होना चाहिए, यह

बात ही सन्दिग्धता और विवाद के घेरे में आ गयी है। जब विज्ञान का सत्य, दर्शन और चिन्तन का सत्य, राजनीति और धर्म का सत्य इस शताब्दी के उजले-अँधेरे गलियारों में छायाभासों की तरह भटक रहे हैं तब साहित्य या कविता का सत्य अक्षत और अस्पष्ट बना रहा होगा, यह न तो तर्कसंगत है, न ही सम्भव।

शायद यह कहना साहित्य का मानव व्यापार में अवमूल्यन लगे। हम, जो लेखक हैं या साहित्यप्रेमी हैं, इस रूढ़ि से बँधे रहे हैं कि साहित्य सत्य के अनुसन्धाता और उसकी अन्ततः चरितार्थता का एक केन्द्रीय माध्यम है। हम यह आसानी से कैसे मान लें कि वह ऐसा कुछ नहीं है, कि वह हमसे सच नहीं कहता बल्कि सचाई के बारे में गप लगाता है?

यह दुहराने की जरूरत नहीं है कि कविता भाषिक संरचना है, वह स्वर्ग या अन्तरिक्ष या देवताओं के श्रीमुख से अवतरित नहीं होती है बल्कि किसी व्यक्ति द्वारा एक समाजप्रदत्त भाषा नें बनायी या लिखी जाती है। भाषा का आशय ही जीवन और वस्तुसंसार की उपस्थिति और सक्रियता है। पर क्या भाषा मात्र जीवन और वस्तुसंसार का समग्रीकरण है? स्पष्ट ही, नहीं। वह सचाई पर हमारी पकड़ है, उसमें हिस्सा लेने और उसे बदलने का अवसर भी वह हमें देती है और सचाई के नये बीहड़ों और भूभागों को वह अपनी सीमा में लाने के लिए अपना विस्तार भी करती है, अक्सर साहित्य के माध्यम से ही। उसी में हमारी स्मृति है, उसी में हमारे स्वप्न और उसी में हमारा साहस और कल्पना समाहित हैं। पर एक परम अर्थ में क्या वह हमारा गल्पसंग्रह नहीं है? दरअसल हर शब्दकोष एक तरह से गल्पकोष ही है : हम जो छवियाँ या वस्तुएँ बनाते या पाते हैं उनका एक अक्षय संग्रहालय। यह मान लेने से भाषा हवाई या अवास्तविक नहीं हो जाती बल्कि एक अधिक समावेशी सचाई की ओर बढ़ती है : सत्य और असत्य, सचाई और सपने के बीच तर्क में जो विरोध है या अनुल्लंघ्य द्वैत है, हम उसकी कैद या गिरफ्त से मुक्त हो जाते हैं।

सत्य का दावा करना अन्ततः संसार के परम रहस्य का अस्वीकार है जबकि साहित्य तो सदियों से उस रहस्य से ही अपना जीवत्व पाता रहा है। उस रहस्य का जैसा सहज और निश्छल स्वीकार साहित्य में सम्भव है, अन्यत्र नहीं। एक निरन्तर रहस्यहीन होते जा रहे संसार में रहस्य का स्वीकार, उसकी उद्भावना एक रैडिकल काम है।

अगर आधुनिकता के उत्कर्ष में अतीत से अपनी विच्छिन्नता, तनाव और अलगाव आदि तत्त्वों की प्रधानता थी तो उत्तर-आधुनिकता में, भले ही विडम्बनापूर्ण ढंग से, अपनी निरन्तरता, क्लैसिकल से अपनी अटूटता के तत्त्व उभर रहे हैं। भाषा फिर याद कर रही है, सपना देख रही है, तोड़ने-फोड़ने के बजाय गढ़ रही

है। कविता अपने को फिर से जान रही है और अपने पर अविश्वास कर रही है— आपको याद होगा कि इतालो कालविनो ने राजनीति को भी ऐसा ही करने की सलाह दी है। बल्कि पिछले दो बरसों से संसार की राजनीति में यही हो रहा है : राजनीति इतनी तेजी से इसलिए बदल रही है कि वह अपने को जानकर अपने पर अविश्वास कर रही है।

आधुनिकता हमेशा विवादप्रिय रही है और, जैसा कि हैरोल्ड रोजेनबर्ग ने कहा है, हमेशा ही वर्तमान की अधिवक्ता, जबकि उत्तर-आधुनिकता में वर्तमान अतीत में पैठ जाता है।

कविता एक अशुद्ध कला है क्योंकि भाषा एक अशुद्ध व्यापार है। आगे जाकर यह भी कहा जा सकता है कि स्वयं मनुष्य अशुद्ध है भले ही वह शुद्धता की कल्पना और कभी-कभार उसकी खोज भी करता हो। इस अशुद्धता का उसकी पूरी स्पन्दित जटिलता में साहित्य वरण करता है : उसे किसी विराट् सामान्यीकरण में परिशुद्ध कर या सत्य में पर्यवसित करना कविता का या साहित्य का काम नहीं है, न ही यह उसकी चिन्ता हो सकती है। कविता की चिन्ता अधिक-से-अधिक सचाई है, सत्य नहीं। सचाई जो अपने असंख्य ब्यौरों में सजीव और सक्रिय है और जिसे किसी सामान्यीकरण में एकत्र या संग्रथित नहीं किया जा सकता। बल्कि कविता की नैतिकता ही यह है कि वह जो ब्यौरे अपनी सचाई गढ़ने के लिए चुनती है, उसके साथ-साथ अपने में यह अहसास बनाये रखती है कि उसके अलावा असंख्य ब्यौरे हैं। जैसे कि उसके समय के अलावा और भी समय है : पहले भी था और बाद में भी होगा। हम कविता के पास सत्य पाने या खोजने नहीं जाते बल्कि सचाई का अहसास पाने, उसमें शामिल होने जाते हैं। कविता सत्यकथन या संशोधन नहीं करती : वह सचाई से अपने गल्प गढ़ती है। तभी उसमें, जैसा कि बोर्खेज ने कहा, हमारी स्मृति, हमारी कल्पना और हमारे स्वप्न होते हैं। यह आकस्मिक नहीं है कि कविता का सच (जो कि उसकी अपनी खोजी-पायी-बनायी सचाई है और उसके विशिष्ट भाषारूप से स्वतन्त्र कहीं नहीं हैं) दूसरे किसी सच में अन्तर्भूत होने का लगातार प्रतिरोध करता है। हम चाहें तो इस बात को नोट करते हुए कुछ सन्तोष का अनुभव कर सकते हैं कि साहित्य की सचाई ही एक-मात्र ऐसी सचाई है जो अपने उपनिवेश नहीं बनाती। वह दूसरी सचाइयों को कमतर या अपनी सम्पूर्णता में लीन होने के लिए भाग्यनियत खण्ड सचाइयाँ-भर मानने से बचती है। इस बारे में विस्तार में जाना आवश्यक नहीं है क्योंकि कम-से-कम इस शताब्दी में रहने के कारण हम सभी अच्छी तरह जानते हैं कि कैसे राजनैतिक, वैज्ञानिक या धार्मिक सचाई अपने को सम्पूर्ण मानकर अन्य सचाइयों को अपना उपनिवेश बनाने की चेष्टा लगातार करती रही है। यह कहना गलत नहीं होगा कि सचाई की बहुलता का जितना निस्संकोच स्वीकार साहित्य में है

उतना अन्यत्र कहीं नहीं है : साहित्य इस अर्थ में मनुष्य का स्थायी प्रजातन्त्र है कि उसमें सब सचाइयों के लिए जगह है और किसी एक सचाई के साम्राज्यवाद या तानाशाही के लिए निरन्तर प्रतिरोध है।

एक तरह से विचार करें तो धर्म, विज्ञान, इतिहास, राजनीति आदि सभी सचाई को समझने, उसे नियन्त्रित करने और उसमें हिस्सा लेने और उसे भरसक बदलने के गल्प ही हैं सिवाय इसके कि वे सब अपने को सत्य से सम्पृक्त भी मानते हैं। सिर्फ साहित्य ही है जो अपनी गल्पता को आत्मचेतस् ढंग से जानता और मानता है। यह एक कवि ही कह सकता है कि "मैं सच लिखता हूँ, लिख-लिख कर सब झूठा करता जाता हूँ।" सरलीकरण और सामान्यीकरण से साहित्य की शत्रुता, इसलिए निरे दार्शनिक आधार पर या रणनीति की भिन्नता-भर के कारण नहीं है, उसका गहरा नैतिक आशय भी है। वह सामान्यीकरण की संकुचित व्यापकता या सरलीकरण की असमावेशिता का प्रतिकार करने को अभिशप्त है क्योंकि वह अपने को या भाषा को सचाई का सारांश नहीं मानता—वह किसी तरह का उपसंहार नहीं है और न होना चाहता है। वह संसार की बहुलता का आनन्द मनाता है : वह सामान्यीकरण की साधना में लगा सत्य नहीं, विशिष्टताओं और ब्यौरों को खोजता-बीनता भटकता गल्प है। अगर इधर हिन्दी में, और संसार में अन्यत्र भी, गद्य और कविता के बीच अन्तर कम हुआ है और कविता की भाषा और कथा की भाषा के बीच भी आत्मीयता और समीपता आयी है तो यह अकारण नहीं है : कविता ने भी यह समझना शुरू कर दिया है कि वह गल्प है।

सचाई कविता में एक-दूसरे तरह का अभय भी पाती है। उसमें अन्तर्विरोधों, प्रतितर्कों, अनिश्चय और सन्देहों को मिटाने या हटाने की जरूरत नहीं पड़ती। साहित्य उनसे किनारा नहीं काटता। वे बने रहते हैं और उनसे साहित्य की सचाई अप्रतिहत रहती है बल्कि एक अर्थ में अपनी सही विश्वसनीयता अर्जित करती है। कहा जा सकता है कि साहित्य का प्रजातन्त्र अपने विरोधियों या प्रतिलोम का दमन या बहिष्कार करके नहीं चलता है : इसीलिए सर्वसत्तावादी व्यवस्थाएँ सबसे अधिक साहित्य से घबराती हैं। क्योंकि अन्तःसलिल या भूमिगत रहकर भी साहित्य मनुष्य के प्रजातान्त्रिक अस्तित्व और सबके समानाधिकार की धारणाएँ और सपने जीवित रखता है। हम याद करें कि इधर यूरोप में जो हो रहा है जिसे यूरोप का प्रजातान्त्रिकीकरण कहा जा रहा है उसके नेतृत्व की अगली पंक्ति में लेखक और कलाकार हैं।

कविता इधर प्रायः प्रतिपक्ष में मानी जाती रही है। वह सत्ता का एक तरह से स्थायी प्रतिपक्ष है भी। वह सत्ता पर निरन्तर सन्देह करती है क्योंकि वह उतनी ही उत्कटता से अपने पर भी सन्देह करती है। सत्य तो सन्देहग्रस्त नहीं हो

सकता, सिर्फ सचाई के गल्प में यह नैतिक साहस हो सकता है कि वह जितना दूसरों पर उतना ही अपने पर सन्देह करे। बीसवीं शताब्दी के साहित्य की एक वैध व्याख्या तो यह हो ही सकती है कि वह शब्द, उसकी सत्ता और शक्ति, उसकी सार्थकता और केन्द्रीयता पर निरन्तर सन्देह का आख्यान है। शायद ही किसी और अनुशासन के बारे में ऐसा कहा जा सके। यह साहित्य को उनसे बेहतर नहीं सिर्फ अलग बनाता है।

इस अवसर पर यह याद कर लेना भी जरूरी है कि इस शताब्दी ने क्रांति, राष्ट्रवाद, समाजवाद, स्वतन्त्रता आदि जैसे सामान्यीकरणों के नाम पर भयानक दमन और अत्याचार, युद्ध और नरसंहार होते देखा है : ये सब अपने को असन्दिग्ध और निर्विवाद सत्य मानते थे। पर क्या आज हम इन तथाकथित सत्यों के झूठे और थोथे पड़ जाने का अप्रत्याशित नजारा नहीं देख रहे हैं? क्या इसी शताब्दी में कई बार सत्याभास या आधा-अधूरा सत्य सत्ता और समर्थन पाकर परम सत्य नहीं बन बैठा है और उसमें औरों को निर्ममता से अपदस्थ किया है और उसके दुर्भाग्य से पर हमारे सौभाग्य से, वह स्वयं अन्तत: अपदस्थ और धूलि-धूसरित हुआ है? संसार का दो-टूक विभाजन करनेवाले और उनके बीच शीतयुद्ध को आधुनिक विचार और व्यवहार का केन्द्र बनानेवाले आज कितने हास्यास्पद और दयनीय लग रहे हैं?

शायद संसार की बहुकेन्द्रिकता को साहित्य अपना आधार बनाता है : वह केन्द्रीयता की तानाशाही के विरुद्ध बहुलता का जनतन्त्र पोसता है। मोरिस ब्लैंशों ने कहा है कि "अगर तुम अपने समय को सुनोगे तो पाओगे कि वे चाहते हैं कि तुम उनके नाम पर बोलो नहीं बल्कि उनके नाम पर चुप रहो।" चुप रहने से इन्कार कर साहित्य अपना औचित्य सिद्ध करता है। चूंकि सीधे-सीधे कहने का अक्सर दीर्घकालीन प्रभाव नहीं होता, वह उलटे या टेढ़े ढंग से कहता है। यह वक्रता या परोक्षता ही गल्प होना है। वह सचाई को सह्य बनाना भी है। ईलियट ने कहा था कि मनुष्य बहुत अधिक सचाई सहन नहीं कर सकता।

एक पहलू सीमा के अतिक्रमण का भी है। साहित्य भाषा का आत्मविस्तार भी है और वह उन सीमाओं का, जो उसने स्वयं बाँधी हों या उस पर किसी परि-स्थिति या शक्ति ने लगायी हों, बराबर अतिक्रमण करता है। इसमें देश और काल का अतिक्रमण भी है, सामान्य नैतिक व्यवहार का भी—विन्यास का भी, फिर वह वाक्यों का हो या जीवन-दृष्टि का। शायद इस शताब्दी के साहित्य का एक चारि-त्रिक गुण यह रहा है कि उसकी सुन्दरता अतिक्रमण से उपजनेवाली सुन्दरता है। अगर सचाई सत्य के सुनिश्चित-सुगुम्फित सामान्यीकरण का, उसकी एकाधिकारी प्रवृत्ति का, उसके सुसंगत होने का अतिक्रमण है तो अनिश्चय, सन्देह, अव्यवस्था, अन्तर्विरोध आदि से पटी पड़ी सचाई के अधिग्रहण के लिए कविता का गल्प होना

अनिवार्य ही है। ससीम और असीम दोनों को एक साथ सत्य नहीं, गल्प साधता है।

फ्रेंच कवि-आलोचक ईव बोनफुआ ने कहा है कि "सृजनात्मक कर्म लिखने में नहीं है, वह हर चीज को नाम देने में है और होने के रहस्य को सुनने में है जो उसमें अनियत रूप से स्पन्दित हो रहा है।" आगे उन्होंने कहा है कि "शब्द हमारी नगण्यता प्रमाणित करते हैं, हमारे पैरों के नीचे एक रसातल खोलते हुए, पर शब्द हमें घर का उपहार भी दे सकते हैं।" नगण्यता का शून्य और घर का भरापूरापन दोनों को कविता साधती है क्योंकि उसमें निरी स्थिति का बयान नहीं है बल्कि वह एक उपस्थिति जगाती है। यही उपस्थिति वह अवकाश है जहाँ जब-तब शब्द आवेग या भावावेश में संकेत नहीं रह जाते बल्कि स्वयं वस्तु बन जाते हैं। बोनफुआ के अनुसार हर कविता अपने मन में एक कथा पोसती है। हम चाहें तो कह सकते हैं कि कम-से-कम इस शताब्दी में कविता ने पूरी गम्भीरता के साथ अपने विकल्प होने को पहचाना है : सत्य का विकल्प होने को, गल्प होने को। शायद इसीलिए जूलिएवा क्रिस्तेवा ने कहा है, "प्रयोगधर्मी कृतियाँ सामाजिक व्यवस्था के बिस्थिरीकरण को उकसाती हैं।" यहीं याद आता है ब्रॉक का कथन : "विज्ञान राहत देता है, कला विचलित करती है।"

एक ऐसे समय में जब शब्द पर हर ओर से हमला है, शब्द की रक्षा और उसकी पवित्रता और गरिमा की रक्षा करना कविता का बुनियादी धर्म है। आज हमारे चारों ओर शब्द का घोर अपव्यय और शोषण हो रहा है। चाहे हमारे यहाँ सुरसा की तरह बढ़ता उपभोक्तावाद हो, संसार में वैचारिक विकास और उथल-पुथल से उदासीन और अप्रभावित विचारधाराएँ हों, उत्तेजना फैलाने में अहर्निश-रत अखबार हों, दृश्य पर कनफोड़ घमासान मचाये धार्मिक और राजनैतिक प्रवचन हों, सभी शब्द को उसके अर्थ से, उसके रहस्य से, उसकी वाचकता, उसकी अन्तर्ध्वनियों से, उसमें गुँथी स्मृतियों से विच्छिन्न कर रहे हैं और उसे इकहरे दो-टूक सम्प्रेषण का माध्यम बनने पर मजबूर कर रहे हैं। उसके प्रति अवज्ञा, उसकी सूक्ष्मता से ऊब और उसके व्यवहार में लापरवाही हमारे सार्वजनिक जीवन का स्थायी भाव ही बन गये हैं। हालत तो यह हो गयी है कि अगर आप सार्वजनिक मंच से, फिर वह अखबार का हो या धर्मसभा या जनसभा का, कुछ कहें तो कोई भरोसा ही नहीं करता कि आपका आशय सचमुच वही है जो आप कह रहे हैं। शब्द लगभग अनैतिक इकाइयाँ बन गए हैं : कर्म के पाखण्ड पर उनसे आवरण डालने का काम लिया जा रहा है। अपने समय के विराट् सरलीकरणों के बोझ के नीचे कराहते पर अब भी अपराजेय शब्द अपनी बुनियादी नैतिक ऊर्जा फिर अर्जित कर सकते हैं तो गल्प की गोधूलि में, अप्रत्याशित और अनिर्धारित के गलियारों में। शब्द को बचाना, उसे कल्पना और सच के बीच अपनी आभा और

जीवनाभा से द्योतित रखना कलावादी होना नहीं है बल्कि मनुष्य के एक कालजयी आविष्कार को बचाना है : उसकी जिजीविषा और मौलिकता को सँजोना है। शब्द नहीं बचेगा तो मनुष्य और उसका जीवन नहीं बचेगा, भले विराट् सत्य और उनके दैत्याकार उपकरण एक निश्शब्द भाषा-निर्जन मरुस्थल में बचे रह जायें। शब्द की अतिजीविता मनुष्य और मनुष्येतर संसार की असंख्य सम्बन्धों और संयोजनों की अतिजीविता है। आज सिर्फ मनुष्य के पर्यावरण-भर को नहीं, उसके शब्द को खतरा है। जो इस खतरे से अनभिज्ञ है वह या तो मनुष्य और शब्द-विरोधी शक्तियों के सामने आत्मसमर्पण कर चुका है या उसमें इस शताब्दी के अन्त के निकट के उपयुक्त लेखक होने के साहस का अभाव है।

पर शब्द इस भयानक समय में फिर भी, हाशिये पर सही, बचे कैसे रह जाते हैं? उनकी अपराजेयता का उत्स कहाँ है? ध्यान से देखें तो हम पायेंगे कि वे शब्द साधारण लोगों की जीवनधारा में भी रसे-बसे हैं और कम-से-कम वहाँ अब भी वे अर्थवाही हैं, उनके अर्थ और आशय में फाँक या पाखण्ड नहीं है। लोग अपने रोजमर्रा के जीवन-व्यापार और संघर्ष में जिन शब्दों का प्रयोग करते हैं उसमें किसी तरह की बेईमानी या दुष्टता नहीं होती। शब्द वहाँ परदा नहीं डालते बल्कि अर्थ और अभिप्राय सहज भाव से खोलते हैं। फिर यही शब्द हमारे पुराने लेखन और क्लैसिक्स में भी संग्रहीत हैं, अपनी समूची रचनात्मक बहुलता और समृद्धि के साथ। एक तरह से शब्दों को परम्परा और सामान्य जीवनधारा सम्पूर्ण पराभव और निरर्थकता से बचाती है और उनके फिर बहुवाची उपस्थिति बनने की सम्भावना को दृश्य पर जीवित रखती है। शब्द दुहरे अर्थों में सम्भावना हैं : वे उत्पादन हैं और विचार भी।

इधर एक-डेढ़ सदी से हम भारत में साहित्य को सामाजिक यथार्थ, आज के समय के प्रति उसकी सजगता और कुल मिलाकर मनुष्य की नियति से जोड़कर देखने लगे हैं। कहना यह चाहिए कि उसकी नितान्त समसामयिकता को प्रमुखता दी जाने लगी है। बल्कि सत्य का साहित्य के सन्दर्भ में अर्थ ही यथार्थ, समय और मनुष्य की स्थिति और नियति हो गया है। अब अगर साहित्य गल्प मात्र रह जाये तो यह आपत्ति की जायेगी कि उसे इन उदात्त लक्ष्यों से पथभ्रष्ट कर वाग्विलास में रिड्यूज किया जा रहा है। सृजनात्मक कल्पना ने समूचे संसार में बँधे-बँधाये ढर्रे छोड़कर, विपथगा होकर, जो उपलब्ध किया है वह सुविदित है। हिन्दी में ही मुक्तिबोध की फैण्टेसी की धारणा और प्रयोग के बाद यह सन्देह नहीं होना चाहिए कि गल्प का यथार्थ और समय उतने ही वास्तविक नहीं हैं जितने सत्य के दावेदार माध्यमों के। मनुष्य की नियति को समझने और उसके लिए जूझने का जीवट शब्द मात्र का फलितार्थ है और बिना कल्पना के वह सम्भव नहीं है। गल्प अपने को सुनिश्चितता से बचाकर विश्वसनीय बनाता है : वह मिलान कुन्देरा के शब्दों

को उधार लेकर कहें तो, पूर्वनिर्धारित सच की सेवाटहल में होने से इनकार है। उसका मूल तथ्यों के साथ अनुरूपता नहीं बल्कि कल्पनाशक्ति में बद्धमूल होकर विवेक का साहसिक निर्भय प्रयोग है। नयी परिस्थिति में आचार्य रामचन्द्र शुक्ल की अवधारणा को याद करें तो यह "अपनी पृथक् सत्ता की धारणा से छूटकर" "हृदय की मुक्तावस्था" है।

कविता के सिलसिले में मानवमूल्यों का जिक्र भी अनिवार्यतः होता है और यह व्यापक मान्यता है कि कविता उन मूल्यों को विवक्षित और चरितार्थ करती है, उनका सत्यापन और संकट की घड़ी में उनकी रक्षा भी। यहाँ इसमें विस्तार से जाने का अवकाश नहीं है, सिवाय यह कहने के कि भाषा की उसकी समूची बहुलता, वाचकता और अन्तर्ध्वनियों के साथ रक्षा और उसमें अन्तर्निहित दृष्टियों को बचाये रखना भी अपने आप में एक मूल्य है। यह नहीं भूलना चाहिए कि हमारी मानवीयता का और मूल्यनिर्मात्री प्रतिभा का सबसे अक्षय प्रतीक और उद्गम भाषा ही है। उसकी अक्षरता ही मनुष्य का नश्वरता के विरुद्ध एकमात्र आश्वासन है।

साहित्य के मंच से धर्म या राजनीति आदि दूसरे अनुशासनों पर कोई फ़ैसला देना ठीक नहीं है, हालाँकि स्वयं उस पर ये सब कोई-न-कोई फ़ैसला देने में कभी संकोच नहीं करते। साहित्य फ़ैसला देने के अधिकार को, उसकी नैतिकता को ही चुनौती देता है। फिर भी, यह पहचान सकना चाहिए कि सिर्फ कविता ही गल्प नहीं है, अन्य अनुशासन, भले ही वे कितने ही सर्वग्राही या सर्वग्रासी क्यों न हों, गल्प के ही संस्करण हैं। विज्ञान ज्ञान का गल्प है, राजनीति व्यवस्था का और धर्म अध्यात्म का। वे अपनी गल्पता स्वीकार करें या न करें—वे इस सन्दर्भ में हमारी चिन्ता का विषय भी नहीं हैं। हम तो अपनी स्थिति और अपनी उपस्थिति का लेखा-जोखा कर रहे हैं। कविता की गल्पता जरूरी नहीं कि सिर्फ ध्वनिसाम्य के तर्क से उसकी अल्पता का स्वीकार हो। लेकिन वह निश्चय ही अपने को केन्द्र में रखने की महत्त्वाकांक्षा या केन्द्र में न होने के अनावश्यक अवसाद से मुक्त होना है। आप यह भी कह सकते हैं कि भाषा के द्वारा यह चरम विकेन्द्रीकरण है। वह ऐसी जगह खोजना है जो उसकी अपनी है और जो किसी का भी, सत्य का भी, उपनिवेश बनने से इनकार करती जगह है। उसका एक ध्वस्तकारी उपपाठ भी है: वह सत्य के वंचनादुर्ग में सेंध लगाना भी है, अगर आप अपनी अदम्य युयुत्सा के लिए रूपक ही खोज रहे हों।

सत्य पर अपना दावा छोड़कर कविता अपनी खरी और अद्वितीय सचाई को स्वायत्त कर रही है।

तुलसीदास ने सदियों पहले नाम को अगुण और सगुण के बीच सुसाक्षी, इन दोनों का प्रबोधन करनेवाला और उनके बीच चतुर दुभाषिया बताया था :

अगुन सगुन बिच नाम सुसाखी
उभय प्रबोधक चतुर दुभाषी।

शायद कविता के गल्प की इससे बेहतर व्याख्या असम्भव है। हमारी स्थापना का पूर्वानुमान है और उसकी एक कालजयी सम्पुष्टि भी।

अन्ततः हम सामान्य और सरलीकृत की तानाशाही या सर्वसत्तावादिता के बरक्स एक बहुलतावादी दृष्टि की वकालत करते हुए आज की कविता में खरी और जीवनधर्मी जटिलता, वैचारिक स्वायत्तता और बौद्धिक दृढ़ता, सृजनात्मक शब्द की और उसके माध्यम से जीवन की प्राथमिकता, भाषिक पर्यावरण की रक्षा, सचाई से अपने वास्तविक जटिल सम्बन्ध की पहचान का आग्रह कर रहे हैं। अगर ज्ञान और सचाई की कोई संसद है तो हम उसमें कविता के लिए स्वाभिमानी और समकक्ष जगह की माँग कर रहे हैं। जीवन और कला के बीच जो ध्रुवीकरण हम पर लाद दिया गया है, हम उसके अतिक्रमण का आह्वान कर रहे हैं।

कविता का गल्प एक कठिन जीवनधर्मी प्रत्यय है—वह सत्य की निर्गुणता के बजाय सचाई की सगुणता का वरण है।

कविता और समाज

रमेशचन्द्र शाह

कल हमने कविता के आत्मसंघर्ष की बात की। आज हम कविता और समाज के दो खण्डों की परिकल्पना खड़ी करके दोनों का सम्बन्ध देखने को प्रेरित हो रहे हैं। विचार की यह मजबूरी है कि वह वस्तुओं या सम्बन्धों के एक बहुत बड़े जाल के बाहर खड़ा होकर जब उसे देखना-समझना चाहता है तो उसे अखण्ड नहीं देख सकता—उसे तोड़कर अलग करके ही देख सकता है। मगर विचार की यह भी मजबूरी है कि वह सिर्फ इस तरह चीजों को अलग कर, तोड़कर ही न समझे, बल्कि उन्हें फिर से आपस में जोड़े—एक नयी एकता पैदा करे। सारे सिस्टम इसी तरह बनते हैं। और चूंकि आदमी की बुद्धि सीमित है—इसलिए ये सिस्टम भी अलग होते हैं। अन्यथा अगर विचार सचमुच विचार है तो मनुष्य और ब्रह्माण्ड की, सत्ता मात्र की एकता का अनुभव उसमें से बोलना चाहिए। मगर ऐसा होता नहीं है। इस दृष्टि से आप हिन्दुस्तानी विचार और यूरोपीय विचार-धाराओं की थोड़ी-सी तुलना अपने भीतर करें तो एक बड़ा रोचक दृश्य सामने आयेगा। आप देखेंगे कि हिन्दुस्तानी विचार के इतिहास में काफी वैविध्य होते हुए भी हिन्दुस्तान अद्वैत के विचार को अर्थात् भेदों में अभेद की सच्ची तत्त्व दृष्टि को छोड़ नहीं पाता है। जबकि पश्चिम के इतिहास में शुरू में ही हेरेक्लाइटस और बहुत बाद में भी मार्क्स हैं। वे जब मनुष्य और ईश्वर के सम्बन्ध की मीमांसा करने चलते हैं तब भी ईश्वर और शैतान, शैतान और ईश्वर-पुत्र का द्वैत खड़ा किये बिना अपनी धार्मिक जिजीविषा को चरितार्थ नहीं कर पाते; और इसी तरह जब वे व्यष्टि मानव और समष्टि मानव (समाज) के बीच के सम्बन्ध का चिन्तन करते हैं तो वहाँ भी एक बुनियादी द्वन्द्व और विग्रह को ही मानवीय स्थिति पर घटाने को विवश होते हैं। मैं समझता हूँ, यह इस मानसिकता में निहित था—मनुष्य और प्रकृति के संघर्षमूलक सम्बन्ध से शुरुआत करने का ही यह नतीजा था

कि—इसकी परिणति एक तरफ मार्क्स और दूसरी तरफ नीत्शे में होती। निश्चय ही मैं ऐसा नहीं मानता कि सत्य की खोज पश्चिम की, हिन्दुस्तान से कोई कम उत्कट रही है। मैं ऐसा भी नहीं कहता कि इतिहास विधाता ने, या कह लीजिए, काल-पुरुष ने ही, जो ये दो प्रयोग किये सत्य के साथ—पश्चिमी मानव और भारतीय मानव के जरिए—वे निरर्थक थे। पर इतना जरूर कहूँगा कि पश्चिम ने जो रास्ता चुना, वह अपेक्षाकृत आसान था।

मगर इस संघर्षमूलक, द्वन्द्वमूलक दृष्टि, सम्वेदन और विचार के साथ-साथ एक अन्त:सलिला के रूप में पश्चिम में भी एक समान्तर विचार-पद्धति बराबर मौजूद रही है, जो अद्वैत के अनुभव को ही प्रमाण मानकर चली है। हाँ, इतना जरूर है कि यह धारा वहाँ के इतिहास में कम बलवान, कम चारित्रिक रही है, बनिस्बत उस धारा के, जो विग्रहमूलक है। हिन्दुस्तान के अनुभव में अखण्डता का विचार ज्यादा हावी रहा है। 'डिस्किसव रीजनिंग' पर 'एनालॉजिकल रीजनिंग' को, काव्यधर्मी विचार को हमेशा वरीयता दी गयी है, क्योंकि काव्यात्मक विचार में जोड़ने की सामर्थ्य ज्यादा होती है। 'विरुद्धों का सामंजस्य' करने की शक्ति भी ज्यादा होती है।

मुझे ऐसा लगता है कि जब भी किसी तर्क के पीछे कविता को चलाने की कोशिश हुई है, कविता की ऐसी-तैसी ही हुई है। और वह तर्क भी अमूमन एक घटिया विचार से प्रेरित होता है। यानी उस आवेश से, जिसमें चराचर को तो क्या, सीमित मानव-सम्बन्धों के सत्य को भी यथावत् पकड़ने और जोड़ने की ताकत नहीं होती, देखा जाता है कि ऐसे विचारकों का कला-सम्वेदन भी बहुत घटिया होता है। भावुकता और इच्छित चिन्तन से भरा हुआ। वे जब भी कला या कविता के बारे में बात करते देखे गये हैं—लगता है जैसे क्षमादान कर रहे हैं उनके होने को। यह खेद की बात है कि छोटा सत्य बड़े सत्य से नफरत ही कर सकता है। या ज्यादा से ज्यादा उसके सामने एक झूठी नम्रता का उपचार ही बरत सकता है। परन्तु इस सारे घालमेल के बावजूद क्या हम इस तथ्य की उपेक्षा कर सकते हैं कि सृजन कर्म की बुनियाद ही उस दोहरी प्रक्रिया में है जिसे 'एकोऽहं बहुस्याम्' तथा 'विरुद्धों के सामंजस्य' के रूप में पहचाना गया है? प्रकृति और पुरुष के जिस सम्बन्ध का साक्ष्य कविता देती है वह क्या दर्शन से भी ज्यादा प्रत्यक्ष और मूल्यवान नहीं? संघर्ष और सहयोग के दुहरे स्तरों पर? इस मामले में भक्ति को लेकर किया गया चिन्तन भी हमारे बड़े काम का है। ऐसा कोई सामाजिक सम्बन्ध नहीं है जिसके द्वारा हमने परम सत्ता से भी अपना सम्बन्ध न जोड़ा हो। नवधा भक्ति के विचार पर थोड़ा इस दृष्टि से गौर करें तो वह समाज-सत्य के बारे में की जानेवाली बहुत सारी लफ्फाजी में सुरंग लगा के धर देगा।

और ऐसा कतई नहीं है कि यह विश्व-दृष्टि कोई दूर की कौड़ी है या महज कुछ विद्वानों या साधुओं का सरोकार। हिन्दुस्तान के इस सहज विवेक ने 'यूरोप' के धार्मिक और राजनीतिक साम्राज्यवाद के भीषण दबाव के बावजूद नये सिरे से आज की विश्व-परिस्थिति के बीच अपने को प्रमाणित और पुनः परिभाषित किया है। और ठेठ हिन्दुस्तानी शब्दावली में, ठेठ हिन्दुस्तानी सम्वेदन के साथ किया है। साथ ही, इस कदर उसने पश्चिम की व्याकुलता को, पश्चिम की प्रयोगशीलता को पचाया है कि स्वयं बीसवीं सदी के कुछ भारतीय चिन्तक उस पर पश्चिमी प्रभाव से दूषित होने का आरोप लगाते देखे गये हैं। मैं समझता हूँ जिस तरह पश्चिम के संघर्षमूलक मानववाद की एक तार्किक परिणति कम्युनिस्ट मैनिफैस्टो में हुई कही जा सकती है, उसी तरह हिन्दुस्तान के अद्वैतमूलक मानववाद (चराचरवाद) की एक परिणति हिन्द स्वराज है। इस दृष्टि से देखने पर मुझे जान पड़ता है कि बीसवीं सदी की उपलब्धियों का जब भी कभी आगे जाके पुनर्मूल्यांकन होगा तो उसमें गांधी के 'सत्याग्रह' की जगह मैक्सप्लैंक और आइन्स्टाइन की बगल में होगी। हो सकता है लोग इसी नतीजे पर पहुँचें कि यह सत्याग्रह उस भेदमूलक मताग्रह को बहुत पीछे छोड़ देता है, क्योंकि उसके पीछे पश्चिम और पूरब दोनों के सबसे मूलगामी चिन्तन और अनुभव का बल है।

आप सोच रहे होंगे; विषय कविता और समाज है और यह कैसी दार्शनिक चर्चा हो रही है। पर यह दार्शनिक चर्चा कतई नहीं है; हाँ, कविता और समाज के सम्बन्ध की वास्तविकता का दर्शन करने की व्याकुलता जरूर है। अगर मुझसे कहा जाये कि गांधी का लिखा सब कुछ डूब रहा है सिर्फ एक वाक्य को बचा लो—तो मैं जिस वाक्य को बचाना चाहूँगा वह यह है—"जब कभी तुम्हारे मन में अपने किसी कर्म, या विचार के बारे में संशय उत्पन्न हो, तब तुम अपने सामने अपने जाने हुए सबसे दुखी और सताये हुए आदमी की मूरत खड़ी करो और सोचो, क्या तुम्हारा कर्म या विचार आचरण ऐसा है कि जो उस आदमी को कहीं से कोई राहत दिला सके—उसे भीतर या बाहर से कोई वास्तविक मदद पहुँचा सके। अगर उत्तर हाँ है तो तुम्हारा कर्म और विचार सही है। नहीं तो गलत है।"

हमारी शताब्दी के एक बड़े कवि का कहना है कि आदमी की मेधा सिर्फ एक चीज को चुन सकती है : या तो जीवन की पूर्णता को, या फिर रचना की पूर्णता को। दोनों का इकट्ठा निर्वाह एक आदमी नहीं कर सकता है। कुछ फाँक तो रहेगी ही। उसने यह भी कहा है कि "जब हम अपने आप से झगड़ते हैं तब हम कविता करते हैं, जब हम दूसरों से झगड़ते हैं तो रेह्टारिक उपजाते हैं।" यह एक विचित्र विडम्बना है कि इस सदी की शुरुआत में हमने जिस कर्म प्रेरणा को, जिस सत्याग्रह को समाज और राजनीति में सक्रिय देखा, वह इस कविता के स्तर

का कर्म था—क्योंकि वह अपने आप से झगड़ता था—अपने को सबके पापों के लिए गुनहगार मानकर चलता था—और इस सदी के अन्त में स्थिति इसके ठीक विपरीत है। यहाँ खुद रेह्टारिक को ही कविता के सिंहासन पर बिठाया जा रहा है। कर्म की तो बात ही क्या? जहाँ कविता का मर्म ही भुलाया जा रहा हो, कविता के, खुली सम्भावनाओंवाले स्तर पर ही सारी चुनौतियाँ समाप्त की जा रही हों, वहाँ कर्म—ठोस सामाजिक और राजनैतिक कर्म—की क्या अधोगति होगी, इसकी कल्पना की जा सकती है। कवि कर्म भी कर्म है, पर वह ठोस सामाजिक कर्म का स्थानापन्न बन जाये, तो इससे बड़ी विडम्बना क्या हो सकती है। इस तरह तो कविता और समाज दोनों पंगु होते हैं और महज आत्म-प्रवंचना को बल पहुँचता है। निश्चय ही, कर्म—सामाजिक कर्म—की सीमाएँ हैं, क्योंकि मानव स्वभाव की अपनी सीमाएँ हैं और कविता की सीमाएँ असीम लगती हैं, क्योंकि उनमें भाषा की गति सबसे ज्यादा उन्मुक्त और अप्रतिहत होती है। कवि-कर्म की चिन्ता भी इसीलिए जरूरी है कि कविता की यह बीजधर्मिता ही उसे सबसे ज्यादा सम्भावनाशील बनाती है। जिस दिन यह सम्भावना समाप्त हो जायेगी—मानव-समाज की भी सम्भावनाएँ समाप्त हो जायेंगी। आखिर सभ्यता का इतिहास मानव और उसकी भाषा का ही इतिहास है। मगर भाषा सिर्फ शब्द से वाक्य तक का, मौखिक से लिखित तक का इतिहास ही नहीं है। शब्द केवल सभ्यता के साथ नहीं है, आदिम भावनाओं से भी उसका गहनतम सम्बन्ध है। इसीलिए काव्य-कल्पना की जो सबसे बड़ी विभूति है जिसे हमारे यहाँ 'ध्वनि' और उधर 'ऑडिटरी इमेजिनेशन' कहा जाता है, उसके बारे में यही प्रसिद्ध है कि यह 'ऑडिटरी इमेजिनेशन' वहीं काम करती है, जहाँ मनुष्य चेतना के ये दो छोर—प्रिमिटिव और सिविलाइज्ड छोर—आपस में जुड़ जाते हैं। तभी सबसे गहरे वागर्थ की सृष्टि होती है, जो मानव और मानव-समाज की सम्भावनाओं के लिए एक रचनात्मक अवकाश बनाये रखती है।

यहाँ पर मुझे तुलसीदास याद आ रहे हैं। उन्होंने कवि कर्म को 'नाम-निरूपण' और 'नाम-जतन' की संज्ञा दी है और कहा है कि 'अगुन-सगुन बिच नाम सुसाखी, उभय प्रबोधक चतुर दुभाषी।' यानी कविता साक्षी और दुभाषिए का काम करती है, कांक्रीट और एब्स्ट्रैक्ट के बीच, रूप और अरूप के बीच, व्यक्ति और समाज के बीच, मानव और प्रकृति के बीच।

अगर ऐसा है तो कविता के इस स्वभाव और सामर्थ्य की रक्षा करना हमारा धर्म है। रेटरिशियन की तरह, राजनीतिकों और पत्रकारों की जूठन उठाते हुए हमें कविता की एक छोटी-सी जबरदस्ती थोपी गयी गवाही से सन्तुष्ट नहीं हो जाना चाहिए। निश्चय ही हम अपनी सामर्थ्य-भर कविता ही लिख सकते हैं पर अपनी सामर्थ्य से कविता की सामर्थ्य को नापना, उसे मनमाने ढंग से परिभाषित और

सीमित करना एक बहुत बड़ा झूठ है, क्योंकि ऐसा करने से कविता की सामर्थ्य वास्तव में वैसी ही कुण्ठित हो भी जाती है और दूसरे क्षेत्रों की ही तरह यहाँ भी अपने कर्मों के फल से हम बच नहीं सकते। सब कुछ नष्ट किया जा सकता है—संस्कृतियाँ भी, कविता भी। यह लिखकर मैं खुद ही चौंक गया हूँ क्योंकि कविता की सबसे बड़ी विशेषता ही यह मानी गयी है कि वह काल को जीतती है। ऑडेन ने अपनी एक प्रसिद्ध कविता में लिखा है कि "काल जो किसी को नहीं बख्शता, कविता को बख्श देता है। बल्कि वह कविता का आभार मानता है कि उसने उसके सर्वसंहारक स्वभाव को ऐसा अहिंसक मगर अनुल्लंघनीय प्रतिरोध दिया।" निश्चय ही मैं किसी कालजयी कविता का आदर्श लेकर ये टूटी-फूटी बातें नहीं कर रहा रहूँ। आज आदमी जैसी कविता लिख सकता है, उसी की बात कर रहा हूँ। पर इतना तो कहा ही जा सकता है कि अपनी गुलामी में खुद सहायक बनने के लिए कोई बँधा नहीं हैं। मुझे ऐसा लगता है कि आज हिन्दी कविता को आत्म-हत्या का नुस्खा थमाया जा रहा है। यह अकारण नहीं, कि इधर कुछ लोग 'तार सप्तक' के बाद की कविता को अनहुआ करने के लिए एक तर्क-साँचा गढ़ने को कुलबुला रहे हैं। इसके पीछे नीयत कुछ यह जान पड़ती है कि आज की कविता का जो मस्तक है उसे तो काटकर फेंक दिया जाय और बाकी जो धड़ बचे उसके लिए एक दूसरा मस्तक खोजा जाय। वैसे तो इस कोशिश में कोई बुराई नहीं है। वाणी-विनायक की प्रतिष्ठा के लिए अपने यहाँ क्या-क्या नहीं किया गया। मगर इन नये पुण्यात्माओं और अतीत के पौराणिकों के बीच एक बड़ा फर्क है। उस पौराणिक कारंवाई के पीछे एक जबर्दस्त काव्य-तर्क था—आदमी और पशु की बुनियादी एकता का। बल्कि पशु के सौन्दर्य को वहाँ देवता की तरह प्रतिष्ठित करने की बात थी। क्योंकि आदमी अपनी जिस तर्क-शक्ति के कारण आदमी है, वह अपने अतिरेक पर एक बड़ी खतरनाक चीज भी बन सकती है। अपनी महत्त्वाकांक्षा में तर्क की यह तानाशाही मनुष्येतर सृष्टि के प्रति सम्बन्ध के भाव को ही नष्ट कर दे सकती है। मगर आज मामला बिल्कुल उलटा है। ये लोग अपनी परम्परा की अपने ढंग से यथावत् खोज करने की बजाय एक उधारी के ढंग से, पराये तर्क की रोशनी में अपनी परम्परा की काट-पीट करके वह मस्तक गढ़ा चाहते हैं। ये दिखाना चाहते हैं कि इन चालीस बरसों में जो कुछ हुआ है, वह हिन्दी कविता का स्वाभाविक विकास नहीं था, बल्कि पश्चिम की नकल था। इसमें कोई सन्देह नहीं कि हमारी कविता भी हमारी और कई सारी चीजों की तरह हमारी द्विधाग्रस्त अस्मिता की ही उपज है। पर वह तो होगी ही। उसका इलाज तो समूची अस्मिता की चिन्ता करने से ही होगा। समूची गड़बड़ के समूचे साक्षात्कार से। यह बदनीयती से प्रेरित तार्किक अंग-भंग उसका कतई इलाज नहीं है। क्या सत्याग्रह-युग में भी पूरे देश का मानस विभाजित नहीं था? क्या 'नयी

कविता' इस द्विविध मनोभूमि की छटपटाहट को भी अंकित नहीं करती ? क्या वह वास्तविक आत्मस्थितियों की तीखी और सुपरिभाषित पहचान के जरिए हमारी सामूहिक चेतना की भी गहरी हलचलों का पता नहीं देती ? उसमें कार्यरत सम्वेदनात्मक विवेक का नया रंग भी क्या छायावादोत्तर भावुकता और आत्म-स्फीति से उबरने का एक सार्थक उपक्रम ही नहीं था ? सृजनात्मक सम्भावनाओं की इस नयी उपलब्धि को क्या हम इसीलिए व्यर्थ मान लेंगे, कि वह काव्य में गीति-तत्त्व की हमारी एक खास अपनी व्याख्या में नहीं अँटता ? क्या हम इसीलिए उसे हिन्दी काव्य की मुख्यधारा से विचलन करार देंगे कि उसने अपने 'सहृदय सामाजिक' के साथ जैसा सम्बन्ध जोड़ा, वह कविता और समाज की हमारी अवधारणा से मेल न खाने के कारण हमें नहीं सुहाता ? क्या हम यह कहना चाहते हैं कि भारतीय समाज के अन्तर्द्वन्द्व का, अथवा उस तरह हिन्दी के जातीय छन्दों-लयगतियों का भी जैसा सूक्ष्म ज्ञान और सम्वेदन प्रगतिवादी कवियों को था, वैसा अज्ञेय, मुक्तिबोध, कुंवरनारायण, रघुवीर सहाय इत्यादि को नहीं था और इन महानुभावों की कारगुजारियों के फलस्वरूप ही वह सारा किया-कराया मिट्टी में मिल गया और (मुख्यधारा से इस विचलन के कारण ही) कविता और समाज के बीच जैसा जीवन्त और जातीय सम्बन्ध प्रगतिवादियों ने स्थापित किया था, वह क्षत-विक्षत हो गया, जिसकी मरम्मत के लिए अब फिर से गीति-तत्त्व चाहिए ? मेरा ख्याल है, ऐसे अद्भुत निदान और ऐसे अद्भुत उपचार को झाड़-फूंक से ज्यादा महत्त्व देना मुश्किल है—उन लोगों के लिए, जो इन कवियों की कविता से, इनके लयात्मक सम्वेदन से, यहाँ तक कि छन्द के हिसाब से भी इनके द्वारा की गयी सार्थक पहल से परिचित हैं। उनके लिए इस झूठ को पचाना भी बहुत मुश्किल है कि काव्य में व्यक्तित्व की खोज या अस्मिता के सवालों से भिड़ना लाजिमी तौर पर एक असामाजिक या समाज-विरोधी हरकत है। वे तो यही समझते हैं कि इस नयी कविता ने न केवल अपने लिए एक समाज बनाने की कोशिश की थी, बल्कि एक वास्तविक परिस्थितियोंवाले वास्तविक समाज को और उसमें जी रहे आदमी की भी रचनात्मक सम्भावनाओं को पहचाना और उन्हें सही नाम दिया था।

तो फिर क्या दरअसल हमारी शिकायत का रूप यह है कि यह चालीस वर्षों की कविता कहीं अपने जाने-अनजाने उस असली चुनौती से कतराती रही, जिसका कमोवेश बोध तो सत्याग्रह-युग के बुद्धिजीवियों में भी था पर जिसे बिना इस या उस छोर की आसानी में घुलाये उसकी परिणति तक ले जाने का और वहाँ उसका एक गहरे ज्ञान-सम्वेदनात्मक साक्षात्कार के स्तर पर प्रत्युत्तर देने का उचित अवसर और जिम्मा स्वातन्त्र्योत्तर युग के कवियों का था, जिसे उन्होंने ठीक से निबाहा नहीं ? क्या हम यह कहना चाहते हैं कि छायावादी कवियों ने जिस

तरह 'परम्परा' का आत्मतुष्ट अपरीक्षित और गलत सहारा लेकर समस्या का सरलीकरण किया और एक भ्रामक काव्य-मुक्ति का प्रदर्शन किया, उसी तरह नयी कविता के कवियों ने भी एक अनपची 'आधुनिकता' के साथ सतही रोमांस का सिलसिला चलाते हुए उस वक्त की अदूरदर्शी राजनीति का ही साथ दिया और व्यापक भारतीय समाज की अवस्थिति और आकांक्षाओं की अवहेलना की? अगर कविता को इस तरह हम एक सतही और मशीनी ढंग से 'जीवन की आलोचना' वाले मापदण्ड से मापते हैं तो यह कहना बड़ा मुश्किल होगा कि छायावादी कविता 'जीवन की आलोचना' से एकदम शून्य है। इसी तरह नयी कविता के बौद्धिक अनुशासन में भी कुछ कच्ची और आत्ममुग्ध मुद्राओं के बावजूद यह 'जीवन की आलोचना' नहीं है, ऐसा कैसे कहा जा सकता है? यह भी कैसे कहा जाये कि इनसे पहले के प्रगतिवादी कवियों में यह 'जीवन की आलोचना' गुणवत्ता की दृष्टि से कहीं ज्यादा मूल्यवान है? वह तो सरासर गलत होगा। तब फिर वह तथाकथित विचलन कहाँ से है और किससे है? हम किस मुख्यधारा की बात कर रहे हैं? जिससे कि छायावादी कवियों का भी निष्कासन हो जाता है और नयी कविता के कवियों का भी? वह किन काव्यों से बनती है? क्या वह हमारी जानी-मानी परम्परा से भिन्न एक दूसरी ही परम्परा है जिसकी खोज अभी की जानी है।

वैसे भी, क्या यह लाजिमी नहीं, कि इस सदी के भारतीय समाज को, उसके संकल्पों-विकल्पों को, उसकी अन्दरूनी हलचलों को झलकानेवाली कविता का इतिहास भी कमोबेश उसी अनिश्चय और द्विविधं मनोभूमि को ही प्रतिबिम्बित करे? उपर्युक्त तर्क की विचारोत्तेजक सम्भावनाओं को ध्यान में रखते हुए अगर हम यह मान भी लें कि उसके विकास के एक चरण पर भारतीयता का रोमान है और विकास के दूसरे चरण पर आधुनिकता का रोमान है और ये दोनों ही गड़बड़ियाँ हैं, तो क्या यह स्थिति स्वाभाविक ही नहीं है? क्या यह हमारी द्विविध मनोभूमि की ही अभिव्यक्तियाँ नहीं हैं? क्या सही आत्म-प्रत्यभिज्ञा की दिशा में, युग की चुनौतियों के सम्मुख एक सर्वथा जीवन-सम्मत और जीवनदायी सन्तुलन पाने के लिए पेण्डुलम के दोनों छोरों को छूना अनिवार्य नहीं लगता? व्यक्ति को मारकर समाज को नहीं जिलाया जा सकता और समाज भी समाजशास्त्र की एक अवधारणा-भर नहीं है। कविता भी सिर्फ 'क्रिटिसिज्म ऑव लाइफ' ही नहीं है; 'रेवेलेशन ऑव ए हिडन लाइफ' भी है। फिर यह मामूली-सा तथ्य भी याद रखना जरूरी है कि कविता सिर्फ समाज या व्यक्ति में से ही नहीं निकलती: कविता, कविता से भी निकलती है। भाषा-काव्य-भाषा की जो तत्कालीन परिस्थिति है, उसका भी प्रभाव पड़ता है। चालू द्वन्द्वों में सामयिक राजनैतिक-सामाजिक परिस्थितियों को भर लेना कतई कवि कर्म नहीं है। एक समूचे समाज के भीतर

सही आत्मनिर्णय की चुनौती के चलते संस्कार और सम्वेदन का जो बहुस्तरीय द्विन्द्व है वह एक कवि की सम्वेदना के जरिए जब कभी अभिव्यक्त होता है तो उसके लिए वागर्थ के जिस सूक्ष्म संरचनात्मक सन्तुलन की आवश्यकता होती है, उसे महज तथाकथित गीति-तत्त्व से या तथाकथित सामाजिक तत्त्व से अथवा दोनों के कसी तदर्थ और मनमाने मेल से नहीं पैदा किया जा सकता।

सामाजिक यथार्थ और कविता का आत्मसंघर्ष : कुछ नोट्स

कुँवर नारायण

कविता जब भी यथार्थ के बहुत नजदीक जाती है, अथवा यथार्थ को अपने बहुत नजदीक लाती है, उसके जीवन-विवेक पर सबसे अधिक दबाव पड़ता है। वह सब जो हो रहा सही-गलत का मिला-जुला रूप है, यथार्थ है, व्यावहारिक है : वह सब जो होना चाहिए यथार्थ से दूर हो सकता है। कविता यथार्थ को नजदीक से देखती मगर दूर की सोचती है। वह एक बारीक मगर जरूरी फर्क करती है जीवन-यथार्थ और जीवन-सत्य के बीच। दुनिया जैसी है और जैसी उसे होना चाहिए के बीच कहीं वह एक लगातार बेचैनी है। एक कवि में अगर दूर तक सोच सकने की ताकत नहीं है तो उसकी कविता या तो यथार्थ की सतह को खरोंचकर रह जायेगी, या किसी भी आदर्श से चिपककर—जब मैं जीवन-सत्य की बात करता हूँ तो मेरा मतलब कविता के पीछे काम करनेवाली उस सतर्क-बुद्धि सम्वेदनशीलता से होता है जो जिन्दगी को तीव्रतम एहसासों और विवेक के स्तरों पर एक साथ जीने में सक्षम हो और सही जीवनमूल्यों की पहचान करा सके। उसकी जिजीविषा का स्रोत उदात्त अर्थों में आत्मिक और उसी नाते सार्वभौमिक भी हो। समकालीन और स्थानीय पर उसकी पकड़ सच्ची और प्रामाणिक होनी चाहिए लेकिन उस तक ही सीमित नहीं, अपनी व्यापकता और सदाशयता में दोनों का अतिक्रमण करती हुई भी हो।

जो यथार्थ कवि को उद्विग्न करता और जो आदर्श उसे आश्वस्त, उनके बीच कविता की स्थिति और सार्थकता को बनाये और बचाये रखने की कोशिश कविता की सही जमीन खोजते रहने की कोशिश है। केवल ऊपर से देखें तो यथार्थ की पहचान और पकड़ दोनों ही भ्रामक हो सकती हैं, और अक्सर उन्हीं सचाइयों का

निषेध करती हुई हो सकती हैं जिनकी तलाश में कविता हमेशा प्रत्यक्ष की त्वचा से एक या कई सतह नीचे या भीतर की कविता होती है।

2

कबीर, ग़ालिब या निराला ने अपने समय के यथार्थ को भरपूर जिया और सोचा, लेकिन उनकी कविता उस यथार्थ से आक्रान्त कविता नहीं है; उन जीवन-सत्यों की कविता है जो यथार्थ का बारीक अवलोकन भी है और उस पर सार-गर्भित टिप्पणी भी। उससे भिन्न ऐसी तमाम वक्ती कविताएँ ध्यान में आती हैं जो अपने समय की घटनाओं, चरित्रों, आचरणों आदि को लगभग अखबारी फुर्ती से व्यक्त करती हैं, हमारे लिए उतनी ही महत्त्वपूर्ण भी साबित होती हैं और लगभग उतनी ही जल्दी अप्रासंगिक हो जाती हैं। सही मायने में कविता यथार्थ पर उससे कहीं ज्यादा गहरे सम्बन्धों, विचारों और आत्म-मन्थन का नतीजा होती है।

कवि के व्यक्तित्व को एक अत्यन्त सम्वेदनशील माध्यम के रूप में सोचें तो सामाजिक सन्दर्भ में उसकी भूमिका अहम है। निराला की 'सरोज-स्मृति', 'वह तोड़ती पत्थर' या 'कुकुरमुत्ता' यथार्थपरक कविताएँ होते हुए भी एक मायने में अत्यन्त आत्मीय और निजी कविताएँ भी हैं; तथा 'राम की शक्तिपूजा', 'तुलसी-दास' या 'जुही की कली' यथार्थी कविताएँ न होते हुए भी भारतीय लोक-मानस के गहरे आत्मीय संस्कारों से जुड़ी हुई कविताएँ हैं। निराला का निजी संसार उनकी कविता का उतना ही आवश्यक हिस्सा है जितना वह समाज जिसमें वे जी रहे हैं। खास बात है निराला की समझ और सम्वेदना का विस्तार जो उनकी कविताओं की रीढ़ है, और जो इस पर इतना नहीं निर्भर करता कि कवि अपने चारों ओर की जिन्दगी का कितना सही-सही चित्रण करता है बल्कि इस पर कि वह अपने बाहर और भीतर के यथार्थ का कितना संश्लिष्ट रूप हमें दे पाता है और इसके दौरान जो जीवन-दृष्टि हमें देता है वह कितनी मूल्यवान है। यह दृष्टि निराला की कविताओं और गीतों में बराबर मौजूद रहती है। निराला ने कुछ बहुत ही अच्छे गीत अपने कवि-जीवन के अन्तिम वर्षों में लिखे, जबकि एक कवि, गीतों को प्रायः अपने प्रारम्भिक, यानी कमोवेश अप्रौढ़ या किशोर-वर्षों में लिखता है। 'जुही की कली' को अगर निराला की प्रारम्भिक गीति-सम्वेदनाओं की देन मानें तो उनका कृतित्व अपने दार्शनिक और यथार्थवादी दौर से होता हुआ 'अर्चना' के गीतों में एक महत्त्वपूर्ण परिक्रमा पूरी करता है।

मुक्तिबोध की कविताओं में प्रत्यक्ष यथार्थ के चित्रण से ज्यादा महत्त्वपूर्ण है उनका परोक्ष अर्थ-विन्यास। कभी-कभी उनके यथार्थ खण्ड बिल्कुल रिवाजी और ढीले बँधे हुए लगते हैं—शब्दों की तरह प्रतीकार्थक—स्वयं में उतने अर्थवान नहीं जितने एक-दूसरे से जुड़कर किसी बृहत्तर संयोजन में अर्थवान। ठीक उसी तरह

जैसे एक अच्छी फिल्म में सामान्य यथार्थ-खण्डों को शाब्दिक-सी योजना देकर अर्थ सम्प्रेषण किया जाता है। मुक्तिबोध की कविता जब चूकती है तब भी वह मुझे एक फिल्म की तरह चूकती लगती है, मानो वे लम्बे-लम्बे अनकट रशेज़ हों जिनका कुशल सम्पादन अभी बाकी हो, या पढ़नेवाले पर छोड़ दिया गया हो। अनेक ऐसी आधुनिक कविताएँ ध्यान में आती हैं जिन्हें हम केवल ग्रहण ही नहीं करते, अपने अन्दर उनकी पुनर्रचना भी करते हैं।

वैसे, यथार्थ चित्रण को लेकर कविता का शिल्प कभी भी बहुत निश्चित नहीं रहा, बावजूद इसके कि साहित्य की अनेक विधाओं की झलक उस पर पड़ती रही। अज्ञेय की 'असाध्य वीणा' का चुस्त और सावधान गठन अपने शिल्प और तराश में लगभग औपन्यासिक है, पर एक निश्चित कथानक के बावजूद कथ्य में एक भाव-गीत की तरह अठोस। सर्वेश्वरदयाल सक्सेना की 'कुआनो नदी' आंचलिक जमीन पर अत्यन्त अन्तरंग भावनाओं की वर्णनात्मक कविता है। विनोदकुमार शुक्ल की कविताओं और उपन्यास के शिल्प में अद्‍भुत समानता है। धूमिल की 'मोचीराम' या विष्णु खरे की 'एक चीज के लिए' में नाटकीयता का कुशल इस्तेमाल है। इस तरह सोचें तो एक उत्कृष्ट कविता व्यापक अर्थों में पूरा साहित्य भी हो सकती है और बहुत ही संकुचित अर्थों में छोटी-सी तुकबन्दी मात्र भी। पहले के अनेक कवियों ने यथार्थ की ज्यादा ठेठ और क्रमबद्ध तस्वीरें दी हैं, उनकी अपेक्षा इधर की अनेक अच्छी कविताओं में यथार्थ की नितान्त सांकेतिक तस्वीरें (जिन्हें शायद यथार्थ की तस्वीरें न कहकर यथार्थ के फटेचिटे टुकड़े मात्र कहना ज्यादा सही होगा) मिलेंगी, क्योंकि उनके पीछे यथार्थ को एक कैमरा की तरह देखने की कोशिश उतनी नहीं होती जितनी एक कवि की सम्वेदना से देखने की कोशिश।

3

इधर की ऐसी भी तमाम कविताएँ हैं, जिनमें सामाजिक यथार्थ अक्सर ज़िक्री तौर पर ज्यादा, फिक्री तौर पर कम आ रहा है। सन् 40 के आसपास सामाजिक विषयों का जो दौर आया था उसे सबसे पहले और सबसे ज्यादा ग़ज़लों और गीतों ने गाया। ऐसा नहीं कि इन विषयों को लेकर ईमानदार या पुरअसर कविताएँ भी नहीं लिखी गयीं लेकिन उस वक्त भी कवियों का एक बड़ा वर्ग ऐसा था जो नये विषयों के लिए कविता के पुराने फॉर्म को नाकाफी मान रहा था। छन्दों के प्रभुत्व और जादू को तोड़ना इसलिए भी जरूरी था, क्योंकि छन्द ही कविता का पर्याय-सा बन गये थे, और कविता का प्रमुख काम हमें किसी-न-किसी तरह की दिमागी राहत दिलाना मान लिया गया था। कविता को छन्दों की जेल से छुड़ाने के पीछे एक चिन्तन यह भी था कि कविता की उन ताकतों का मुक्त विकास हो सके जो छन्दों पर आश्रित नहीं होतीं।

आज अगर मुक्त-छन्द, या छन्दों से मुक्ति, की भी परिपाटी-सी बन गयी लगती है, यहाँ तक कि वह कविता की नहीं बल्कि कविता से पलायन की पहचान बनती जा रही है, तो नये रूपों की जरूरत की ओर फिर ध्यान जाना स्वाभाविक है। इस सिलसिले में अगर छन्दों की ओर ही ध्यान जाता है तो इस खतरे की ओर भी ध्यान जाता है कि कहीं कविता का आत्मसंघर्ष, उसकी रचनात्मक ऊर्जा, नये फॉर्म खोजने के बजाय फिर उन्हीं पुराने रूपों की चहारदीवारी में घिरकर न रह जाये जिनकी अतियों के खिलाफ उसने कभी संघर्ष किया।

समकालीन कविता में आज अगर कुछ ठहराव-सा लगता है तो गीत या ग़ज़ल को ही उसका विकल्प मानना ठीक नहीं लगता। विकल्प वे इसलिए भी नहीं हो सकते क्योंकि वे कभी भी मुक्त-छन्दवाली या छन्द-रहित कविता के प्रतिद्वन्द्वी नहीं थे, उसके सहयात्री थे, यद्यपि उनके पाठक, श्रोता और मंच बिल्कुल अलग थे, उसी तरह जैसे आज फिल्मी गानों की जात बिल्कुल अलग है। फिल्मी गीतों में भी साहित्यिकता हो सकती है पर वे किसी भी साहित्यिक विधा का विकल्प नहीं हो सकते—साहित्यिक गीतों का भी नहीं। निराला के गीत या दुष्यन्त कुमार की ग़ज़लें उनकी कविताओं के विकल्प नहीं हैं, गीत और ग़ज़ल के क्षेत्र में उनका अलग काम है। निराला समर्थ गीतकार थे लेकिन उनकी काव्य-यात्रा में सामाजिक यथार्थ का दौर भी वही था जो उनकी कविता का सबसे प्रयोगशील दौर था—यानी नये कथ्य की समस्या कहीं न कहीं अनिवार्य रूप से फॉर्म की समस्या से भी जुड़ी रही है, और आज गीत या ग़ज़ल के फॉर्म की बात का उठना फॉर्म की ही समस्या का उठना है, भले ही हम उसे कथ्य की ओर से उठायें और कथ्य की ही समस्या मानें। सम्प्रेषणीयता के तर्क को भी एक सीमा तक ही छन्दों या लोकरंजक काव्यरूपों के पक्ष में खींचा जा सकता है, अन्ततः तो यह एक कवि का बिल्कुल निजी फैसला ही होगा कि वह अपनी कविता के लिए छन्दों और गीतात्मकता को कहाँ तक और किस रूप में जरूरी मानता है, अगर उन्हें जरूरी मानता है।

4

हिन्दी में 'रूप' और 'कथ्य' या 'फॉर्म' और 'कन्टेन्ट' को लेकर जो बहसें हुईं उन्होंने समस्या को सही जगह पर नहीं स्थिर किया। साहित्य में, और कविता में विशेषकर, यथार्थ किस रूप में आये कि एक ओर अगर वह अपना संज्ञानात्मक काम (कॉग्नीटिव फंक्शन) पूरा कर सके तो दूसरी ओर कला के सौन्दर्यानुभूति-मूलक काम (एस्थेटिक फंक्शन) को भी। इस पर जो लम्बी और विचारोत्तेजक बहस यूरोप में चली थी और जिसके केन्द्र में लूकाच, ब्रेख्त, ब्लोख़, बेन्जामिन और अडार्नो जैसे विचारक थे, उसने साहित्यशास्त्र की कई समस्याओं की ओर

ध्यान खींचा था, खास तौर पर सामाजिक यथार्थ के परिप्रेक्ष्य में। लेकिन कविता के बारे में सोचते वक्त कुछ विशिष्ट समस्याओं पर भी ध्यान देना जरूरी है। लूकाच के विचारों पर ब्रेख्त की प्रतिक्रियाओं के पीछे भी हम उस जरूरी फर्क को महसूस कर सकते हैं, जहाँ ब्रेख्त प्रमुखत: एक कवि और नाटककार की हैसियत से बोलते हैं, और लूकाच प्रमुखतः उपन्यास के सन्दर्भ में एक सिद्धान्तकार की हैसियत से।

कविता के सन्दर्भ में 'सामाजिक यथार्थ' और 'व्यक्ति' के सम्बन्धों को लेकर ब्रेख्त के विचार मुझे आज भी महत्त्वपूर्ण लगते हैं। पहली बात तो यह कि सामाजिक यथार्थ को वे मात्र विवरणात्मक या वृत्तात्मक न मानकर मूलत: अध्ययनात्मक मानते हैं—('रियलिस्टिक मीन्स : डिस्कव्हरिंग दि कॉज़ल काम्पलेक्सेज़ ऑव् सोसायटी') दूसरी बात, वे शिल्प, प्रयोग आदि के मामले में कवि की पूरी आजादी के कायल थे तथा इसके खिलाफ थे कि आदमी की भीतरी जिन्दगी को महत्त्वहीन ('क्वाइट नेग्लीजीबल') माना जाय। एक रचनाकार की हैसियत से ब्रेख्त जिन सिद्धान्तों की जकड़बन्दी में स्वतन्त्र लेखन को दुश्वार पा रहे थे उस पर तीखी प्रतिक्रिया व्यक्त करते हुए उनका कहना था कि जन-समुदाय के बारे में चिन्ता का यह मतलब कदापि नहीं होना चाहिए कि व्यक्ति को मूल कारणात्मक कड़ी ('कॉज़ल नेक्शस') के रूप में भुला दिया जाय।

लूकाच का उस समय मार्क्सवादी समीक्षा और चिन्तन के क्षेत्र में काफ़ी दबदबा था। ब्रेख्त उनके खिलाफ खुल्लमखुल्ला कुछ कहने के मामले में सावधान थे, लेकिन विशुद्ध साहित्यशास्त्री सिद्धान्तों का रचनात्मक साहित्य पर जो अनावश्यक दबाव महसूस कर रहे थे उसका उनके मन में खासा असन्तोष था। लूकाच के यथार्थवादी सिद्धान्तों को लेकर ब्रेख्त का कहना था कि साहित्य-सिद्धान्तों का भी अपना 'रूपवाद' हो सकता है जो रचनात्मक साहित्य में रूप के महत्त्व को समझने में बिल्कुल असमर्थ साबित हो सकता है। 19वीं सदी के उपन्यासों के अध्ययन से निकले यथार्थवाद को आज के साहित्य पर प्रमाण की तरह लादना गलत है। नयी जरूरतों के हिसाब से नये शिल्प की खोज जरूरी है। इसके लिए लेखक को प्रयोगों की पूरी छूट होनी चाहिए। शिल्प का अस्वीकार नहीं उसका विकास जरूरी है। यथार्थ को लेकर ब्रेख्त का कहना था कि "यथार्थ बदलता है तो उसे व्यक्त करने के तरीके भी बदलेंगे ही।"

ऐसा नहीं कि सामाजिक यथार्थ को समझने के मामले में लूकाच ने बहुत ही मूल्यवान चिन्तन नहीं दिया है, लेकिन ब्रेख्त कविता पर जिस सैद्धान्तिक आग्रह की ज्यादतियों को महसूस कर रहे थे वह कहीं एक रचनाकार की कठिनाइयों को प्रकट करता है, सामाजिक यथार्थ को खारिज़ नहीं।

5

कविता में 'मैं' की व्याख्या केवल आत्मकेन्द्रण या व्यक्तिवाद के अर्थ में करना उसके वृहत्तर आशयों और सम्भावनाओं दोनों को संकुचित करना है। कविता पर 'सामाजिक यथार्थ' का दबाव इस रूप में नहीं पड़ना चाहिए कि कवि-व्यक्तित्व की कोई स्पष्ट पहचान ही न उभर पाये : इससे कविता का एक बहुत ही जीवन्त पक्ष पंगु हो जायेगा। सामाजिक यथार्थ के साथ एक कवि का सम्पूर्ण व्यक्तित्व लिप्त होता है। यह उसकी कला की शर्त है कि वह अपने विषय को लेकर अनासक्त या तटस्थ नहीं रह सकता। एक उपन्यास या कहानी में लेखक के व्यक्तित्व का हस्तक्षेप न्यूनतम भी हो सकता है, जबकि एक कवि अपने पूरे पैशन के साथ सामाजिक यथार्थ में हिस्सेदारी रखता है, और उसे अपने व्यक्तित्व का वह अतिरिक्त आयाम देता है जिसके बिना कविता सपाट और व्यक्तित्वहीन हो जायेगी। एक कवि यथार्थ को अपनी सम्वेदना में, या अपनी सम्वेदना से, परिवर्द्धित करता है। इस मायने में कविता का 'मैं' जितना निर्वैयक्तिक होता है उसका 'वे' उतना ही व्यक्तिगत। एक कवि का व्यक्तित्व तथा उसकी समाजसापेक्षता कविता में बिल्कुल जुड़े हुए सवाल हैं। एक कवि के निजी अनुभवों का संसार दूसरों के किसी मतलब का है या नहीं यह बहुत कुछ उसकी निजी प्रतिक्रियाओं की व्यापकता, मानसिक समृद्धि, समझ आदि पर निर्भर करता है। जिस तरह निजी अत्यन्त उदार अर्थों में सामाजिक या सार्वभौमिक हो सकता है, उसी तरह सामाजिक अत्यन्त संकुचित अर्थों में बिल्कुल निजी भी हो जा सकता है। अतः निजी और सामाजिक के बीच बुनियादी विरोध न मानकर निजी के साधारणीकरण की समस्या को ही कला की मूल समस्या मानने में प्राचीनों का यह मत ठीक लगता है कि श्रेष्ठ काव्य-रचना वही है जिसमें 'परस्य न परस्येति ममेति न ममेति च' वाली स्थिति हो।

6

कविता में आत्मसंघर्ष को दूसरे स्तरों पर कुछ इस तरह समझा जा सकता है—प्रेम या प्रकृति या निजी भावनाओं की कविताएँ इस मायने में एक सुरक्षित दुनिया है कि उसकी मौजूदा सामाजिक या राजनीतिक यथार्थ से कोई सीधी टकराहट नहीं। सामाजिक और राजनीतिक यथार्थ से सीधा सामना न केवल एक कटु बल्कि खतरनाक अनुभव भी हो सकता है, क्योंकि वह कहीं-न-कहीं समाज की बर्बर ताकतों के खिलाफ एक चुनौती भी होगा। इन खतरों को उठाने का मतलब कभी-कभी जिन्दगी को एक बहुत ही बेगाने, दुश्वार और अकेले बिन्दु पर जीना है—एक गैलीलिओ की तरह उत्पीड़ित या एक कबीर की तरह अपना घर फूंक कर! आज कविता के संकट का एक कारण यह भी जान पड़ता है कि कवि जिस

यथार्थ से क्षुब्ध है उसके साथ न तो वह समझौता ही कर पाता है न उसके विरुद्ध कोई कारगर लड़ाई ही, क्योंकि एक स्तर पर अगर वह आत्मिक रूप से नष्ट होता है तो दूसरे पर भौतिक रूप से ।

7

जो भाषा कविता की बुनियाद है वही अगर समाज के निहित स्वार्थों द्वारा शोषण और झूठ का ताकतवर साधन बन जाती है तो कविता के लिए उसमें विश्वसनीय जगह बनाना सबसे मुश्किल हो जाता है । मूल्यों को जाँचने-परखने का सबसे सम्वेदनशील माध्यम, यानी भाषा, अगर व्यवहार में खुद ही खोटी और कुन्द हो जाये तो वैचारिक और भावनात्मक स्तर पर उसकी कोई साख नहीं बचती । कविता की एक लड़ाई स्वयं भाषा के गिरते हुए मूल्य को, उसकी स्वतन्त्रता, प्रामाणिकता और ईमानदारी को बचाये रखने की कोशिश है ।

8

मीडिया के साथ कविता का जो सम्बन्ध बनता है वह दो मयानों में खास तौर पर विचारणीय है । हमारे समाज और दुनिया को हमारे बहुत समीप लाने में मीडिया के तन्त्र का बहुत बड़ा हाथ है, लेकिन यह भी इतना ही सही है कि मीडिया द्वारा ही आज भाषा और यथार्थ का सबसे अधिक प्रदूषण और विकृतिकरण भी हो रहा है । जो तथ्य मीडिया द्वारा हम तक पहुँचते हैं वे अगर अधसच्चे या गलत या अतिरंजित होते हैं तो जाहिर है कि उन पर कविता या साहित्य की प्रतिक्रिया का महत्त्व भी सन्दिग्ध, और इसलिए गौण या नगण्य होगा । दूसरी बात, मीडिया के सशक्त और सक्षम तन्त्र को वेध कर कविता के लिए उस जन-मानस को प्रभावित करना बहुत मुश्किल होगा जिसकी भाषा और चिन्तन को मीडिया की प्रणाली एक ज्यादा बड़े पैमाने पर अपनी तरह प्रभावित कर चुकी होती है या करती रहती है ।

वैसे ही, उत्कृष्ट और प्रतिभासम्पन्न साहित्य का उत्पादन इतना कभी भी नहीं हो सकता कि वह मीडिया की दिन दूनी रात चौगुनी बढ़ती हुई माँगों को पूरा कर सके । इस माँग के सामने साहित्य के एक बड़े हिस्से का खुद भी अर्द्ध-साहित्यों और उप-साहित्यों में विघटन होना लाजिमी है ।

9

कविता मनुष्य के दिल और दिमाग के जितना ही नजदीक अपनी जगह बनायेगी उसके लिए जीवित रहना उतना ही सम्भव और अर्थपूर्ण होगा । प्रचार-प्रसार के तमाम माध्यमों के मुकाबले में और यों भी, कविता की स्थिति जितनी

नाजुक है उतनी ही विशिष्ट भी, और यह विशिष्टता ही उसका प्रमुख बल है। कविता आज उसी या वैसे ही से काम को करके जिन्दा नहीं रह सकती जिसे दूसरे माध्यम, या दूसरे प्रकार के लेखन, बेहतर कर रहे हैं। कविता को भाषा में वहाँ अपनी पक्की और स्थायी पहचान बनानी है जहाँ आदमी के बनाये किसी भी स्थूल उपकरण की पहुँच नहीं। बदलते सन्दर्भों में मनुष्य के सबसे कम उद्घाटित या विलुप्त होते, जीवन-स्रोतों की खोज और भाषा में उनके संरक्षण की क्षमता शायद आज भी कविता की सबसे बड़ी ताकत है।

कविता का देश

अशोक वाजपेयी

बाहर मैं कर दिया गया हूँ / भीतर, पर, भर दिया गया हूँ।
—निराला

अगर हम हिन्दीभाषी समाज और कविता के सम्बन्ध पर विचार करें तो आज जो स्थिति है वह बहुत विचलित करनेवाली है। कविता का आज समाज से जितना सीधा सरोकार है, शायद पहले कभी नहीं था। कविता में नितान्त सम-सामयिकता एक परम मूल्य की तरह प्रचलित है : आज जो हो रहा है, आज के जो दबाव-तनाव हैं, आज की हालत के बारे में आज की हिन्दी कविता का अधिकांश सीधे-सीधे बात करता है। पर विडम्बना यह है कि कविता के प्रति समाज की विमुखता या उदासीनता भी शायद अभूतपूर्व ही है। हिन्दी अंचलों में हर वर्ष लाखों छात्र-छात्राएँ अपनी कक्षाओं और पाठ्यपुस्तकों में कविताएँ पढ़ते हैं और उनमें से एक प्रतिशत भी कविता में रुचि या उसका रस लेने के क्षेत्र में थम नहीं पाते। जिसे हम महत्त्वपूर्ण और विचारणीय कविता कहते हैं, उसके पाठकों या श्रोताओं की संख्या हिन्दीभाषी जनसंख्या के मान से लगभग नगण्य है, क्योंकि पुस्तकें, वे भी कविता की, खरीदनेवालों की संख्या लज्जाजनक रूप से इतनी कम है कि उसे संख्या मानने में भी संकोच होता है। यह प्रश्न उठना स्वाभाविक है कि किस तरह के कविता-विमुख और पुस्तक-उदासीन समाज में आज हिन्दी कविता लिखी जा रही है।

हिन्दी आज भी स्वयं अपने क्षेत्रों में विचार और चिन्तन की भाषा नहीं बन सकी है। यह नहीं कि उसके ऐसा बनने में कोई आत्यन्तिक असामर्थ्य है। सामर्थ्य का कोई अभाव नहीं है पर फिर भी तथ्य यह है कि उसमें दर्शन, विज्ञान, अर्थशास्त्र, मनोविज्ञान आदि का कोई मौलिक या तात्त्विक कार्य नहीं हुआ है। हम ऐसे किसी बड़े दार्शनिक, अर्थशास्त्री, वैज्ञानिक का नाम नहीं ले सकते जिसका

बुनियादी कार्य सीधे में हिन्दी में हुआ और मान्य हुआ हो। क्या इससे यह दुर्भाग्य-पूर्ण निष्कर्ष नहीं निकलता कि हिन्दी मानसिकता में विचार, सूक्ष्मताओं और जटिलताओं के प्रति ही उदासीनता है? दूसरे शब्दों में यह कि हिन्दी भाषा जैसी वह आज है न साहित्यप्रेमी है, न विचारप्रेमी। इसे शायद इस तथ्य से भी प्रमाणित माना जा सकता है कि फूहड़ और सतही का आकर्षण हिन्दी क्षेत्रों में कई गुना बढ़ा और फला-फूला है। हमारे बड़े कवि और लेखक, गौरवग्रन्थ अगर पाठ्यक्रमों में न हों और अगर, साहित्य से किसी बुनियादी लगाव के कारण नहीं बल्कि शुद्ध प्रोफेशनल विवशता के चलते फैला विराट् आलोचना और शोध का उद्योग न हो, तो साहित्य बहुत हाशिये की चीज-भर रह जायेगा। यह तो शायद हमारा अपना मनोबल हर हालत में ऊँचा रखने का हठयोग है कि हम इस स्थिति को समूची हिन्दी संस्कृति का एक बुनियादी संकट नहीं मानते।

यह बात भी नजरन्दाज नहीं की जा सकती कि अखबारों में, मासमीडिया पर, राजकाज में सार्वजनिक अभिव्यक्ति के अन्य मंचों पर हिन्दी भाषा के साथ जो अनाचार या अत्याचार हो रहा है, उसका कोई प्रतिरोध हिन्दी समाज में कम से कम दीखता तो नहीं है। उदारता और ग्रहणशीलता के नाम पर हर किसी को यह छूट मिली हुई है कि वह व्याकरण, वाक्यविन्यास, उच्चारण हिज्जों आदि के साथ जो चाहे मनमानी करे। जो चाहे हमें उपदेश देने का अधिकार पा गया है कि हिन्दी भाषा को कैसी होना चाहिए या कि उसे अभी किस दिशा में विकास करना है। अपनी भाषा के प्रति जैसा लगाव या ममत्व कई हिन्दीतर अंचलों में है उसकी तो जैसे कल्पना भी हमारे यहाँ करना असम्भव है। मराठी में लेखकों की एक प्रदेश-व्यापी यात्रा 'ग्रन्थाली' निकलती है और लाखों रुपयों की पुस्तकें सीधे पाठकों को बेचकर सम्पन्न होती है। हिन्दी में सामान्य नागरिक तो दूर, अब हिन्दी के वैध विद्यार्थी भी नहीं जानते या जानना चाहते कि हमारे आज के महत्त्वपूर्ण लेखक या ग्रन्थ कौन से हैं।

यह नहीं कि हिन्दीभाषी साहित्य या कविता के नाम पर कुछ पढ़ या सराह नहीं रहे हैं: घटिया और सतही, सनसनीखेज और फूहड़ साहित्य का व्यापार विराट् है और अपार हिन्दीजन द्वारा ही सम्पोषित है। लाखों लोग घटिया ढंग से हास्य और व्यंग्य, दयनीय रूप से भावुक और गलदश्रु, क्लीशों से भरी कविता आधी-आधी रात तक बैठकर सुनते हैं: वे उन लेखकों और कवियों की रचनाएँ हैं जिनका हमारी सारी आलोचना या गम्भीर और उत्तरदायी साहित्य-चर्चा में भूल से भी कभी जिक्र नहीं होता। कारण जो भी हो, यह मानने से कोई छुटकारा नहीं कि जब हिन्दी कविता ने समकालीन जीवन, उसके अन्तर्विरोधों और संघर्षों से, उसकी बहुलता और गहराई से जूझने की इतनी व्यापक और खरी

चेष्टा शुरू की है तब उसके लिए हिन्दी समाज में बहुत कम जगह बची है। कविता का सामाजिक और आन्तरिक व्योम बहुत विस्तीर्ण हो गया है पर उसका भौतिक व्योम इतना संकीर्ण हो गया है कि उसे शायद व्योम कहना ही नहीं चाहिए—वह निरा सँकरा-सा अवकाश-भर है। बल्कि शायद कहा तो यह भी जा सकता है कि हिन्दी अंचल जिस तरह के दायवंचन की गिरफ्त में है और उसमें जिस तरह की सांस्कृतिक अराजकता फैल गयी है उसमें महत्त्वपूर्ण कुछ करने की, अर्थात् स्थापित व्यवस्था को किंचित् विचलित करने की एक अविचारित और उपेक्षा-भरी छूट-भर है।

हिन्दी समाज़ के कुछ और पक्षों पर भी ध्यान देना, इस सिलसिले में जरूरी है। किसी भी समाज में सूक्ष्मता और जटिलता के प्रति व्यापक आकर्षण नहीं होता जबकि सब जानते हैं कि किसी भी समाज में सूक्ष्मता और जटिलता के प्रति एक तरह की हिंस्र और आक्रामक असहनशीलता बढ़ी है : हिन्दी में—और उसका प्रभाव उसकी आलोचना पर भी पड़ा है—सूक्ष्म और जटिल असह्य है, लगभग अमान्य। यहाँ विस्तार में जाना जरूरी नहीं है कि कैसे एक जटिलता-विरोधी नया शास्त्र विकसित किये जाने की गम्भीर चेष्टा हो रही है और कैसे हमारी कृतियों और लेखकों को सहजता-सरलता की नयी सरणियों में रखा जा रहा है और कैसे इस चेष्टा का अर्थ अन्ततः हिन्दी की अपनी जातीय परम्परा का अवमूल्यन है। यह बताना अनावश्यक होना चाहिए कि कबीर, तुलसीदास, प्रसाद, निराला, अज्ञेय, मुक्तिबोध, शमशेर, रघुवीर सहाय और त्रिलोचन सार्थक और अनिवार्य रूप से जटिल हैं और उनका तथाकथित दोटूकपन या जीवन-पक्षधरता इस जटिलता के विरुद्ध नहीं जाती : बल्कि यह जटिलता की उस पक्षधरता या जीवनासक्ति का अनिवार्य अनुषंग है। जटिलता और सरलता का ध्रुवीकरण अवास्तविक है—एक ही कवि में, जैसे कि जीवन में भी, ये दोनों जब-तब या साथ-साथ हो सकते हैं। कई बार ऊपर से सरल लगनेवाली अभिव्यक्ति अपने निहितार्थों में खासी जटिल हो सकती है। अलबत्ता व्यर्थ का उलझाव वांछनीय नहीं है जैसे कि सूक्ष्मताओं और उलझनों को नजरन्दाज करती सरलता भी नहीं—दोनों ही अवस्थाओं में जीवन की, सच्ची रचनात्मकता की उपेक्षा होती है।

हिन्दीभाषी अंचल में राज बढ़ता जाता है, समाज घटता जाता है। ऐसे अनेक क्षेत्र हैं जो सदियों से राज के हस्तक्षेप के बाहर माने जाते थे। वे सब धीरे-धीरे राज के दायरे में आ गये : राज ने उन्हें समाज से लगभग छीन लिया है और हमने ऐसा होने को अपना मूक-मुखर समर्थन दिया है। सामाजिक कर्म और सार्वजनिक जीवन के इतने सारे क्षेत्र हैं जिनमें हिन्दी अंचलों में कोई स्वतःस्फूर्त आन्दोलन या सामाजिक सक्रियता नहीं है जबकि उदाहरण के लिए महाराष्ट्र, गुजरात या केरल में शिक्षा, पर्यावरण, संस्कृति आदि क्षेत्रों में समाज की उपस्थिति और

क्रियाशीलता प्रमुख है न कि राज की। हिन्दी में तो साहित्यिक पुस्तकों का प्रकाशन पाठकों पर नहीं सरकारी खरीद पर भयावह रूप से निर्भर है। कई बार तो यह दुस्स्वप्न सताता है कि जल्दी ही हम हिन्दी के समाज में नहीं, हिन्दी के राज में रहने लगेंगे। समाज तो कविता में दिलचस्पी ले सकता है, राज नहीं। विशेषत: प्रजातान्त्रिक राजव्यवस्थाएँ तो साहित्य की उपेक्षा ही करती हैं—अलबत्ता सर्व-सत्तावादी राजव्यवस्थाएँ साहित्य को खतरनाक मानकर उस पर ध्यान एकाग्र करती हैं। विडम्बना यह है कि समाज का राजीकरण उस अंचल में हो रहा है जहाँ जन के नाम पर साहित्यिक हलकों में बड़ी गहमागहमी है और जहाँ अभी कुछ सदियों पहले सूरदास जैसे महाकवि हुए हैं जिनके लिए मानो राज का कोई अस्तित्व ही नहीं था।

हिन्दी साहित्य इस बात पर सचमुच गर्व कर सकता है कि उसमें किसी तरह का धार्मिक-साम्प्रदायिक लेखन सम्भव ही नहीं है। सम्प्रदायवादी भले किसी लेखक या कृति का दुरुपयोग कर लें पर कोई बाकायदा महत्त्वपूर्ण या विचारणीय लेखक या कृति हिन्दी में आज नहीं है जिसे हम साम्प्रदायिक कह सकें। इसे हिन्दी की जातीय परम्परा का एक मूल तत्त्व ही कह सकते हैं कि उसमें दृष्टियों की बहुलता का और इसलिए समभाव का सहज और निरन्तर स्वीकार है।

यहाँ हम याद कर सकते हैं कि 1933 में 'सुधा' में लिखते हुए निराला ने कहा था : "भारतीयता के नाम पर जिस कट्टरता, सीमित भावों और कार्यों का प्रचार किया जाता है, रक्षा की जाती है, वह अस्तित्व को कायम रखने की जगह नष्ट ही करती है। अस्तित्व तो व्याप्ति ही से रह सकता है। यहाँ का सनातन धर्म व्याप्ति है भी।" फिर ऐसा क्यों है कि हिन्दी अंचल ही देश में सबसे अधिक साम्प्रदायिकता-ग्रस्त है ? इधर सबसे अधिक दंगे और धार्मिक उन्माद का सबसे व्यापक उभार हिन्दी-अंचल में ही है। थोड़ा ठिठककर सोचें तो क्या राजनीति का सबसे अधिक अपराधीकरण भी हिन्दी अंचल में नहीं हुआ है ? क्या हम यह नहीं कह सकते कि हिन्दी अंचल का प्रभुत्ववाला वर्ग हिन्दी के अपने मौलिक संस्कारों के विपरीत जाकर भी इस अंचल में अपना प्रभुत्व जमाने में सफल हुआ है और इस अर्थ में हिन्दी में साहित्य और समाज के बीच नहीं तो भाषा और प्रभुत्व के बीच सम्पूर्ण विच्छिन्नता है। यह विच्छिन्नता साहित्य को तो सार्वजनिक जीवन के हाशिये में ढकेलती ही है, हिन्दी भाषा और जन की सांस्कृतिक नियति को एक विकट खतरे में डाल रही है। आज की कविता इस परिस्थिति में अगर प्राय: आत्मसम्बोधित है तो इसमें आश्चर्य नहीं होना चाहिए। अगर भाषा ही कभी कविता के सम्बोधन को अनावश्यक मान ले तो बात और है अन्यथा एक ऐसे समाज में जहाँ प्रभुवर्ग कविता को फिजूल मानता हो और जन उसके प्रति उदासीन हो, कविता अपना स्वत्व और सत्व आत्मसम्बोधित होकर ही बचा सकती है।

निराला ने 1933 में ही एक और महत्त्वपूर्ण टिप्पणी की थी : "जनता साहित्य के साथ नहीं रहती, साहित्य के साथ लायी जाती है। पर, हमें विश्वास है, साहित्य की महाप्राणता, जो जनता को ज्ञान के भीतर से बहा ले गयी है, एक दिन अपनी शक्ति का परिचय देगी।" जनता को साहित्य के साथ लाने का प्रयत्न करनेवाले हमारे समाज में कौन हैं ? कुछ संस्थाएँ, उदाहरण के लिए पूरी शिक्षा-व्यवस्था, पत्रिकाएँ, लेखक संगठन और आलोचना का विशद व्यापार। यहाँ विस्तार में जाना आवश्यक नहीं है पर यह बात नोट की जा सकती है कि ये सभी एजेन्सियाँ कुल मिलाकर सफल नहीं हो सकी हैं अन्यथा जनता का, साहित्य के सन्दर्भ में, इतना विसंस्कारीकरण न हुआ होता कि वह सच्चे, विचलित करने और दृष्टि देनेवाले साहित्य के प्रति इतनी उदासीन रहती और उत्तेजक और सतही के प्रति इतनी आकर्षित। कई बार तो लगता है कि साहित्य इन एजेन्सियों के लिए लक्ष्य नहीं बल्कि अपना प्रभुत्व स्थापित करने और बनाये रखने का उपजीव्य-भर है। दिक्कत यह है कि परिस्थिति इतनी विषम लगती है कि निराला की तरह साहित्य की महाप्राणता और उसकी शक्ति में विश्वास निराशा का कर्तव्य जान पड़ता है। जनता को 'बहाने' वाली शक्तियाँ साहित्य के लिए कुछ करेंगी या करना भी चाहेंगी, यह दुराशा मात्र लगती है।

यह माना जाता है कि पिछले पचीस-तीस बरसों में हमने अपनी पश्चिमाभिमुख आधुनिकता की सीमाओं को पहचाना है और एक अधिक जातीय, आत्मविश्वस्त भारतीय आधुनिकता की ओर कदम बढ़ाये हैं। मनुष्य का संसार से सम्बन्ध, मनुष्य और प्रकृति का साहचर्य, मनुष्य की नियति आदि प्रश्नों पर जो पारम्परिक भारतीय दृष्टि रही है और उसके भारतीय मनोरचना और समाजव्यवस्था के लिए जो फलितार्थ हैं उन्हें हमने जानना-पहचानना शुरू किया है। पहले भारतीय मिथकों या पुराणकथाओं की नये अर्थों में व्याख्या करके अपनी जड़ों से जुड़ने की जरूरत पूरी हो जाती थी पर अब अधिक गहरे और मूलधर्मी प्रश्नों और चिन्ताओं से सृजनात्मक कल्पना जुड़ने लगी है : समूची जीवनदृष्टियों और पद्धतियों, उनके हमारे समाज में अब भी प्रासंगिक और सक्रिय होने की पहचान ने भी परिदृश्य पर प्रभाव डाला है। संक्षेप में यह कहा जा सकता है कि भारतीय सनातनता और अपने समय के सम्बन्धों की द्वन्द्वात्मकता हमारे विचार और सृजन जगत् का अंग बनी है : इतिहास, व्यक्ति, समाज आदि अनेक अपने सन्दर्भ में अपरीक्षित कोटियों पर हमने पुनर्विचार आरम्भ किया है। नीरन्ध्र परम्परावाद (जो पिछले दो सौ वर्षों को एक अनादि-अनन्त कालचक्र में विशेष महत्त्व का नहीं मानता) और नीरन्ध्र आधुनिकतावाद में (जिसके लिए दो सौ वर्षों के और उस दौरान हावी हुए एकरैखिक ऐतिहासिक समय के अलावा कालचक्र या अन्य किसी जातीय बोध का अस्तित्व ही मानो नहीं है) चल रहे समर और उसके मुद्दों का अहसास

बढ़ा है। एक नकलची और आत्मतुष्ट प्रभुत्व वर्ग के प्रभाव में हमारा समाज एक अनुसमाज बनकर न रह जाये या किसी तरह के सतही समन्वयवाद में न फँस जाये, इसकी चिन्ता भी बढ़ी है।

इधर सचाई के बड़े दावेदार के रूप में जनसंचार माध्यम भी उभरे हैं। प्राचीनों को इस तरह की स्पर्धा का सामना नहीं करना पड़ा था और अभी बीस बरस पहले तक इन माध्यमों का प्रचार-प्रसार इतना नहीं था कि उन्हें हिसाब में लेना जरूरी हो। पर अब दृश्य पूरी तरह बदल गया है : उनके पास अपार साधन हैं और तथ्यों को हूबहू तत्परता से सामने लाने की अनेक युक्तियाँ भी। ऐसी हालत में कविता तथ्यसंग्रह के स्तर पर उनका मुकाबला नहीं कर सकती। बल्कि उनसे प्रक्षेपित वास्तविकता के संस्करण ही वास्तविक माने जाने लगे हैं और वास्तविकता के शेष रूप या तो कम वास्तविक या अविश्वसनीय। ऐसे में हो सकता है कि सचाई का वह हिस्सा कविता के पल्ले अब भी पड़ सके जो इन माध्यमों से उनकी प्राथमिकताओं के चलते छूट जाता है। जाहिर है कि कविता छूटी हुई सचाई से न तो अपना काम चला सकती है, न ही अपने अस्तित्व का औचित्य सिद्ध कर सकती है। कविता अब तथ्यों का दस्तावेज या सचाई का विवरण होने के बजाय अपने को कल्पनाशक्ति के सहारे सचाई का नया जोखिम (एडवेंचर) बना सकती है : उसका गल्प हो सकती है जो तथ्यों के बदलने से अप्रासंगिक नहीं हो जायेगा। तथ्य और उनके संग्रह या संयोजन कालान्तर में तिरोहित हो सकते हैं पर कल्पना की संरचनाएँ अधिक टिकाऊ सिद्ध हुई हैं।

2

अगर ऊपर किया गया कविता की स्थिति का आकलन सही है तो यह जाहिर है कि बहुत हद तक कविता एक ऐसे समाज में लिखी-पढ़ी जा रही है जिसकी उसे न तो खास परवाह है, न ही शायद कोई जरूरत। ऐसी हालत में कविता के सामने दो ही विकल्प हैं : एक तो यह कि वह अपनी स्थिति के ऐसा होने के ट्रेजिक बोध के साथ सचाई के ऐसे गल्प बनाती रहे जो सिर्फ उसी के बस के हैं और दूसरा यह कि वह उन शक्तियों की पिछलग्गुआ हो जाये जिनका प्रभुत्व इस समाज में है और इस बहाने कुछ महत्त्व हासिल करने की कोशिश करे। जैसे कि जीवन में, वैसे ही कविता में यह जरूरी नहीं है कि इनमें से कोई एक विकल्प ही चुना जाये : सही तो यह है कि हिन्दी कविता ने पिछले तीन-चार दशकों में दोनों ही विकल्प, अक्सर, साथ-साथ, आजमाये हैं।

राजनीति, धर्म या विज्ञान संसार को समझने-बदलने के माध्यम हैं। कविता भी ऐसा ही माध्यम है। उनकी एक बिरादरी बनना स्वाभाविक है। लेकिन कुछ माध्यम हैं जो शक्ति और सत्ता से सन्नद्ध हैं और मानव समाज में शक्ति या सत्ता

पाने या भोग सकने में मदद करते हैं। कुछ हैं जो इस मामले में असहाय हैं : उनकी अपनी सार्थकता और अस्मिता है पर जिस तरह का समाज आज बन गया है उसमें उनके माध्यम से किसी तरह की शक्ति या सत्ता नहीं मिल सकती। कविता उन्हीं निरुपाय माध्यमों में से है। सत्ता की दृष्टि से वह एक अकिंचन कर्म है, बल्कि हमारे जैसे कविता-विमुख समाज में तो वह आर्थिक दृष्टि से भी एक दरिद्र कर्म है। शायद उसकी भौतिक असहायता, अकिंचनता और सत्ता से दूरी ही उसे उसकी आध्यात्मिक गरिमा और उसका शान्त अनाक्रामी गौरव देते हैं। कविता का मार्ग चुनना मुक्तिबोध के शब्द लेकर कहें तो 'गरबीली गरीबी' जानबूझकर वरण करना है। इसे रूमानियत या हवाईपन कहकर व्यवहारबुद्धिवाले खारिज करते हैं या उसका मजाक उड़ाते हैं। महान् स्वप्नों के एक-एक कर चूर होनेवाले समय में, दुस्स्वप्नों से आक्रान्त युग में यह रूमानियत और स्वप्नशीलता अपनी तथाकथित अप्रासंगिकता से ही अपनी एक अलग प्रासंगिकता बनाती है। आत्मा के गुप्तचर अपना काम चुपचाप ही कर सकते हैं।

दूसरा विकल्प भी है : अपने को किसी शक्तिशाली का पिछलगुआ बनाकर शक्ति अर्जित करने का विकल्प। इसे स्वीकार करनेवाले भी लोग हैं और सिर्फ वे ही नहीं जो कविता को मसलन मनोरंजन उद्योग के साथ जोड़कर उसे तथाकथित जन के बीच ले जाते रहे हैं, पर हमारे लिए अधिक विचारणीय वे लोग भी जो उसे राजनीति का अनुचर बनाने में उसकी सार्थकता देखते हैं। उनका ख्याल है कि चूँकि राजनीति हमारे समय में मनुष्य की नियति को निर्धारित करनेवाला सबसे सशक्त और सर्वव्यापी माध्यम है, कविता को उससे सम्बन्ध रखना ही चाहिए। कविता और राजनीति में सम्बन्ध हो जैसा कि कविता का जीवन के अन्य माध्यमों से यह सर्वथा अभीष्ट और स्वाभाविक है और इसमें कोई उजर की बात नहीं दीखती। पर यह बात जाँच करने की है कि क्या यह सम्बन्ध प्रजातान्त्रिक सम्बन्ध है : अर्थात् क्या उसमें समकक्षता और कविता की अपनी स्वतन्त्रता का सहज स्वीकार है। क्या यही नहीं होता रहा है कि राजनीति का सशक्त, प्रभुत्वशाली, अन्तर्विरोधहीन, सुसंगत सत्य कविता की सचाई को अपना स्वाभाविक उपनिवेश मानकर हड़प लेता रहा है? राजनीति का सत्य पूर्व निर्धारित है और वह कविता की अप्रत्याशित और सुसंगति को विपर्यस्त करनेवाली खोजों के लिए उसके पास न तो धीरज है, न ही अवकाश। राजसभा में एक गरीब बिरादर की तरह बैठना कविता को भाये, यह सम्भव तो नहीं होना चाहिए पर अचरज यह है कि ऐसी आत्म-सन्तुष्टि और कभी-कभार शक्ति का छद्म कविता को मिलते रहे हैं।

कविता को विचार का अनुशासन नहीं माना जाता और प्राय: उसमें व्यक्त या चरितार्थ विचार कवि के निजी हों, यह जरूरी नहीं है। पर कवि स्वतन्त्र होता है कि वह कहीं से भी अपने लिए विचार चुने और उनका कविता में अभ्यन्तरी-

करण करे। वह परस्पर विरोधी विचारों को किसी सार्थक संयोजन में गूँथ सकता है। बिना मलार्मे को याद किये कि कविता विचारों से नहीं शब्दों से बनती है, यह कहा जा सकता है कि विचार सृजन का एक उपजीव्य है। कोई भी विचार अनुभव और भाषा की अपनी भावाविष्ट प्रक्रिया से सत्यापित होकर ही कविता में अपनी जगह बनाता है। अक्सर कविता में वही विचार सम्यक् है जो खुद उसके मूल अनुभव और भाषिक लयात्मकता से उपजा हो; वह नहीं जो कितना भी सुन्दर या लुभावना क्यों न हो, बाहर से लाया गया हो। कविता की अपनी प्रक्रिया ही, जिसमें समावेशिता, अन्तर्विरोधी सूक्ष्मताएँ, स्वतःस्फूर्त स्पन्दन, छोटे-छोटे ठोस ब्यौरे आदि अनिवार्य हैं, उसे विचार की अभिव्यक्ति या उपनिवेश बनने से रोकती है। कविता बेमेल को छोड़ती है, अपनी निरन्तर सगुणता में, अपने विलोम को नहीं।

इस सन्दर्भ में हम दो बातें नोट करना चाहेंगे : पहली तो यह कि पिछले कई दशकों से हिन्दी कविता में कोई नया वाद या आन्दोलन नहीं रहा है और दूसरी यह कि पिछले दो दशकों में तथाकथित जनवाद और तथाकथित कलावाद के बीच द्वन्द्व बहुत प्रखर और आक्रामक रहा है। ये परस्पर-विरोधी बातें नजर आती हैं। इसलिए कुछ खुलासा जरूरी है। जिसे हम छायावाद के नाम से जानते हैं और जिसे आधुनिक हिन्दी कविता का स्वर्णयुग माना जाता है वह बुनियादी तौर पर कविता का अपना आन्दोलन था : उसमें निश्चय ही पूर्व-पश्चिम के द्वन्द्व की गहरी चेतना थी, सृजनात्मक कल्पना में उत्कट विश्वास था और स्वाभिमानी स्वतन्त्रता का प्रखर बोध भी। लेकिन हम छायावाद को बौद्धिक स्तर पर, और उसके तीन-चार मूर्धन्य कवियों के ठोस कृतित्व के साक्ष्य पर किसी बाहरी विचारधारा से नहीं जोड़ सकते। उसमें अनेक तरह के विचारों का समुच्चय था पर वह किसी साहित्य के बाहर की विचारधारा से अनुप्राणित नहीं था या उसका साहित्यिक संस्करण नहीं था। वह साहित्य का अपना स्वायत्त आन्दोलन था जिसमें बाहर के विचारों का भी योगदान था लेकिन जिसके अपने स्वायत्त अस्तित्व और पहचान को स्पष्ट ही देखा जा सकता है। यही बात प्रयोगवाद को लेकर भी कही जा सकती है कि उसमें राजनैतिक दृष्टि से विरोधी विचार रखनेवाले भी साथ थे क्योंकि वह छायावादोत्तर कविता की भावुकता, सरलदिमागीपन और बुद्धिनिरोध के विरुद्ध एक साहित्यिक प्रतिक्रिया थी। स्वयं 'नयी कविता' नामक आन्दोलन कभी एक तरह से विचार रखनेवालों का नहीं रहा, बल्कि उसमेंभी अनेक विचारोंऔर भाव-बोधों का समुच्चय था। प्रगतिशीलता और जनवाद के नाम से जो अत्यन्त व्यापक आन्दोलन इस समय हिन्दी में है वह मौलिक रूप से साहित्य का आन्दोलन नहीं रहा है : इसके बावजूद उसका महत्त्वपूर्ण योगदान रहा है, इससे इनकार नहीं है। निराला ने 1934 में कहा था : "जो केवल दूसरों के विचारों का संग्रह करते हैं

वे लेखक नहीं। वे तो साहित्यिक मजदूर हैं। उनके परिश्रम का मूल्य अवश्य है, परन्तु शाश्वत साहित्य के मन्दिर में उन्हें कोई स्थान प्राप्त नहीं हो सकता।"

कविता की स्वायत्तता का आग्रह उसे राजनीति या जनजीवन से विमुख करना नहीं बल्कि इस बात पर बल देना है कि कविता की सचाई दूसरे किसी माध्यम में अनुवाद की जा सकनेवाली सचाई नहीं है, कि कविता का सचाई से और इसलिए जीवन से उतना ही सीधा और अर्थसमृद्धिकारी सम्बन्ध है जितना कि राजनीति का, कि कविता के लिए समकक्षता की माँग शक्ति और सत्ता के राजनीति के पक्ष में झुके सन्तुलन को चुनौती देना है, कि कविता राजनीति की तरह पर्याप्त कर्म है और कि कविता भाषा में ऐसा कुछ करती है और उसके माध्यम से जीवन में, जो कि राजनीति या अन्य अनुशासन नहीं कर सकते।

दरअसल कई बार तो यह लगता है कि हम विचारों के क्षेत्र में एक तरह के नये रूढ़िवाद या कन्जर्वेटिविज़्म के युग में आ गये हैं। हमारा इशारा सिर्फ इस ओर नहीं कि पूर्वी यूरोप में कल तक जो वामपंथ में माने जाते थे वे आज दक्षिणपंथी कहे जा रहे हैं क्योंकि एक नयी क्रान्ति ने वाम-दक्षिण के अभी तक प्रचलित विभाजन को उलट-पलट दिया है। हमारा आशय इससे है कि अक्सर रूढ़िवाद पहले से चले आ रहे अर्थात् पूर्व-निर्धारित और लगभग स्वयं-सिद्ध मूल्यों की रक्षा करने का प्रयत्न होता है : जिन मूल्यों पर आधारित राजव्यवस्थाएँ यूरोप में ध्वस्त हो चुकीं, जिन मूल्यों की अपराजेयता और प्रासंगिकता पर विशाल प्रश्नचिह्न लग चुके, उन मूल्यों को आधार बनाकर हमारे यहाँ जो हो रहा है उसे नया कन्जर्वेटिविज़्म ही कहा जा सकता है। विचित्र यह है कि जो इन मूल्यों से सहमत नहीं हैं या उन्हें शंका की दृष्टि से देखते हैं उन्हें प्रतिक्रियावादी कहा जाता है।

इधर की कविता ने लगता है नयी कविता की दो बुनियादी उपलब्धियों को गँवा दिया है। यों इन उपलब्धियों को सीधे छायावाद से भी जोड़कर देखा जा सकता है बल्कि कहना यह चाहिए वे कविता में छायावाद की उपलब्धियाँ थीं जिन्हें नयी कविता ने अपने बदले सन्दर्भ में पुनर्परिभाषित कर एक बार फिर हमारे काव्यसंसार में शामिल किया था। नयी कविता कविता के पुनराविष्कार का आन्दोलन था और उसमें विचारों और भावबोधों की विविधता थी, उसमें बराबर एक सघन और उत्कट बुद्धिशीलता थी : कविता निरा भावोच्छ्वास नहीं बौद्धिक कर्म भी थी। नयी कविता का श्रेष्ठ सोचती-विचारती कविता है। उसके चलते विचारों का गहरा द्वन्द्व कविता की मनोभूमि था। चूँकि इधर धीरे-धीरे विचारधारा या विचारों के साथ कविता का द्वन्द्वात्मक सम्बन्ध शिथिल पड़ गया, यह बौद्धिकता भी शिथिल पड़ गयी है। इधर के कवियों के विचार चूँकि पहले से ही दिये हुए हैं और अन्ततः कविता उनका सत्यापन-भर है और उसमें जो विलोम में जाता है वह वर्जित या बहिष्कृत है, एक तरह का बौद्धिक ठसपन आना अनिवार्य ही है। हम

याद करें कि मुक्तिबोध, अज्ञेय या विजयदेव नारायण साही की कविताएँ गहरे अर्थ में विचारोत्तेजक थीं। उनमें प्रकृति, समाज, व्यक्ति, भाषा आदि के अनेक नये अप्रत्याशित और अलक्षित सम्बन्ध प्रगट हो पाते थे। कविता कुछ नया और अपूर्व निर्धारित खोज पाती थी। अब यह खोज जरूरी नहीं रही। यह कहना मुश्किल है कि पिछले दो दशकों की युवा कविता ने इस सन्दर्भ में नया और विचारोत्तेजक क्या खोजा है: कभी-कभार उसमें एक नये भूभाग को कविता के क्षेत्र में लाने की उत्तेजना और ताजगी है पर उसकी बौद्धिक मनोभूमि और अन्वेषण दिये हुए या ऊपर से थोपे हुए के अतिक्रमण के रचनात्मक साहस के अभाव में कोई नया सम्बन्ध या दृष्टि नहीं दे पाते। असल में यह शक्तिकेन्द्रों से बँधता चाहती-तलाशती कविता है जिसके अधिकांश कवियों को पीछे छूट जाने का, जन के साथ न माने जाने का भय इतना सताता है कि उनका अकेले होने या रह जाने का साहस शेष नहीं रहा। आइरिश कवि शीमस हीनी ने स्थानीय और प्रादेशिक कल्पना में जो भेद किया है वह इस प्रसंग में हमारे काम का है। स्थानीय कल्पना को अपनी पल्ली या स्थान के कविता के विषय होने की कलात्मक वैधता के बारे में कोई शंका नहीं होती, जबकि प्रादेशिक कल्पना हमेशा ही अपने कन्धों के ऊपर महानगर की ओर उसका अनुमोदन पाने के उद्देश्य से ताक रही होती है। इधर के अनेक कवि छोटे-छोटे अश्रुतपूर्व स्थानों से आये हैं पर उनकी कल्पना दुर्भाग्य से स्थानीय नहीं, प्रादेशिक है या स्थानीय से शुरू होकर जल्दी ही प्रादेशिक हो जाती है। यह भी निरा संयोग नहीं है कि उनमें से अधिकांश या तो महानगर पहुँच ही जाते हैं या पहुँचने की निरन्तर चेष्टा में लगे रहते हैं।

इधर की कविता की दूसरी कमी है ऐन्द्रियता का अभाव। एक तरह से अखबारीपन ने हमारी कविताभाषा को यों ग्रस लिया है कि उसमें पठनीयता और प्रसादगुण तो आ गये हैं पर सम्बन्धों और वस्तुओं की ऐन्द्रियता धीरे-धीरे गायब होती जा रही है। यह आश्चर्य की बात है कि पचहत्तर बरस की उमर में लिखी गयी शमशेरबहादुर की 'काल तुझसे होड़ है मेरी' में संग्रहीत कविताएँ इधर की सबसे ऐन्द्रिय कविताएँ हैं। यह विचित्र है कि इधर की कविता हालाँकि युवा कवियों द्वारा लिखी जा रही है, उसमें प्रेम और शृंगार का एकदम देशनिकाला नहीं तो उनके बारे में अजब-सी झिझक ज़रूर दीख पड़ती है। यह एक नये किस्म की जड़ीभूत सौन्दर्याभिरुचि है जो इन अत्यन्त मानवीय और स्वाभाविक भावों को कविता में आने से रोकती है। सच्ची, प्रश्नाकुल विचारशीलता और गहरी अचूक ऐन्द्रियता का एक साथ शिथिल पड़ना आकस्मिक नहीं है: जो दृढ़ता से सोच नहीं सकता वह गहराई से भोग भी नहीं सकता। इसीलिए इधर की काव्यभाषा में अन्तर्ध्वनियाँ नहीं हैं। वे लगभग जिद कर इकहरी यथार्थ की दो-टूक संरचनाएँ हैं जो अपने पूर्वविचारित सत्य से इतना आक्रान्त हैं कि गल्प बनना भूल जाती हैं।

कविता में नवाचार और प्रयोग की परम्परा भी इधर शिथिल हुई है। यह सोचकर विचित्र लगता है कि जिस तरह का और जितना विविध नवाचार अज्ञेय, मुक्तिबोध या शमशेर ने किया या बाद में रघुवीर सहाय, श्रीकांत वर्मा और विनोदकुमार शुक्ल ने, उस तरह की नवाचारिता इधर पिछले दो दशकों में निस्तेज पड़ गयी है। भाषा-शिल्प, तकनीक, बिम्बविधान, प्रतीकव्यवस्था आदि अनेक स्तरों पर इन कवियों ने जो प्रयोग किये उनके मुकाबले आज की कविता न तो प्रयोगशील है न ही इन्नोवेटिव। एक तरह से छायावाद से नवाचार की जो परम्परा नयी कविता ने नये रूपसंयोजन कर आगे बढ़ायी थी वह इधर की कविता में आकर सूख गयी लगती है। किसी भी अर्थ मे यह अवसान दुखद और दुर्भाग्यपूर्ण है।

अन्त में एक और विडम्बना की ओर संकेत करना ठीक होगा। इधर, याने स्वतन्त्रता के बाद के भारत में कविता का सत्ता से आब्सेशन बढ़ा है। स्वयं इस लेखमाला में जो कई रूपक सत्तापरक आये हैं वे इसका अन्त:साक्ष्य माने जा सकते हैं। एक प्रजातान्त्रिक व्यवस्था में शायद यह अस्वाभाविक नहीं है। मुक्तिबोध और रघुवीर सहाय जैसे कवियों के यहाँ सत्ता की उपस्थिति हमारी आन्तरिकता और हमारे समय का कुछ बहुत विचलित करनेवाला गल्प हमारे सामने लाती है। लेकिन इसके कुछ दुर्भाग्यपूर्ण पक्ष भी हैं। एक तो है सत्ता के विरोध की सस्ती नाटकीयता का प्रलोभन और उसे पोसनेवाला सरलदिमागीपन। दूसरा है कविता का नवविकसित सत्ता केन्द्रों के आसपास एकाग्र होना, फिर ये केन्द्र राजनैतिक सत्ता के हों, संगठनों के या अखबारों के। तीसरा है एक तरह के नैतिक भोंथरेपन का विस्तार जिसके रहते सत्ता के साथ अपने सम्बन्ध का प्राय: कोई आत्मालोची स्पेस नहीं बन पाता पर दूसरों की नीयत पर शंका और अपनी नैतिक श्रेष्ठता एक आदत ही बन जाती है। हम यह भूल-सा गये हैं कि कविता की अदालत की मूल प्रतिज्ञा ही यह है कि वहाँ किसी दूसरे पर अभियोग नहीं लगाया जा सकता है : वहाँ सिर्फ आत्माभियोग की इजाजत है और यह उसकी परम नैतिकता है। वह सत्ता पर सन्देह तभी कर सकती है जब पहले अपने पर भी सन्देह करे। अपने-अपने कठघरों में स्वेच्छया कैद लोग दूसरे लोगों के लिए अदालत नहीं हो सकते। कम से कम उन्हें ऐसा होने से बराबर इनकार तो करना चाहिए। कविता का महत्त्व होने में है, किसी और का अनुकरण या संस्करण होने में नहीं। त्रिलोचन का एक कवितांश है :

> दौड़ दौड़कर असमय समय न आगे आये,
> वह कविता क्या जो कोने में बैठ लजाये।

कविता अवश्य दौड़ती है पर जीवन और मनुष्य के लिए, भाषा के लिए, किसी और के लिए नहीं।

समकालीन कविता की मध्यवर्गीय चेतना

प्रभात त्रिपाठी

सब चुप, साहित्यिक चुप और कविजन निर्वाक्
चिन्तक शिल्पकार नर्तक चुप हैं
उनके खयाल से यह सब गप है
मात्र किंवदन्ती
रक्तपायी वर्ग से नाभिनालबद्ध ये सब लोग
नपुंसक भोग-शिरा-जालों में उलझे
प्रश्न की उथली-सी पहचान
राह से अनजान
वाक् रुदन्ती।
चढ़ गया उर पर कहीं कोई निर्दयी
कहीं आग लग गयी, कहीं गोली चल गयी।

मुक्तिबोध की इन पंक्तियों का अर्थ अनुभव के कितने ही स्तरों पर पाया जा सकता है और इसलिए ही एक इस तरह भी कि यह चुप्पी समकालीन कविता की मध्यवर्गीय चुप्पी है। इसमें उदासी, अवसाद और सपने हैं, एक हद तक ईमानदार आत्मालोचन भी, पर इधर कुछ दिनों से लग रहा है जैसे इसका चरित्र—खासकर व्यापक प्रभाव की दृष्टि से इसका चरित्र, उपभोक्ता मध्यवर्ग की केन्द्रीय मूल्य-चेतना से कोई गुणात्मक भिन्नता नहीं रखता। खासकर इस अर्थ में, कि इस कविता का समग्र प्रभाव, नीतिपरक, राजनीति के प्रति एक अगम्भीर और लगभग पण्डिताऊ रवैये जैसी प्रतिक्रिया को उकसाता है। यह एक तरह की राजनैतिक उदासीनता है। या शायद और गहरे में चालाकी भी और यह चालाकी हिन्दी के अपने स्वभाव से ही मेल खाती नहीं दिखती। हिन्दी की आधुनिक कविता ही नहीं बल्कि उसकी समग्र काव्य-परम्परा, जो उसके मुहावरे में आज भी जीवन्त

है, राजनीति के साथ एक सजग सार्थक मुठभेड़ की परम्परा है। इसके ठीक विपरीत समकालीन कविता का एक केन्द्रीय अनुभव यह है कि वह इस तरह की किसी मुठभेड़ को ही सर्जनात्मक अनुभव मानने के मामले में सन्देहग्रस्त है। द्विधा उसका बुनियादी स्वभाव है। नूतन अलंकरणों और अपने कर्म का औचित्य सिद्ध कर सकने की तर्कशक्ति से सम्पन्न आज के अधिकांश कवि, ऐसी कविता लिख रहे हैं, जो संगठित राजनीति, खासकर संगठित राज्यशक्ति की क्रूरताओं को शान्त, चिकनी, आत्मलिप्त भाषा में कुछ इस अदा में कहती है कि अपने वर्ग के मूलभूत आचरण में निहित दोगलेपन पर कोई चोट न पड़े या अगर पड़े तो उसे किसी 'बाम' या 'जाम' का ठण्डक में भूला जा सके।

समकालीन कविता के इस झुकाव का सम्बन्ध, नये मध्यवर्ग के चमक-दमक-ग्रस्त स्वभाव में निहित उस आत्मचेतना से है, जिसने दूसरे समाजविज्ञानों की तरह कविता की कला को भी विशेषज्ञता के सन्दर्भ में पहचानने पर जोर दिया। विशेषज्ञता की यह दृष्टि मूलतः प्राकृतिक विज्ञानों के विकसित रूप से जुड़ी दृष्टि थी, और एक ऐसी दृष्टि भी जिसने विज्ञान की मूल्यनिरपेक्ष पद्धति को कला के क्षेत्र में लागू करने की कोशिश की। जोर कला की विशेषज्ञता पर न होकर, उसकी विशिष्ट भाषा पर रहा, पर इस भाषा की सार्थकता, निरर्थकता, महानता और घटियापन को प्रचारित करनेवाले सूत्र (जिन्हें फुला-बढ़ाकर सुदीर्घ प्रबन्धशास्त्रों में बदला जा सकता है और जाता रहा है) एक तरह की विशेषज्ञ सैद्धान्तिकता की उपज हैं। ज्ञान और पाण्डित्य, मानो रचना के विश्लेषण के ही नहीं, रचना की रचना के आधारभूत सामग्री बन गये। व्यक्त रूप में यद्यपि कविता ज्ञान और पाण्डित्य की भाषा से दूर रही आयी (कवियों के बावजूद देसी काव्य-परम्परा की अपनी सृजनात्मक निरन्तरता के कारण) फिर भी उसके विन्यास में, उसके असर में पाण्डित्य इतने उजागर ढंग से सक्रिय रहा, कि अधिकांश कविता या तो शुद्ध कविता या शुद्ध विचार लगने लगी। इस शुद्धता ने जिस चीज को सबसे बड़ा अछूत माना, वह संगठित राजनीति की पेचीदा दुनिया है। खासकर इस पेचीदगी का देसी सन्दर्भ।

इसके पहले कि राजनैतिक उदासीनतावाले मुद्दे को हम थोड़ा आगे ले जायें, एक स्पष्टीकरण जरूरी है। वह यह कि पिछले बरसों ढेर ऐसे दल और गुट हिन्दी में विकसित हुए हैं जिन्होंने राजनैतिक प्रतिबद्धता की अनेक घोषणाएँ की हैं। अव्वल तो यह साफ होना चाहिए कि प्रतिबद्धता की घोषणा या उस हिसाब से किसी भी तरह की घोषणा से, राजनैतिक पेचीदगी को समझने और जूझनेवाली कविता अपने आप नहीं बन जाती। दूसरे, यह भी एक सचाई है कि अधिकांश समकालीन कविता में उस तरह का अनुभव सघनता और सान्द्रता के साथ विन्यस्त नहीं दीख रहा, जिसे हम राजनैतिक यथास्थिति के विरुद्ध सर्जनात्मक भाषा की

विकलता के रूप में पहचान सकें। राजनीति की वास्तविकता, राजनीति में निहित मूल्यभ्रष्टता, जीवनस्तर पर स्वयं मध्यवर्ग का अपना वरण भी है। उत्पादन-उपभोग-ग्रस्त समाज की राजनैतिक संस्कृति के वैश्विक परिप्रेक्ष्य के साथ, वैचारिक स्तर पर गहरे अन्तरात्मिक लगाव की कमी के कारण हिन्दी के अधिकांश कवियों ने बौद्धिक अलाली का वह रास्ता अपनाया, जो कविता से भिन्न क्षेत्र में सक्रिय समूचा पेशेवर मध्यवर्ग अपनाये हुए है। अपने विशेष क्षेत्र की उल्लेखनीय सृजनात्मकता को, उन्होंने उस हिस्सेदार आदमी की पीड़ा और सन्देह से देखने की कोशिश अक्सर ही नहीं की कि जिस पीड़ा और सन्देह के भीतर समूची मानव सभ्यता के पतन और विनाश का हाहाकारी दृश्य है।

पर क्या ऐसा सम्भव था ? और इससे भी ज्यादा जरूरी यह सवाल कि क्या यह जरूरी था या है ? पहले सवाल का दो-टूक उत्तर देते हुए कहा जा सकता है—नहीं ! वास्तव में सारी दुनिया में समकालीन कविता की जो और जैसी हैसियत है, वहाँ वह मध्यवर्ग के एक बेहद सिकुड़े संसार की गतिविधि होने के अतिरिक्त और कुछ नहीं है। कम-से-कम उसमें वह बात तो नहीं ही है जिसके चलते उसे, राजनीतिक यथास्थिति की जटिल संरचना को तोड़ सकनेवाली मुकाबले की एक सार्थक सर्जनात्मक शक्ति की तरह लिया जा सके। अपनी नाज़ो-अदा, अपने स्वाद, अपने लक्ष्य, अपनी संरचना, अपने समूचे असर में यह वह कविता है, जिसे उन लोगों की स्वीकृति चाहिए थी जो किसी-न-किसी अर्थ में इतिहास के शक्तिशाली लोग हैं, और इतिहास को इतिहासातीत के नाम पर ही सही, शक्तिशाली लोगों की ही मिल्कियत बनाकर रखना चाहते हैं। जिन लोगों ने सर्जनात्मक शब्द की हर सम्भव सार्थकता को बाजार के नियमों गुलाम की-सी हैसियत दिला दी है।

इस कविता को मध्यवर्ग की कविता कहने का मुख्य आशय यही है कि यह कविता, कविता के संस्कार और विचार को, गहराई और व्यापकता दोनों ही दृष्टियों से लगातार वर्ग-सीमित बनाती रही है। यह आधुनिक सभ्यता की अनिवार्य परिणति तो है ही, बड़ी हद तक उस वैश्विक मध्यवर्ग का समर्पणोत्सुक वरण भी है, जिसने स्वयं अपनी परम्परा की खोज या उसे उपलब्ध करने के प्रयत्न को औपचारिक अकादमिक विशेषज्ञ दृष्टि की सीमा में कैद कर दिया है।

इसलिए इधर की कविता को मध्यवर्ग की चौहद्दी में सिकुड़ी कविता की तरह याद करते हुए, अनायास ही उस कविता की याद आती है, जबकि मध्यवर्ग के सदस्यों द्वारा रची-पढ़ी जाने के बावजूद उसमें बहुत कुछ ऐसा था कि जिसकी कल्पनाशील गहराई और व्यापकता को प्रमाणित करने के लिए, खुर्दबीन लेकर शब्द का पाण्डित्यपूर्ण महान् अर्थ निकालनेवाले समीक्षकों की जरूरत नहीं थी। गोकि ऐसे पण्डित तब भी थे, जो यह मानते थे कि उनकी खुर्दबीन नजर से अर्थ या अनर्थ ही कविता की गुणवत्ता की अन्तिम और एकमात्र कसौटी है। फिर भी

आधुनिक युग के आरम्भ से लेकर नयी कविता के प्रथम चरण तक नये युग की बौद्धिकता अपनी आत्मचेतना की जुगाली करते रहने का प्रतीक नहीं थी। अज्ञेय या मुक्तिबोध की कविता, अपने पहले की कविता के साथ जितनी सहजता से जुड़ जाती है, उतनी सहजता से हम अपनी ताजा कविता को, भारतेन्दु, द्विवेदी या छायावाद युग की कविता के साथ नहीं जोड़ पायेंगे। अज्ञेय और मुक्तिबोध दोनों के यहाँ, मध्यवर्ग की आधुनिक बौद्धिक आत्मचेतना और नयी वैश्विक परिस्थिति का तीखा एहसास था। इस एहसास में यह भी शामिल था कि आज की परिस्थिति में, याने तब की परिस्थिति में, कविता से किसी महानता की उम्मीद करना व्यर्थ है—या था। ये कवि, अपने वर्ग की दुर्बलताओं से तो परिचित थे ही, वे यह भी जानते थे कि शास्त्रज्ञान के बावजूद जिस गहरी उम्मीद और विनम्रता के देसीपन के साथ प्रसाद ने शक्ति के विद्युत्कणों को समन्वित करने की बात लिखी थी, या फिर निराला ने जिसे 'राम की शक्तिपूजा' और 'तुलसीदास' के सृजनात्मक संघर्ष में पुनरुपलब्ध किया था, उस तरह की सृजनशक्ति का कल्पनाशील आयोजन उनके बूते के बाहर की चीज है। मूलतः इसलिए कि वे कवि-कर्म की सीमा को, एक व्यक्ति की हैसियत से अपने जीवन-कर्म की सीमाओं को, बहुत अच्छी तरह से जानते थे। उन्हें पता था कि ताकतवर लोगों के निर्णयों ने हमारे समाज के मध्य-वर्गीय व्यक्ति का हौसला लगभग तोड़ दिया है, और सृजनशक्ति के विद्युत्कणों के समन्वय के आशावाद को खोखले शब्दों के बल पर जिला सकना सम्भव नहीं है।

इस तीखे एहसास के बावजूद, सृजनात्मक कल्पना को भाषिक स्तर पर साधने के मामले में, उन्होंने कल्पना का कद छोटा करने और छोटे को महिमामण्डित करने की मध्यवर्गीयता से भरसक अपने को दूर रखा। वास्तव में हिन्दी में आधुनिक चेतना के विकसित चरण का गहन और सार्थक प्रतिनिधित्व करनेवाले इन दोनों ही कवियों ने पोथी पढ़ने की बौद्धिकता का महत्त्व स्वीकार करते हुए भी, अपने भीतर कवि को यह कहकर जिलाये रखा कि 'पोथी पढ़ि-पढ़ि जग मुआ; पण्डित भया न कोय। ढाई आखर प्रेम का पढ़ै सो पण्डित होय।' इसलिए परम्परा की खोज पर उनका जोर सिर्फ पोथी में परम्परा की खोज नहीं था। यह बात मैं उनकी कविता के हवाले से कह रहा हूँ। दोनों का काव्यलोक लघु मानववाला काव्यलोक नहीं है, और दोनों के काव्यलोक में आधुनिक यथार्थबोध अपने सार्थक परम्पराधर्मी रूपाकार में मौजूद है। यही यथार्थबोध बाद की कविता के अधिकांश में, वर्गानुभव की सीमा में सिकुड़कर लगभग पिट्टीपन की पूजा का-सा रूप लेता दिखाई देता है। और तब हमें लगता है कि प्रयोगशील नयी कविता या और भी नुकीले ढंग से अज्ञेय और मुक्तिबोध की कविता की भाषा पूर्वकालिक कविता से एक स्पष्ट फर्क तो रखती है, पर आत्मेतर या निजेतर भाषिक संसार के साथ एक

गहरी अन्तर्क्रिया को अपने में घुलाये रखने का एहसास भी देती है। ऐसा एहसास कि बौद्धिक वर्ग-बोध से जुड़े अनुभवों को धारण करने के बावजूद वह उन गूँजों-अनुगूँजों को अपने में समेटे है कि उसे पढ़कर हम अपने समय के यथार्थ को अधिक गहरे और विविध रूपों में पहचानते हैं। इसका मुख्य कारण यह है कि दोनों ही कवियों ने साहित्यिक संस्कार के रूप में मिली विरासत की मूल्यवत्ता को अपने सृजनात्मक संघर्ष की आँच में तपाया और उसे मूल्यवान बनाया। याने कविता बनाने के मामले में वे अपनी समृद्ध काव्यपरम्परा के बहुविध भाषिक संसार और संस्कार के साथ कोई कामचलाऊ विद्रोह का रिश्ता बनाने से भरसक बचते रहे। इसके विपरीत आज की अधिकांश कविता शब्द-व्यवहार के मामले में इतनी चुस्त-दुरुस्त या इतने फूहड़ ढंग से स्फीत है कि अभी हाल की कविता की गूँजों-अनुगूँजों अथवा उसके विशिष्ट बलाघातों और उसमें निहित नाद-वैभव के साथ इसका कोई तालमेल ही बैठता नहीं दिखता।

न केवल हिन्दी की बल्कि सारी दुनिया की महत्त्वपूर्ण कविता, आज मध्यवर्ग की चौहद्दी में सिकुड़े रहने को बाध्य है। इसके बावजूद इस उम्मीद को दुराशा के रूप में नहीं लिया जाना चाहिए कि कविता में सृजन के लिए किये गये संघर्षों की वह गूँज तो बची रहे, जिसके भरोसे उसे विशिष्ट सौन्दर्य की निर्मिति और मानवीय संघर्ष के एक दस्तावेज के रूप में देखते रह सकने की इच्छा को हम अपने भीतर जिलाये रख सकें। ऐसी इच्छा को जिलाये रखने के प्रयत्न को इधर की कविता से कोई खास मदद मिलती नहीं दिखाई देती। जिजीविषा के रंग-रूपाकारों की प्राणवत्ता जैसे निरन्तर छीज रही है, और एक ऐसी प्रदर्शनीय वस्तु बनती जा रही है, जिसका सरोकार बाजार में चलने से तो है पर आत्मा का आन्दोलन जहाँ से गायब होता जा रहा है। आधुनिक मध्यवर्गीय कवियों ने कविता को अनुभव के साथ कुछ इस तरह जोड़ दिया है कि कल्पना या उसे स्फूर्त करनेवाले दूसरे सारे परम्परासिद्ध काव्य-उपकरण कवि के लिए लगभग बेमतलब हो गये हैं। बेशक कुछेक अच्छे कवियों में हम कल्पना को उस तरह के गुलाम यथार्थवादी अनुभव के रूप में नहीं देखते पर ऐसे कवियों के यहाँ भी साहित्य के देसी तौर-तरीकों को केवल स्वस्तिवाचक अनुशंसा ही मिली हुई है। अधिकांश कविता हिन्दी की अपनी लय-गति, छन्द-वैविध्य या अलंकार-छटा के उन मुहावरों में अपनी सार्थकता खोजने का प्रयत्न नहीं करती जो एक तरफ तो हमारी विख्यात पोथियों में सुरक्षित हैं और दूसरी तरफ घनघोर अमानवीयकरण के बावजूद हमारे लोक-जीवन में भी। लगभग समूची समकालीन कविता का विन्यास न केवल घनघोर नागरिक है, वह एक ऐसी एकरस लय में भी लिखी जा रही है, मानो कविता की वाचिक परम्परा का जीवन्त अनुभव अब हमारे समाज का हिस्सा ही नहीं रह गया हो। आधुनिक बाजार और प्रचारतन्त्र ने वाचिक परम्परा की कविता को अश्लीलता की

हद तक बाजारू बना दिया है, पर इसलिए ही उसे उसके अधिक जीवन्त रूप में रचने-गढ़ने का महत्त्व और जोखिम कुछ ज्यादा ही प्रासंगिक लगता है। अपनी काव्य-परम्परा में ठेठ के ठाठ की जगह विज्ञ-जन के सुखी विषाद का इस्तेमाल करनेवाला मध्यवर्गीय कवि अब कविता को 'महफ़ूज़' रखने के चक्कर में है। जाहिर है कि अपने सिकुड़े एहसास की इस दुनिया में परम्परा का तात्त्विक विश्लेषण करने में कल्पनाशील कवि की रुचि कुछ अधिक ही रमने लगी है, जिसके चलते उसके यहाँ एक तरह के 'तैयार माल' की-सी कल्पनाशीलता है।

शहराती मध्यवर्गीय की चेतना के समानान्तर ही समकालीन कविता भी प्रकृति के साथ एक कामचलाऊ, नामबढ़ाऊ और आत्मरिझाऊ रिश्ता कायम किये हुए है। प्रयोगधर्मी कविता ने शहर के नये को काव्य-विषय बनाते हुए भाषा की जो चौकसी बरती थी उसको समकालीन कवि ने मानो निरी रूपासक्ति के अर्थ में ही ग्रहण किया है। प्रकृति की दिव्यता, मनुष्य की आत्मा की मातृभाषा के रूप में प्रकृति के समग्र विन्यास का आत्मसातीकरण, उसके साहचर्य और उसके साथ तादात्म्य में निहित मुक्ति की आकांक्षा और सबसे बढ़कर शब्द की शब्दप्राणता का चरम उत्कर्ष, कविता और प्रकृति के रिश्ते में अन्तर्निहित उदात्त को मूर्त्त करनेवाली चीजें थीं। जब रोमैंटिक के विरुद्ध नये यथार्थ का तर्क सामने आया या आधुनिक चेतना की अभिव्यक्ति के लिए जब गद्य से मुठभेड़ हुई, तब भी लगभग सारे महत्त्वपूर्ण कवियों ने तर्क से परे इस विश्वास को अपने भीतर जिलाकर रखा था कि वे अशेष प्रकृति की रमणीयता और आधुनिक मनुष्य की नियतिबद्ध प्रकृति-विमुखता के बीच अपनी काव्य-कल्पना का सेतु गढ़ने के लिए ही मानो रचनाकार बने हैं। वास्तव में अपने आरम्भिक चरण में हिन्दी की आधुनिक कविता ने जिस चौकन्नेपन के साथ विरासत में मिली अपनी भाषा में नागर-अनुभवों की नयी त्रासदी को गूँथने की कोशिश की थी उसमें नये के दबाव का एहसास तो था पर अपनी जीवन-विधि में उस समय के सारे कवि प्रकृति से प्राप्त आस्तिकता के संस्कार में सहज भाव से जीनेवाले कवि थे। बाद के वर्षों में लगातार यह जीवन-विधि ही दूषित होती रही क्योंकि समूचे मध्यवर्ग ने प्रकृति-विनाशक आधुनिक प्रगति के नुस्खे को, अपनी नयी आत्मचेतना का केन्द्रीय प्रतीक मान लिया। इसका नतीजा यही होना था कि प्रकृति की सहजता के साथ साहचर्य को एक धारणामूलक सन्दर्भ में घटा दिया जाये। वास्तव में हुआ भी यही। अधिकांश समकालीन कविता ने अपने उत्कृष्टतम रूप में भी 'प्रकृति' को अपनी नागरिक-समस्याओं से जुड़े एक 'काव्य-विषय' के रूप में लिया। आधुनिक युग के विकसित चरण में प्रकृति की सत्ता को इतने सीमित-क्षुद्र रूप में देखने की कोशिश के समाजशास्त्रीय कारणों की तफसील में गये बगैर भी यह निःशंक कहा जा सकता है कि कविता के अपने तौर-तरीकों से ज्यादा महत्त्वपूर्ण, कविता की सिकुड़न की नयी

परिस्थिति को मानने के पीछे एक तरह का घुटनाटेक दृष्टिकोण था, जिसने एक तरफ तो साम्य और स्वतन्त्रता के पश्यन्ति मूल्यों को बतौर नुस्खे के ग्रहण किया और दूसरी ओर यह माना कि प्रकृति की हमारी अपनी कविता के संस्कार से कहीं ज्यादा महत्त्वपूर्ण हमारा नया विचार है। यह ध्यातव्य है कि यह विचार अपनी हिन्दी के कुछेक साल पहले के भाषिक संसार को इहलौकिकता-विरोधी अतीन्द्रिय कल्पना के रूप में देखता था।

यह आकस्मिक ही नहीं कि स्वतन्त्रता के बाद एक लम्बे अरसे तक 'मनुष्य' के संघर्ष की महानता का जयघोष करनेवाले लोगों का एक महत्त्वपूर्ण नारा प्रकृति के साथ संघर्ष था। यह मूल रूप से आधुनिक राज्य की ताकत में भरपूर हिस्सेदारी करके व्यापक लूट-मार में अपना हिस्सा खोजनेवाले मध्यवर्गीय व्यक्ति का संघर्ष था—जिसे उस समय पेड़ों की कटाई और पहाड़ियों के तोड़े जानेवाले काम नयी प्रगति के प्रतीक लगते रहे। कहना न होगा कि लगभग समूची नयी कविता और बाद की कविता के मुकाबले में अज्ञेय और मुक्तिबोध दोनों ही कवि प्रकृति के साथ एक जीवन्त सम्पर्क को उजागर करनेवाले कवि लगते हैं : दूसरे सारे कवि जो बाद में उनके इस या उस रूप को महत्त्वपूर्ण मानकर अपनी काव्य-यात्रा में आगे बढ़ते हैं तो जो चीज सबसे पहले छोड़ते हैं वह प्रकृति में गूँजती अनन्तरूपा वाणी की अनुगूँजें हैं।

इस सन्दर्भ में एक और तथ्य का जिक्र यहाँ अप्रासंगिक न होगा। आधुनिक कविता का अध्ययन करनेवाले अनेक विद्वानों ने उसकी महत्त्वपूर्ण विशेषता की तरह उसमें निहित ऐन्द्रिकता का स्मरण किया है। ऐन्द्रिक अनुभूति की मनोहरता, सूक्ष्मता और उसकी नैसर्गिकता का यह गुण उसकी उपलब्धि ही नहीं उसकी सीमा भी है; और एक ऐसी सीमा जो कविता की आगामी भूमिका के लिए जोरदार कैफियत का काम करती हुई प्रतीत होती है, पर यह कविता की कैफियत से ज्यादा सम्बद्ध कवियों की सृजनात्मक कल्पना की संकीर्णता ही मालूम पड़ती है। ऐसा लगता है कि इस कविता की ऐन्द्रिकता ने, कविता में अब तक हुए काम के बारे में एक आसान निष्कर्षात्मक रवैया अपनाया और अपनी वर्गीय सीमाओं के चलते अपनी कल्पना को पश्चिम में स्वीकृत-आहत ऐन्द्रिकता के समानान्तर विकसित करने की कोशिश की। हमारी अपनी कविता की कल्पना की उड़ान को केन्द्रापसारी प्रवृत्ति की तरह देखने की दृष्टि की शुरुआत तब तक हो चुकी थी इसलिए केन्द्र में बने रहने के लिए जिस नयी चुस्ती के सौन्दर्यशास्त्र को प्रतिष्ठित किया जाना था, उसके लिए कल्पना की ऋजुता या उसकी पेंगों में निहित शक्ति की जगह मध्यवर्ग के यथार्थ-अनुभव से सधी-बँधी कल्पना की संरचना कवियों को ज्यादा काम की लगी।

सावतव में स्वातन्त्र्योत्तर भारत में विकसित हिन्दी कविता ने आधुनिकता का

वरण करते हुए हिन्दी भाषा की 'सात्विक कठोरता' (अज्ञेय) को लगभग विस्मृत कर दिया। इसका एक नतीजा तो यह हुआ कि नयी राजनीतिक परिस्थिति से दो-चार होने के लिए उसने लगभग लफ़्फ़ाज़ी के आक्रोश का सहारा लिया या फिर अपने शान्त मुहावरे में वे उस ओर गये जिसे अशोक वाजपेयी जैसे लोग सम्मान के साथ अपस्फीति की भाषा कहते हैं। दोनों ही विकल्प नये मध्यवर्ग की सुरक्षा-भिमुख स्थिति के परिचायक हैं और दोनों ही रूपों का हमारे अपने काव्य-संस्कार के साथ कोई आवयविक आत्मीयता का रिश्ता बनता नहीं दिखता। ऐसा लगता है कि युद्धोत्तर यूरोप ने अपनी नयी जीवन परिस्थिति में कविता की जो हैसियत निर्मित की थी उसे नयी कविता के कवि, भावानुवाद की तरह ग्रहण कर रहे थे, जबकि कविता में ऐन्द्रिकता की हमारी अपनी परम्परा का स्वर क्षीण होता जा रहा था।

इसे दूसरी तरह से समझने के लिए समकालीन कविता में प्रेमानुभूति की अभिव्यक्ति को एक उदाहरण के रूप में लिया जा सकता है। हमारे मध्यवर्गीय समाज में मौजूद यौन-वर्जनाओं के आतंक के बावजूद, हिन्दी के समूचे काव्येतिहास में श्रृंगार रस की ऐसी दयनीय हालत कभी नहीं रही जैसी आधुनिक हिन्दी कविता के पिछले बरसों में होती गयी है। हम 'रति' भाव के साथ श्रृंगार अथवा स्त्री-पुरुष सम्पर्क की जिस भाषा को जानते थे वह छत्तीसगढ़ी के ददरिया गीतों से लेकर जयदेव के 'गीतगोविन्द' तक हर कहीं, रचयिता कवि की वर्गीय सीमाओं से बाहर जाकर मुक्त रमण करती दिखाई पड़ती है। हालाँकि इस रमण को निरे ऐन्द्रिक के रूप में देखने-दिखाने का आग्रह हमारी सृजनात्मक परम्परा में कहीं नहीं है पर देह के संगीत को उद्दाम और उदात्त दोनों रूपों में लिख सकने का यह साहस हमें इस बात का एहसास दिलाता है कि जाति और औरत के कठघरों के बावजूद हमारे समाज का प्रेमानुभव एक बन्द समाज का प्रेमानुभव नहीं है।

इसके विपरीत अधिकांश समकालीन कविता के प्रेम से अव्वल तो वह कामना ही गायब है जो अनुभव को कल्पना के पंख देती है, और कल्पना की वह ज़मीन भी जिसमें अपने वजूद को टिकाकर कवि अपनी स्त्री के सौन्दर्य का रसपान करता है। बहुत कोशिश करके याद करने पर भी ऐसे कवि सहज याद नहीं आते जो प्रेमानुभव की उत्कटता को अपने भाषिक स्थापत्य में कुछ इस तरह रचते हों कि हम अपनी कामना के ज्वार और श्रृंगार को सहज रूप से अनुभव कर सकें। ज्यादातर प्रेम कविताएँ हमारी अपनी श्रृंगार-चेतना से बहुत दूर, हमारी अपनी लोकचेतना से बहुत दूर या तो एक हवाई दिव्यता के आभास को सूचित करती हैं या एक ऐसी ऐन्द्रिकता को जो अपने पाठक या श्रोता तक पहुँचते-पहुँचते दम तोड़ दे।

जो हाल श्रृंगार रस का है, वही करुण और वीर रस की दशा है, हालाँकि

करुणा और संघर्ष दो ऐसे सूत्र शब्द हैं जिनका इस्तेमाल नयी हिन्दी कविता के गुणों को समझाने के लिए सैकड़ों बार किया गया है। मलयज ने तो रामचन्द्र शुक्ल को समझने के सिलसिले में संघर्ष को नये काव्यशास्त्र के केन्द्रीय प्रासंगिक रस की तरह याद किया है। पर जो और जैसी करुणा और जो और जैसा संघर्ष कविता में विन्यस्त है उसका सम्बन्ध व्यक्ति के वर्ग से, बल्कि उस वर्ग की वर्गीयता महफूज रखने से ही है। इसलिए ही मैंने शुरुआत में राजनैतिक उदासीनता का जिक्र किया था। और उसे दुहरा रहा हूँ तो इस बात को लेकर मेरा दिमाग एकदम साफ है कि मैंने इस जुमले का प्रयोग समकालीन कविता की सबसे उजागर कमजोरी की ओर इशारा करने के लिए थोड़े अतिवादी ढंग से ही किया था। स्पष्ट करूँ कि हिन्दी की समकालीन कविता के विकास के इतिहास में मेरी दिलचस्पी निरी अकादमिक नहीं है।

मेरी शिकायत के मूल में यह बात नहीं है कि अज्ञेय और मुक्तिबोध के बाद जो कुछ लिखा गया, वह कूड़ा है और उसे यूँ ही विस्मृत किया जा सकता है। इसमें कोई सन्देह नहीं कि आधुनिक प्रचारतन्त्र के विकट प्रसार के इस युग में कवि ने यह ठीक ही अनुभव किया था कि अब कविता से कुछ कर पाने का मुगालता टूट चुका है। पर भ्रम से मुक्त होने के इस नये बोध के बावजूद एक कवि के लिए कविता से ज्यादा भरोसेमन्द कोई दूसरी चीज नहीं थी और आज भी नहीं है। अतः यह एहसास कि व्यावहारिक अर्थ में कविता का जीवन-क्षेत्र, मध्यवर्गीय व्यक्ति का सीमित समुदाय ही है, कोई ऐसा एहसास नहीं है जिसकी काट के लिए हम हाय-तौबा करें पर एक विशिष्ट सृजनात्मक परम्परा के अन्तर्गत, कवियों के आत्मसजग वरण के सन्दर्भ में इस बात पर बहस जरूरी लगती है, कि आखिर हमने कविता के एक ऐसे रूप को किस मजबूरी के तहत स्वीकार किया कि जिस रूप में इतनी शक्ति नहीं कि वह हमारे अपने वर्ग के आज को हमारे संस्कार की सर्जना के साथ जोड़ सके।

मुझे लगता है कि हमारा कवि-समुदाय भी दीगर पेशेवर समुदाय की तरह कविता को एक चीज या एक निहायत पेशेवर कर्म की तरह ले रहा है। दीगर पेशेवर समुदाय के साथ उसकी जीवन-विधि की समानता में यह बात सबसे उजागर है कि वह भी राजनीति की पेचीदगियों को समझने-समझाने की किसी प्रतिज्ञा से उतना ही दूर है जितना कोई वकील या डॉक्टर, हालाँकि यह मुमकिन है कि अपनी वाचालता के चलते वह ऐसे लोगों के बीच एक सचेतन राजनीतिक व्यक्ति जैसा दिखाई दे। समकालीन हिन्दी कविता का यह एक सबसे अशुभ लक्षण है। इसलिए नहीं कि इस तरह के व्यवहार में राजनीति के साथ सम्पर्क को लेकर एक उजागर छद्म है बल्कि इसलिए कि बगैर किसी उजागर छद्म के यह उस भाषा के साथ दुराव रखने जैसा कार्य जो कि कवि की अपनी भाषा है। इसलिए राज-

नैतिक उदासीनता जैसी बात को सृजनात्मक कर्म के प्रति उदासीनता की तरह लिया जाना उचित है। आदमी के अस्तित्त्व में निहित सृजन और संहार के आदि-प्रारूपीय नाटक के सन्दर्भ का हवाला देते हुए जब मैनफ्रेड हालपर्न ने कहा कि राजनीति ही वह काम है जिसे हम साथ-साथ कर सकते हैं और जिसे ही करने की जरूरत है, तब वे राजनीति को समूह-जीवन और निजी जीवन के किन्हीं दो खानों में बाँट नहीं रहे थे बल्कि सुदीर्घ विस्तार में यह सुझा रहे थे कि सवाल सृजन और संहार के आदिप्रारूपीय नाटकों में से किसी सार्थक रास्ते के वरण का है, किसी ऐसे रास्ते के वरण का जो लोकतन्त्र में निहित आदिप्रारूपीय सम्वेदना के साथ तालमेल कर सके। समकालीन हिन्दी कविता ने अपनी परम्परा में पश्चिम का जो सबसे महत्त्वपूर्ण जोड़ा है वह गणतन्त्र और स्वतन्त्रता जैसे शब्दों में निहित मूल्यचेतना ही है। हो सकता है कि सभ्यता के विकास (या पतन !) की इस अवस्था में इन शब्दों को खालिस नकारात्मक ढंग से ही याद किया जा सके, पर एक कवि के अपने काम के सिलसिले में, इन शब्दों का देसी भावानुवाद और इन्हें देसी संस्कारों की तरह आत्मसात करना जरूरी है।

राजनीति, हमारे रचने की भाषा को लगातार छोटा-सँकरा कर रही है और एक बड़ी हद तक आत्ममुग्धता के आसान रास्तों पर धकेल रही है, आधुनिक कवि के लिए एक मारक एहसास नहीं है। वह खुश है कि वह स्वतन्त्र शब्द की साधना या महान क्रान्ति का संघर्ष पूरा कर रहा है। अशोक वाजपेयी ने हिन्दी के एक बड़बोले कवि का जिक्र करते हुए 'प्रस्नन लयचक्र' जैसे जुमले का इस्तेमाल किया था : दुख होता है, जब हिन्दी की समकालीन कविता के अधिकांश को लेकर ऐसे किसी जुमले की याद आये पर जैसा कि मैंने कहा, भरोसा सिर्फ कविता पर किया जा सकता है और भरोसा जागता है युवतर कवियों और उनकी कविता के कारण जो भाषा को बचाने की लड़ाई में अपनी समूची सृजन-परम्परा को पुनरुपलब्ध करने की कोशिश में लगे हैं।

आज की कविता

विपिन कुमार अग्रवाल

एक ही देश-काल में विकास की कई अवस्थाएँ एक साथ उपस्थित रहती हैं। अक्सर आपस में गुँथी भी रहती हैं। सबका हिसाब रखना मुश्किल है। फिर भी क्या छोड़ा गया और क्या रखा गया, इससे हम बहुत कुछ सीख सकते हैं।

विज्ञान में किसी परिचित सिद्धान्त को दुबारा खोज निकालना निरर्थक होगा। उसी प्रकार कला में दुहराना निरर्थक है। पर वांछित स्थिति में न्यूटन का सिद्धान्त आज भी उपयोग में लाया जायेगा, ऐसे उपयोग में भी जिसकी कल्पना न्यूटन नहीं कर सकते थे। ऐसे ही आवश्यकता महसूस होने पर कला की पूर्व खोजों में से आज का रचनाकार किसी को भी चुनकर काम में ले आ सकता है, सर्वथा नयी स्थितियों में भी जो उन खोजों के होने के समय नहीं सोची जा सकती थी।

यदि हम मान लें कि आज की कविता का प्रमुख स्वर नयी कविता का है, तो उसके तुरन्त पूर्व की कविता में पाये जानेवाले, अपने मतलब-भर के जाने-माने लक्षणों को, बहुत संक्षेप में दुहरा लेना, आगे की चर्चा के लिए उपयोगी होगा।

कविता को, या किसी भी कला को, लम्बे दौर में देखें तो एक दृष्टि से ऐसा लगेगा कि उसमें दो ध्रुवों की ओर झुकी हुई रचनाएँ मिलती हैं। एक ध्रुव है आत्मनिष्ठता का और दूसरा वस्तुनिष्ठता का।

आत्मनिष्ठ कवि अपने अन्दर डूबकर मन की जटिल गहराइयों को खोजता है। इस स्थिति की संरचना के फलस्वरूप सृजन के क्षणों में अपने को अन्तर्मन में अकेला पाता है :

नाविक ! इस सूने तट पर

इस बीहड़ बेला में क्या/अब तक था कोई आया ?

—प्रसाद

क्या हुआ कहाँ, कुछ नहीं सुना
कवि ने निज मन भाव गुना

—निराला

वह मन्दिर का दीप इसे नीरव जलने दो

जब था कल-कण्ठों का मेला
अब मन्दिर में इष्ट अकेला

—महादेवी

आदमी बहुत देर तक अकेला रहना पसन्द नहीं करता। कवि तो और भी नहीं, क्योंकि उसका अकेलापन कभी स्थैतिक पलायन नहीं होता। छायावाद के कवियों ने एक नया, निज मन का आकाशपिण्ड ढूँढ़ निकाला। यह उनकी खोज थी। पूरे अधिकार और पूरी तन्मयता के साथ उन्होंने उसके विभिन्न पहलुओं को उभारा और उनकी वेदना को सहा। उसके अनुरूप भाषा को गढ़ा। उनके अकेले-पन के एहसास ने उन्हें मजबूर किया कि वे अपने बिम्ब के लिए यथार्थ के ऐसे उपादानों को चुनें जो सबको प्राप्य हों (आँसू, दीप, नौका, सागर, हिमालय, अम्बर), अतः उनके एकान्त को तोड़ें पर साथ ही कोमल, अकलुष और पावन हों, जिससे उनके द्वारा नये खोजे गये पवित्र अन्तःप्रदेश के संसार को सही रूप में प्रतिबिम्बत कर सकें।

तप रे, मधुर-मधुर मन !
....

अपने सजल-सवर्ण से पावन
रच जीवन की मूर्ति पूर्णतम
स्थापित कर जग में अपनापन

—पन्त

जब यह दीप थके तब आना
यह चंचल सपने भोले हैं
दे सौरभ के पंख इन्हें सब नयनों में पहुँचाना !

—महादेवी

ऐसी सहज छोटी कविताओं में आरम्भ से जो मनोदशा बनती है वह अन्त तक बिना किसी स्पष्ट वर्धन के निभायी जाती है। सहसा कुछ नया घटित नहीं होता जो एक स्थिति से दूसरी में हमें ले जाये। ऐसा बदलाव बाह्य यथार्थ का लक्षण है, अतः उनके आदर्श को ठेस पहुँचाता है।

अपने अन्तर्मन के अकेलेपन के साथ मोह है, क्योंकि सृजन का स्रोत है। साथ ही साथी ढूँढ़ने की, जग में अपनापन पाने की, तीव्र उत्कण्ठा है क्योंकि अकेलापन

अन्त में असह्य है, वेदना से भरा हुआ है। यह तनाव छायावाद की शक्ति है, और उसकी रचना को सार्थकता प्रदान करता है, पलायन से दूर रखता है।

जैसा हर साहित्यिक आन्दोलन के साथ होता है, छायावाद भी आगे-पीछे अपने को दुहराने लग गया। इससे बचने के लिए वे कुछ नीचे उतरे। बहुत से उदाहरण हैं, पर यहाँ एक काफी होगा। पन्त अपनी कविता 'होटल का बैरा' में लिखते हैं :

तीस जून अब मुझे विदा होना होटल से
कल प्रयाग को मैं प्रातः प्रस्थान करूँगा !
....
बैरा:आज अधिक तत्परता से सेवा में
व्यस्त दीखते : तरह-तरह यत्नों से मुझको
खुश करने में लगे हुए हैं ! दाँत निकाले
मधुर चापलूसी कर मेरी.........

—पन्त

कवि को शायद स्वयं ही अस्वाभाविक, सीमित, हल्का और कल्पनाविहीन लगता है। अन्त तक पहुंचते-पहुँचते वह पूछने लगता है :

क्या मनुज के योग्य कभी बन पायेगी भू ?

पर यह सब मात्र एक बयान होकर रह जाता है। कवि की कोशिश के प्रति सहानुभूति होती है, पर कविता कहीं रचना के स्तर पर फिसल जाती है। महादेवी ने अपने को बचा लिया। पालतू पशुओं पर संस्मरण लिखे, उन्हें कविता का विषय नहीं बनाया। बन्धन तक आते-आते छायावादी कविता यथार्थ की सीढ़ियों पर बिल्कुल बिखर गयी।

इससे हम एक परिचित पाठ सीखते हैं कि कवि जहाँ अकेलापन महसूस करता है, वहीं उसकी वेदना का निवास है और वहीं उसकी आत्मीयता है। वहाँ से हट कर जब वह कोई प्रयत्न करता है तब रचना कमजोर पड़ जाती है, बनावटी स्वर देने लगती है।

अब इस सन्दर्भ में नयी कविता को परखें। वस्तुनिष्ठ कवि बाहर के संसार में, जीवन में अपने को अकेला पाता है :

क्योंकि मैं गलत को गलत साबित कर देता हूँ
इसलिए हर बहस के बाद
ग़लतफ़हमियों के बीच

बिल्कुल अकेला छोड़ दिया जाता हूँ।

—कुँवर नारायण

बाह्य संसार पर आधारित अकेलेपन की स्थिति हमें छायावादी कवियों में नहीं मिलती। आज का कवि बाध्य होता है कि बाह्य संसार में ही अपने दर्द का स्रोत ढूंढ़े और वहीं अपनी आत्मीयता स्थापित करे। जिस क्षेत्र में कवि आत्मीयता स्थापित करने चलता है, उसी क्षेत्र में वह जटिलता का साक्षात्कार करता है। इसलिए उसे यथार्थ जटिल और तहोंवाला मालूम होता है। वह मन की पर्तों को नहीं खोलता, क्योंकि वहाँ वह इकहरा बन गया है। वह जीवन की पर्तों को खोलता है अत: शनैः-शनैः अमूर्त होता जाता है। कुछ पर्तों के बाद यथार्थ के परिचित लक्षण मिलने बन्द हो जाते हैं।

आत्मनिष्ठता और वस्तुनिष्ठता के कगारों के बीच के कवि हैं—अज्ञेय, शमशेर और मुक्तिबोध।

अज्ञेय एक ओर अन्दर की गूंज सुनना चाहते हैं और दूसरी ओर बाहर की आवाज़ें भी:

सुनें गूंज भीतर के सूने सन्नाटे में
किसी दूर सागर की लोल लहर की···याद करें
तिरती नाव नदी में···हँसी अकारण खड़े महावट की छाया में
···भर्राई सीटी स्टीमर की···झरा रेशम शिरीष का···मौन।

—अज्ञेय

अज्ञेय सीटी की आवाज़ को छायावादी स्वरों में लपेटकर स्वीकार करते हैं। लेकिन सीटी की आवाज़ सुनी जानी चाहिए, इसके लिए जमीन तैयार कर देते हैं। अभी बाह्य यथार्थ से आत्मीयता नहीं बन पायी है, क्योंकि शिकायत बाकी है:

नहीं सुनें हम वह नगरी के नागरिकों से जिनकी भाषा में अतिशय चिकनाई
है साबुन की किन्तु नहीं है करुणा।

—अज्ञेय

वस्तुनिष्ठ कविता के कवियों ने कई रास्ते अपनाये। अन्दर की गूंज को सत्यापित कर पाना नामुमकिन है इसलिए मन को, इकहरा कर बाह्य यथार्थ को सारी जटिलता का वाहक माना। इस अर्थ में अज्ञेय, शमशेर और मुक्तिबोध के संकोच से मुक्त होकर वे सूचनात्मक भाषा को आदर्श रूप में स्वीकार कर सके:

सच ? वह ? जो हमने पाया था
वह कह डाला

—रघुवीर सहाय

जैसे छायावादी कवि में बेहद अकुलाहट है अपने अन्तर्मन में जटिलता खोजने की, वैसे ही इन कवियों में बहुत लालसा है बाह्य जगत् में जटिलता ढूँढ़ने की :

बहुत बड़ा अगर हो सकता दिवस परीक्षा का !
कुछ कठिन अगर हो सकता मेरे लिए जगत् !
—रघुवीर सहाय

जैसे छायावादी कवि का कविता-संसार 'निर्जन का चुपचाप', 'व्यथा भार', 'मौन उर', 'स्मृति के गृह', 'उच्छ्वास', 'स्वप्न संसार', 'दुख की बदली', 'निज रूप भर-भर स्वरूप' से भर गया, वैसे ही इन कवियों का कविता-जगत् 'अधभूखे बच्चों', 'बाँझ औरतों', 'सड़कों', 'काँपती साइकिलों', 'टुच्ची आकांक्षाओं', 'रेल की सीटियों, 'भीड़ों' से भर गया। यह रास्ता सरल और ऊपर से छायावादी चेतना के ठीक विपरीत लगता हुआ अन्दर से प्रणाली में वैसा ही था, इसलिए आसानी से समझ में आनेवाला और तर्कसंगत विकल्प था। सिर्फ दोनों का भू-दृश्य अलग-अलग है, जटिलता का लोक अलग-अलग है, उसके अनुरूप शब्दों का चुनाव अलग-अलग है, पर शब्दों की तौल एक ही है। छोटी कविताओं में दोनों ही पहली पंक्ति से एक मनोदिशा स्थापित कर उसे भरा-पूरा करने में कुशल हैं। आलोचकों को ऐसी स्थितियाँ प्रिय होती हैं।

साधारणत: हमें ऐसी कला और ऐसी कविता अच्छी लगती है जो एक खास प्रचलित विषय या भाव को स्पष्ट ढंग से उभारे। रह-रहकर कुछ रचनाकार ऐसे कथ्य की टोह में मँडराते मिलते हैं जो सामूहिक रूप से बोधगम्य हो। समकालीन कविता में ऐसे प्रयोग हुए हैं। राजनीति, सेक्स और धर्म का ऐसी चेष्टाओं द्वारा अवमूल्यन हुआ है। पेड़ की डालियाँ इतनी बार बन्दूक बन चुकी हैं कि अब उसे पढ़कर वास्तव में डर लगने लगता है/विशेष शब्दों का उपयोग जब बार-बार दुहराया जाने लगता है तब लौटकर शब्द हमारा उपयोग करने लगते हैं। इसमें मजा आता है क्योंकि सबकी समझ में सब आता लगता है। पर कला कभी सबके लिए नहीं रची जाती, यद्यपि वह होती सबके लिए है। उसे पाने के लिए यदि दर्शक या पाठक को अपने को पुनः संगठित नहीं करना पड़ता और ऐसा करने के लिए अपने पूर्वग्रहों और आदतों को उतार फेंकने के लिए नहीं जूझना पड़ता, जब तक नया उसे दीखने न लग जाये तो वह रचना मनुष्य के विकास में सहायक नहीं, बाधक हो सकती है।

यह कहा जा सकता है कि विशेष आकारों और विषयों का युग अब समाप्त होने को है और सम्बन्धों का युग आने को है।

सम्बन्धों को समझने की आहट नयी कविता में मिलती है :

तुम यशोधरा से भी बड़ी हो
और मेरा महाभिनिष्क्रमण
जो मिल के सायरन के साथ मुँह अँधेरे हो
जाता है।
और तथागत-सा
जो मैं ओवर-टाइम करके आधी रात
वापस आता हूँ।
ठंडे चूल्हे और साफ चौके को देख
तुम्हारी वीतराग स्थिति पर मन ही मन
उपदेश देता हूँ···

—लक्ष्मीकान्त वर्मा

यहाँ अनुभूति, इतिहास और वस्तुनिष्ठ मिल के सायरन को सम्बन्धों के सहारे समाकलित कर, गतिज बिम्ब में बाँधकर कवि निश्चय ही उस स्थिति से आगे बढ़ गया है जहाँ स्टीमर की भर्राई सीटी तस्वीर में महज एक स्थैतिक खाना-पूरी करती इकाई-भर थी। ऐसे कवियों ने अज्ञेय की खोज को परिपक्व बनाया है और उसकी सम्भावनाओं को फलित किया है। पर इन कवियों का अनुभव-संसार अब भी, निरन्तरता का संसार है।

यह कह देना आसान है कि बाह्य जगत् में जटिलता का निवास है। पर उस जटिलता को देख पाना आधुनिक ज्ञान-विज्ञान और बहुत-सी तैयारी की माँग करता है। हिन्दी से इस तैयारी के प्रति जो उदासीनता बरती गयी उसका फल आज हम भुगत रहे हैं। कवि या कलाकार की तैयारी बहुत व्यवस्थित नहीं होती है, पर किसी-न-किसी रूप में होती अवश्य है।

बाह्य जगत् दिक्काल में परिभाषित होता है। दिक्काल की अवधारणा अगर सरल है तो जगत् में जटिलता को ढूँढ़ने का ढंग भी सतही और कम पहुँचवाला होगा। बिना खुर्दबीन के त्वचा में कोशिकाओं की संरचना नहीं देखी जा सकती। अतः औजार और तैयारी की कमी होने पर जटिलता के अनेक पहलू हमारे लिए अलभ्य हो जाते हैं। यथार्थ का खजाना हमारे लिए कम रह जाता है। यह गरीबी हमारे लिए घातक सिद्ध हुई है। छायावाद के कवि इस प्रकार की गरीबी से ग्रसित नहीं हुए क्योंकि अपने अन्तर्मन के खुर्दबीन और काव्य-उपादानों के आकाशमण्डल के दूरबीन वे स्वयं ही थे।

जब आधुनिक युग में दिक् और काल की निरन्तरता पर प्रश्नचिह्न लगाया गया है, तब उससे अनभिज्ञ रहकर परमानन्द की स्थिति में पड़े रहना कहाँ तक उचित है? जब प्रगति और अव्यवस्था में अटूट सम्बन्ध स्थापित किया गया है

तब अव्यवस्था को सृजनात्मक दृष्टि से न देख पाने की स्थिति में बने रहना कहाँ तक श्रेयस्कर है ?

सेज़ाँ ने जब आसमान को टुकड़ों में बाँट दिया तो आधुनिक कला का आरम्भ हो गया। ब्राक और पिकासो ने मिलकर सारे दिक् को खानों में बाँट डाला। यह दिल दहला देनेवाली घटना थी : मार्सेल दूशाँ ने जब अपने चित्र 'सीढ़ी पर उतरती नग्निका' में समय के टुकड़ों को खपरैल की तरह सजा दिया तब बाह्य जगत् की जटिलता के सर्वथा नये आयाम खुल गये। इन घटनाओं के प्रति और दिक्-काल की बदलती परिभाषाओं के प्रति हमारा क्या रुख रहा है ? कहीं हम मुँह मोड़े, रूठे, खड़े हुए तो नहीं हैं ? सिर्फ अज्ञेय ने अपने ढंग से इन पहलुओं से उलझने की कोशिश की है। इसलिए उनकी 'भर्राई सीटी स्टीमर की' का महत्त्व है। अगर कहीं और कभी उनकी इस खोज को नये कवि अधिक परिपक्व ढंग से निभा गये तो यह इत्तिफाकन ही हुआ। केवल इत्तिफाकों से कभी इतिहास रचा नहीं जाता है। अगर नये कवि की पहुँच कहीं कम हो गयी तो कहना पड़ेगा कि इसका बहुत कुछ उत्तरदायित्व हमारी आलोचना के कन्धों पर है। अज्ञेय की कविताओं को जिस ज्ञान-विज्ञान की पृष्ठभूमि में रखकर परखा जाना चाहिए था, वह नहीं हुआ, या कम हुआ। सूक्ष्म माँगों का दबाव न पैदा कर, प्रायः भाषागत ऊपरी बनावट को ही अधिक देखा गया। यह अज्ञेय के साथ तो अन्याय हुआ ही, पूरी नयी कविता के साथ भी हुआ। इस कारण अनेक नयी खोजों पर उँगली नहीं रखी जा सकी और कविता शनैः-शनैः नागरिक-लोक-साहित्य के कुएँ में सरकने लग गई। फलस्वरूप ईमानदारी, अन्दर की सच्चाई, किसानपन और लोकप्रियता आदि के नारों को पोषित किया गया। ऐसे वातावरण में बाह्य जगत् की जटिलता की गम्भीर और सूक्ष्म खोज हमारी सामर्थ्य से इतनी परे हो गयी कि सारे हथियार रख दिये गये। सहजबोध और सहजबुद्धि पर निर्भर हो जहाँ और जितनी दूर तक हम जा सके, गये। अन्धे के हाथ कभी बटेर लग गयी तो लग गयी। बहुत-से अनाड़ी खिलाड़ी बनकर एक-दो गोल तो कर ले सकते हैं पर खेल को विकसित नहीं कर सकते हैं।

जहाँ अधिकतर कवियों को अपने अनुभव-संसार में निरन्तरता दिखी, वहाँ कुछ को विच्छिन्नता का आभास हुआ। ऐसा उन्हीं को हुआ जो यह आधुनिक बोध प्राप्त कर सके कि मनुष्य सीमित प्राणी है। वह बहुत से काम एक साथ नहीं कर सकता है। एक काम में जिस हद तक लगता है तो दूसरा सम्बन्धित कार्य उस हद तक नहीं हो पाता। ऐसा पहले भी होता था। पर इस प्रतिलोम सम्बन्ध का एहसास नहीं था।

एक बार विच्छिन्नता स्वीकार कर लेने पर जीवन और प्राप्त साहित्य को यथार्थ का बराबर वाहक मानना स्वाभाविक हो गया। जब सारा अनुभव-संसार

टुकड़ों में बँधा दीखने लगा तब लगा कि कविता में भी टूटे हुए तमाम बिम्बों को बटोरकर एक सार्थक बिम्ब रचना पड़ेगा। टूटे संसार को टूटे बिम्बों में ही रखा जा सकता है, यह आवश्यक नहीं है, पर एक नया ढंग अवश्य है। लौटकर, ऐसी कविता को पढ़ने के बाद, हम संसार को टुकड़ों में बँटा देख सकते हैं, जो इतना स्पष्ट हमें नहीं दीख रहा था, और बहुत-सी घटनाओं को समझ सकते हैं जो समझ में नहीं आ रही थीं। ऐसी कविता किसी विशेष विषय को गौण बनाती है, सबको बराबर स्थान देती है और ज्ञानोदय का कार्य करती है। सामाजिक दृष्टि से उनका महत्त्व है। वह हमारी दृष्टि का परिष्कार करती है। समकालीन कविता को आधुनिक चित्रकला के बराबर रखती है। वैज्ञानिक दृष्टि और सूक्ष्मता की माँग को अपने अन्दर समेटती है। सम्बन्धों के जाल की सम्भावना को उपस्थित कर कवि के लिए जटिल सृजनात्मक की चुनौती पैदा करती है। हमारे चुनाव क्षेत्र को विस्तार देती है।

नयी कविता भी कहीं जाकर अपने को दुहराने लगी। जब भी ऐसा होता है, कवि घबराकर जल्दी में अपनी आत्मीयता के क्षेत्र से बाहर झाँकने का प्रयत्न करता है। छायावाद के कवियों ने मन की महानता को छोड़कर जब धरती पर उतरना चाहा तो उनका स्वर अविश्वसनीय लगने लग गया। नये कवि ने सड़क छोड़ जब भी स्वर को उठाने की कोशिश की, वह भी उतना ही भ्रामक लगने लग गया। महान् प्रसंग से आरम्भ करते ही उसकी कृत्रिमता छलक आती है। ऊपर से नीचे उतरना कभी वांछनीय नहीं होता क्योंकि उसमें हमेशा सम्भावित ऊर्जा और संगठन का क्षय होता है। यह रचना का नियम है। प्रसाद और महादेवी ने इसे समझा। दूसरी ओर नीचे से ऊपर जाना अधिक तैयारी और संगठन की माँग करता है। अव्यवस्था को सँभालने की तरह है, इसलिए मुश्किल है और खतरनाक भी। नये कवि के सामने आज प्रश्न यही है कि क्या उल्टी मेज में वह ताजमहल देख सकता है?

कविता और एशियाई अस्मिता

नवनीता देव सेन

मैं अपने कन्फ़ेशन की शुरुआत एक प्रत्याख्यान से करती हूँ : एशियाई अस्मिता जैसी ऐसी कोई चीज नहीं है, जिसे इस निबन्ध ने अपने पृष्ठों में पकड़ने की कोशिश की हो। मैं एक अन्धी गली में हूँ, उस अधि-उपन्यासकार (मेटा-नॉवलिस्ट) की तरह जो उपन्यास लेखन की असम्भवता पर उपन्यास लिखता है। मैं एशियाई अस्मिता के बारे में निबन्ध लेखन की असम्भवता पर निबन्ध (अधि-निबन्ध?) लिख रही हूँ। यह एक फिसलती अवधारणा है। मैं अपने शब्दजाल में इसे फँसा नहीं सकती : मैं अपना जाल बॉसफोरस से पेसीफ़िक तक, साइबेरिया से हिन्द महासागर तक बिछा लूँ तब भी इसे नहीं पकड़ सकती—वह हिमालय के विशाल हिम मानव की तरह एक छलना है। हमें उसके होने की जानकारी है लेकिन हममें से किसी ने भी उसे ठीक-ठीक देखा नहीं है—सिर्फ कुछ लोग हैं जिन्होंने उसके पद-चिह्नों की तस्वीर ली है। एशियाई अस्मिता भी—जैसा कि मेरा दुस्साहसी मन मुझसे कहता है—किसी न किसी शक्ल में, कहीं न कहीं है जरूर—हमारे उन पुरखों की तरह जो स्वर्ग में हैं—लेकिन हमने उसे देखा नहीं है, सिर्फ आस्थाशील लोगों के दिलों में उसकी पदचापें सुनी हैं। 'कविता एशिया[1]' इस महान एशियाई अस्मिता को एकबारगी पकड़ लेने का एक खास ढंग का उपक्रम है—अगर सम्पूर्णता में नहीं तो उसके पैरों के निशानों को ही सही। हाँ, हम महत्त्वाकांक्षी हैं। कवि अपनी सीमाओं के लिए नहीं जाने जाते।

हम यहाँ जिस संकट का सामना कर रहे हैं वह पहचान का, शायद, उतना नहीं जितना प्रवृत्तियों, सूचना और विश्वास का संकट है। हमारे बीच बहुत कम

---

1. मार्च 1988 में भारत भवन में एशियाई कविता पर केन्द्रित आयोजन।

आदान-प्रदान है। क्या हम एशिया को उससे आधा भी जानते हैं, जितना यूरोप को? हमें यूरोप और अमेरिका का सांगोपांग ज्ञान है। ठीक है, कि यह ज्ञान हम पर थोपा गया है। अभी हाल-हाल तक हम लातीन अमेरिका को बिल्कुल भी नहीं जानते थे और अफ्रीका अब भी हममें से ज्यादातर के लिए एक तिमिराच्छन्न महाद्वीप है। पर हम एशियाइयों के लिए सर्वाधिक अँधेरे में डूबा हुआ महाद्वीप एशिया ही है। समग्र और 'एक' महाद्वीप के रूप में अपनी अस्मिता का हमारा ज्ञान नगण्य है। हम उसे परस्पर अलहदा टुकड़ों में पहचानते हैं, जैसे चीन, जापान, भारत, जैसे वियतनाम, कोरिया, फिलीपीन्स, जैसे ईराक, ईरान, संयुक्त अरब अमीरात। क्या हमारी चेतना में एशिया का एक सम्पूर्ण बिम्ब है? 'एशिया' शब्द लोगों के मन में सामान्यतः क्या उभारता है? पिष्टपेषण का जोखिम उठाकर भी मैं साहचर्य के खेल में दिलचस्पी लूँगी। आज उन्नीस सौ अट्ठासी में, किसी भी सार्वजनिक मंच से पहचानों का हिसाब-किताब करना या तो सतही लगता है या पाखण्डपूर्ण या दोनों। इसीलिए इससे बेहतर है, हम खेलों में शामिल हों।

एशिया शब्द, ज्यादातर दिमागों में सुदूर क्षितिज पर उगते हुए सूर्य का दृश्य खींचता है (यह अनायास नहीं कि हमने भी यहाँ इस बिम्ब को एक प्रतीक-चिह्न की तरह लिया है[1]) पूरब का, पौर्वात्य का एक बिम्ब। आकर्षक जलरंगी भूदृश्य (राइस पेपर पर हल्की पर्तें), सोया-सॉस के साथ स्वादिष्ट नूडल्स (सुकुमार चीनी के बर्तन में), गूढ़ रहस्यों से भरे सन्देश (गहन आध्यात्मिक प्रज्ञा के), जूडो-कराटे, योग। जनसंख्या का विस्फोट, साधु-संन्यासी, मसाले, टापू और उपनिवेश—विलम्बित युद्ध और शरणार्थी। लेकिन एशिया शब्द उन नजरों को लुभाता है जो स्लिट हैं; वह गौर वर्णों को बंगलादेश या भारत के अपने भूरे भाइयों की याद सामान्यतः नहीं दिलाता, न तेल-समृद्ध शेखों की और न ही उन तमाम लोगों की जो मध्य एशिया में स्थित सोवियत राज्य में रह रहे हैं। लेकिन एशिया यह सब और इससे अधिक है, बहुत अधिक।

व्यक्तिगत रूप से मेरे लिए, 'एशिया' शब्द में तीन भिन्न संयोजन निहित हैं। सबसे पहले यह मेरी आँखों के सामने एशिया का वह नक्शा प्रस्तुत करता है जहाँ मेरे दृष्टिफलक से ऊपर कुल जगह के तीन-चौथाई को ढँके हुए चीन और सोवियत रूस दो कोरे धब्बों में चित्रित हैं—बगैर विवरणों के। और भारी विस्तार के बीच अत्यन्त उदग्रता के साथ डटा हुआ, मेरे दृष्टिफलक पर अपने सूक्ष्म विवरणों के साथ चित्रित भारतीय उपमहाद्वीप है—पूर्व में बौद्धों और पश्चिम में इस्लाम की पट्टियों से मोटामाटी घिरा हुआ (वह क्षेत्र जो मध्य-पूर्व के नाम से ज्ञात है—

---

1. 'कविता एशिया' के प्रतीक-चिह्न के रूप में उगते सूर्य का एक आदिवासी चित्र।

पश्चिमी दुनिया के नक्शानवीसों को धन्यवाद !) दूसरा संयोजन है, मात्र एक शब्द का : गरीबी, जिसका सम्बन्ध विशेषकर दक्षिण और दक्षिण-पूर्व से है—वह इलाका जहाँ गुन्नार मिर्डल का 'एशियन ड्रामा' खेला जाता है; वह पूर्व में जापान को, पश्चिम में गल्फ़ देशों को और उत्तर में सोवियत रूस और सम्भवतः चीन को अलहदा रखता है। इसीलिए प्रज्ञा और कला से पूर्व मेरे दिमाग में गरीबी और भुखमरी जैसे शब्द आते हैं। हाँ, बाद में कुछ सकारात्मक शब्दों की ओर ध्यान जाता है, जैसे इतिहास और सभ्यता, कला और संस्कृति, धर्म और दर्शन। तीसरे संयोजन के रूप में यह शब्द मेरे सामने आधुनिक पश्चिमी मूल्य-व्यवस्था द्वारा एक प्राचीन पौर्वात्य मूल्य-व्यवस्था के बलात्कार का बिम्ब प्रस्तुत करता है। सवाल है कि क्या मौलिक एशियाई मूल्य-व्यवस्था जैसी कोई चीज़ आज है, या कि वह कभी थी ? या कि वह महज एक भ्रम है ? और अन्त में, मेरे लिए एशिया का अर्थ वह विशाल भूखण्ड है जिसमें रहनेवाले करोड़ों लोग, विपुल अभावों से परस्पर बँधे हैं : भोजन का अभाव, छाया का अभाव, दवाओं का अभाव, शिक्षा का अभाव, तकनीक का अभाव, सूचना का अभाव, विश्वास का अभाव, शान्ति का अभाव, प्रेम का अभाव, आनन्द का अभाव।

हम यहाँ नकारात्मक शब्द बोलने के लिए इकट्ठा नहीं हुए हैं, लेकिन हमारी आत्मवंचना में भी कोई सार नहीं है। हमें मिल-जुलकर एक ऐसे दर्पण को निर्मित करने की जरूरत है जिसमें एशिया अपनी सम्पूर्णता का पूरा प्रतिबिम्ब पा सके। 'कविता एशिया' इसी दिशा में एक कदम है। "कविता, जीवन की अनेक सकारात्मक सम्भावनाओं में से एक है" (मोन्ताले) और आशा करते हैं कि यहाँ उसका पूरा उपयोग कर सकेंगे।

जिस तरह 'एशियन' शब्द की जड़ें, बजाय किसी एशियाई भाषा के लैटिन में हैं, ठीक वैसे ही 'महाद्वीपीय अस्मिता' की अवधारणा भी शायद एक उधार ली गयी अवधारणा है। जो कुछ यूरोप के बारे में सही है, वही एशिया के बारे में सही हो, यह अनिवार्य नहीं है। स्वयं यूरोप में 'महाद्वीपीय अस्मिता' स्पष्टतः हाल ही की अवधारणा है, प्लेटो या अरस्तु ने, यहाँ तक कि लियोनार्दो या शेक्सपियर ने भी इसके बारे में नहीं सोचा था। एक विशिष्ट नृवैज्ञानिक मूल, धर्म और दर्शन की समान परम्परा, आधुनिक प्रविधि की सुविधाओं और प्राचीन काल की समान आदर्श विरासतों में साझेदारी ने योरोप को जो एक समग्र सांस्कृतिक एकता प्रदान की, वह एशियाई अनुभव से नितान्त भिन्न है। एशिया में अनेक भिन्न नृवैज्ञानिक और भौगोलिक क्षेत्र हैं जिनमें से प्रत्येक की अपनी पाँच हजार वर्ष पुरानी स्वतन्त्र और समानान्तर आयु है—बेबीलॉन में, चीन में, भारत में। इनमें से हर एक ने मनुष्य के इहलौकिक स्वप्नों को साकार करने के अपने-अपने रास्ते खोजे हैं—कला और धर्म के सहारे लोकोत्तर जीवन का जादुई

घूँट चखने के लिए, मृत्यु को चुनौती देने के लिए।

निश्चय ही एक एकल कामचलाऊ पहचान के सहज विकास की दृष्टि से, जिसमें सभी का साझा हो सके, एशिया शायद बहुत विपुल और बँटा हुआ है। अन्ततः एक समशील में बदल गये यूरोप से नितान्त भिन्न एशिया तमाम युगों में विषमशील बना रहा। हम परस्पर नॉर्थ डिग्री पर बँटे हुए हैं। हमारी प्रजातीय और नृवैज्ञानिक विविधताएँ असीमित रूप से व्यापक हैं; हमारी शास्त्रीय परम्पराओं की ही तरह हमारी सांस्कृतिक पृष्ठभूमि परस्पर भिन्न हैं; हमारा राजनैतिक दृश्य असमान है, बल्कि (एक दूसरे के लिए) अविश्वसनीय है; हमारी आर्थिक स्थिति सामान्यतः अनिश्चित और पूरी तरह—स्वयं एशिया के भी उन्नत देशों से—अतुलनीय है। हमसे किसी एकरूप समशील एशियाई पहचान की आशा नहीं की जा सकती—तब भी जबकि हमारे यहाँ सम्पूर्ण प्राविधिक क्रान्ति हो जाये। एशिया के अनेक कोनों में कई छोटे-छोटे योरोप टँक हुए हैं। हमारी कथा बहुत निराली है। प्राचीन गौरव और मौजूदा पीड़ाओं की गाथा, पाने और खोने की गाथा। हमने अपने बेबीलॉन और अपने हिरोशिमा पाये हैं, अपने बनारस और अपने लाइस। अपने पड़ोसियों के साथ निरन्तर युद्ध-स्थिति में रहने के लिए, सीमाओं पर विलम्बित दीर्घकालीन कलहों में अपना ही ख़ून बहाने के लिए, हमने उन युद्धों को जीवित रखा है जो किसी ज़माने में हमने अपने यूरोपीय मालिकों से लड़े थे। फिर भी हमारे तमाम पारस्परिक अविश्वास, हमारे प्रेमहीन आपसी सम्बन्ध 'एशियाई अनुभव' की पृष्ठभूमि से उभरते उन मजबूत लगावों में रचे-बसे हैं जिन्हें नकारना सम्भव नहीं। एशियाई अनुभव का लेखा महज उस औपनिवेशिक अनुभव की तरह नहीं किया जा सकता जिसमें सबने बराबर की साझेदारी नहीं की, अपितु यह एक तरह की परम्परा का, एक दूसरी तरह की आधुनिकता से टकराना है। आधुनिक योरोप और अमेरिका से प्राचीन एशिया का टकराव। इसी का नतीजा है कि हममें से कुछ एंग्लोफ़िल्स हैं, कुछ फ्रेंकोफ़िल्स हैं, कुछ यान्कोफ़िल्स हैं और कुछ एकदम सादे जेनोफ़ोबिक (=विदेशियों से द्वेष रखनेवाले) हैं।

आज हमें एक जोड़ा नयी आँखों की सख्त जरूरत है। हमें उधार की आँखों से स्वयं को देखना बन्द करना चाहिए। इसमें कोई शक नहीं कि एक कवि के पास वह तीसरी दृष्टि होती है—एक अन्तर्दृष्टि। कविता हमारे सामने नये क्षितिज उद्घाटित करती है, अज्ञात गहराइयों को छूने में हमारी मदद करती है, हमें खुले आकाश में उन्मुक्त होने देती है। इसीलिए एक नयी, संश्लिष्ट पहचान को खोजने की सामर्थ्य कवि में है—एक ऐसे आत्म को खोजने की सामर्थ्य जिसमें ताज़गी, विषमशीलता, और बहुवाचकता हो और जो अप्रमाणित, बल्कि अनाविष्कृत हो। कवि की कल्पना, शायद अकेली वह जगह है जहाँ एक अमूर्त

अवधारणा—जैसे कि 'एशियाई अस्मिता'—एक आकार पा सकती है क्योंकि कवि ही उस अखिल की सृष्टि कर सकता है, जहाँ किसी भी वस्तु का अस्तित्व पहले से नहीं है। वह एक नये यथार्थ का सृजन कर सकता है। अगर मेरे लिए एशिया का मतलब विपुलता और वैविध्य, आत्मिक समृद्धि और भौतिक दारिद्र्य है तो एशियाई अस्मिता शब्द मेरी चेतना में उस प्राचीन वटवृक्ष के बिम्ब को उभारता है जो कलकत्ता के निकट खड़ा है—शाखाओं से झूलते अपने हजारों अपस्थानिक मूलों के साथ। कालान्तर में अपने को धरती में स्थापित कर चुकने के बाद ये मूल आज ऊपर के विशाल हरे चँदोवे को सहारा देते मजबूत तनों में बदल चुके हैं। समय के हाथों कमजोर और सफेद चींटियों द्वारा खोखला होता गया इस वृक्ष का मुख्य तना अदृश्य हो चुका है, लेकिन हजारों परिन्दों को अपनी छायादार शाखाओं में बसेरा देता हुआ यह विशाल वृक्ष अब भी जीवित है। शायद एशियाई अस्मिता ऐसी ही है। ठीक है कि हमें आज मूल तना कहीं दिखाई नहीं देता और ऐसा लगता है कि वह कभी था भी नहीं; हमारी भाषाएँ अत्यन्त विविध हैं, हमारी संस्कृतियाँ अत्यन्त भिन्न हैं, लेकिन क्या इसमें बाबा वैरागियों, आज्ञाकारी औरतों, ज्ञान ग्रन्थों और अन्तहीन दारिद्र्य के अलावा एशियाई या पौर्वात्य कुछ भी नहीं ? इस सवाल का जवाब खोजने का काम निश्चय ही राजनीतिज्ञ का नहीं है, न ही धर्मगुरुओं का, न समाजवैज्ञानिकों का और न आर्थिक इतिहासकारों का। यह सिर्फ एक कवि का काम है। आज हम मनुष्यता, विशेषकर तीसरी दुनिया के मान्य प्रतिनिधि हैं। हम महज एक स्वप्नद्रष्टा नहीं बल्कि एक ठीक और वास्तविक दृष्टि रखनेवाले हैं। क्योंकि कविता का तर्क एक अधितर्क है; वह वहाँ तक जाती है जहाँ कार्य-कारण असफल हो जाता है। जो ऊपरी तौर पर असम्भव प्रतीत होता है, कविता उसे वास्तविक बना सकती है। एशियाई अस्मिता भी उसकी पकड़ से बाहर नहीं है। एक पैगम्बर की तरह कवि भी चमत्कारी होता है, लेकिन उसका चमत्कार अन्तःजगत में घटित होता है।

इस भ्रमित करनेवाले अखिल में हम निरन्तर कुछ अर्थ पाने की चेष्टा कर रहे हैं—ऐसा कुछ जो मानवीय अनुभव के सन्दर्भ में कुछ गहरी प्रासंगिकता, कुछ आन्तरिक अर्थवत्ता रखता हो। यह जिस तरह धर्म का वैसे ही कलाओं और दर्शन का भी लक्ष्य है। मनुष्य की तमाम गम्भीर सांस्कृतिक गतिविधियों का इष्ट और उद्देश्य अन्ततः अपने कर्म का एक अर्थ उपलब्ध करना है—अपने जीवन का, अपनी मृत्यु का अर्थ। पहचान को उपलब्ध करने का यत्न इस प्रक्रिया का सिर्फ एक हिस्सा है। हम जो कुछ इतिहास से हासिल करने में असफल रहे हैं, वह हमें इतिहास को प्रदान करना चाहिए। कवि का काम यह है। 'कविता एशिया', प्रथमतः एशियाई अनुभव के दरवाजे पर एक दस्तक है, इसके बाद वह, एशियाई अनुभव को उसकी समग्रता में खोजने के लिए इस दरवाजे को खोलकर उसमें

प्रवेश करेगी। यदि आज हम बीज बोते हैं, हमारे बच्चे उसकी फसल काटेंगे। एशियाई कवियों की भावी पीढ़ी को, एशियाई अस्मिता के अस्तित्व की राह नहीं देखनी होगी, इसके विपरीत वे सहजता के साथ उसकी प्रकृति और विकास की चर्चा कर रहे होंगे।

अस्मिता की खोज पर लौटते हुए, यदि आप मुझसे पूछते—"तुम क्या हो", तो मैं जवाब देती, "कवयित्री, एक बंगला कवयित्री"। "बंगला कवयित्री? बंगलादेश से?" "नहीं, हिन्दुस्तान की बंगला कवयित्री।" और यही वह जगह होती जहाँ हम दोनों चुप हो जाते। एक हंगारी या फ्रांसीसी कवि एक यूरोपीय के रूप में अपना ऐसा परिचय कभी नहीं देगा। ये हम हैं जो उन्हें इस तरह देखते हैं। सिर्फ बाहर से उन्हें एक साथ एक जत्थे में देखकर हम उन पर एक समग्र पहचान आरोपित करने की कोशिश कर रहे हैं। भीतरी दृश्य कुछ और ही है। जब तक हम स्वयं को इस ग्रह से बाहर, एक 'एम्प्टी स्पेस' में, या कि अन्य ग्रहों के जीवन की संगति में परिकल्पित नहीं करते, पृथ्वी के नागरिक के रूप में स्वयं को नहीं समझ सकते। अर्थात् यह हमने मान लिया है कि हमारी बुनियादी पहचान इस ग्रह का नागरिक होने में है। एक तथ्य जो हमारी चेतना में अटका हुआ है। हमारा एशियाईपन कुछ-कुछ इसी तरह का है। हम इसके बारे में सोचते नहीं हैं, सिर्फ एक स्थानिक पहचान के रूप में, एक भौगोलिक तथ्य के रूप में ऐसा मान लेते हैं। बौद्ध क्षेत्र, इस्लामी क्षेत्र, सोवियत क्षेत्र और उपमहाद्वीपों को समेटते हुए एक सांस्कृतिक पहचान आरोपित करने की कोशिश, हमें एक जकड़ने वाले चोगे में बाँधने की कोशिश होगी—मानो हमें किसी भव्य सैनिक मार्च के लिए यूनिफार्म पहनाया जा रहा हो। इस तरह का कोई भी यत्न मुझे एक अर्थ-हीन अभ्यास लगता है। यह हमें नीरसता के रेगिस्तान में ले डूबेगा। मैं ऐसा कुछ भी नहीं कह सकती जिससे घिसे-पिटेपन की ध्वनि न निकलती हो, जो सतही न हो, ऐसा कुछ भी जो आपके दिलों में पहले से ही बसा न हो। मुझे दुख हो रहा है कि मैं इस तरह के एक विषय पर चर्चा करते हुए, अपनी चेतना के स्वनिर्धारित क्षेत्र से परे, बगैर किसी दबाव के, उस परायी जमीन पर आ गयी हूँ जो शायद कविता के लिए नहीं बनी है। कवि का वाह्यवर्ती पहचानों से नहीं, आन्तरिक वास्त-विकताओं से, मनुष्य की आन्तरिक अस्मिता से सरोकार है।

एक सृजनात्मक लेखक के लिए महाद्वीपीय अस्मिता तभी अर्थपूर्ण होती है जब उस भूखण्ड पर रहनेवाले लोग किसी साहित्येतर तनाव में सर्वसामान्य रूप से साझीदार होते हैं—मसलन लातीन अमेरिका का राजनीतिक संकट, अफ्रीका की आदिवासी या जातीय राजनीति या आस्ट्रेलिया में औपनिवेशिक हैंग ओवर! इसलिए लातीन अमेरिका को एकजुट करनेवाली चीज एशिया के लिए सही नहीं है, या कि एक अखिल अफ्रीकी अस्मिता की सृष्टि करनेवाली चीज हम एशियाइयों

पर लागू नहीं होगी।

इस तरह हम एशियाई पहचान की उपलब्धि की क्षीण प्रत्याशा से क्षीणतर प्रत्याशा की ओर बढ़ते हैं : सत्य की खोज की औपनिषदिक प्रक्रिया के अनुरूप, 'नेति-नेति' के उच्चारण से निषेधों की एक श्रृंखला के सहारे अन्तिम सत्य को उजागर करने का प्रयत्न करते हुए—तब तक, जब तक कि चमत्कार का क्षण स्वयं को उपस्थित कर उस अन्धकार को हटा न दे, जिसमें हम अपने ही चारों ओर चक्कर लगा रहे थे। एशिया का एक ही पक्ष मुझे आकर्षित करता है—वह, जिसका रुख उस आन्तरिक वास्तविकता की ओर है जो हमें हमारी एकाग्र प्रतीक्षित पहचान प्रदान कर सकती है।

क्या यह आश्चर्य की बात नहीं है कि आज के विश्व में मौजूद और जीवित तमाम धर्मों (यथा—ईसाई, बौद्ध, हिन्दू, यहूदी, इस्लाम, कन्फ्यूशियनिजम) में से प्रत्येक धर्म संसार को एशिया का उपहार है? संसार के तमाम मसीहा एशियाई मूल के रहे हैं। अगर औद्योगिक क्रान्ति और प्राविधिक विकास मानव सभ्यता के लिए यूरोप का अवदान हैं, तो मनुष्यता के लिए एशिया का अवदान, मनुष्य में आध्यात्मिक विकास की इच्छा और वह धार्मिक क्रान्ति है जिसने समूची दुनिया को विचलित कर दिया। मैं एशियाई प्रज्ञा या एशियाई दीप्ति के बारे में पुराने और बुझे हुए तर्कों को दोहराना नहीं चाहती लेकिन मुझे इस पर सन्देह है कि दुनिया के इस हिस्से में किसी ऐसे चमत्कार का अभाव है जिसने हताशा के क्षणों में, जबकि विचारधाराएँ अपर्याप्त हो चुकी थीं, मनुष्य को सहारा देनेवाले अनेक मजबूत और शक्तिशाली धर्मों और मसीहाओं को पैदा किया। यूरोप निश्चय ही गणतन्त्र और प्रजातन्त्र से लेकर समाजवाद और साम्यवाद तक लगभग तमाम महत्त्वपूर्ण विचारधाराओं का जनक है, लेकिन विचारधाराएँ अल्पकालिक हैं। वे व्यक्ति और राज्य के परिवर्तनशील सम्बन्धों को लेकर चिन्तित होती हैं, जबकि धर्म अस्तित्व के एक भिन्न स्तर को, सम्बन्धों के एक भिन्न रूप को परिभाषित करने की चेष्टा करते हुए शाश्वत से सम्बन्ध बनाते हैं। मैं महसूस करती हूँ कि हमारी प्राचीन एशियाई मिट्टी ने अनन्त को बाँधने की युक्ति पर कहीं न कहीं किसी न किसी रूप में दक्षता हासिल की थी। एशियाई वास्तविकता मनुष्यता को एकजुट करनेवाली आन्तरिक शान्ति और आध्यात्मिक स्वतन्त्रता के प्रति एक लगभग अन्तहीन उपक्रम है—अपने चैतन्य को इस मृत्युवाही अस्तित्व से ऊपर और परे उठाने को, उसे वह आन्तरिक आयाम देने को जो तमाम मसीहाओं का लक्ष्य रहा है। कविता का भी यही लक्ष्य है। इसीलिए मुझे मसीहाओं की यह भूमि कविता की भूमि लगती है। और यही हमारे अन्तस में ठहरे हुए उस नुक्ते की खोज को अर्थपूर्ण बनाती है, जहाँ आन्तरिक शान्ति की तलाश तमाम चीजों से अधिक प्रभावी है। टेक्नॉलाजी की प्रेमहीन दुनिया के लिए 'कविता एशिया' का शायद यही सन्देश

हो सकता है।

ब्रिटेन की उच्च उदार परम्परा के दौरान, एक एकीकृत भारतीय अस्मिता के लिए जवाहरलाल नेहरू का प्रिय नारा था—'अनेकता में एकता'। आज आजादी के चालीस साल बाद नेहरू की यह उक्ति मुझे एक नये और व्यापक परिप्रेक्ष्य में सुनायी देती है। शायद यह हमारे काम की हो। अपने को एशिया कहकर पुकारनेवाली इस विपुल अनेकता के अन्तस में शायद अन्तस्संगठन का एक ठहरा हुआ बिन्दु मौजूद है। शायद कविता उस तक पहुँच सकती है। हम इसे अपने यत्न से जोड़ सकते हैं।

[अंग्रेज़ी से अनुवाद : मदन सोनी]

मुक्तिबोध की कविता की बनावट

कुँवर नारायण

मुक्तिबोध ने केवल कविता लिखी नहीं है, कविता लिखे जाने की मानसिकता और रचनाप्रक्रिया पर भी विस्तार से विचार किया है। इससे उनकी कविताओं को समझने में मदद मिलती है और किसी हद तक आज की कविता को भी।

मुक्तिबोध छोटी कविताओं के कवि नहीं हैं। उनका कहना है—"मैं छोटी कविताएँ लिख नहीं पाता और जो छोटी होती हैं वे वस्तुतः छोटी न होकर अधूरी होती हैं। इस प्रकार की न मालूम कितनी कविताएँ मैंने अधूरी लिखकर छोड़ दी हैं। उन्हें खत्म करने की कला मुझे नहीं आती···" उनकी लम्बी कविताएँ छोटी न होकर क्यों लम्बी ही होती हैं इस पर भी उनकी दिलचस्प टिप्पणी है। एक कविता के लिए कहते हैं—"अगर वह कविता भावावेशपूर्ण होती तो एक बार उसकी आवेशात्मक अभिव्यक्ति हो जाने पर मेरी छुट्टी हो जाती। लेकिन वैसा हो सकना असम्भव है क्योंकि भावावेश किसी बात को लेकर होता है, वह बात किसी दूसरी बात से जुड़ी होती है, दूसरी बात किसी तीसरी बात से। इस तथ्य को मैं यों कहूँगा : यथार्थ के तत्त्व परस्पर गुम्फित होते हैं, साथ ही पूरा यथार्थ गतिशील होता है।"

यथार्थ को इस तरह परस्पर गुम्फित और गतिशील देखना हमें मुक्तिबोध की कविताओं की बनावट का पहला संकेत देता है। उनकी लम्बी, आदि-अन्त रहित-सी कविताओं की भाषा की बेसब्र गति परस्पर गुम्फित अनुभव-खण्डों की याद दिलाती है। बारीक तराश और पच्चीकारी उनकी कविता की खास पहचान नहीं है, न वे अपनी कविताओं द्वारा उस तरह का असर ही पैदा करना चाहते हैं जैसा छोटी कविताओं द्वारा पैदा किया जाता है। शब्द, बिम्ब, अर्थ, ध्वनियाँ आदि भी परस्पर गुम्फित भँवर की तरह चक्कर खा आगे बढ़ते हैं। अक्सर एक ही बिम्ब, शब्द या अर्थ एक ही कविता में घूम-फिरकर वापस आता है, मगर टेक की तरह

नहीं, चक्राकार घूमते छोटे-छोटे पहियों की गति की तरह। 'शब्दों का अर्थ जब' शीर्षक एक कविता है जिसमें ये ही चार शब्द 37 बार लाये गये हैं। इसी तरह 'अँधेरा' शब्द जितनी बार मुक्तिबोध की कविताओं में आया है दूसरे किसी कवि में मिलना मुश्किल है। अपनी कई कविताओं में मुक्तिबोध तुकों का इस्तेमाल भी अर्थों पर किसी तरह का विश्राम देने के लिए नहीं करते, आवर्तन द्वारा गति का आभास देने के लिए करते हैं···उनका प्रभाव धक्के का-सा होता है मानो कविता को आगे ढकेलने के लिए। 'हर चीज जब अपनी' से कुछ उदाहरण लेना चाहूँगा :

कि आखिर बहैसियत एक आदमी के,
न कि सवालात की हवालात
या कि समस्याओं की
        सुनहरी अकादेमी के,
हाँ, बहैसियत सिर्फ आदमी के···

नफरत और नफासत
बीवी के साथ भी सियासत

भीड़ भड़क्का है
सँभलो, अपनी अटैची सँभालकर रक्खो
जमाना उचक्का है
इसीलिए दिमाग के भीतर एक दिमाग में
जहरीली आग है
अकेले में दाँत पीसता हुआ क्षाग है।
टिकट कलेक्टर है ऊँचा सफेदपोश वक्त।
वैल-शेव्ड चेहरा है, काला और सख्त।
भीतर घुस नहीं सकता है
बिना टिकट कोई भी
समस्या विकट है,
जिसके पास पैसा है उसके पास टिकट है।
—भूरी भूरी खाक धूल

इस कविता में एक वृत्ताकार गति है। अन्तिम तीन पंक्तियों में 'टिकट', 'विकट' और फिर 'टिकट' द्वारा जिस चक्राकार संरचना को गढ़ा गया है उसका फैलाव पिछली पंक्तियों में भी महसूस किया जा सकता है। कभी-कभी वे गति लाने के लिए एक अक्षर की पुनरावृत्ति को आधार बनाते हैं, जैसे इन पंक्तियों में

'ढ़' अक्षर की स्थिति द्रष्टव्य है :

इस सल्तनत में
हर आदमी उचककर चढ़ जाना चाहता है,
धक्का देते हुए बढ़ जाना चाहता है,
हर एक को अपनी-अपनी पड़ी हुई है।
चढ़ने की सीढ़ियाँ
सिर पर चढ़ी हुई हैं।

अक्सर ऐसा लगता है कि मुक्तिबोध की कविताएँ एक 'एवलांश' की तरह लुढ़कती-पुढ़कती, शब्द बटोरती, आगे बढ़ती हैं—किसी ऊबड़-खाबड़ सतह पर सरपट, जिसमें एक प्राकृतिक दृश्य की छटा है, पर कसाव और संगठन के लिए धैर्य नहीं। इसलिए शायद बहुधा यह लगता है कि उनकी कविताओं में एक भाषाई पैटर्न तो है पर वह संरचना नहीं जिसके पीछे एक खास तरह का सतर्क नियोजन, निदेशन और संयोजन होता है। वे असंगठित लगती हैं : लगती ही नहीं शायद होती भी हैं मानो उन्हें जान-बूझकर इस तरह रचा गया हो कि वे एक उखड़े हुए, बड़बड़ाते यथार्थ के पागलपन का एहसास करा सकें—अपने कथ्य द्वारा ही नहीं अपने फ़ार्म द्वारा भी। यह स्वाभाविक प्रश्न उठता है कि यह फॉर्म—या फॉर्म विहीनता—क्या किसी तरह की पूर्वयोजना के मुताबिक है ? या कविताएँ स्वतःस्फूर्त (सेल्फ जैनरेटिंग) भाषाई नियम के अनुसार···नियम जो अपने आप में रचनात्मक दिमाग का स्वभाव माना गया है···विकसित होती हैं, एक स्वचालित प्रक्रिया या 'सेल-डिवीजन' की तरह सायास उतनी नहीं जितनी अनायास। रचना-प्रक्रिया के सिलसिले में स्वयं मुक्तिबोध ने 'फन्तासी' और 'वैज्ञानिक दृष्टिकोण' की भी बात उठायी है। फिलहाल, एक और बात मन में उठती है।

कविताओं की प्रकृति को देखते हुए उनकी एक व्याख्या क्या इस प्रकार हो सकती है कि यह अनगढ़ता और खुरदुरापन कहीं मुक्तिबोध के यकीनों से तो नहीं जुड़ता ? यह अनगढ़ता कहीं उस सुगढ़ता के खिलाफ एक विद्रोह और हिकारत का प्रतीक तो नहीं जिस सुगढ़ता के पीछे एक ऐसी संस्कृति और इतिहास की यादें हैं जिसके पास बारीक कारीगरी, पच्चीकारी वगैरह के लिए धैर्य और आराम का लम्बा सामन्ती समय था ? मुक्तिबोध की कविताएँ एक खास तरह की झपट और जल्दी में हैं···एक मिल, एक मशीन की तरह जल्दी में : कहीं कुछ ऐसे आवश्यक को नष्ट हो जाने से बचाने की जल्दी में जिसके साथ आदमीयत के जीवन-मरण का प्रश्न झूल रहा हो ?

लेकिन यह स्पष्टीकरण हमेशा दूर तक हमारा साथ नहीं देता, क्योंकि इसके साथ प्रेषणीयता के सवाल का सामंजस्य नहीं बैठता और एक खास तरह का अन्त-

विरोध सामने आता है। मुक्तिबोध का कथ्य या सन्देश जितना स्पष्ट और सीधा है उनकी कविताओं की बनावट उतनी ही जटिल और उलझी हुई : वे सहज बोधगम्य नहीं। समझे जाने के लिए वे भारी धैर्य और लम्बा समय चाहती हैं। यानी, एक तरह से मुक्तिबोध की कविताओं का फॉर्म उनके सन्देश या कथ्य के लिए बहुत अनुकूल फॉर्म नहीं ठहरता···सन्देशा, जिसे मुक्तिबोध महत्त्व देते हैं और जिसे वे भरपूर पाठकों तक पहुँचाना चाहते हैं। उद्देश्य अगर कविताओं के मात्र सन्देशवाहक होने का ही होता तो शायद ग़ज़ल या गीतों के स्थापित फॉर्म ज्यादा काम के ठहरते। वैसे मुक्तिबोध की कविताएँ अपने ढंग से भरपूर प्रभाव छोड़ती हैं, बशर्ते कि पाठक में वह लम्बा धैर्य हो जिसकी माँग उनकी कविताओं की बनावट करती है। लेकिन मुक्तिबोध की असली समस्या एक प्रचारक या विचारक की नहीं एक अत्यन्त आत्मसजग कलाकार की है, इसलिए उनकी कविताओं की बनावट की कुंजी विशेष रूप से उनकी रचनात्मक प्रतिबद्धता में खोजनी चाहिए।

यहाँ मुक्तिबोध की कविताओं की बनावट को लेकर कोई अन्तिम निष्कर्ष निकालने की कोशिश नहीं की गयी है क्योंकि मुक्तिबोध स्वयं इस बारे में किसी अन्तिम निष्कर्ष तक नहीं पहुँच सके थे। कुछ ऐसे बिन्दुओं पर खुला विचार किया है जो मुझे उनकी कविताओं की बनावट से निकलते हुए लगे···उसे निर्धारित करते हुए नहीं।

मुक्तिबोध ने अपने चिन्तन में 'फन्तासी', 'वैज्ञानिक दृष्टिकोण' और 'मार्क्सवादी यकीनों' की बात की है। ये तीनों बिन्दु महत्त्वपूर्ण हैं जिनसे वे अपने समय की दुनिया, अपने यथार्थ-बोध और अपनी रचना-प्रक्रिया को समझने-समझाने की कोशिश करते हैं। रचनाशीलता और आधुनिकता के परिप्रेक्ष्य में विचार करते हुए उनके बीच निहित अन्तर्सम्बन्धों की थोड़ी छानबीन जरूरी है ताकि मुक्तिबोध की कविताओं का स्वरूप और स्वभाव कुछ स्पष्ट हो सके!

पहले वैज्ञानिक दृष्टिकोण और रचनात्मकता के अन्तर्सम्बन्धों की बात उठाना ठीक होगा, यह देखने के लिए कि क्या मुक्तिबोध की 'विज्ञान-सम्बन्धी धारणाओं का कोई निकट या दूर का रिश्ता उनकी रचनात्मक सम्वेदनाओं से है? वे स्वयं अपनी साहित्यिक समझ को वैज्ञानिक चिन्तन-पद्धति और फन्तासी से जोड़ते हुए कहते हैं···"मैं चाहता हूँ कि साहित्य सम्बन्धी धारणाएँ वास्तविक साहित्य में विश्लेषण के आधार पर बनायी जायें। जिस प्रकार विज्ञान में इण्डक्शन से डिडक्शन पर आया जाता है, तथ्यों के संग्रह से, उनके विश्लेषण द्वारा···उसी प्रकार साहित्य में···" और आगे चलकर वे कला के तीन महत्त्वपूर्ण 'क्षणों' की व्याख्या इन शब्दों में करते हैं····"कला का पहला क्षण है जीवन का उत्कट तीव्र

अनुभव क्षण। दूसरा क्षण है इस अनुभव का अपने कसकते दुखते हुए मूलों से पृथक् हो जाना, एक ऐसी फैण्टेसी का रूप धारण कर लेना मानो वह फैण्टेसी अपनी आँखों के सामने ही खड़ी हो। तीसरा और अन्तिम क्षण हैं इस फैण्टेसी के शब्दबद्ध होने की प्रक्रिया का आरम्भ और उस प्रक्रिया की परिपूर्णता तक की गतिमानता···फैण्टेसी को शब्दबद्ध करने की प्रक्रिया के दौरान जो-जो सृजन होता है, जिसके कारण कृति क्रमशः विकसित होती जाती है—वही कला का तीसरा और अन्तिम क्षण है।''—'तीसरा क्षण : एक साहित्यिक की डायरी'

मुक्तिबोध के अनुसार कला का यह 'तीसरा क्षण' फैण्टेसी के शब्दबद्ध होने की प्रक्रिया का आरम्भ तथा उसका क्रमशः विकसित होते जाना, सृजन का सबसे महत्त्वपूर्ण चरण है। मुख्य बात है यहाँ मुक्तिबोध की विज्ञान और कलाओं की सृजनात्मकता के बीच लगभग एक-सी रचना-प्रक्रिया की पहचान। इसीलिए वे 'कला के दूसरे क्षण में उपस्थित फैण्टेसी की इकाई में सम्वेदनात्मक ज्ञान और ज्ञानात्मक सम्वेदना को' अभिन्न मानते हैं। विज्ञान का सबसे सृजनशील पक्ष, कविता की ही तरह, अन्वेषी और आविष्कारात्मक है और दोनों में ही एक खास तरह की सूझ-बूझ और कल्पनाशीलता बुनियादी है। मुक्तिबोध इस पर जोर देते हैं कि ''सौन्दर्य-प्रतीति का सम्बन्ध सृजन-प्रक्रिया से है। सृजन-प्रक्रिया से हटकर सौन्दर्य-प्रतीति असम्भव हो जाती है।'' यानी सौन्दर्यानुभूति केवल एक अनुभव या विचार का अनुभव नहीं है, सबसे पहले वह रचनात्मकता का अनुभव है। वैज्ञानिक चिन्तन-विधि और कविता की रचनाप्रक्रिया में एक बुनियादी समानता दिखती है—पहला सूत्रबद्ध और दूसरा रूपबद्ध होने के पूर्व पहले तो बिम्बों, शब्दों, संकेतों, संख्या आदि में विश्लेषण है और फिर उनका एक नया संश्लेषण या संश्लिष्ट रूप (ए प्रोसेस ऑव् डीकन्स्ट्रक्शन एण्ड रिकन्स्ट्रक्शन) है, एक नयी रचना, कृति या इक्वेशन में।

यह नयी रचना या इक्वेशन न तो कवि के ही लिए, न ही वैज्ञानिक के लिए अन्तिम होती है। वह फिर एक नयी रचना के लिए कच्चे माल या खाद का काम करती है। (राजशेखर ने भी 'काव्यमीमांसा' में जो सोलह काव्यार्थ स्रोत गिनाये हैं उनमें 'विरचना' को भी एक जायज काव्यस्रोत माना है।)

मुक्तिबोध की कविताओं की बनावट में ही एक खास तरह का घुमावदार चिन्तन व्याप्त लगता है : अपने ही कथनों को मानो बार-बार जोतता बोता हुआ, कविता की जमीन में 'प्लाऊ-बैक' करता हुआ चिन्तन जिस तरह एक वैज्ञानिक विचारों को उलट-पुलटकर उनकी जाँच-परख करता है, साथ ही, जिस तरह विज्ञान अपनी रचनात्मकता में तथ्यमूलक भी होता है और रहस्यात्मक भी, उसी तरह मुक्तिबोध की कविताओं में भी समानान्तर यथार्थमूलक और रहस्यमय पक्ष देखे जा सकते हैं···और ये दोनों ही तत्त्व 'फन्तासी' या 'मिथक' में भी मौजूद

होते हैं। इस प्रकार साहित्य, विज्ञान और मिथक की संरचना में एक तरह का त्रिकोणात्मक सम्बन्ध देखा जा सकता है जिसका मूलाधार है आदमी के अनुभव और कल्पनाशक्ति पर निर्भर उसकी सर्जनात्मक मनोवृत्ति तथा उसे दूसरों तक पहुँचाने की इच्छा। यह सर्जनात्मक पैशन या जुनून जरूरी है, इसके बिना एक कलाकार अपनी 'विश्वदृष्टि' को कलात्मक अभिव्यक्ति नहीं दे सकता।

रचनात्मकता की जो समस्याएँ मुक्तिबोध ने उठायी हैं उन पर अगर हम थोड़ा विचार 'मिथक' या 'फन्तासी' की ओर से भी करें तो मुक्तिबोध की कविताओं की बनावट के एक प्रमुख पक्ष को समझ सकेंगे। (यहाँ मैं 'फन्तासी' और 'मिथक' के मिलते-जुलते प्रयोजनों को ध्यान में रखते हुए दोनों को समानाशयी शब्दों की तरह इस्तेमाल कर रहा हूँ।)

मुक्तिबोध की कविताएँ मुझे कई मायनों में काफ्का की याद दिलाती हैं। उनके समकालीन यथार्थ की समझ और अभिव्यक्ति के तरीकों में अद्‌भुत समानता है। लम्बा-लम्बा उलझा वाक्यविन्यास, फन्तासी का इस्तेमाल, कविताओं की मिथकीय बनावट, वर्तमान जिन्दगी को लेकर दहशत और गहरी व्यग्रता का भाव, अर्धविक्षिप्त-सी मनःस्थितियाँ, एक अन्तहीन कुःस्वप्न की तरह यथार्थ···दानवीय, विकृत और बेतरतीब···जिसकी अमानुषिक जकड़ में आज का सामान्य आदमी। मुक्तिबोध की एक लम्बी कविता 'इस चौड़े ऊँचे टीले पर' की कुछ पंक्तियाँ हैं :

यह बँगला है, लाल भवन है···
कमरे के भीतर कमरे हैं,
परदों के भीतर परदे हैं,
जो सबके अन्दर ठीक केन्द्र में बैठा है,
वह एक बड़ा अफसर है, उसकी सत्ता है,
आतंक बहुत
उसके दिमाग में गुपचुप जो कुछ चलता है
वह सरकारी गुप्तता नियम के अन्तर्गत
अनकहा रहेगा आखिर तक, हाँ आखिर तक···

और आखिर तक काफ्का के भी प्रसिद्ध उपन्यास 'द ट्रायल' में लम्बी उबाऊ और पस्त कर देनेवाली सरकारी तहकीकात के बाद भी पता नहीं चलता कि नायक को किस अपराध के दण्ड में फाँसी दी जा रही है। अर्धप्रकाशित गलियारों, फाइलों, रेडटेप, प्रश्न···प्रश्न···प्रश्न का दमघोट चक्रव्यूह, और अन्ततः मुक्तिबोध के सामने भी :

वही सनातन प्रश्न,
यहाँ मैं क्योंकर आया ?
किस इच्छा-मशीन से धक्का खाकर मैंने

इस टीले पर खुद को पाया !!

उसी कविता में मुक्तिबोध देकार्त की प्रसिद्ध उक्ति को शब्द देते हैं :

मैं जिन्दा हूँ,
मैं हूँ
'आई एग्जिस्ट'
साबित सही सलामत।

समकालीन जीवन के भयानकतम अंश को दोनों ही एक लम्बे कुःस्वप्न (नाइटमेयर) की तरह देखते और उसे एक जटिल फन्तासी के रूप में प्रस्तुत करते हैं। लेकिन मुक्तिबोध मनुष्य के खिलाफ उसकी जैविक परिस्थिति के बुनियादी संत्रास को नहीं रखते, यन्त्रमूलक पूँजीवादी व्यवस्था को रखते हैं जो मृत्यु की तरह जीवन-विरोधी तो है पर जिससे छुटकारा सम्भव है। इसीलिए संत्रास के चित्रण में समानता होते हुए भी मुक्तिबोध का अन्तिम विश्लेषण काफ्का से भिन्न है। खास बात है मनुष्य के भयों और दुश्चिन्ताओं का एक फन्तासी या कुःस्वप्न की तरह प्रकट होना, मनोवैज्ञानिक दृष्टि से कहीं उन भयों का बहिष्कार और उनसे निवृत्ति भी है। काफ्का के अमूर्त भय और मुक्तिबोध के ब्रह्मराक्षस या ओरांगउटांग हमें अनेक पौराणिक कथाओं की याद दिलाते हैं जिनके द्वारा शायद मनुष्य अपने आदिम भयो का विवेचन करता रहा है। मुक्तिबोध की दुश्चिन्ताओं का सन्दर्भ सामाजिक है। काफ्का के उपन्यासों की एक बन्द दुनिया है। मुक्तिबोध की कविताओं की बनावट स्वच्छन्द और खुली हुई है, एक बीहड़ जंगल की तरह जिसमें स्पष्ट स्वार्थों का खुला डाका है। उनकी बनावट एक किले की तरह नहीं है। भूलभुलैया की तरह है, जिसके बाहर-भीतर हम आ-जा सकते हैं, पर ऐसा लगता है कि आसानी से उसका पार नहीं पा सकते ! दोनों ही की मुख्य चिन्ता मनुष्य है···उसका निष्कासन, बेगानापन या एलियनेशन···जो अदृश्य ताकतों के मुकाबले अपने को असहाय और लुटा हुआ पाता है। मुक्तिबोध भी मनुष्य की उस जटिल मानसिकता के प्रति सचेत हैं जो अनेक बाहरी विकृतियों और विसंगतियों को पैदा भी करती है, केवल बाह्य परिस्थितियों का परिणाम ही नहीं होती। आदमी की इन भीतरी प्रवृत्तियों को भी वे खासा महत्त्व देते हैं :

स्वप्न के भीतर एक स्वप्न,
विचारधारा के भीतर और
एक अन्य
सघन विचारधारा प्रच्छन्न !!
कथ्य के भीतर एक अनुरोध
विरुद्ध विपरीत,
नेपथ्य संगीत !!

मस्तिष्क के भीतर एक मस्तिष्क
उसके भी अन्दर एक और कक्ष
कक्ष के भीतर
एक गुप्त प्रकोष्ठ और
कोठे के साँवले गुहान्धकार में···
················कोई बन्द है
यक्ष
या कि ओरांगउटांग···
·····················
कहीं प्रत्यक्ष न यक्ष हो।

मस्तिष्क की इन अप्रत्यक्ष तहों की तरह मुक्तिबोध की कविताओं की भी अनेक तहें हैं, भाषाई भी और सन्दर्भात्मिक भी, जो कभी बिल्कुल यथार्थ के स्तर पर काम करती हैं और कभी मिथकीय या जातीय स्मृति के स्तर पर। कविता जो केवल हमारी घृणा और प्यार को सम्बोधित नहीं, उस विवेक और विचार-शीलता को भी सम्बोधित होती है जो आदमी की मौजूदा विसंगतियों, विकृतियों और गलत स्थितियों के मूल तक जाना चाहती है।

स्वप्न और मिथक का आधुनिक चिन्तन में खास महत्त्व रहा है। अनेक आधुनिक कृतियाँ और विचारधाराएँ मिथक सम्बन्धी चिन्तनों के साथ घनिष्ठ रूप से जुड़ी हैं। और मुक्तिबोध के सन्दर्भ में भी कई बातें सामने आती हैं। साधारणीकरण और सम्प्रेषणीयता की भी समस्या का एक हल मिथकों को माना गया है—एक लेखक या चिन्तक का अपने विशिष्ट अनुभवों को एक ऐसा आकार देने का आधार जिस आकार में मनुष्य-जाति के तमाम भले-बुरे, कड़वे-मीठे, अनुभवों की यादों के सन्दर्भ हों। विशिष्ट अनुभव या विचार भी मिथकीय ढाँचे में ढलकर एक सार्वजनिक और सार्वकालिक महत्त्व प्राप्त कर लेते हैं। अक्सर ऐसा भी देखा गया है कि ऊपर से स्वतन्त्र दिखती विचारधाराओं की रूपरेखा भी मिथकीय खाकों का अनुसरण-सा करती लगती है। यथार्थ के साथ मिथक या फन्तासी के एक और तरह के सम्बन्ध पर भी ध्यान जाता है। कल जो फन्तासी था आज सच है, आज जो फन्तासी लगता है कल को वह सच हो सकता है। फन्तासी की मूल शक्ति इस प्रत्यक्ष और परोक्ष, यथार्थ और कल्पित, अपूर्ण और आदर्श को जोड़ सकने में भी है। मुक्तिबोध के सामने निश्चित मार्क्सवादी आदर्श हैं और प्रत्यक्ष यथार्थ का अनुभव भी या अनुभव से जन्मी फन्तासी जो उनके अनुसार स्वतन्त्र विकासमान है। विकास की धारणा वैज्ञानिक भी है और मार्क्सवादी भी, तथा दोनों ही अपने सामने भविष्य की एक कल्पना रखते हैं। फन्तासी और यथार्थ के रिश्ते पर मुक्तिबोध कहते हैं···"फैण्टेसी यथार्थ में भोगे गये वास्तविक अनुभव

की प्रतिक्रिया नहीं हो सकती । वैयक्तिक से निर्वैयक्तिक होने के दौरान ही उस फैण्टेसी ने कुछ ऐसा नवीन ग्रहण कर लिया कि जिससे वह स्वयं भी वास्तविक अनुभव से स्वतन्त्र बन बैठी । फैंण्टेसी अनुभव की कन्या है और उस कन्या का अपना स्वतन्त्र विकासमान व्यक्तित्व है। वह अनुभव से प्रसूत है, इसलिए वह उससे स्वतन्त्र है।" यहाँ दो बातें प्रमुख हैं। एक तो फैण्टेसी का अनुभव से सम्बन्ध, दूसरा फैंण्टेसी का स्वतन्त्र विकासमान व्यक्तित्व। दोनों को मुक्तिबोध की कविता के सन्दर्भ में क्रमशः 'अनुभव' और 'रचना-प्रक्रिया' के समानान्तर रखा जा सकता है। मुक्तिबोध के सामने एक भविष्य है और उस तक पहुँचने के निश्चित तरीके हैं। इनसे उनके विचारों या कथ्य की कुछ निश्चित सीमाएँ बनती हैं, पर उनकी कविताओं के स्वरूप की सीमाएँ नहीं बनती, क्योंकि वे ज्यादातर स्वतन्त्र रूप से विकसित होती लगती हैं। इसीलिए उनकी अधिकांश कविताएँ जहाँ बेहतर कविताएँ हैं वहाँ उनमें सिद्धान्तों की जकड़ उतनी नहीं जितना उनके अनुभवों का जिन्दा एहसास और खुलापन है।

मैंने यहाँ मुक्तिबोध की कविताओं में कुछ उन बुनियादी सूत्रों को पकड़ना चाहा है जो साहित्य में भी तथा कुछ दूसरे विषयों में भी उनकी गहरी रुचि से जुड़े हैं। मुक्तिबोध की कविताओं में एक सुनहरा स्वप्न है और एक कटु यथार्थ है जिसे वे 'स्वार्थान्ध सभ्यता के शासन के चक्रव्यूह' कहते हैं और जिसके साथ वे किसी तरह का समझौता नहीं करना चाहते। वे हिकारत से कहते हैं :

जाकर उन्हें कह दो कि सफलता के जंग खाये
तालों और कुंजियों की
दुकान है कबाड़ी की।

जीवन की तथाकथित
सफलता के पाने की
हमको फुरसत नहीं···

पूंजीवादी छेदों में
आधुनिक जीवन बुद्धिजीवियों का
ठीकरे-सा लगता है।

मुक्तिबोध इस सभ्यता पर प्रहार करते हैं एक खास तरह के शब्द-बाहुल्य—शब्दों का बवण्डर कहना चाह सकता हूँ—द्वारा। शब्दों के अर्थ द्वारा उतना नहीं जितना उनकी घटाटोप उपस्थिति, उनकी झल्लाती उमड़ती हुई बहुसंख्या द्वारा, यहाँ तक कि अक्सर यह लगता है कि उनकी भाषा में जितना आयतन है उतना वजन नहीं : शक्ति का प्रदर्शन है, उसका सधा हुआ इस्तेमाल नहीं। ब्रेख्त

की याद आती है जिनके शब्दों के इस्तेमाल में अपव्यय नहीं विचारों की-सी चुस्ती और अनुशासन है तथा प्रभाव में एक खास तरह की पैनी मार। मुक्तिबोध की भाषा में छायावादी किस्म का फैलाव और उलझाव है। उनकी कविताओं में ही नहीं, गद्य में भी। कविता में इस तरह की भाषा की अपनी जगह हो सकती है पर गद्य में वह जरूरी नहीं लगती। गद्य को जो भाषा रास नहीं आती, कविताओं में वही एक नाटकीय असर पैदा कर ले जाती है और एक विशिष्ट अर्थ में कविता की जमीन को विस्तृत भी करती है। लेकिन मुख्य रूप से यह भाषा भावात्मक है, लक्ष्यभेदी नहीं। मुक्तिबोध वह तीरन्दाज नहीं हैं जिनका तीर ठीक लाल निशान पर जाकर बैठे! शब्दों का हुजूम है जो अचानक ढेले-पत्थरों की तरह बरसने लगता है और अचानक थम जाता है, मगर हमारी उस मनहूस नींद को बुरी तरह भंग करता है जो हमें हमारे मौजूदा हालात की तरफ से बेखबर बनाती है। वैसे भी, एक निश्चित राजनीतिक आदर्श से प्रेरित होते हुए भी मुक्तिबोध की कविताएँ किसी खास मसले या राजनीतिक मामलों पर केन्द्रित कविताएँ नहीं हैं। वे जानते हैं कि समकालीन राजनीति का अर्थ और समकालीन कविता के पूरे सन्दर्भ का अर्थ एक नहीं होता। भारी-भरकम डील-डौलवाली उनकी कविताओं का लैण्डस्केप बड़े-बड़े पहाड़ों, पठारों, नगरों, जंगलों आदि की याद दिलाता है, धैर्य से काटे-छाँटे और चमकाये नगों की नहीं। उनकी कविताओं में एक बीहड़ नदी का आवेग और उन्माद है, टकराव है, चक्कर हैं छलांगें हैं, संघर्ष हैं···मैदानी नदी की सोचती हुई-सी स्थिरता नहीं। कविताओं में भव्यता है पर उनमें एक भव्य स्थापत्य के गुण—जैसे सन्तुलन, समता, अनुपात आदि तत्त्व—नहीं हैं। किन्तु अपनी समग्रता और जीवनपरकता में मुक्तिबोध की कविताएँ जिन मानवीय आयामों को छूती हैं उनमें कविता के वृहत्तर उद्देश्यों की व्यापकता, ईमानदारी और ताकत है।

भाषा, काव्य-भाषा और अज्ञेय की भाषा-दृष्टि

मदन सोनी

कोई भी आलोचना तब तक 'काव्य-भाषा' को अपना विषय नहीं बना सकती जब तक उस आलोचना में स्वयं 'भाषा' को एक विषय की हैसियत प्राप्त न हो चुकी हो; या कम से कम 'भाषा' पर विशिष्ट विचार की एक पृष्ठभूमि उस भाषा में उपलब्ध न हो जिसमें आलोचना काव्य-भाषा पर विचार कर रही है। विषय की हैसियत पाकर ही भाषा आलोचना में उस स्मृति का निर्माण करती है जिसमें काव्य-भाषा का अधिष्ठान सम्भव होता है। भाषा की स्मृति से हीन आलोचना में काव्य-भाषा न सिर्फ स्वयं को अनावृत नहीं करती, अर्थात् अपने सौन्दर्यात्मक रूप में प्रगट नहीं होती और इसी तरह आलोचना-पाठ में घुलकर उसके सौन्दर्य में प्रतिफलित नहीं होती बल्कि वह एक अघुलनशील गाँठ बनकर आलोचना-पाठ में उससे विच्छिन्न पड़ी रहती है। काव्य-भाषा और आलोचना-पाठ की यह विच्छिन्नता वस्तुतः आलोचना की आत्मविच्छिन्नता का प्रतिफल है क्योंकि जिस भाषा की विस्मृति के नतीजे में वह पैदा होती है, वह भाषा स्वयं आलोचना का भी आत्म है। कविता की तरह आलोचना भी भाषा का ही एक विवर्त है।

भाषा और काव्य-भाषा का सम्बन्ध एक दूसरे युग्म से भी तुलनीय है: पदार्थ की गतिकी और उस गतिकी का किसी प्राविधिक संरचना में रूपान्तरण। भाषा यदि एक गतिशील पदार्थ है (जैसी कि वह है) तो काव्य-भाषा, भाषा की इस गतिकी का ही एक विशिष्ट संरचना में (अर्थात् सामान्य बातचीत, प्रवचन, कथा आदि से भिन्न संरचना में) रूपान्तरण है। काव्य-भाषा में निहित शक्ति भाषा की बिखरी हुई शक्ति का ही संगठित प्राविधिक प्रस्फुटन है। इसीलिए भाषा की गतिकी का ज्ञान यदि एक विज्ञान है (जैसा कि वह भाषाविज्ञान, अर्थ-विज्ञान, संकेत-विज्ञान आदि के रूप में है) तो काव्य-भाषा का ज्ञान उस विज्ञान की समझ पर आत्यन्तिक रूप से निर्भर है—तब भी जबकि किसी काव्य-भाषा के

सन्दर्भ में हम स्वयं उस विज्ञान की सीमाएँ बताना चाह रहे हों या उस पर प्रश्न-चिह्न लगाना चाह रहे हों। मेरा जोर उपर्युक्त 'विज्ञान' पर उतना नहीं जितना भाषा की गतिकी के ज्ञान पर है और ज्ञान पर इसलिए कि उसे शुद्ध 'आस्वाद' से अलगाया जा सके। इस ज्ञान के बगैर काव्य-भाषा पर विचार करना, किसी प्राविधिक संरचना पर उसके मूलभूत नियमों की अज्ञानजन्य अवहेलना करते हुए विचार करने जैसा है।

क्या हिन्दी में शास्त्रीय गरिमा की हैसियत रखनेवाली भाषा-चिन्तन की कोई ऐसी धारा मौजूद है जिससे प्रतिश्रुत होते हुए या जिसे एक पूर्वपक्ष मानकर उससे सम्वाद करते हुए हम किसी विशिष्ट काव्य-भाषा को समझ सकें? क्या ऐसी कोई परिस्थितिकी हमारी भाषा में मौजूद है जिसमें इस तरह के किसी विषय का अनुष्ठान हो सके? मेरा मत भाषा और काव्य-भाषा के सम्बन्धों को लेकर किसी या किन्हीं मॉडलों के पक्ष में नहीं है लेकिन यदि ऐसे मॉडल होते तो वे निश्चय ही उन मॉडलों से बेहतर होते जिनके सहारे हमारी आलोचना काव्य-भाषाओं पर धड़ल्ले से विचार (?) करती है। जब हम कहते हैं कि प्रयोगवाद की या अज्ञेय की काव्य-भाषा छायावादी काव्य-भाषा से अमुक तरह से भिन्न है तब हम छायावादी काव्यभाषा को काव्यभाषा के 'मॉडल' की तरह ही बरत रहे होते हैं—बिना इस पर विचार किये कि स्वयं यह मॉडल छायावाद-पूर्व के ही किसी काव्य-भाषा के मॉडल पर बना है। इस तरह उलटे चलते हमारे हाथ अनेक मॉडल लगेंगे जिनमें से हरेक पिछले की सापेक्षता में बना होगा और उनकी यह सापेक्षता यह प्रमाणित करेगी कि काव्य-भाषा के हमारे हर अध्ययन का निकष काव्य-भाषा ही है—भाषा नहीं। और यह कितना खतरनाक है जबकि हम यह जानते हैं कि हर कवि ही नहीं, हर कविता की भाषा महज काव्य-भाषा की उपज नहीं बल्कि भाषा की व्यापक और सतत परिवर्तनशील सामाजिक हैसियत के साथ कवि की अपनी भाषिक हैसियत के अद्वितीय सम्बन्ध की उपज है। ये सम्बन्ध अपनी विविधता में उतने भी हो सकते हैं जितनी कि अब तक लिखी गयी कविताएँ हैं।

काव्य-भाषा का हमारा कोई भी अध्ययन अपनी विश्वसनीयता के लिए उपर्युक्त सम्बन्ध की प्रकृति की समझ पर निर्भर होने को बाध्य है। इस बाध्यता को हमारी आलोचना ने कभी स्वीकार नहीं किया। इसका एक प्रमाण और परिणाम कविता (कविता ही क्यों, सभी विधाओं) पर लिखी जानेवाली उन अधिसंख्य समीक्षाओं-आलोचनाओं में देखा जा सकता है जो अपने दार्शनिक, समाजशास्त्रीय या तथाकथित काव्यात्मक विवेचन में उस कविता की भाषा की चर्चा से तब तक बचती रहती हैं जब तक कि वह विवेचन अपनी पराकाष्ठा पर पहुँचकर लड़खड़ाने न लगे। और तब अन्तिम पैराग्राफ में भाषा-चर्चा के कुछ स्टॉक वाक्यों के सहारे

लड़खड़ाते विवेचन को छोड़ समीक्षक-आलोचक भाग खड़ा होता है। इस देश में जहाँ भाषा-मीमांसा 'सत्ता-मीमांसा' (भले ही वह सुपरिभाषित रूप में चर्चित नहीं रही) का पर्याय रही वहाँ पहले तो भाषा-मीमांसा का अर्थ हमने 'भाषा-विज्ञान' कर रखा है और फिर भाषा-चिन्तन के काम को विश्वविद्यालयों के भाषा-विज्ञान विभाग के उन शोधों के हवाले कर रखा है, जिनमें ज्यादातर वर्षों पहले निर्धारित भाषा के शास्त्रीय नियमों का जैसे-तैसे यान्त्रिक पुनर्कथन-भर हैं। हिन्दी में अनेक ऐसी पुस्तकें हैं (और उनमें से अनेक जानकारी बढ़ाने की दृष्टि से पठनीय भी हैं) जिनमें स्फोटवाद, ध्वनिवाद, प्रातिभ दर्शन जैसी पारम्परिक भाषा-चिन्तन धाराओं के विवरण-व्याख्याएँ हैं लेकिन ये पुनर्कथन भाषा की समकालीन पृष्ठ-भूमि से प्रतिकृत होते हुए नहीं किये गये हैं।

अगर हम इस तथ्य के प्रति उदासीन हैं कि व्यक्ति और व्यक्ति, शासक और शासित, पूँजीपति और मजदूर, चिकित्सक और रोगी, धर्मगुरु और श्रद्धालु, व्यापारी और उपभोक्ता, संचार-नियन्त्रक और संचार-साधनों के उपभोक्ता और ज्ञान के विविध रूपों आदि के बीच के बल-प्रयोगों और शक्ति-समीकरणों में भाषा एक केन्द्रीय रूप से नियामक तत्त्व है, तब तक हम इस विशाल कुरुक्षेत्र में काव्य-भाषा को एक शक्ति की हैसियत से नहीं पहचान सकते।

भाषा के प्रति प्रमाद की प्रमुख वजह वस्तुत: स्वयं उस भाषादृष्टि में है जो यह मानती है कि कोई ऐसा 'परम अर्थ' है जो न सिर्फ सारे शब्दों से बल्कि सारे अर्थों से बाहर और परे है और सारे शब्द और अर्थ उस 'परम अर्थ' को संकेतित करने का ही यत्न करते हैं। इस 'परम अर्थ' का सर्वाधिक निर्विवाद, सर्वाधिक स्पृहणीय अर्थ है 'सत्य'। इससे कोई अन्तर नहीं पड़ता कि किसी के लिए यह 'सत्य' व्यक्ति में दिखाई देता है तो किसी के लिए समाज में, किसी के लिए किसी पवित्र पुस्तक में या ईश्वर में तो किसी के लिए इतिहास में और जो संज्ञाओं के इस विवाद में नहीं पड़ना चाहते, उन्हें स्वयं 'सत्य' नाम के इस अमूर्तन में। जो बात सर्वसामान्य है वह यह कि ये सभी शब्द को एक ऐसी 'पारदर्शी और सूक्ष्मदर्शी' (माइक्रस्कोप) वस्तु मानते हैं जिसे भेदकर और जिसके सहारे, उनकी दृष्टि जहाँ कहीं छुपे उनके सत्य तक पहुँच सकती है। यह अनायास नहीं कि 'शब्द को माँजने' या 'शब्द को चमकाने' जैसे मुहावरे चलन में हैं।

शब्द की इस पारदर्शिता की अवधारणा का असर दोनों तरह के पाठों पर पड़ता है—उस पर जिसे हम सृजनात्मक पाठ अर्थात् कविता आदि कहते हैं और उस पर जिसे व्याख्यात्मक पाठ अर्थात् आलोचना आदि कहते हैं। अगर शब्द पारदर्शी है तो कविता में उसका महत्त्व अधिक से अधिक इस पर निर्भर है कि वह कितना पारदर्शी है अर्थात् वह किस हद तक उस 'सत्य' को देखने में मदद करता है; उसका महत्त्व इस बात में नहीं है कि वह स्वयं कितना 'दृश्य' है। जब कवि

यह रवैया अख्तियार करता है तब वह उस पारदर्शी कविता को जन्म देता है जिसमें शब्द किन्हीं अन्य शब्दों से प्रतिस्थापनीय स्थिति में होते हैं; मानो वे 'तदर्थ' नियुक्तियाँ हों। वे उस मनोविज्ञान से संचालित होते हैं या उस मनोविज्ञान के वाहक बना दिये गये होते हैं जिसके चलते वे उन शब्दों की बाट जोहते रहते हैं जो आकर उनकी जगह ले सकें। उनका यह मनोविज्ञान पाठक को उनके भीतर ठहरने-रमने नहीं देता। नतीजे में पाठक इन्हें सहज ही अलक्षित कर किन्तु इन पर से फिसलता हुआ उस तथाकथित सत्य तक पहुँचता है जो कविता के पार है। 'तथाकथित' इसलिए क्योंकि जिस चीज तक पाठक पहुँचता है वह 'सत्य' (कवि का अभीष्ट सत्य) है, इसका कोई प्रमाण नहीं—मसलन अगर वह 'समाज' नामक किसी चीज तक पहुँचता है तो वह इसलिए एक अप्रमाणिक चीज है क्योंकि उसकी 'संतता' इतनी भिन्न-भिन्न परिभाषाओं द्वारा निर्धारित की गयी है कि उसका कोई निर्धारण निरपेक्ष रूप से 'सत्य' नहीं है। चूँकि यह कविता स्वयं को झुठलाती हुई, पाठक को अपने भीतर थाम पाने में असमर्थ उसे अपने भीतर से फिसल जाने देती है इसलिए पाठक, पाठक के रूप में जन्म ही नहीं ले पाता। हम कह सकते हैं कि एक पारदर्शी कविता अपनी फिजियालॉजी में ही अपने पाठक के जन्म के विरुद्ध और इसीलिए अपने सार्थक जन्म के विरुद्ध होती है।

ऐसी कविता जो अपने होने की सार्थकता इस तरह हासिल नहीं कर पाती वह उस सार्थकता को प्रमाणित करने के लिए जिन युक्तियों का इस्तेमाल करती है उनमें से एक युक्ति 'सत्य' की अवधारणा को स्वयंसिद्ध मानकर (अर्थात् उसे 'अवधारणा' की तरह न स्वीकार कर), शब्द के साथ उसे तनावग्रस्त मानकर, और इस तनाव और उसके शमन के कवि-संघर्ष को महिमामण्डित करने की है। अज्ञेय की अनेक कविताएँ इस युक्ति का आदर्श हैं। यह स्पष्ट करना आवश्यक है कि यहाँ ऐसे जिन उदाहरणों का सहारा हम ले रहे हैं वे अनिवार्यतः यह सिद्ध नहीं करते कि अज्ञेय की कविता सर्वत्र 'अपने होने की सार्थकता' शब्द से हासिल करने में निष्फल रही है या कि सम्पूर्ण अज्ञेय पारदर्शी कविता के उदाहरण हैं।

उनकी एक कविता है, जिसका शीर्षक है 'पाठ भेद' :

एक जगत रूपायित प्रत्यक्ष
एक कल्पना सम्भाव्य।
एक दुनिया सतत मुखर
एक एकान्त निःस्वर।
एक अविराम गति उमंग
एक अचल निस्तरंग
दो पाठ
एक ही काव्य

इस कविता का चुनाव मैंने दो वजहों से किया है; पहली यह कि इसमें भाषा के इस महत्त्वपूर्ण पक्ष को अज्ञेय ने एक रूपक की हैसियत में प्रयुक्त किया है और इसीलिए हमें इस कविता में भाषा के प्रति अज्ञेय की दृष्टि का एक संकेत अपेक्षाकृत आसानी से उपलब्ध होता है; दूसरी वजह यह कि इस कविता की अपनी भाषा उस मुहावरे के बहुत करीब है जिस मुहावरे में अज्ञेय दुनिया को अपनी अस्सी फीसदी कविताओं में समझते रहे हैं। हम सबसे पहले रूपक को लें जो कविता की अन्तिम दो पंक्तियों में (या शीर्षक में भी) व्यंजित है : 'दो पाठ/एक ही काव्य' (या 'पाठ-भेद')।

पाठ-भेद क्या है ?

किन्हीं भी दो पाठों के बीच 'भेद' की पहचान की यह अनिवार्य शर्त है कि उन दोनों में किसी न किसी स्तर पर एक 'अभेद' हो और यह अभेद अनिवार्यतः उनकी शाब्दी संरचनाओं के स्तर पर पहचाना जा सके। इस तरह भेद और अभेद की यह पहचान सापेक्ष है और इस पर निर्भर है कि जिन दो पाठों के बीच यह भेद और अभेद है, वे हमारे सामने हों। उपर्युक्त कविता 'जगत' के जिन दो रूपों का संकेत देती हैं, वे जगत क्या वास्तव में 'दो' हैं ? हम यह प्रश्न नहींउ ठा रहे हैं कि वास्तव में जगत दो हैं या नहीं, हम सिर्फ यह प्रश्न उठा रहे हैं कि जिन जगतों का वर्णन कविता में है, क्या कविता उन्हें 'दो' के रूप में बोधगम्य बना पा रही है ? कविता में जिसे 'कल्पना सम्भाव्य', 'एकान्त', 'निःस्वर','अचल' और 'निस्तरंग' कहा गया है उनका प्रमाण क्या है ? जिन शब्दों में इस जगत को वर्णित किया जा रहा है (और जो 'वर्णन' ही उस जगत का एकमात्र प्रमाण है) क्या वे शब्द स्वयं अपने रूपायित, प्रत्यक्ष, सतत, मुखर, अविराम गति उमंग होने में उस जगत को प्रतिवर्णित और इस तरह अप्रमाणित नहीं करते ? और इस तरह यदि जगत दो नहीं हैं तो पाठ-भेद किनके बीच है ?

स्पष्ट है कि पाठ-भेद का यह रूपक भाषा के प्रति अज्ञेय की उस दृष्टि की उपज है जिसमें 'शब्देतर अर्थ' (ये शब्द अज्ञेय के ही हैं) या शब्देतर सृष्टि सम्भव है; जिसमें 'शब्द' और 'सत्य' दो परस्पर भिन्न और तनावरत सत्ताएँ हैं। यह अनायास नहीं कि अपने सम्पूर्ण वाङ्मय में जगह-जगह—विशेषकर कविताओं और गैरआख्यानात्मक गद्य में—अज्ञेय ने 'शब्द' और 'सत्य' शब्दों का न सिर्फ बहुतायत से प्रयोग किया है बल्कि दोनों को एक भिन्नता में समझा है। हम उनकी कविता 'शब्द और सत्य' को ही लें :

यह नहीं कि मैंने सत्य नहीं पाया था
यह नहीं कि मुझको शब्द अचानक कभी-कभी मिलता है :
दोनों जब-तब सम्मुख आते ही रहते हैं।

प्रश्न यही रहता है :
दोनों जो अपने बीच एक दीवार बनाये रहते हैं
मैं कब, कैसे, उनके अनदेखे
उसमें सेंध लगा दूँ
या भरकर विस्फोटक
उसे उड़ा दूँ ?
कवि जो होंगे हों, जो कुछ करते हैं करें,
प्रयोजन मेरा बस इतना है :
ये दोनों जो
सदा एक-दूसरे से तनकर रहते हैं
कब, कैसे, किस आलोक-स्फुरण में
इन्हें मिला दूँ—
दोनों जो हैं बन्धु, सखा, चिर सहचर मेरे।

शब्द और सत्य दो सत्ताएँ हैं या नहीं, यदि यह प्रश्न हम फिलहाल छोड़ भी दें तो जो चीज दिलचस्प है वह यह है कि जिस सत्य को अज्ञेय शब्द से भिन्न और तनावरत मानते हैं उसके लिए शब्द से इतर, यहाँ तक कि 'सत्य' शब्द से इतर कोई जगह उनकी कविता में नहीं है। दूसरे शब्दों में सत्य का अगर कोई प्रमाण है तो वह शब्द ही है। बल्कि चूँकि यह शब्द 'असत्य' है (मैं सच लिखता हूँ, लिख-लिखकर सब झूठा करता जाता हूँ), अतः वह शब्द भी प्रमाण नहीं है। इस तरह कविता में सत्य नहीं है, सिर्फ शब्द है। जाहिर है कि अज्ञेय की कविता स्वयं ही उस 'भेद' का प्रमाण नहीं है, जिसका प्रवचन वह लगातार करती है। इसका नतीजा यह है कि 'भेद' का यह प्रवचन अज्ञेय की कविता में कविता के प्रमाण से वंचित एक अलगाव का शिकार होता है। यह अलगाव सहज ही एक तनाव को जन्म देता है : कविता और उससे अप्रमाणित प्रवचन के बीच का तनाव। कविता, शब्द और सत्य के बीच के जिस भेद और तनाव को अनहुआ करती है—यह नया तनाव उसे एक बार फिर रूपायित करता है। यहाँ कविता शब्द की जगह ले लेती है और शब्द और सत्य के भेद की अवधारणा प्रवचन की जगह ले लेती है। जाहिर है कि इस रूपक की ओट से अज्ञेय शब्द और सत्य के भेद और तनाव की अपनी उस अवधारणा की रक्षा करते हैं जिसकी रक्षा कविता में असम्भव हो चुकी होती है। इस दृष्टि से, अज्ञेय काव्य के कुछ रूपकों—जैसे दीप और पंक्ति, द्वीप और नदी, मम और ममेतर आदि—पर विचार करें तो ये रूपक कविता द्वारा अप्रमाणित और विस्थापित अज्ञेय की उस 'अवधारणा' के पुनर्वास के निमित्त गढ़ी गयी जगहें ठहरती हैं। ये युक्तियाँ इस बात का प्रमाण हैं कि

भेद की यह अवधारणा अज्ञेय को स्पृहणीय है, इसके बावजूद कि वे कहते हैं : "दोनों जो अपने बीच एक दीवार बनाये रहते हैं/मैं कब, कैसे, उनके अनदेखे/उसमें सेंध लगा दूँ/या भरकर विस्फोटक/उसे उड़ा दूँ" × × × "ये दोनों जो/सदा एक दूसरे से तनकर रहते हैं,/ कब, कैसे, किस आलोक-स्फुरण में/इन्हें मिला दूँ..."

भेद की इस अवधारणा के स्पृहणीय होने के कई कारण प्रतीत होते हैं। मसलन भेद की यह अवधारणा न हो तो उसे मिटाने की उद्विग्नता और पुरुषार्थ की वह विज्ञप्ति न रह जायेगी जो उद्धरित पंक्तियों में है। ये पंक्तियाँ कविता में 'कर्म' के प्रवचन के लिए स्पेस देती हुई कुछ और प्रयोजन भी साधती हैं—वे कर्म को शब्द से अलगाती हैं जिसके चलते शब्द और सत्य के भेद की अवधारणा एक और रूपक में सुरक्षित की जा सके।

यदि हम शब्द और सत्य के इस तथाकथित द्वैत की रक्षार्थ गढ़े गये रूपकों के बगैर अज्ञेय की कविताओं की कल्पना करें (या उस अज्ञेय की कविताएँ पढ़ें जिसे मलयज ने पूर्व अज्ञेय कहा है) तो इन कविताओं में सत्य, शब्द के सागर से सहसा उछली उस बूँद की तरह है जो क्षण-भर में ही अपने अस्तित्व की दीप्त पहचान देकर फिर उसी सागर में लय हो जाती है। मानो सत्य की यह बूँद, शब्द के सागर की क्रीड़ा की ही एक अभिव्यक्ति है। लेकिन इन रक्षाधर्मी या पुनर्वासधर्मी रूपकों ने बूँद और समुद्र के इस सम्बन्ध को नष्ट किया। इन रूपकों में एक रूपक दीप और पंक्ति का है, जिसमें पंक्ति में शामिल होते हुए भी वह दीप अकेला गर्व-भरा मदमाता है। मानो सूरज की आग में नहा गयी दीप्त बूँद को अज्ञेय ने दीप के रूपक में और समुद्र को पंक्ति के रूपक में कैद कर लिया। अज्ञेय का 'मम' दीप के रूपक में कैद समुद्र की वह दीप्त बूँद है जो अपनी मूल स्थिति में समुद्र से अभिन्न होने के कारण मम और ममेतर के भेद और तनाव की अधिष्ठात्री नहीं बन सकती थी।

ये रूपक अज्ञेय की काव्यभाषा के नियामक हैं। चूँकि वे कविता के आत्मज होने की बजाय कवि की अपनी अवधारणा के प्रमाण के निमित्त स्वयं कवि द्वारा आरोपित रूपक हैं, अतः वे कविता के भीतर सहज लय नहीं बना पाते। वे लगातार कवि की ओर से 'सत्य' के पक्ष में शब्द पर निर्णायक दबाव डालते हैं। अज्ञेय ने लिखा है कि आज कवि अधिक बोलता है, कविता मानो चुप हो गयी है। अपने में काफी हद तक सही होती हुई भी यह शिकायत क्या स्वयं अज्ञेय की कविता पर इस थोड़े से अन्तर के साथ लागू नहीं होती कि अज्ञेय स्वयं बोलने की बजाय अपनी अवधारणा के वाहक रूपकों से यह काम लेते हैं ? या क्या ये रूपक ही वे 'पर्सोना' हैं जिनकी पक्षधरता अज्ञेय ने की है ?

यह इन रूपकों की मुखरता ही है जो अज्ञेय की भाषा में उस सूक्तिपरकता,

निष्कर्षात्मकता और बोझिलता में फलित होती है जिसे कुछ लेखकों ने दार्शनिकता कहकर गलत नाम दिया है। ऊपर 'कविता और प्रवचन का द्वैत' पद का इस्तेमाल किया गया है। यदि थोड़ी-सी तकनीकी भाषा में कहें तो यह 'पाठ' और 'प्रवचन' का द्वैत है। पाठ से आशय उस संरचना से है जिसमें शब्दों की परस्पर लीलाधर्मिता से सौन्दर्य जन्म लेता है और इसी लीलाधर्मिता के चलते संरचना में कभी भी एक नियन्त्रक और नियामक केन्द्र नहीं बन पाता। प्रवचन वह है जिसमें एक स्थापित अवधारणा की केन्द्रीयता में शब्द नियन्त्रित और अनुशासित होते हैं। शब्दों की परस्पर अन्तर्क्रिया से पैदा होनेवाली शक्ति इस अनुशासन के अधीन केन्द्रस्थ अवधारणा को शक्ति प्रदान करती है। कविता में अवधारणा का प्रवेश कविता के लिए अनिवार्यतः हानिकारक शायद न हो लेकिन तभी जब उस अवधारणा को शब्दों की लीलाधर्मिता के बीच वध्य स्थिति में रखा जाये। अज्ञेय की कविता में पाठ और प्रवचन का सम्बन्ध उत्तरोत्तर एकपक्षीय होता गया है। उसमें पाठ पर प्रवचन का नियन्त्रण बढ़ता गया है।

सातवें दशक के आसपास से आरम्भ हुई बहुत-सी कविता की भी न सिर्फ यही चारित्रिकता है बल्कि उसे स्थापित करनेवाले प्रतिमानों में भी इस पर एकान्तिक बल है। क्या हम पिछले पचास वर्षों के भीतर अज्ञेय को इस कविता की परम्परा शुरू करनेवाले एक प्रमुख कवि के रूप में देख सकते हैं?

एक स्वरलिपि को पढ़ते हुए

मदन सोनी

मैं आपका ध्यान इस आयोजन के सिरनामे[1] की आर आकर्षित करना चाहता हूँ जो आज के इस सत्र का भी सिरनामा है और इसीलिए, हम कह सकते हैं, इस पूरे आयोजन का शीर्ष राग है : 'शमशेर की आवाज' ! 'राग' शब्द मेरा चुनाव नहीं, वह खुद-ब-खुद यहाँ आया है, शायद यह सोचकर कि अगर सिरनामे में 'आवाज' है तो सादृश्य के लिए स्वयं को प्रस्तुत करना एक उचित प्रस्ताव होगा। आवाज राग से ही स्वयं को अलंकृत करती है। आवाज अगर स्वयं की 'सहज'—प्राकृतिक—अवस्था है तो राग उसकी वह 'सांस्कृतिक' व्यवस्था है जिसे, रागी के सहयोग से, आवाज स्वयं गढ़ती है—एक झीना झिलमिलाता आवरण जिससे आवाज स्वयं को ढँकती है। राग से यदि सारी आवाजें घटा दी जायें तो वह 'कुछ नहीं' में अशेष हो जायेगा लेकिन राग से बाहर आकर आवाज अपने में—सिर्फ अपने में शेष हो सकती है। राग 'कृत' है, आवाज 'अकृत'। आवाज 'हमेशा ही पहले से' 'है', राग को 'होना' होता है।

इसीलिए, प्रस्तुत प्रसंग में भी, एक व्याख्यात्मक उपक्रम की सार्थकता, अगर कुछ हो सकती है तो मात्र उसकी इस महत्त्वाकांक्षा में कि वह आवाज के उस संघर्ष में सहयोगी हो जो वह राग से स्वयं को बाहर लाने (या अलगाने) को करती है—अगर करती है, तो। और जो वह इसलिए करती है क्योंकि वह महसूस करती है कि राग धीरे-धीरे उसकी जगह ले रहा है, उसकी पहचान बन

---

1. 'शमशेर की आवाज' (भारत भवन में शमशेर बहादुर सिंह पर केन्द्रित आयोजन)

रहा है या उसकी पहचान को भ्रमित कर रहा है।

व्याख्या, आवाज के इस संघर्ष में, शायद, कोई सहयोग नहीं कर सकती—अपनी बदनीयती के कारण नहीं, जैसा कि अक्सर माना जाता है; बल्कि अपने उस स्वरूप के कारण जिसमें वह स्वयं एक राग या सहराग या प्रतिराग—जिस शब्द से भी हमारी सहमति हो—है। इसीलिए मैंने व्याख्या के सहयोग की नहीं, सहयोग की महत्त्वाकांक्षा की बात की है और यही इस निबन्ध का आग्रह है।

लेकिन इस आग्रह से पहले यह प्रश्न आवश्यक है कि क्या शमशेर की आवाज शमशेर के काव्य-राग से बाहर जाना चाहती है? इस प्रश्न का उत्तर एक दूसरे और पूर्व-प्रश्न पर निर्भर है; वह प्रश्न है—शमशेर के काव्यराग में अन्तर्निहित शमशेर की आवाज की पहचान हम कैसे करें? क्योंकि जिस क्षण वह पहचान स्पष्ट होगी, उसका वह संघर्ष खत्म हो चुका होगा जिसमें सहयोग की हमारी महत्त्वाकांक्षा है। लेकिन जब तक वह स्पष्ट नहीं होगी, हम किसके साथ सहयोग कर रहे होंगे?

2

···वह मौन मेरी ओर
देखता चुप रहा···

और अन्दर चल रहा हूँ मैं
        उसी के महातल के मौन में
मौन मैं इतिहास का

फिर मुसकरायी तू
नींद में—खामोश···वस्ल

(कि मैं हूँ वह
मौन दर्पण में तुम्हारे कहीं?)

पूछता है मौन का एकान्त हाथ
वक्ष छू यह प्रश्न कैसा गोल-सा

मौन आहों में बुझी तलवार
तैरती है बादलों के पार

धुन रही थीं सर

व्यर्थ व्याकुल मत्त लहरें
वहाँ आ-आकर
जहाँ था मैं खड़ा
मौन

देखता है मौन अक्षय वट

सुमँयी गहराइयाँ
        भाव में स्थिर
जागते हों स्वप्न जैसे
माँगते हों कुछ···
खिलौना जागता-सा
        मौन कोई

मेरा कक्ष, दीवारें, किताबें, मैं, सभी
इस रंग में डूबे हुए-से
मौन

मुग्ध लोल व्योम में
मौन वृत्त भाव में रमा
मन,
मोह के गगन विलोकता

अमरन मौन एक भाव है

स्तम्भ-तुला पर सिहरा
        मौन जलद-कन।

मौन प्रेम में पगा हृदय जगा

मौन म्लान पीत पात

मौन मौन मानसी

क्रान्त अन्तर में अपार
        मौन

यह विवशता
मौन में भी है
अथाह ।

उस ऐन खामोशी की—हया भरी
इन सिम्तों की पहनाइयाँ मुझको
पहनाओ !
रुचि तो है शान्ति,
स्थिरता,
काल-क्षण में
एक सौन्दर्य की
मौन अमरता ।

लोकतन्त्र पूत वह
दूत, मौन, कर्मनिष्ठ
जनता का

मौन, मौन, मौन, मौन ! कह सकते हैं कि शमशेर के काव्यराग को सुनते हुए एक 'मौन' लगातार गूँजता है; या, इससे कोई अन्तर नहीं पड़ेगा यदि इसी बात को हम इस तरह कहें कि उनके काव्यराग में हर गूँज एक मौन में पर्यवसित होती है। यह मौन शमशेर के काव्यराग का 'स्वस्थानक' (अर्थात राग का आधार) और वादी स्वर है।

लेकिन यह 'मौन' वह नहीं है जो ऊपर उद्धरित पंक्तियों में और अन्यत्र 'मौन' शब्द से संज्ञापित होता है और न वह है जो अन्य तमाम शब्दों के बीच के अन्तरालों में, दो उच्चारण-ध्वनियों के बीच सम्वेदित होता है। इस मौन का 'रूप' बिल्कुल भिन्न है। ('रूप' शब्द का प्रयोग यहाँ आलंकारिक नहीं है, नितान्त शाब्दिक है, क्योंकि यह मौन स्वयं को विधिवत 'रूपायित' करता है—अर्थात् वह एक विधिपरक रूपंकरण है, निषेधपरक नहीं जिसके अधीन 'न बोलने' से मौन रूपंकृत होता है।)

'मौन' शब्द इस काव्यराग में मौन का विवादी स्वर है—सिर्फ इसलिए नहीं कि उसमें एक उच्चारण-ध्वनि है जो कि दूसरे तमाम शब्दों में भी होती है और इसीलिए जो मौन को खण्डित या भंग करते हैं—बल्कि इसलिए कि 'मौन' शब्द अपने अर्थ से इन कविताओं के मौन का प्रतिशोध करता है। 'मौन' शब्द आवाज के 'अभाव' को संकेतित करता है, जबकि इन कविताओं का मौन 'भाव' है। वह आवाज के अभाव से नहीं, उसके रूपान्तरण से जन्म लेता है।

यह रूपान्तरण है—स्वर का, आवाज का, उच्चारित का, 'लिपि' में बदलना। शब्द, इन कविताओं में अपनी उच्चारण-योनि से मुक्ति पाने आते हैं। यहाँ आकर वे मरते हैं और लिपि के रूप में पुनर्जन्म लेते हैं। इसीलिए ये कविताएँ पहली दृष्टि में, अपनी सबसे ऊपरी सतह पर—अपनी अभिधात्मक सतह पर—राग नहीं, राग का रेखांकन हैं, जिसे सुनकर नहीं, देखकर ही पढ़ा जा सकता है। (कम से कम मैं इन्हें ऐसे ही पढ़ सका हूँ और इसीलिए मैं इन्हें ऐसे पढ़ने का उनसे प्रस्ताव करता हूँ जिहोंने इन्हें ऐसे नही पढ़ा है!) यहाँ यह अपवाद नहीं होगा अगर हमें लगे कि हम इस रेखांकन को स्वरांकित कर सकते हैं क्योंकि यदि हम ऐसा करेंगे तो यह हमारा स्वर (शब्दों को स्वर में ही पढ़ने का हमारा संस्कार) होगा, स्वयं इस रेखांकन का नहीं। और यदि इस लिपि को देखते हुए, अकस्मात उनसे उभरते हुए कुछ स्वर हमें सुनाई दे जाते हैं तो इसलिए कि तब हम लिपि की उस उपचेतनात्मक सतह पर होते हैं जहाँ उसमें अपने पूर्वजन्म की स्मृतियाँ बनी हुई हैं। ये स्मृतियाँ ही शमशेर की कविता को भाषा की स्वनिम (फोनीम) दुनिया से जोड़े रखती हैं। लेकिन 'स्मृतियाँ' होकर ही वे उसे उस दुनिया से अलगाती भी हैं।

इस रेखांकित राग का विस्तार एक तीसरी और अधिक गहरी सतह पर होता है जिसे हम कविता की व्यंजनात्मक सतह भी कह सकते हैं। इस सतह पर इन रेखांकनों का आकारों और रंगों में विन्यास होता है और कविता एक चित्रात्मक-स्पेस के रूप में उदित होती है। यहाँ, हम चाहें तो उन धारणाओं का सहारा ले सकते हैं जिनके अनुसार शमशेर की कविताएँ बिम्ब-बहुल हैं या इम्प्रेसनिस्ट-सुर्रियलिस्ट कला की छायाएँ लिये हुए हैं। लेकिन इस सहारे को सहारे से ज्यादा नहीं मानना चाहिए, क्योंकि इसके सहारे हम उस चित्रात्मक स्पेस के सादृश्य तक ही पहुँचते हैं, स्वयं उस स्पेस के परिमण्डल में नहीं। शमशेर की कविता चित्र से उपमेय नहीं है, वह स्वयं एक चित्रात्मक स्पेस का आविर्भाव है—एक ऐसी चित्रात्मक स्पेस जो न ठोस है न बेठोस, वह 'बेठोस-सी' है।

सामान्यतः किसी कविता में जब कोई चित्रात्मक फलक संवेद्य होता है तो उसे उसी कविता की स्वनिम ध्वनि प्रतिवादित करती है। इस तरह की कविता में दो स्पष्ट ध्रुव होते हैं—एक ध्वन्यात्मक, एक चित्रात्मक—जिनकी विपरीतता आसानी से एक चरम प्रतिवादी अनुभव तक ले जाती है। जिस तरह के द्वैत और द्वन्द्व पर यह चरम प्रतिवाद निर्भर होता है वह हमेशा पाठक को एक वक्त में किसी एक ध्रुव पर रहने को विवश करता है। इसे हम एक सामान्य-ज्ञानात्मक विरोध कह सकते हैं, जिसमें विषमांगता (हेटॅरॅजिनीइटि) और समक्षणिकता (सिमॅल्टॅनीइटि) का निषेध होता है। यह निषेध आधुनिक युग का और उस कविता का प्रमुख लक्षण है जिसे 'आधुनिकतावादी' कविता कहा जाता है।

शमशेर की कविता जहाँ ऐसी कविता से अलग है, वह यही बिन्दु है। दो ध्रुव इस कविता में भी हैं पर उनके बीच अगर वैसा सामान्य ज्ञानात्मक विरोध नहीं है तो इसलिए कि ये दृश्य-श्रव्य के दो ध्रुव नहीं हैं। इस कविता का चित्रात्मक (पिक्टोरियल) फलक, इसके लेखिम (ग्राफीम) फलक की सन्निधि (जक्स्टापोजीशन) में है और चूँकि दोनों ही फलक दृश्यात्मक हैं, अतः अपने द्वैत के बावजूद वे अपनी भिन्नता का द्वन्द्व से समाहार नहीं करते बल्कि एक द्वैध-सन्तुलन से इस विषमांगता को समक्षणिक रूप में स्वीकारते हैं। यह समक्षणिकता ही है जो हमारा ध्यान उन अन्तरालों पर केन्द्रित करती है जो वस्तुतः शमशेर के सम्वेदन और संज्ञापन के बीच का अन्तराल है; जो उनकी कविता के चित्रात्मक और लेखिम फलक के बीच हमेशा-हमेशा के लिए फैला हुआ, स्थगित है—'पतझर के ज़रा अटके हुए पत्ते' की तरह, या उस 'अटके हुए आँसू' की तरह जो 'अब गिरा, अब गिरा' या 'अमर सौन्दर्य के किसी इशारे-से उस तीर' की तरह जो—

दिशाओं की चौकोर दुनिया के बराबर
संतुलित
सधा हुआ
निशाने पर
छूटने-छूटने को था।

—किसी एकध्रुवीय प्रतिबद्धता का सहारा लेकर शमशेर ने इस अन्तराल को झुठलाने की कोशिश नहीं की।

यह अन्तराल शमशेर के काव्य-व्योम का वह बिन्दु-पथ है, जहाँ वे हमें—पाठक को—इस व्योम की वीक्षा के लिए आमंत्रित करते हैं। यह बिन्दु-पथ लगातार उस दूरी को साधता है जहाँ से हर ध्रुव और हर वस्तु साथ-साथ देखी जा सके। इस बिन्दु-पथ से किसी भी चीज का हमारा अवबोध 'निश्चयात्मक' नहीं हो पाता; हर चीज यहाँ से 'बेठोस-सी' दिखाई देती है—न ठोस, न बेठोस। शमशेर की कविता में ये 'सी' और 'सा' बेहिसाब हैं और बहुत कम जगहों पर ये सादृश्य-वाचक हैं, ज्यादातर जगहों पर ये अनिश्चयात्मक-अवबोध के प्रत्यय हैं।

3

यह युग एक तरह से एकालापी वाचालता का युग रहा है। राज्यशक्ति, समय, ज्ञान, पदार्थ, लगभग हर स्तर पर यह वाचालता है। लेकिन अगर आज हम इस युग के किसी विभेदक मोड़ पर हैं तो इस अर्थ में हैं कि इन सभी शक्तियों ने एक नये किस्म के रेह्टॅरिक का अन्वेषण किया है जिसे हम 'मौन' का रेह्टॅरिक कह सकते हैं—एक ऐसा मौन जो आवाज के स्थगन अथवा रूपान्तरण से नहीं

भाषा के स्थगन और निष्कासन से पैदा होता है। हम चाहें तो इसे 'अन्वेषण' की जगह उपर्युक्त एकालापी वाचालता की अनिवार्य परिणति भी कह सकते हैं। इकतरफा सम्प्रेषण के नतीजे में शब्द सिर्फ रीतते हैं और फिर उन लोगों के काम भी नहीं आते जो उनका इस्तेमाल सिर्फ अपना सन्देश भेजने को करना चाहते हैं। नतीजे में जो मौन पैदा हुआ है उसके साथ यह सुविधा है कि उसकी सर्वातिशयता में सम्प्रेषण की चौतरफा साझेदारी के भ्रम को बनाये रखा जा सकता है और धीरे-धीरे इस मौन से उस मौन को भ्रमित किया जा सकता है जो भाषा का ही एक अन्तरंग स्पन्दन है। पहले वाचालता ने भाषा की उच्चार-शक्ति का क्षय किया और अब एक तरह के 'इन्सट्रूमेण्टल' मौन से भाषा के मौन-स्पन्दन को नष्ट किया जा रहा है। इस अर्थ में यह भाषा विनाश की उत्तर-लीला है।

इस परिप्रेक्ष्य में शमशेर के चित्रात्मक फलक न तो भाषा के विकल्प हैं और न श्रव्य पर दृश्य की वरीयता; वे वस्तुतः आधुनिक युग के इन्सट्रूमेण्टल मौन के विरुद्ध एक रूपंकृत क्षेत्र में भाषा की उच्चारण-शक्ति, श्रव्य-शक्ति या आवाज के बचाव और पुनर्गठन का यत्न है। जब इन कविताओं में पूछा जाता है—'इन शब्दों का क्या मतलब है?' तब उत्तर मिलता है—'शब्द कहाँ हैं' और पूछनेवाला मौन, उत्तर देनेवाले की ओर देखता रह जाता है :

उसने मुझसे पूछा, इन शब्दों का क्या
मतलब है? मैंने कहा : शब्द
कहाँ हैं? वह मौन मेरी ओर
देखता चुप रहा। फिर मैंने
श्रम-पूर्वक बोलते हुए कहा—कि
शाम हो गयी है। उसने मेरी
आँखों में देखा, और फिर—एकटक देखता
ही रहा। क्यों फिर उसने मेरा संग्रह
अपनी गोद में खोला और
मुझसे कुछ भी पूछना भूल गया।
मुझको भी नहीं मालूम, कौन था
वह। केवल वह मुझे याद है।

—'राग' : कुछ कविताएँ

—मेरा खयाल है कि यह 'शब्द' को झुठलाना नहीं है, उसके अर्थ की किसी निश्चिततावादी अवधारणा को स्थगित करना है; वाक् की जगह लेखन पर जोर देना है; वाचालता पर काव्य की वरीयता की ज़िद है और अन्ततः कविता की आधुनिकतम—चाहें तो कह लें आपात्-भूमिका पर जोर देना है। जिसे हम नहीं पहचानते, उसे भी याद रखना, कविता में उस स्पन्दन का पुनर्वास है जो सिर्फ

'संवेद्य' है। और संवेद्य के इस पुनर्वास से 'संज्ञाप्य' की उस तानाशाही का उच्छेद करना है जिसके चलते जीवन के दूसरे क्षेत्रों की ही तरह कविता में भी किसी असंज्ञापित-सम्वेदन का अवकाश उत्तरोत्तर समाप्त हो रहा है । इसीलिए शमशेर की कविता, अगर लाक्षणिक अर्थ में कहें तो—उस बहुसंख्यक समाज की भी कविता है जो 'महसूस' करता है लेकिन 'बोल' नहीं सकता, जिसकी आवाज उसके मौन की स्मृति में है।

शमशेर की आवाज उनकी लिपि की स्मृति में है जो यदा-कदा उनकी कविता सें और कभी—जैसा कि कल बताया गया था[1]—उनके स्वप्नों से आवाज देती है। यह शमशेर को पुकारती हुई शमशेर की पुकार है—उस शमशेर को पुकारती हुई जो अपने ही रूपंकृत क्षेत्र में एक उच्चारण की तरह भटकता है ।

1. शमशेर की आवाज (कार्यक्रम) के एक पूर्व सत्र में शमशेर के निकटतवर्ती रहे एक लेखक ने बताया था कि शमशेर जी को कभी-कभी सपने में लगता कि कोई उन्हें पुकार रहा है और वे अक्सर जागकर दरवाजा खोल देते हैं।

त्रिलोचन का जनपद

उदयन वाजपेयी

निराला को छोड़कर त्रिलोचन हिन्दी के शायद ऐसे अकेले कवि हैं जिनकी कविता जितनी पूर्णता से स्वयं उन्हें ग्राह्य हो पाती है उतनी शायद किसी भी अन्य पाठक को नहीं। इसके कारणों में उतरने से पहले हमें यह जान लेना चाहिए कि उनकी कविता के विषय में उनके ही सामने कुछ भी कहना खतरनाक सिद्ध हो सकता है, जैसा कि हममें से अधिकतर ने उनसे बात करते वक्त महसूस किया होगा। उनके सामने कोई भी वाक्य बोलना दरअसल 'एक वाक्य बोल ले जाने' जैसा काम है।

क्या कारण है कि त्रिलोचन की कविता हमें उतनी सहजता से ग्राह्य नहीं है जितनी उनके अन्य समकालीन कवियों की या उनके बाद के कवियों की? निराला के विषय में यह कहा गया है, और शायद स्वयं उन्होंने कहीं कहा है कि वे कविता लिखते समय आप्टे के संस्कृत-हिन्दी शब्दकोष का बाकायदा सहारा लिया करते थे। अगर वे ऐसा न भी करते हों, हालाँकि ऐसा करने में कम-से-कम मैं कोई दोष नहीं देखता, तो भी उनकी अधिसंख्य कविताओं को समझना शुरू करने के लिए हमें आप्टे जैसे विशेषज्ञों के द्वार खटखटाने ही पड़ते हैं। अपनी कविता सहज सुलभ न होने देना निराला के अन्य काव्य-लक्ष्यों में एक था। कविता के मर्म तक वही पहुँचे जो उसके लिए आवश्यक साधना कर सकता हो। सुपात्र कविता के मर्म को प्राप्त करने की साधना के दौरान ही उत्पन्न होता है। इसमें उसके संस्कार उसकी मदद कर सकते हैं लेकिन वे भी अन्तिम रूप से निर्णायक नहीं होते। अगर कोशिश की जाये तो निराला की कविता के 'पाठक' का स्वरूप रेखांकित किया जा सकता है। इसी तरह क्या हम त्रिलोचन की कविता के अभीष्ट पाठक का रूप जान सकते हैं? आखिर वह कौन-सा जनपद है जिसके वे कवि हैं? क्या हैं उसके रीति-रिवाज? कैसे हैं उसके रंग-ढंग? क्या शर्तें हैं उसमें प्रवेश पाने की?

2

कविता का पाठक कविता के पहले अस्तित्व में नहीं होता । कविता के पहले मनुष्य जरूर अस्तितत्ववान होता है और इसी मनुष्य में कविता अपने पाठक का सृजन करती है । अगर किसी कविता का पाठक पहले से है तो वह कविता अतिरिक्त वस्तु के सिवा कुछ नहीं है और इसलिए वह गैर-जरूरी है । कविता किसी चीज का सृजन करने से पहले अपनी बनावट में अपने पाठक का सृजन करती है और इसी पाठक के सहारे हम कविता की आकांक्षा के रेशों को पहचानते हैं । हम चाहें तो कह सकते हैं कि किसी भी कविता के सन्दर्भ में पाठक का ठोस अर्थ 'पढ़ने का वह कर्मकाण्ड' है जिसे कविता आविष्कृत करती है । इसी अविष्कार में कविता की सृजनात्मकता निहित है और यही वह खिड़की है जिससे झाँककर हम उसके भीतर के संसार-व्यापार को जान सकते हैं ।

हम त्रिलोचन के जनपद की ओर लौटें और उसे टटोलने की कोशिश करें, यह जानने कि आखिर वे कौन-से लोग हैं जो यहाँ रह रहे हैं या रह सकते हैं :

उस जनपद का कवि हूँ जो भूखा दूखा है,
नंगा है, अनजान है, कला—नहीं जानता
कैसी होती है क्या है, वह नहीं मानता
कविता कुछ भी दे सकती है । कब सूखा है
उसके जीवन का सोता, इतिहास ही बता
सकता है । वह उदासीन बिल्कुल अपने से,
अपने समाज से है; दुनिया को सपने से
अलग नहीं मानता, उसे कुछ भी नहीं पता
दुनिया कहाँ से कहाँ पहुँची; अब समाज में
वे विचार रह गये नहीं हैं जिन को ढोता
चला जा रहा है वह, अपने आँसू बोता
विफल मनोरथ होने पर अथवा अकाज में ।
धरम कमाता है वह तुलसीकृत रामायण
सुन-पढ़ कर, जपता है नारायण नारायण ।

ये है त्रिलोचन की कविता का जनपद : भूखा दूखा, जो कला नहीं समझता और न यह जानता है कि कविता कुछ भी दे सकती है । यह किंचित विचित्र लग सकता है लेकिन यहाँ के वासी धर्म कमाने के लिए पढ़ते कविता ही हैं : तुलसीदास की रामायण । ये दोनों कविताएँ एक नहीं हैं, यह तो स्पष्ट ही है लेकिन उनके विभेद के विषय में हम सिर्फ अनुमान लगा सकते हैं । आरम्भिक पंक्तियों में प्रयुक्त कविता और कला सम्भवतः 'आधुनिक' कला और कविता हैं । इस जनपद में जिस काव्य को सक्रिय काव्य का दर्जा प्राप्त है वह तुलसीकृत 'राम-

चरितमानस' है क्योंकि अपनी पराजय के एकाकीपन में यहाँ के वासी इसे ही पढ़ते-सुनते हैं। यहाँ के रहनेवाले उन विचारों को साथ रखे हैं जो बाकी समाज में अब नहीं रहे—यह भी अन्दाज लगाया जा सकता है कि वह कौन-सा समाज है जिसमें अब इन विचारों का अभाव है : वह है हमारा प्रभुतासम्पन्न तथाकथित साक्षर भारतीय मध्यवर्गीय समाज जो सिर्फ निरपेक्ष अखबारी भाषा समझने में दक्ष है, और उसे ही सम्पूर्ण समझ की तरह प्रस्तुत करने में। इस जनपद में आधुनिक संसार किसी जादूगर की तरह इसके अनजाने ही इसके जीवन के तमाम पहलुओं और विचारों को निस्सार कर गया है और इस तरह इस जनपद को दुख में डुबो गया है। लेकिन आधुनिक संसार की कविता का इसमें प्रवेश नहीं हो सका। ऊपर से देखने पर यह इस जनपद का दोष लग सकता है कि उसे आधुनिक कला-चेष्टाओं की खबर तक नहीं है। वह अपने दुख और अपनी रामायण में ही इतना रमा हुआ है कि उसे किसी और बात की फुर्सत ही नहीं है। लेकिन जैसा कि ध्यान से पढ़ने पर हम यह स्पष्ट देख सकते हैं कि यहाँ ऐसे जनपद के लिए व्यंग्य का भाव नहीं है बल्कि एक पारदर्शी करुणा अवश्य है। लेकिन यह करुणा किसी और के लिए भी है—कुछ-कुछ प्रश्नवाचक-सी करुणा : आधुनिक कूट-व्यवस्था के लिए जिसे कला और कविता इन दो उपाधियों से अभिहित किया गया है।

क्यों है आधुनिक कूट-व्यवस्था के लिए यह करुणा ? इसका कम-से-कम एक जवाब यह हो सकता है कि इस जनपद में आधुनिक काव्य का सृजन होता अवश्य है लेकिन कोई भी उससे सम्बद्ध नहीं हो पाता क्योंकि यह नयी कूट-व्यवस्था 'रामचरितमानस' और इन जैसे काव्यों से अपना कोई नाता नहीं बना सकी है, उसी 'रामचरितमानस' से जिसके सहारे यहाँ के वासी कविता समझना सीखते हैं।

3

हर सभ्यता अपनी विशिष्ट कूट-व्यवस्था तैयार करती है और इसी के आधार पर उस सभ्यता में सत्य और औचित्य के प्रश्न उठाये जाते हैं और उन्हें सुलझाने की चेष्टा की जाती है। इस कूट-व्यवस्था के अनेक नियामक तत्त्व होते हैं जो अपेक्षाकृत स्थायी होते हैं और जिन्हें अगर अस्वीकार भी किया जाता है तो इसका कारण उस सभ्यता की छाँव में पलनेवालों के मन में स्पष्ट होता है। कूट-व्यवस्था से हमारा आशय वे संकेत, वे चिह्न, वे निशान आदि हैं जिनके अर्थ में समूचे समुदाय का साझा होता है। इसका एक उदाहरण वे काव्य-रूढ़ियाँ हैं जो हर सभ्यता में लिखी गयी कविताओं में व्यवहृत होती हैं। सावन और विरह का योग इसी तरह की एक काव्य-रूढ़ि है, विरहिणी नायिका के साथ सावन का वर्णन

करते ही हम विरह को आलोकित होते देखते हैं। इसे हम इसलिए समझ जाते हैं क्योंकि इस सम्बन्ध के अर्थ में हम साझेदारी करते हैं। ऐसा नहीं है कि यह साझेदारी सिर्फ प्राचीन समाजों में ही होती थी या हो सकती थी, आखिर आधुनिक संसार में भी टेलीफोन डायल करने के बाद एक खास तरह की आवाज के होने से हममें से ज्यादातर लोग यह समझ जाते हैं कि उस छोर पर घण्टी बज रही है या नहीं। कूट-व्यवस्था में साझे के बगैर यह सम्भव नहीं है। लेकिन हमारे बौद्धिक जगत में इस शती के प्रारम्भ में ऐसा कुछ हुआ कि हमने पढ़ने के पारम्परिक तरीकों को एकबारगी झाड़कर अलग कर दिया, जिस साझेदारी पर हम अब तक पढ़ते आये थे उसे बिना किसी आलोचनात्मक उद्यम के निस्सार मान लिया। हमने पढ़ने और इस तरह देखने की वे प्रविधियाँ अपना लीं जिनके कारण हमें हमारा ही अतीत अपूर्ण न लगकर, जैसा लगना अस्वाभाविक न होता, अटपटा लगने लगा, कुछ-कुछ शर्मनाक। और तब हमने अपने अतीत की परायी समझ के आलोक में स्वयं अपने काव्य को देखना शुरू कर दिया।

लेखक त्रिलोचन के जनपद का वासी अपने पढ़ने की कुंजी आज भी प्राचीन ग्रन्थों से पाता है। वहीं वह पढ़ने के विधिनिषेध सीखता है। कविता से क्या पाने की कोशिश करनी चाहिए और क्या कविता से माँगना ठीक नहीं, यह समझदारी भी उसे कालिदास, तुलसीदास और निराला जैसे कवियों से मिलती है। यह कविता नामक कूट-व्यवस्था को डिकोड करने का अनुष्ठान भी वहीं सीखता है। वहाँ यह सब सीखे बगैर त्रिलोचन की कविता के जनपद में जगह पाना सम्भव नहीं है।

ठीक यहीं रुककर हमें इस जनपद के बरअक्स अपनी स्थिति पर विचार करना चाहिए। पुनर्जाग्रत आधुनिक भारतीयों में ऐसे कितने हैं जिनकी शक्लें त्रिलोचन की कविता से उत्पन्न पाठक से मिलती-जुलती हैं? उस पाठक से जो जागृति से स्वप्न को अलगा नहीं पाता? मलयज ने त्रिलोचन की कविता को 'औसत भारतीय' की कविता जरूर कहा है लेकिन इन सन्देहों के साथ कि :

> क्या उनकी कविता का औसत भारतीय आदमी समसामयिक वर्तमान की विसंगतियों के भीतर से उभर रहे नये आदमी में अपने को ढाल सकता है? क्या वह अपने आस्था और समर्पण के आधारों को तोड़-फोड़कर उस व्यापक मूल्य-अराजकता का अंग बन सकता है जो आज की निपट और नंगी सच्चाई है? या फिर वह उस इतिहास-बोध का जुज़ बनकर ही रह जायेगा जो बदलती हुई सामाजिक शक्तियों में तेजी से धुँधला पड़ता जा रहा है? क्या त्रिलोचन की कविता अपना कायाकल्प करने का जोखिम उठाने को तैयार है? त्रिलोचन का काव्य-विवेक अत्यन्त पुष्ट है, क्या वे समय के विवेक को अपनी रचनाशीलता में जगह देंगे?

इसमें कोई शक नहीं कि त्रिलोचन की अनेक कविताएँ इन सन्देहों को जगह नहीं देतीं। लेकिन जिन किन्हीं कविताओं के सन्दर्भ में उठते ये सारे सन्देह तब उपजते हैं जब काव्य के आधुनिक मूल्यबोध सारभौम सत्य की तरह स्वीकार कर लिये जाते हैं, जब यह मान लिया जाता है कि कविता का काम उसे निरूपित करने में है जो स्रष्टा के हाथों पहले से ही निरूपित है। यह तब होता है जब काव्य कर्म को काम्य कर्म की तरह देखा जाना बन्द किया जाकर उसे नैमित्तिक कर्म की तरह देखा जाने लगता है जो कि वह कभी नहीं रहा। पाश्चात्य जगत ने जिस जरूरत के चलते आधुनिकता और उससे जुड़े, बल्कि उससे निःसृत मूल्य-बोध को स्वीकारा था और अब जिसे स्वयं प्रश्नांकित कर वह देशनिकाला देने की जुगत में लगा है वह, विडम्बना देखिए कि, हमारी अपनी काव्य-संस्कृति की सबसे सम्मोहक और प्रश्नातीत मूल्यविधि है। काव्य के इन आधुनिक मूल्यों का, जो मलयज के सन्देहों का अधिष्ठान हैं, स्रोत हमारी काव्य-परम्परा में कहाँ है? हमें स्वयं से यह अवश्य पूछना चाहिए कि वे कौन-सी जरूरतें थीं जिनके चलते हमने कविता से संघर्षों की रपट माँगना शुरू किया? किन आईनों के नष्ट होने के कारण हमने कविता से आईना बन जाने की माँग करना शुरू कर दिया? और जैसा कि वागीश शुक्ल ने कहा है, कब हमने कवि से दहेज माँगना शुरू कर दिया? ऐसे प्रश्न पूछते ही क्षण-भर को ही सही, हम संकोच में अवश्य डूबेंगे क्योंकि इनके कोई भी उत्तर हमारे पास नहीं हैं। ये नये काव्य मूल्य जिनकी जड़ में काव्य को प्रतिबिम्बात्मक (रिप्रेजेण्टेशनल) माना जाता है, हमने बिना किसी प्रश्न बल्कि बिना किसी जिज्ञासा के पाश्चात्य जगत से आयात कर लिये हैं और आज उन्हीं के सहारे हम अपनी पूरी की पूरी काव्य-परम्परा को विन्यस्त करने की आसुरी चेष्टा में लगे हैं। हमें जरा-सा मुड़कर यह देखने की कोशिश जरूर करनी चाहिए कि कला को देखने की सिर्फ एक यही दृष्टि नहीं है।

त्रिलोचन और आधुनिकता के सम्बन्ध को लेकर हिन्दी साहित्य में बनी स्थिति इसका दिलचस्प उदाहरण है। कुछ समालोचकों की दृष्टि में वे आधुनिक नहीं हैं और यह एक ऐसी खोट है जिसके आधार पर उनकी कविता को कविता का दर्जा देना ही मुश्किल है। अन्य कुछ साहित्यिक अपना आलोचन दूसरे छोर से शुरू करते हैं: वे त्रिलोचन को पहले ही महाकवि मान लेते हैं। उनकी दृष्टि में महाकवि होने की यह प्राथमिक शर्त है कि उसका सृजन प्रचलित प्रतिमानों में अच्छी तरह फिट बैठ जाये। पहली तरह के लेखकों में मलयज हैं और दूसरे किस्म के लेखकों में तथाकथित मार्क्सवादी आलोचक। लेकिन इन दोनों में कोई भेद नहीं है। दरअसल उनकी मूल्य-दृष्टि का अधिष्ठान एक ही है। पहले का मॉडल शंका का है, यह गनीमत है। लेकिन यहाँ भी शंका कविता पर ही है, अपनी मूल्य व्यवस्था पर नहीं। इस मॉडल के अनुसार हम यह मानकर ही कविता पढ़ना शुरू

करते हैं कि इस शती में कविता को श्रेष्ठ होने के लिए क्या-क्या करना चाहिए। दूसरे का मॉडल प्रोक्रस्टियन है। इनके लिए चूँकि त्रिलोचन महान कवि हैं इसलिए उन्हें इस मूल्य-व्यवस्था में अँटाना ही पड़ेगा। इसी सबब से आपको ऐसे अनेक लेख मिल जायेंगे जिनमें इस तरह के वाक्य भरे पड़े होंगे कि त्रिलोचन की फलाँ कविता में आधुनिकता के दर्शन किये जा सकते हैं, आदि। दोनों ही तरह के आलोचक जिसे प्रदत्त बल्कि ईश्वर प्रदत्त मान रहे हैं, वह है काव्य को देखने की आधुनिक दृष्टि। वे इसी के आलोक में त्रिलोचन का पाठ पढ़ने की कोशिश करते हैं। वे त्रिलोचन की कविता के आलोक में स्वयं इस दृष्टि को परखने की जरा भी चेष्टा नहीं करते।

हम आधुनिक मूल्य-बोध को नकारने का प्रस्ताव नहीं कर रहे हैं लेकिन यह तो सहज स्वीकारना ही होगा कि अपनी निश्चित आकांक्षाओं को पूरा करने वेश्या के पास जाया जाता है, प्रेमिका के पास नहीं। प्रेमिका के पास अपनी आकांक्षाओं को उद्घाटित करने जाया जाता है, बल्कि कहें कि एक स्त्री के समक्ष अपनी आकांक्षाओं को उद्घाटित होते देखकर ही हम उस स्त्री को प्रेमिका की तरह पहचानते हैं। काव्य-कामिनी, जैसा कि वागीश शुक्ल ने लिखा है, से प्रेम का सम्बन्ध अभीष्ट है, निरंकुश लोभ-लाभ का नहीं।

4

त्रिलोचन की कविता के कूटों को समझना एक औसत भारतीय की समझ की माँग करता है, कम-से-कम उस भारतीय समझ की माँग जिसे हमने बलात् विस्मृति के गड्ढे में धकेल दिया है और ऐसा करने में अपनी शान मानी है। यह वह समझ है जिसमें हमारे प्राचीन वैदुष्य की अनुगूँजें अब भी सुरक्षित हैं, फीकी सही लेकिन जिसमें प्राचीन छवियाँ अब भी जीवित हैं।

'प्रभो पुत्र वह माँग रही है' 'लिखा नहीं है।'
फिर गोस्वामी तुलसीदास और क्या कहते
तो भी दासी की विनयों में बहते-बहते तीन
बार पूछा। प्रभु बोले, 'लिखा नहीं है।'

घट के भीतर घट है। घट ये चाक पर चढ़े घूम
रहे हैं, कभी संवरते, कभी बिगड़ते और चाक
यह अहोरात्र चलता जाता है, कैसे-कैसे कहाँ-कहाँ...

इन और ऐसी अनेक कविताओं के मर्म को पाने 'आधुनिक' नहीं 'अनाधुनिक' होने की आवश्यकता है।

अभी कुछ अरसा पहले हमारे एक मूर्धन्य आलोचक ने (हालाँकि हिन्दी में

ऐसा कौन-सा आलोचक है जो मूर्धन्य नहीं है !) उनकी कविता के लिए एक 'नये काव्यशास्त्र' की जरूरत बतायी थी, हालाँकि हिन्दी में ऐसा कौन-सा कवि है जिसे हमारे मूर्धन्य आलोचक एक नये काव्यशास्त्र की जरूरत न बताते हों। लेकिन त्रिलोचन की कविता को ऐसे किसी नये काव्यशास्त्र की कोई जरूरत नहीं है, उनके काव्य को पाने वही पुराना काव्यशास्त्र पर्याप्त है जिसे निस्सार और 'आऊट ऑफ डेट' मानकर तिरस्कृत कर दिया गया है। हमें यह दुःख कभी-कभी तो सालना ही चाहिए कि हम उनके जनपद के वासी नहीं हो पाये, कि हम अनन्त त्रिलोचन-जाप के बाद भी उसके नगर-द्वार को लाँघ नहीं सके, कि हम अपनी आधुनिकता का लबादा ओढ़े बाहर खड़े ही ठिठुर रहे हैं।

नहीं ! ज्यादा खतरनाक यह है कि हम इन आलोचना-युक्तियों से उस जनपद को देशनिकाला देने की कोशिश कर रहे हैं, हम उस जनपद के कवि को उस जनपद से निर्वासित करने की कोशिश कर रहे हैं।

पुनश्च :

जब मैंने यह आलेख पढ़ा तो कुछ लेखकों को पाठक के विषय में इस आलेख की धारणा कुछ अटपटी लगी थी। इसलिए इसे स्पष्ट करना होगा। किताब या साहित्य पढ़ने की कई रीतियाँ सम्भव हैं लेकिन इन रीतियों में किसी एक का चुनाव हमारे हाथ में नहीं, कृति के पास सुरक्षित होता है। चित्रकला के विषय में पाल क्ले ने कहा था कि देखनेवाले की आँखें उन्हीं रास्तों पर भटकेंगी जो चित्र ने उसके लिए निश्चित किये हैं। कई बार हम अपने को किसी एक पात्र से तदात्म कर लेते हैं और इस तादात्म्य के सहारे पाठ को पढ़ते हैं। यहाँ पठन का अर्थ उस खास पात्र में अपने 'आत्म' को देखना है। यह अन्वेषित 'आत्म' हमें एक साथ परिचित और अपरिचित जान पड़ता है। जहाँ तक वह हमें अपनी स्मृतियों से जोड़ता है वहाँ तक वह परिचित है लेकिन जिस हद तक हमें पाठ की परिणति अज्ञात है उस हद तक यह 'आत्म' हमारे लिए अपरिचित है। परिचित स्मृति और अपरिचित नियति से बने 'आत्म' को ही पाठक कहा जाता है। लेकिन यह तभी अस्तित्व में आता है जब हम किसी ऐसी कृति के सामने होते हैं जो हमारे ही 'आत्म' के धागों से हमारे ही लिए एक और 'आत्म' का सृजन कर सकने में सक्षम हो। दरअसल एक कलाकृति से आनन्द लेने का अर्थ ही इस (पाठकीय) आत्म का उत्पन्न होना है। यहाँ यह जान लेना समीचीन होगा कि पाठक एक गहन द्वैत की अवस्था है : वह कृति में तदात्म पात्र की तरह वास करता है और कृति के बाहर उसे देखती आँखों में (नि)वास करता है। एक किताब पढ़ना अपने तथाकथित एकनिष्ठ आत्मगठन को खण्डित करना है : द्रष्टा और दृश्य के रूप में। और हर कृति हमें अलग ढंग से तोड़ती

है, शायद हमें यह दर्शाती हुई कि हम जिसे आत्म कहते हैं वह हमारे किसी एक विशिष्ट गठन की हमारी अपनी कल्पना मात्र है—इससे अधिक कुछ भी नहीं। इस तरह पाठक होना आत्म को विच्छिन्न करना-भर नहीं, बल्कि आत्म के हमेशा से ही पहले से विच्छिन्न स्वरूप को महसूस करना है। ग़ालिब का 'बाजी-चा-ए-अत्फाल है दुनिया मेरे आगे' इसीलिए हो पाता है कि 'खुद मैं' भी बाजी-चा-ए-अत्फाल से ज्यादा कुछ नहीं।

भूलने के विरुद्ध

रमेशचन्द्र शाह

…सहना परायी पीड़ाओं को बार-बार
जीते रहने का एकमात्र उपाय है
सहो
फिर उसी समय
दूर खड़े हो अपने को देखो…

—जड़

क्या इन पंक्तियों में एक जीवन-दर्शन जैसा कुछ पढ़ा जा सकता है ? या केवल रचना-प्रक्रिया ? क्या यहाँ कला में एक विशेष प्रकार की आत्मसजगता का आग्रह है ? या कि कला और जीवन दोनों जगह एक बुनियादी, रचना-सम्भव सम्वेदनशीलता को बचाये रखने का ?

आगे इसी कविता में यह भी आता है कि "साथी के दुख में यह एक अजब चीज है कि/जो यह नहीं किया/तो मानो जड़ हुए।" निश्चय ही, उस कवि के लिए —जिसके कवित्व का वादी-सम्वादी सब कुछ 'सामाजिक समता' और 'न्याय' का आदर्श ही हो, यह जड़ता उस आदर्श की सबसे बड़ी शत्रु होगी। इसलिए, कि कवि के लिए वह आदर्श कोई निरा बौद्धिक अमूर्तन न होकर सचमुच अनुभव में आने-वाला और सचमुच चरितार्थ किया जा सकनेवाला आदर्श है। इस आदर्श की प्राप्ति के लिए जो संघर्ष आवश्यक है, उस संघर्ष की भी कसौटी उसकी दृष्टि में इस वास्तविक अनुभव से ही होगी। अकारण नहीं, कि कवि 'अपने आन्तरिक संघर्ष की जाँच के लिए' भी ऐसे लोगों के पास जाना चाहता है—'जो न्याय और बराबरी के जन्मजात आदर्श को नहीं भूलते।' भले ही वे राजनीतिक दृष्टि से बड़े जागरूक किस्म के लोग न हों, भले ही वे हाल की घटनाओं से सबक लेने लायक याददाश्त भी न रखते प्रतीत होते हों।

हाँ, सचमुच, 'लोग भूल गये हैं' की कविताओं के कवि को उस आदर्शवाद के बावजूद या कह लीजिए, उसकी बदौलत ही—एक वास्तविक समाज में अपनी अवस्थिति का ही नहीं, स्वयं उस समाज के वास्तविक मन का भी प्रत्यक्ष बोध है। यह समाज उसके लिए सगुण मानव-व्यक्तियों से बना हुआ समाज है, न कि एक ऐसी अमूर्त सत्ता जिसे मनमाफिक बदलने को सिर्फ एक सही आइडियोलॉजी काफी है। यह नहीं, कि उसके पास कोई आइडियोलॉजी नहीं है, समाज को बदलनेवाले विचार नहीं हैं, या कि वह अ-राजनीतिक कला-दृष्टि का आग्रही है, बल्कि इसलिए कि वह रचनाकार की तरह आचरण करना चाहता है, दल-प्रचारक की तरह नहीं। दल से उसे परहेज नहीं; संगठित राजनीति भी उसके लिए जरूरी है : नहीं तो उसकी कविता को दु:स्वप्न की तरह यह पीड़ा-बोध क्यों पकड़ता कि 'लोग संगठित होकर आलोचना नहीं कर पा रहे' (विचित्र सभा)। उसे न केवल लोगों को संगठित करने की चिन्ता है, बल्कि उनमें वह समझ विकसित होते देखने की भी चिन्ता है, जिसके बूते वे 'आलोचना' कर सकें : ऐसी आलोचना जो उन्हें मात्र निष्क्रिय प्रतिरोध से आगे ले जाये और साथ ही हर तरह के बौद्धिक-भावनात्मक शोषण से भी सतर्क और सावधान रहने की क्षमता प्रदान करे। इसी के चलते कवि उन लोगों की खबर ले रहा है जो समाज को बदलने का बीड़ा तो उठाये हुए हैं, पर जिनकी खुद की जड़ें वहाँ नहीं हैं, कहीं और हैं :

आज के समाज का मानस यही है
कहते हो तुम इस कविता में
बगैर यह जाने कि तुम कितना कम इस समाज को जानते हो।

—लोग भूल गये हैं

वहीं दूसरी ओर वह उन धर्माधिराजों से भी बेखबर नहीं है, जो अपनी निरपेक्ष, आत्म-तुष्ट आस्था में आँख सामने हो रहे अन्याय और झूठ को भी नहीं देख पाते और इस तरह उस व्याकुल युवा ऊर्जा को कुण्ठित और दिग्भ्रष्ट करने में हाथ बँटाते हैं जो कि नव-निर्माण का आधार है :

यह वृद्ध-युवक सम्वाद हो चुका बार-बार
व्याकुलता युवजन की न मरी वह दुर्निवार
पर गाँधी के शिष्यों ने फिर-फिर कर प्रहार
हिंसा का निश्चित किया देश भर में प्रचार

—हिंसा

अपनी भूमिका में रघुवीर सहाय ने एक बड़ी काम की बात कही है जिसे यहाँ उद्धृत करना आवश्यक है, क्योंकि यह बात दरअसल उनके रचना-कर्म से ही निकलती है और उसी से परिभाषित होती भी दीखती है। उनका कहना है : "यथार्थ की हमारी समझ इस समझ के बिना अधूरी है कि लोक में आदर्श की इच्छा इसी

यथार्थ को किस रूप में जानकर जाग्रत हो सकती है।" रघुवीर सहाय की कविताएँ ही नहीं, कहानियाँ भी इस कसौटी पर कसी जा सकती हैं, क्योंकि यह और किसी ने नहीं, खुद उन्होंने अपने सामने रखी है। मेरा खयाल है कि यह एक निर्वैयक्तिक और वस्तुपरक कसौटी है और विशेषकर आज लिखी जा रही कविताओं-कहानियों के सन्दर्भ में इसकी उपयोगिता निर्विवाद होनी चाहिए। इसी से जुड़ी हुई एक और बात भी उनकी मूल्यवान है और वह यह, कि "आज संघर्ष का आधार नये मानवीय रिश्तों की खोज नहीं रह गया है।···न्याय और बराबरी के लिए हम जिस समाज की कल्पना करते हैं उसमें मानवीय रिश्तों की शक्ल क्या होगी, यह उस समाज के लिए संघर्ष के दौरान ही तय होना चाहिए।" मैंने जो कहा कि यह बात उनकी मूल्यवान है, सिर्फ बात को देखकर नहीं कहा, उस कविता को देखकर भी कहा जहाँ दरअसल यह बात बनती है। मसलन 'एक दिन रेल में' शीर्षक कविता में ही जहाँ सबकी जानी-पहचानी एक बहुत ही आम घटना है पर उस आम घटना को कविता की आखिरी पंक्तियों तक आते-आते जो अर्थ मिलता है, वह मानो उपरोक्त 'मानवीय रिश्तों की शक्ल क्या होगी' वाली चिन्ता का ही अनुभव-आलेख है। इसी तरह 'कल के लिए' शीर्षक कविता जहाँ से शुरू होती है वहीं से इस अनुभव की आहट मिलने लगती है। "···यही मेरा घर है यही कारखाना है/जितनी जगह कमरे में है उससे कम मैंने ली है। बहुत नहीं चाहिए बहुत चाहने का मतलब लूटना होगा···।" रेल में हाथ में बुरुश लिये युवक जिस तरह का भेद खोलता दिखाई दिया था, वैसी ही, बल्कि उससे भी गहरी भेद-भरी बात हमें 'कैसियस क्ले की हार' शीर्षक कविता में भी गूँजती सुनाई दे सकती है—बशर्ते हम कवि के साथ-साथ सम्वेदन की उसी लहर पर उसे पकड़ सकें :

हिंसा केवल हिंसा जितनी आसान है
उसमें राज्याश्रय है उसमें क्षमादान है
ताकतवर लोग खोजते हैं कमजोर को
एक तरफ अस्पताल, झोंपड़ी, हजार वर्ष से
वंचित जाति वर्ग लाश लुटे लोग
ढहे घर-दुआर जिसको वे अभय दें और
दूसरी तरफ चित्रकार जो अपने खून से
कागज पर उनकी तस्वीर आँकें
जन के मन भय भरें।

ऐसा न होने पाये या कम-से-कम हो पाये, इसके लिए जरूरी है कि न्याय के लिए संघर्ष के दौरान ही मानवीय रिश्तों की शक्ल तय हो। अब यों तो 'नये मानवीय रिश्तों की खोज' के नाम पर क्या-क्या विडम्बनाएँ नहीं उपजी हैं। सहज विवेकी सम्वेदनशीलता ही इस वंचना से उबरने की गुंजाइश पैदा कर सकती है।

एक विदेशी कवि का भी यही कहना है कि कविता आत्मा की 'कॉमनसेंस' है। ऐसा कहते हुए वह निश्चय ही कविता को जितना अपने आप के करीब रख रहा था, उतना ही जनसामान्य के भी; क्योंकि कवि और उसके 'लोगों' के बीच एक उभयनिष्ठ चीज यही कॉमनसेंस है जिसमें बुद्धि और सम्वेदना दोनों के लिए गुंजाइश है और दोनों के मात्रा-ज्ञान की भी। वह कवित्व तो अपने मूल में ही अभिशप्त है जो महज तर्क-बुद्धि या महज एक फलसफ़े या कूटनीति के बहकावे में आ जाये। इन सबके साथ लेन-देन से परहेज न करते हुए भी उसका अपना स्वभाव, उसकी अपनी स्वतन्त्रता अक्षुण्ण रहनी चाहिए, तभी वह अपनी धुरी पर कायम रहते हुए हमारी मनुष्यता को वह मदद पहुँचाता रह सकता है जो योगी या दार्शनिक या राजनयिक-डेमागॉग नहीं पहुँचा सकते। निश्चय ही इस परिभाषा में मानकर चला गया है कि मानव-समाज को कवि की हमेशा ही जरूरत रहेगी क्योंकि यह 'आत्मा की कॉमनसेंस' उसे और कहीं से मिलनेवाली नहीं है। महज तर्क-बुद्धि की रोशनी से कहीं अधिक दुर्लभ और कहीं अधिक काम की रोशनी वह होती है जो राग की रोशनी होती है। समता के राग की भी।

भावजीवी होते हुए भी कवि एक विशेष तरह का बुद्धिजीवी भी होता ही है। प्रबुद्धजनों के बीच कवि और उसके कवित्व की साख बनी रहना जरूरी है, अन्यथा विशेषज्ञ गुटों में बँटे हुए समाज को कवि की आवाज सुनने की आदत नहीं रह जाती। तर्कबुद्धि के बढ़ते हुए महत्त्व के साथ-साथ कवि की विवेकबुद्धि भी अधिकाधिक लचीली और समावेशी बनती जाय, यह कविता और समाज दोनों के स्वास्थ्य के लिए आवश्यक है। मगर जिस समाज में हद दर्जे की स्थितिशीलता और हद दर्जे की गतिशीलता एक साथ मौजूद हो, वहाँ कवि-कर्म बड़े चक्कर में फँस जाता है। जिनका जीवन उसे लिखने को प्रेरित कर रहा है, वे अव्यक्त और उसकी पहुँच से बाहर हैं और जो अति-व्यक्त और अति-मुखर हैं, वे उससे विमुख हैं। यही उसके सम्बोध्य ग्राहक हैं, जिन्हें 'सहृदय सामाजिक' भी उपचारवश ही कहा जा सकता है। ऐसे सम्बन्ध में एक अतिरिक्त आत्म-सजगता का प्रविष्ट हो जाना अकारण तो नहीं हो सकता। सवाल यह है कि इस अनिवार्य आत्मसजगता के आर-पार कवि आत्मा की उस कॉमनसेंस को सम्प्रेषित कर पाता है कि नहीं? वह इस कॉमनसेंस के बूते अपने असली समाज के मन का भेदिया और डाकिया खुद को बनाये रख पाता है कि नहीं?

और अगर समाज में—साक्षर और तथाकथित साहित्यिक समाज में भी—उसकी भूमिका और कर्म को लेकर एक स्तर पर उदासीनता अथवा द्रोह और दूसरे स्तर पर शक्की अहम्मन्यता का बोलबाला हो तो कवि को अपनी कारगुज़ारियों को एकदम रहस्यरिक्त सपाट ढंग से पेश करना पड़ सकता है—बल्कि आरम्भ ही वहीं से करना होता है :

कला और क्या है सिवाय इस देह-मन-आत्मा के
बाकी समाज है
जिसको हम जानकर समझकर
बताते हैं औरों को, वे हमें बताते हैं
—कला क्या है

वे कौन ?…"वे जो प्रत्येक दिन चक्की में पिसने से करते हैं शुरू/और सोने को जाते हैं/क्योंकि यह व्यवस्था उन्हें मार डालना नहीं चाहती…। / …वे जिन तकलीफों को जानकर उनका वर्णन नहीं करते हैं/वही है कला उनकी/कम-से-कम कला…"

हिन्दी कविता में इधर एक अरसे से इस 'कम से कम कला' की नहीं, उस 'वर्णन' की साख बढ़ी है। पहले भी बढ़ी थी पर उसके कारण दूसरे थे। बीच में वह गैरजरूरी हो गयी थी, अब फिर से जरूरी हो गयी है। कारण, कवि के कविता के ही शब्दों में : "उन्हें मतलब नहीं कि वक़्त ने समाज के साथ क्या किया है/वे जानना चाहते हैं कि वक़्त ने जो हालत की है समाज की/उसमें वे सबसे ज़्यादा क्या पा सकते हैं।"

यह अकारण नहीं, कि पिछले कुछ बरसों में ही समाज का अपना आत्म-बल और अपनी स्वत:स्फूर्त पहल, सभी क्षेत्रों में लगातार छीजती गयी है और एक ओर सरकारी तन्त्र तथा दूसरी ओर शुद्ध व्यावसायिकता का जाल हर तरफ कसता गया है। राजनीति के क्षेत्र में भी, जिनसे सबसे अधिक अपेक्षा की जा सकती थी, वही सबसे अधिक बिखरे हुए और किंकर्तव्यविमूढ़ दीखते हैं। साहित्य में भी सर्जनात्मक शब्द की जगह विज्ञापन को देने की प्रवृत्ति ही नहीं, आग्रह भी जोर पकड़ रहा है :

हम लिखते हैं कि
उसकी स्मृतियों में फिलहाल एक चीख और गिड़गिड़ाहट की हिंसा है
उसकी आँखों में कल की छीनाझपटी और भागमभाग का पैबन्द इतिहास
उसके भीतर शब्द रहित भय और ज़ख़्मी आग है।

यह तो हम लिखते हैं पर उस व्यक्ति में हैं जो शब्द वे हम जानते नहीं
जो शब्द हम जानते हैं उसकी अभिव्यक्ति नहीं, विज्ञापन हमारा है।
—लोग भूल गये हैं

हालत यह है कि कवि भी राजनीतिक की तरह आत्म-रहित होता जा रहा है। इसलिए, कि आत्म-रहित जनवादी आस्फालनों का थोकबन्द इस्तेमाल किया जा सकता है। इसलिए, कि ऐसी सुविधा कवि-कर्म को आसान बना देती है और वास्तविक सामाजिक कर्म की रात-दिन उपस्थित होनेवाली चुनौतियों को

अप्रासंगिक। बिना परात्मप्रवेश की जरा भी जोखम उठाये विराट्-दर्शन की सिद्धि हो जाये तो कौन मौका चूके ! परात्मप्रवेश के लिए, दुःख की अलग-अलग गहराइयों और पहचानों से तादात्म्य साधने के लिए, जाने कितनी टूट-फूट से गुजरना पड़ जा सकता है। हर ऐसा अनुभव आपके अभ्यस्त सन्तुलन को गड़बड़ा दे सकता है। नये सिरे से खुद को परिभाषित करने और जाँचने की चुनौतियाँ खड़ी कर दे सकता है। वह सारी समस्या हल हो जाती है यदि आप इस सारे मानव-सत्य और असत्य की कोई एक व्याख्या और समाधान पा जायें और उसके आगे ढेर हो जायें। तब फिर यह जानने की भी जरूरत क्या है कि वह 'जन' कैसे अपने अनुभव को झेलता है ? कैसे उसे अभिव्यक्त करता है या नहीं करता है ? शब्द के साथ उसके जीवन का कैसा सम्बन्ध है। आपको इत्मीनान है कि वह अज्ञानी उस 'शब्द' को ज़रूर पढ़ लेगा जो आपने उसके कष्टनिवारणार्थ उसे बख्शा है। उसके पीछे झाँकते आपके व्यक्तित्व अथवा आत्मा का तो कोई सुराग भी उसे मिलने से रहा। वह क्या सुनता-गुनता या पढ़ता है, यह जिस तरह आपके लिए बेकार का सवाल है, उसी तरह आप क्या पढ़ते-गुनते हैं, यह उसके लिए भी अप्रासंगिक ही होना चाहिए। आपकी पढ़ाई से जिस तरह आपके सारे किये-अनकिये सामाजिक पाप धुल गये हैं, उसी तरह आपको पढ़कर—बल्कि आपको बिना पढ़े भी—उसका उद्धार निश्चित ही है। रघुवीर सहाय जैसे कवि लाख चिल्लाते रहें कि "देश अपार से ज्यादा अथाह है। गहरे में जाकर एक ताकत ले आओ···" उनका यह आत्मोद्‌बोधन अथवा सम्बोधन आपके किसी काम का नहीं, क्योंकि देश के अथाह में गोता लगाके ताकत ढूँढ़ने की जरूरत ही क्या है, अगर वह ताकत हमें विदेश की थाह के उथले में हाथ-पाँव चलाकर ही मिल जाये। रंग भी तो आखिर इसीलिए न 'दमदार चीज' है, कि···"यह सबसे ज्यादा कब्जा करने काबिल भी है।" इसलिए नहीं, कि···"उसमें वह बात है जो कुँवारे रंगों में है और मुहावरों में नहीं बची है···।"

तो एक तरफ वे लोग हैं जो 'जन के जीवन से अनजाने रहने में ही रक्षित रहते हैं' और दूसरी तरफ वे हैं जो अनुपस्थित लोग हैं—निरुपाय और डरे हुए। ऐसा समाज अपने लिए उपयुक्त राजनीति खोज सके, इसके लिए भी, पहले यह जरूरी है कि वह अपनी कुन्द और निष्प्राण जगहों को देखे-समझे और अपने रागात्मक सम्बन्धों की आचरणगत असलियत को भी। कवि से अधिक उनको उनके अपने ही आचरण की—अपनी ही भाव-सत्ता की—सच्ची पहचान भला कौन करा सकता है ! कवि को अपने समाज और अपने 'जन' को आखिर उन लोगों से भी तो बचाना है जो अमरबेल की तरह उसकी जिजीविषा से चिपक गये हैं। न केवल उनके यथार्थ से, बल्कि उनके आदर्श से भी, दोनों को विकृत और कुण्ठित करते हुए। क्या इसीलिए वह हमसे कहता है कि···"एक बहुत बड़े षड्यन्त्र के बीच में अपने घर में रहनेवालों से रिश्ते बनाओ और सुधारो" ?

कवि को यह रहस्य चिन्तित नहीं करता कि वह गये जन्म में क्या था। यह सवाल जरूर चिन्तित करता है कि बीस वर्ष में क्या हुआ ? यह उसका इतिहास-बोध है। या कह लीजिए उन सारे गूँगों का, जिनकी अव्यक्त पीड़ा और वंचना को वाणी देना उसका काम है। पाप से घृणा करो, पापी से नहीं के अवमूल्यित अमूर्त आदर्शवाद की जगह यह कवि की खास अपनी सगुण साधना और आत्मा की कॉमनसेंस ही है, जो उससे कहलवाती है कि —

और अगर चेहरे गढ़ने हों तो अत्याचारी के चेहरे खोजो अत्याचार के नहीं
इसको हम जानते बहुत हैं, वह अब भी छिपता फिरता है।

—रंगों का हमला

यह अमूर्त जनवाद के विरुद्ध मूर्त अन्याय का मूर्त साक्षात्कार करने का आग्रह है, इसलिए कि अत्याचार का अमूर्तन स्वयं एक अत्याचार है। इसी तरह 'सा विद्या या विमुक्तये' के मानवीय अर्थ को आज के सन्दर्भ में खोजना—उसके भ्रष्ट हो जाने को—जिये जा रहे जीवन से उपजी समझ के द्वारा—रेखांकित किया जाना भी तो आवश्यक है :

यह जो समझ है इतिहास की भ्रष्ट है
यह अत्याचार को शाश्वत रखने की
अन्यायी भाषा है कि जिसके प्रतिष्ठान में विद्या बन्द है
विद्या जो हमें मुक्त करती है, वह विद्या

—भविष्य

कवि के सामने एक व्यक्तिगत जीवनी का ही नहीं, एक समूचे देश और समाज की सामूहिक जीवनी का निर्जन है—'अन्तहीन पीड़ा का निर्जन', जो इसलिए और भी अधिक दुस्सह होता जा रहा है कि पहले उसमें कुछ ऐसा था जो कहीं आशा का आधार था : आन्तरिक प्रतिरोध या व्याकुल आत्मा के आक्रोश जैसा कुछ। जो अब कहीं दिखाई नहीं पड़ रहा : "लोग भूल गये हैं एक तरह के डर को जिसका कुछ उपाय था / एक और तरह का डर अब वे जानते हैं जिसका कारण भी नहीं पता।"

कवि के अनुभव में यह अवस्था अत्यन्त शोचनीय है क्योंकि वह साफ देख रहा है कि इसमें "एक ऊब और एक भुतही मुस्कान मिलकर एक खुशी और एक बेफिक्री बनाते हैं।" इस स्थिति के लिए जिम्मेदार कौन हैं ? वे जो भी हों, कवि उनसे अपने को काटकर अलग नहीं करता। औरों को ही नहीं, खुद को भी सम्बोधित करते हुए कहता है :

......

कितना कम जानते हो तुम इस डर के कारण को
आज की संस्कृति का जो मूल स्रोत है

और क्या जानते हो तुम अतीत को ?···

—लोग भूल गये हैं

अन्तहीन पीड़ा और असंगठित आलोचना के इस निर्जन में कवि आज जो हरकतें उपजाना चाह रहा है, वे हमारे लिए जानी-पहचानी होकर भी एक नयी तात्कालिकता और निपटता के साथ प्रत्यक्ष हो उठती हैं। 'यही वक्त है अभी कुछ करो नौजवान'—वह कहता है अपनी 'कार्रवाई' शीर्षक कविता में; और हमारे समाज में उपरोक्त स्थितिशीलता और गतिशीलता के बीच जो एक नाजायज-सा रिश्ता कायम हो गया है, उसे सही करने का उपक्रम भी उसके लिए अनायास जैसे वहीं कौंध जाता है: "यही वक्त है अभी कुछ करो नौजवान / और उस औरत के दुखभरे जीवन में पैठ जाओ/यही मौत के खिलाफ/अपनी मौत के खिलाफ/एक काम है जो कर सकते हो।"

अपनी मौत के खिलाफ एक काम !···कवि यह कह क्या रहा है ? और किससे कह रहा है ?···क्या यह सच नहीं, कि दूसरों को बदलने के लिए आतुर छटपटाते लोग अपने को बदलने की कोई जरूरत नहीं देखते ? वे अपने साथ कुछ नहीं करते; मगर सबके साथ सब कुछ कर डालना चाहते हैं। उन्हें अपनी इस इच्छा या वृत्ति पर कभी सन्देह भी नहीं होता; क्योंकि कुछ तो सामाजिक सम्वेदना के असाध्य भोथरेपन ने, और कुछ एक सहज सुलभ अतिनैतिक बौद्धिक आस्था ने भी उनकी आत्मा को अवध्य बना दिया है। यह गाँधी का सत्याग्रह नहीं है जो औरों के हृदय-परिवर्तन में नहीं, खुद अपने परिवर्तन में, खुद अपने हर क्षण के स्वार्थ को नष्ट करने में विश्वास करता है। यह उस क्रान्तिकारी का आग्रह है जिससे हमारी भेंट अक्सर होती रहती है। कवि भी इस क्रान्तिकारी लेखक को खूब पहचानता है :

मुझे विश्वास नहीं है
कि मेरे जीते जी
यह देश क्यों
कोई भी देश
अपने मनुष्यों को
आदमी बना लेगा
क्रान्तिकारी लेखक को आशा है
कि औरों पर उसका अविश्वास
उसको तो उसके ही जीवन में
एक बड़ा आदमी बना देगा।

—बड़ा आदमी

अन्ततः देखा जाय तो सामाजिक सम्बन्धों के क्षेत्र की एक बुनियादी समस्या

प्रेम और न्याय के सम्बन्ध की भी है। समस्या जो सामाजिक होते हुए भी एक धार्मिक आयाम ग्रहण कर लेती है। कवि इस समस्या को सरलीकृत करके नहीं देखता; उसकी जड़ों तक जाता है। उसकी अधिकतर कविताएँ इस द्वन्द्व और विवेक का साक्ष्य देती हैं। उदाहरण के लिए 'मुआवजा' कविता ही देखें जिसकी अन्तिम पंक्तियाँ यूँ हैं : "प्रेम जो समाज में न्याय की लड़ाई है/पैसा तो सिर्फ है मुआवजा मौत का···।" इस प्रेम और न्याय की ही बहुत बड़ी, पीड़ा के तहत कवि यह भी अनुभव करता है कि यदि सचमुच निर्भय होना है तो मुक्ति भय से नहीं चाहिए, क्योंकि वैसी मुक्ति उसे सर्वसामान्य नहीं रहने देगी। यह उसकी सर्वसामान्यता—सबके साथ उसकी 'सौलिडेरिटी' ही तो है जो उसे 'अकेले ही काम करने का तकाजा' करनेवाली कविता के पास ले जाती है बार-बार। उसका यह ज्ञान, जो अपनी तरह का आत्म-ज्ञान भी निश्चय ही है, उसे शान्ति से अधेड़ नहीं होने देता। अधेड़ बुद्धि और अनुभव का वह सन्तुलन भी उसके लिए नहीं है जो अन्तरात्मा को उद्विग्न करनेवाले तथ्यों को बहुत कुछ भुला देता है। यही कारण है कि औरतों के चेहरे जहाँ 'समाज के दर्पण' हैं, वहाँ स्वयं कवि की अन्तरात्मा और समाज में उसकी भूमिका के भी :

यह इस समाज में है औरत की विडम्बना
हर बार उसे मरना होता है
टूटा हुआ बचाती है
वह अपने भीतर टूट-फूट के
बदले नया रचाती है

—अभिनेत्री

क्या इन पंक्तियों में घुमड़ती बात स्वयं कवि के बारे में भी उतनी ही सच नहीं है ? संयोग देखिए कि इस कविता का शीर्षक है 'अभिनेत्री'। कवि-कर्म और अभिनय-कर्म में एक गहरी समानधर्मिता है। मुखौटों के माध्यम से ही अपनी से अपनी और गहरी से गहरी बात सम्प्रेषित की जा सकती है। तभी वह स्वतन्त्र और सम्प्रेषणीय बनती है। रघुवीर सहाय की कविता में यह नाटकीयता भी बराबर सक्रिय रही है।

हाँ, कहीं-कहीं, यह जरूर लग उठता है कि रघुवीर सहाय की कविता इस नाटकीय गुण से हटकर अपने बारे में कुछ ज्यादा ही आत्मसजग हो गयी है। यह सच है कि बिना एक साक्षी और आलोचक चेतना के इस कविता का साक्ष्य भी अपना काम नहीं कर सकता—शायद अपना स्वरूप भी ग्रहण नहीं कर सकता। पर दूसरी ओर यह भी लगता है कि इस तरह की कविता में चूँकि चेतना की डुबान या उड़ान का नहीं, उसकी नाटकीय हरकतों का भी महत्त्व है, इसलिए 'स्व' की उपस्थिति जहाँ स्वयं नाटकीय नहीं, वहाँ

वह एक तरह का विघ्न भी उपजा सकती है। मैं नहीं समझता कि जिसे 'निगेटिव कैंपेबिलिटी' अथवा आत्म-विसर्जन की क्षमता कहा गया है, वह महज एक रोमानी विचार है (हो भी तो इससे क्या ?) इसी सिलसिले में एक और बात भी···। क्या इसे कवि की आत्मस्वीकृति की तरह ग्रहण किया जाय जब उसकी कविता कहती है कि···"छन्द से जोड़ो अपना आप/कि अपनी व्यथा हृदय कह जाय/थाम कर हँसना रोना आज/उदासी होनी की कह जाय" ? छन्द से अपना आप जोड़ने की बात तो पहले भी उतनी ही अर्थमयी थी; ऐसा तो है नहीं कि पहले वह मात्र प्रयोग-शिल्पवादी थी। और अब जाकर ही कवि को उसके साथ अपने रिश्ते की निपट आस्तित्विकता दिखाई देने लगी है। क्या यह अतिरिक्त स्व-चेतना यहाँ सम्प्रेष्य वस्तु को और तीखा बनाने की बजाय उसे ढीला नहीं कर देती ? और क्या पाठकों को—कवि के समाज को—इससे शिकायत नहीं होगी कि आखिर कवि स्वयं "अपने आन्तरिक संघर्ष की जाँच के लिए" भी इसी समाज के पास ही तो पहुँचना चाहता है ?

निश्चय ही उसकी कविता झूठे विश्वासों को झूठा बता रही है। पर जहाँ तक, 'वह नया विश्वास' देने की बात है जो 'लोगों के मन में स्वयं उनकी एक नयी पहचान पैदा कर सके', वहाँ क्या इस तरह का स्वर एक तरह की असहजता उत्पन्न नहीं करता ? खासकर ऐसी कविताओं के बीचोंबीच तो और भी, जहाँ इस 'विश्वास' और इस 'पहचान' के संकेत—सारी थकान और सारी टूटन के बावजूद, बल्कि उसके कारण ही, रह-रहकर उभरते दिखाई देते हों। काव्य-ऊर्जा स्वयं को एक ही तरह से क्यों अभिव्यक्त करे ? यह सत्य का ही आग्रह है कि इस संग्रह की कविताओं का स्वर 'आत्महत्या के विरुद्ध' जैसा न हो। वह जैसा है, वही हो सकता था—वस्तुस्थिति और आत्मस्थिति के दोहरे और फ़िर भी कहीं गहरे में एक हो गये सत्य के दबाव में। क्या यह स्वाभाविक नहीं है ? इस कवि की ही कहानी याद आ रही है—'चालीस के बाद प्रेम'। बीसवीं सदी के एक बहुत बड़े कवि ने कहीं चालीस के बाद कवि बने रहने की मुश्किलों की चर्चा करते हुए कुछ इस तरह की बात लिखी है कि चूँकि चालीस के बाद आदमी प्रेम नहीं कर सकता—उसके आवेग अनिवार्यत: शिथिल पड़ जाते हैं—इसलिए उसके कवित्व को दूसरे स्रोतों से क्षतिपूर्ति करनी चाहिए। बात अपने-आप में एक विचारोत्तेजक तथ्य होते हुए भी सभी कवियों के अनुभव का तथ्य नहीं है। जिस कवि की यह बात है, उसी के समकालीन एक दूसरे उतने ही बड़े कवि ने इसके ठीक उलटी बात भी कही है—इसके ठीक उलटा अनुभव; कि प्रेम और घृणा की निपटता और तीव्रता तो उसे जवानी बीत जाने के बाद ही समझ में आ रही है और वही उसकी कविताओं के लिए सबसे उपजाऊ जमीन साबित हो रही है। मैं समझता हूँ 'लोग भूल गये हैं' के कवि पर भी यह बात लागू होती है। इसलिए कि

वह प्रेम और न्याय के वास्तविक और परिपक्व सम्बन्धों का कवि है। इसलिए, कि वह केवल 'लोग भूल गये हैं' वाली वस्तुस्थिति का ही नहीं, जो 'आदमी हम बना रहे हैं' उस सम्भावना का भी कवि निश्चय ही है। यहाँ पर इसी नाम के कहानी-संग्रह की भूमिका से एक वाक्य उद्धृत करना मुझे युक्तियुक्त लग रहा है; और मैं समझता हूँ कि इस समीक्षा का इससे बेहतर समापन भी नहीं हो सकता।

> "यह डर कि समाज में अब कोई शक्ति न्याय और समता के लिए संघर्ष नहीं कर सकती, इस भ्रान्ति के साथ मिलकर कि नायक कहानी में अपने संघर्ष को सिद्ध करके समाज में परिवर्तन कर ले रहा है, वास्तविक संघर्षशील शक्तियों के लिए भटकने और बिखरने का घातक सामान जुटा सकती है।"

इस उद्धरण में कहानी की जगह कविता कर दिया जाय तो विशेष अन्तर नहीं पड़ेगा। इसमें जो चेतावनी निहित है, वह क्या आज की वस्तुस्थिति को देखते हुए सौ टंच सही और सामयिक नहीं लग उठती? निश्चय ही यह चेतावनी भी वहीं से आ सकती थी जहाँ उस गहरे आत्मालोचन और उस रचना-सम्भव नाटकीयता की गुंजाइश बरकरार हो जो आज के वातावरण में हर जगह अवहेलित हैं।

बीच बहस में कविता । कुछ नोट्स

अशोक वाजपेयी

पिछले लगभग बीस वर्षों में हिन्दी आलोचना और विचार के क्षेत्र में विजयदेव नारायण साही की उपस्थिति और सक्रियता महत्त्वपूर्ण रही है। उन्होंने कम लिखा, उससे भी कम छपवाया लेकिन वे बीच बहस में बने रहे। उन्हें अक्सर 'एक बहस करता हुआ आदमी' कहकर याद किया जाता है। मरणोत्तर प्रकाशित उनके दूसरे कविता संग्रह 'साखी' से स्पष्ट है कि अपने समय की इस लम्बी बहस में उनकी कविता भी पूरी तरह शामिल है। वह एक बहस करते आदमी की कविता-भर नहीं है, वह बहस करती कविता है। यह बहस सिर्फ दृष्टियों, अनुभवों और विचारों के बीच या कुछ व्यक्तियों के बीच या अपनी ही संशयग्रस्त आत्मा के दो पक्षों के बीच-भर नहीं है। अपने लिए बहस का रास्ता चुनकर यह कविता अपनी समकालीन कविता से भी बहस कर रही कविता है—उसके घोषित-अघोषित पुरुषार्थों को प्रश्नाकुलता और सम्वाद के घेरे में खड़ी करती कविता। हमें यह नहीं भूलना चाहिए कि जब युवतर कवि को कविता 'घेराव में / किसी बौखलाये हुए आदमी का संक्षिप्त एकालाप'' लग रही थी तब साही को वह सम्वाद-सुलभ जान पड़ रही थी। 'मछलीघर' की भूमिका में उन्होंने 'आन्तरिक एकालाप' पकड़ने की कोशिश को अपना लक्ष्य जरूर माना था, लेकिन 'साखी' तक आते-आते यह एकालाप सम्वाद में रूपान्तरित हो चुका था। नये संग्रह की भूमिका के रूप में उनका 'पूर्वग्रह' में कुछ कविताओं के साथ छपा वक्तव्य दिया गया है जिसमें कविता से कई तरह के पुरुषार्थों की उम्मीदें की जाने की बात है। निश्चय ही सम्वाद ऐसा एक पुरुषार्थ है: एक ऐसे समय में जब सम्वाद की सम्भावनाएँ सिकुड़ती जाती हैं, कविता को मानो सम्वाद के लिए ललकारना, उसे उसका लगभग सहज धर्म बना देना और सम्वाद की सम्भावना को बनाये रखने पर इस प्रकार आग्रह करना पुरुषार्थ ही है। हमारा समय कविता में तो दूर, अब तो

विचार और आलोचना तक में एकालाप, सम्वाद-विमुखता और सम्वाद के अकारथ माने जाने का अभागा समय हुआ जा रहा है। ऐसे में कविता को सम्वाद बनाना न केवल सृजनात्मकता को एक अन्धी गली में अवरुद्ध होने से बचाने का यत्न करना है बल्कि हमारी बुनियादी मानवीयता पर हो रहे अनेक आक्रमणों के लिए एक सशक्त प्रतिरोध विकसित करना भी है। चाहे अनुभव का सच हो या विचार का, उसकी जाँच होना जरूरी है : कविता में उसके 'सत की परीक्षा' होती है। यह जाँच एकान्त साधना नहीं है, उसमें दूसरे शामिल हैं। ऐसे ही 'सत' की 'साखी' है साही की कविता।

आज ऐसी बहुत-सी कविता है जो दूसरों से बात करने से कतराती है, दूसरों का सामना करने से घबराती है या आत्मसन्तुष्टि के स्वर्ग में कैद है। कबीर की तरह साही कभी-कभार अगर रामझरोखे से दुनिया और उसमें अपनी हालत को देखते हैं तो दूसरे ही पल वे बाजार में आ जाते हैं सबके साथ और अपने को उसी परीक्षा के लिए प्रस्तुत कर देते हैं जो दूसरों की ली जा रही है। सत्य, जो भी हो, पूर्वनिर्धारित या सुनिश्चित नहीं है। वह इसी आत्मपरीक्षण और सम्वाद की दुहरी और कठिन प्रक्रिया से आकार ग्रहण करता है। भले ही 'मेरे सयाने युग में' 'बेनाम तकलीफों' के लिए 'सटीक और सन्तोषप्रद नाम दिये जा चुके हैं', कविता इस सयानेपन पर प्रश्नचिह्न लगाती है और इस सटीक सन्तोष की अपर्याप्तता को पहचानवाती है। ऐसी कविता 'औरेबी हमसफर' है जिसका 'होना ही' 'निरन्तर आलोचना की तरह' लगता है। बहुत सारी कविता में आजकल कवि अपनी आस्था का हलफ़ उठा रहे हैं, भले ही कविता की अपनी संरचना और भावसम्पदा उस आस्था को सत्यापित करने में समर्थ नहीं है। शायद मान्यता प्राप्त करने की हड़बड़ी या उतावली या मोह ऐसा करवा रहा है। या सचमुच कुछ की आस्था इतनी जड़ हो गयी है कि संशयातीत होकर उससे कुछ 'किया' नहीं जा सकता, उसे बार-बार 'कहा'-भर जा सकता है। एक तरह का अस्वाभाविक चौकन्नापन कविमन को ग्रसे है कि वह जो भी कहे उसकी वफादारी का प्रमाण हो, कम-से-कम उसकी वफादारी पर शक किये जाने से उसे बचाये रहे। यह कविता का वफादारी के लिए शोषण है, उसकी बुनियादी शर्तों से कवि का अनैतिक अपसरण। ऐसे में साही की कविता वफ़ादारी के बरक्स, उसके 'दहाड़ते आतंक के बीच' 'फटकारकर सच बोल' सकने की हिम्मत की कविता है। उसके 'सच का इस्तेमाल कौन अपने पक्ष में करेगा' इसकी चिन्ता उसे नहीं है। यह खतरनाक खुलापन है और उस सारी कविता की बेचारगी और चतुराई पर टिप्पणी, जो तय करके पक्षधर है और अपनी ईमानदारी के बजाय अपनी वफादारी के लिए चिन्तित है। आजकल की कविता की गिरती हुई साख के विरुद्ध साही की कविता ईमान की साखी है।

2

यह कुछ अप्रत्याशित है कि बहस करनेवाली कविता अपने लिए चित्रांकन की प्रणाली चुने जो कि साही ने अपनी कुछ कविताओं के लिए चुनी है और उन्हें नाम दिया है शबीहें, याने तसवीरें या छविचित्र। ये छवियाँ व्यक्तियों, घटनाओं और परिस्थितियों की हैं। यह विभाजन स्वयं कवि का किया हुआ है। जीवन-जगत् की ऐसी अनेक छवियाँ हैं जो हम अलक्षित करते हैं या जो हमारे ध्यान में नहीं आतीं। कुछ ऐसी हैं जो ध्यान से उतर जाती हैं। हर समय की कविता ऐसी छवियों को हमारे लिए अंकित करती है और इस तरह उन्हें हमारी स्थायी स्मृति का हिस्सा बना देती है। बहुत हद तक यह काम कविता, कम-से-कम इन दिनों, कथावृत्त का सहारा लिये बिना करती है। शब्द एकाग्र और घनीभूत होकर एक छवि बनाते हैं और उसे कविता में मूर्त करते हैं। कविता लोगों का अमूर्त सामान्यीकरण के रूप में इस्तेमाल जब-तब करती है पर सार्थक कविता इन लोगों को, उनके जीवित और गतिशील होने के अहसास को कविता में ऐसे ही मूर्त चित्रों द्वारा चरितार्थ कर पाती है। ये छवियाँ व्यक्तियों के अलावा घटनाओं और परिस्थितियों की भी हो सकती हैं। साही के यहाँ ये तीनों ही रूप हैं। 'बेनाम तकलीफोंवाला बूढ़ा', 'शाम के वक्त रुद्ध अवस्थाओंवाला आदमी', 'साँप काटे हुए भाई से', 'क्रूसो', 'आखिरी क़ैदी', 'औरेबी हमसफ़र', आदि कविताओं के शीर्षक ही इस सन्दर्भ में इस तथ्य को रेखांकित करने के लिए पर्याप्त हैं। यह कविता हमें किसी दूर-दराज के लोक में स्थानान्तरित नहीं करती : हमें अपनी ही दुनिया में वह दिखाती है, जो हम अन्यथा न देख पाते। वहाँ ले जाती है जहाँ हम अन्यथा न गये होते और जहाँ पहुँचने पर हमें अपनी रोज़मर्रा की दुनिया वही नजर नहीं आती जो हम पहले देखते थे।

इस सिलसिले में एक बहुत अच्छी और हिन्दी में अपने ढंग की बिल्कुल अकेली कविता है 'अस्पताल में'। यों वह अस्पताल के बारे में है, लेकिन समाप्त होते-होते हमारी दुनिया के बारे में भी हो जाती है। उसमें चरितनायक रोगी का डॉक्टर से सम्वाद है अपनी पीड़ा के बारे में और पड़ोसी रोगी की पीड़ा और उससे होनेवाली उलझन के बारे में। पीड़ा, सहवर्ती पीड़ा, उपचार और शमन, पीड़ा का स्थानान्तरण, अपनी पीड़ा दूसरों के लिए उलझन, पीड़ा की बिरादरी आदि अनेक मार्मिक प्रसंग इसमें बहुत सादगी और स्पष्टता के साथ उठते हैं।

अपनी पीड़ा, उसके प्रति सम्वेदनशीलता और दूसरे की पीड़ा के प्रति असम्वेदनशीलता के बीच का अन्तर्विरोध और तीसरे द्वारा इस अन्तर्विरोध को सहज मानकर एक निश्चिन्त वस्तुपरकता की अभिव्यक्ति कविता के भावजगत् को गहराई और जटिलता देती है। हम याद करें कि कुछ बरसों पहले 'दुःख सबको माँजता है' ऐसा हिन्दी कवि को लगता था। पीड़ा के निहायत भौतिक सन्दर्भ में

परिष्कार या परिमार्जन लगभग असम्भव लगता है। यह नया बोध इस कविता में है। उसे स्वीकार करने की निर्ममता के साथ ही पीड़ा में समान भागीदारी का अहसास कविता को अपने ढंग से वस्तुपरक बनाता है। पीड़ा मात्र सच नहीं है, उसका यह अन्तर्विरोधी स्वरूप भी उतना ही सच है। कविता का अन्त एक अर्थ में अप्रत्याशित है और दूसरे अर्थ में कविता की अपनी अर्थगति का लगभग तर्क-संगत समापन।

सब सो रहे हैं
सहज समाधि की तरह
सब कराह रहे हैं।
अनाहत नाद की तरह।

कबीर-परम्परा से उधार लिये गये ये शब्द 'सहज समाधि' और 'अनाहत नाद' उन्हें एक रहस्यलोक की अवधारणाएँ बनाये रखने के बजाय, सीधे हमारी जानी-पहचानी दुनिया में ले जाते हैं, दरअसल अस्पताल में, जहाँ सोना और कराहना एक साथ है : जो सोता है, वही कराहता भी है भले उसे अपना कराहना सुन न पड़े। जो 'सहज समाधि' में सोया है वही कराहता भी है 'अनाहत नाद' की तरह। पीड़ा और उसमें सहभागिता मानवीय समता स्थापित करती है। सारी कविता बातचीत जैसी है। उसमें अस्पताल के माहौल को बहुत मितव्ययिता के साथ चित्रांकित किया गया है। पीड़ा जो सादगी और आडम्बरहीनता साधारण व्यवहार में लाती है, वह इस रचना के पूरे काव्य-व्यवहार में है।

3

कविता यदि कवि के लिए पुरुषार्थ है तो इसलिए कि उसने इस अभागे समय में कविता लिखने और उसके माध्यम से कुछ साहसपूर्ण करने का निश्चय किया है। वह कुछ और भी कर सकता था। अभिव्यक्ति के खतरे कविता में ही नहीं, अन्यत्र भी उठाये जा सकते हैं अगर खतरे उठाने के प्रति अतिरिक्त आकर्षण हो ही। विजयदेव नारायण साही ने कविता लिखने के अलावा विचार और कर्म के क्षेत्र में अपनी साहसिक सक्रियता से ऐसे खतरे उठाये भी थे। इसलिए कविता के पुरुषार्थ के प्रति कोई रूमानी या भावावेगी औचित्य उनके मन में नहीं था। बल्कि इस अतिरिक्त सामाजिक सक्रियता ने उन्हें एक वस्तुपरकता और यथार्थ-बोध दिये जो उनकी कविता को ऐसा सत्यापन सुलभ कराते हैं जो दूसरों के यहाँ प्रायः नहीं मिलता और, जिसके अभाव में दूसरे, कविकर्म को और उसकी भूमिका को प्रायः अतिरंजित करते हैं।

एक इधर की सुपरिचित थीम विद्रोह को लें। साही की दो कविताएँ 'लकीर की समाप्ति पर एक आदमी' और 'आदमी जिसका चला जाना शुरू हुआ' इस

सन्दर्भ में देखी जा सकती हैं। पहली कविता में एक चित्रांकन है :

जहाँ तक निशान बनता है
जमीन पुरानी पड़ जाती है
लेकिन जहाँ वह खड़ा होता है
उसके आगे सिर्फ एक शून्य रहता है
जो पैर पड़ते ही
जमीन में बदल जाता है

बहुत ही साधारण शब्दों में यह एक बखान है : विद्रोह पर लिखी अक्सर कविताओं में मिलते बड़बोले बयानों से बिल्कुल अलग। पर यह उस विद्रोही का बखान है जिसे संशय है 'जो आज तक यह हल नहीं कर पाया' :

कि ये निशान उसे निर्मित करते हैं
या वह इन निशानों को निर्मित करता है।

हमारे समाज में विद्रोही की स्थिति और नियति का अधिक सीधा चित्र है दूसरी कविता में। वहाँ 'आततायी' और 'जो कुचले गये थे' अपने विद्रोही चुनते हैं 'जिनसे हमारा काम निकलता है।' वे 'किसी और विद्रोही को नहीं जानते।' एक ऐसे समाज में जिसमें विद्रोह लगातार धूमिल और शिथिल पड़ जाता है इस सचाई को बेबाक ढंग से पकड़ना मूल्यवान् है कि स्थापित व्यवस्था और तथाकथित विद्रोह के बीच परस्पर मान्यता का करार जैसा है, कि दरअसल विद्रोही की भी एक व्यवस्था है जिसके बाहर विद्रोह को मान्यता नहीं मिलती। पिछले पचास वर्ष का भारतीय इतिहास उन परम विद्रोहियों के एक तरह की नामहीनता में लोप होते जाने की करुण गाथा है जिन्होंने व्यवस्था की शर्तों या उसकी मान्यता की परवाह किये बिना विद्रोह किया। ऐसे विद्रोही के लिए यही विकल्प है कि वह पहचाने 'कि मैं फँस गया हूँ' और वापस चला जाये। कविता की अन्तिम पंक्ति में एक उदास ठण्डा स्वीकार है हमारे समाज में विद्रोह के हश्र का : 'इस तरह चले जाने की शुरुआत हुई।' यह वापस चला जाना विद्रोह से अपसरण नहीं है पर एक ट्रैज़िक आत्मस्वीकृति है कि 'विद्रोहियों के विरुद्ध भी विद्रोह' सम्भव है पर व्यर्थ है। विद्रोह की पवित्रता इस दुष्चक्र से निकल जाने में ही है। स्वतन्त्रता के बाद भारतीय राजनीति में तमाम विद्रोहों का जो हश्र होता रहा है उन पर यह कविता एक निर्मम और पीड़ाजन्य टिप्पणी है।

युवतम पीढ़ी के एक कवि की इस अवधारणा को कि 'राजनैतिक कविता के लिए वही सूक्ष्म दृष्टि, सम्वेदना और किसी भी घटना को उसके समस्त मानवी प्रसार में देखने की क्षमता और कला-शक्ति दरकार है जो अन्य कविताओं के लिए' साही की कविताएँ पुष्ट करती हैं। वे ऊपर से किसी राजनैतिक घटना के बारे में प्रायः नहीं हैं पर समाज में जो मूल्यों का संघर्ष है और उसकी जो मान-

वीय व्याप्ति, वह उनकी चिन्ता की परिधि में बराबर है, यह स्पष्ट देखा जा सकता है। आज जब सवालों और उनकी असलियत को लेकर ही इतना बावेला मचा हुआ है, साही की इन पंक्तियों के गहरे राजनैतिक आशय को अलक्षित करना सम्भव नहीं है :

सुनो भाई साधो
असली सवाल है
कि असली सवाल क्या है ?

जिस समाज में असली सवालों की पहचान ही धुँधला गयी हो, वहाँ कविता का एक आपद्धर्म शायद यह भी है कि वह यथासम्भव इस स्थिति को तो अंकित करे ही, भरसक सही सवाल पूछने की जुर्रत करे। साही की कविता लगातार ऐसी जुर्रत करती है और इसलिए भी अपने फलितार्थों में राजनैतिक कविता है। यह आकस्मिक नहीं है कि उनकी अनेक कविताओं में प्रश्नवाचकता है। कई का तो अन्त ही सवालों में होता है :

भरी सभा में एक ही सवाल है
मेरे साथ कौन आता है ?

—बहस के बाद

कहाँ से आता है यह काला प्रकाश
जो अभी भी
तुम्हारी बेजबान आँखों में
सन्निपात की तरह जल रहा है ?

—आखिरी कैदी

उपस्थित या अनुपस्थित सज्जनो
जवाब देने की जल्दी न कीजिए
मेरी तरह देर तक पूछते रहिए
आखिर ऐसा क्यों हुआ ?

—अन्त में सूत्रधार का वक्तव्य

इसी शताब्दी ने
मुझे तुम्हें दोनों को
गम्भीर शब्दोंवाली वाणी दी है
देखता हूँ पहले कौन चीखता है ?

—इसी शताब्दी के सामने

प्रश्नों से समापन इन कविताओं को मानवीय विश्वसनीयता और बौद्धिक जिज्ञासा के ऐसे छोर पर ले जाकर छोड़ता है जहाँ उत्तरों की बहुलता है और उनमें से अपनी दृष्टि के अनुसार चुनने की स्वतन्त्रता। कोई उत्तर साही अपनी

ओर से लादते नही क्योंकि ऐसा करना उनका कवि-स्वभाव नहीं है। यह सब होता है बिना किसी उलझाव के और बिना किसी सम्वेदनात्मक लापरवाही या बौद्धिक आलस्य के। एक ऐसे समय में जब अनेक कवि दूसरों के सुझाये उत्तरों से उत्प्रेरित अपनी रचना शुरू करते हैं या ऐसे उत्तरों में उसे समाप्त करते हैं, चालू मुहावरे में कहें कि साही प्रश्नों के प्रजातन्त्र को कविता में उत्तरों के एकाधिकार के विरुद्ध, बल्कि उसके निषेध के रूप में बहाल करते लगते हैं।

साही में गहरा समुदाय-बोध भी है। सौभाग्य से वह निरा ऐतिहासिक या समाजशास्त्रीय नहीं है। उसमें एक कबीले के होने, उसके सौभाग्य-दुर्भाग्य से तदात्म होने का अचूकपन है। लोग साही के यहाँ अमूर्त सामान्यीकरण नहीं बनते। वे होते हैं अपनी विशिष्ट जीवन-छवियों के साथ—सजीव और अपरिहार्य :

कहाँ चले जाते हैं लोग
थोड़ी देर के लिए
आदिम पीड़ाओं की झलक दिखलाकर
थोड़ी देर के लिए
आदिम वैराग्य की खुशबू छोड़कर।

—अँधेरे मुसाफिरखाने में

यहाँ लोगों ने
दिल की तसल्ली के लिए
मरदुमशुमारी की एक आदत डाल ली है
हर वारदात के बाद
वे अपने समूचे वंश को
कहीं एकान्त में खड़ा करते हैं
और गिन डालते हैं
जब कोई कम नहीं मिलता
तो वे जान जाते हैं
कि वारदात ने
उनके लिए चर्चा का
एक और अवसर दिया है
जिस पर वे तब तक अटकलें लगाते रहेंगे
जब तक कोई दूसरी वारदात न हो जाय।

—कुएँ में कोई गिर गया है

ऐसा नहीं है
कि वहाँ लोग नहीं होंगे

हमें सोता देखकर वे आयेंगे
और जागने पर हालचाल पूछेंगे।
हम उनसे कहेंगे
कि हम भी उनके साथ कान्तारों में
गुमनाम होने के लिए आये हैं

—मेरे साथ कौन आता है

इतिहास अपने ज्ञातनामों, घटनाओं या स्मारकों के माध्यम से साही के यहाँ नहीं आता, बल्कि वह नामहीन 'सुनसान' है 'जहाँ बरसों से एक जंगल जल रहा था'। कविताओं में उसकी उपस्थिति का अहसास बारहदरी, हवा महल, मन्दिर, कान्तार, मेहराबें, चक्रव्यूह, सन्तरी, हथियार, प्यादे आदि अभिव्यक्तियों के माध्यम से तो होता ही है, उससे कहीं अधिक उन अन्तर्ध्वनियों से होता है जो अनेक कविताओं में गूँजती हैं। इन ध्वनियों से कविता समकालीन विषय या चरित्र पर होकर भी इतिहास को अपनी परिधि में समेट लेती है। इसी अन्तर्भूत ऐतिहासिक बोध से सम्भवतः यह साहसिक पहचान उभरती है कि :

अब हमें नयी शुरुआत के लिए
नये सिरे से गुमनामी चाहिए।

बल्कि कहना यह चाहिए कि साही के यहाँ इतिहास अज्ञात नहीं, गुमनाम है। इस गुमनामी से ही आज के व्यक्ति के लिए 'नयी शुरुआत' की सम्भावना बनती है। कविता इतिहास को उसके 'नाम' से मुक्त कर जो 'गुमनामी' उसे देती है वह उसे अधिक मानवीय, अधिक व्यापक बना देता है। संघर्ष, रहस्य, प्रयत्न, गोपनता, दीप्ति और धुंधलके की अनन्त निरन्तरता उभरती है जिसमें इतिहास अपनी विशिष्टता खोकर भी निरा सामान्यीकरण नहीं बनता बल्कि नयी तात्कालिकता और लगभग भौतिक-ऐन्द्रिक उपस्थिति हो जाता है। कविता सिर्फ भाषा की नहीं, इस मानवीय निरन्तरता और तात्कालिकता की भी संरचना करती है। कविता से हम ऐसे पुरुषार्थ की आशा नहीं करते हैं : पर साही की कविता उसे पूरा करती है, यह बात स्वीकार की जानी चाहिए।

4

साही की कविता यद्यपि अक्सर ऐसे अनुभव क्षेत्र से सरोकार रखती है जो मुबहम है, जहाँ धुंधलका है, पर स्वयं उसमें पारदर्शिता है और किसी तरह के उलझाव से मुक्त मितव्ययिता भी। एक तरह की सूक्तिपरकता उन्हें प्रिय है पर साही में गहरा आत्मसंयम है और वे अतिकथन से बराबर बचते हैं। उनके बिम्ब

और प्रतीक-व्यवस्था हमेशा सार्थक और सुगठित हैं : वे अक्सर अपनी बात, सजा-सँवारकर नहीं, सीधे कहते हैं हालाँकि ऐसी सीधी-साफबयानी गहरे कलानुशासन से ही आती है :

प्यास के भीतर प्यास
लेकिन पानी के भीतर पानी नहीं।

संग्रह की कुछ कविताओं में साही ने परम्परा से सुपरिचित कबीर की उक्ति-भंगिमाओं जैसे 'सुनो भाई साधो' का अपने उद्देश्यों के लिए बहुत मार्मिक और प्रभावशाली पुनराविष्कार किया है। प्रायः कविता में अन्त में आनेवाली ऐसी उक्तियाँ पूरी कविता और उसमें चरितार्थ अनुभव को अप्रत्याशित तीक्ष्णता देती हैं :

साधो कोई जोर नहीं चलता
—चट्टान आसमान

ऐसे ही, साधो, ऐसे ही
आज मेरे सत की परीक्षा है
—सत की परीक्षा

सारी दुनिया तो उसके ताप से
जल रही है
साधो भाई
मैं अपना यह वत्सल भाव
किसको सुनाऊँ
—सूरज

इस भरी पूरी मूँछ-मरोड़ ससुराल पर
थूका जा सकता है।
पूछा जा सकता है
कि सारी बिरादरी में कौन है ऐसा
जिसके मुँह पर कालिख न हो।
—सत की परीक्षा

5

'साखी' विजयदेव नारायण साही को निश्चय ही हिन्दी की समकालीन कविता की एक प्रमुख उपलब्धि के रूप में प्रतिष्ठित करता है। बिना उनके चाहे वह एक सशक्त चुनौती है। वह ऐसे आदमी को कविता के केन्द्र में प्रतिष्ठित करती है जिसका खुला-सजग व्यक्तित्व है, जो अपने निर्णय में अकेला भले हो पर अपने

समुदाय की नियति और इतिहास से आबद्ध है और जो बहस करने को हरदम तैयार है। व्यक्ति की गरिमा और सामाजिकता में जहाँ कोई द्वैत नहीं है। अपने समय के प्रश्नों और चिन्ताओं पर कविता के बाहर नहीं, कविता के अन्दर बहस कर साही ने कविता को चिन्तन और विचार की भी एक प्रामाणिक विधा के रूप में जैसे पुनर्जीवित किया है। आज के सम्वादविमुख परिवेश में यह प्रयत्न, उसकी एकान्त साहसिकता और संकल्प-शक्ति एक नया और अद्वितीय विकल्प प्रस्तुत करते हैं।

श्रीकान्त वर्मा की इबारतें

वागीश शुक्ल

इबारत यानी लिखना। श्रीकान्त वर्मा का लिखना कैसा था? क्या करते थे वे कि उनके लिखने में वह बात पैदा होती थी जिसके नाते हिन्दी के आधुनिक साहित्य में वे अपनी वह जगह बना पाये जहाँ वे हैं?

हम श्रीकान्त वर्मा के 'लिखने का कारण' नहीं, उनके 'लिखने का कार्य' समझना चाहते हैं।

हम क्यों यह कार्य समझना चाहते हैं? उस लिखने ने हमें प्रभावित किया है, उस ताकत ने जो उस लिखने में है। लेकिन वह ताकत हमें चोट पहुँचाने के लिए नहीं, हमारा नुक्सान करने के लिए नहीं; हमें डराने के लिए नहीं इस्तेमाल की गयी, वह तो हमें पास बुलाने के लिए, अपने नैन-नक्श दिखाने के लिए मजबूर करने के लिए और फिर अपने को हमारे दिलो-दिमाग में बिठा देने के लिए इस्तेमाल की गयी है। कशिश है वह बनिस्बत ताकत के, वह सजावट की, सिंगार की ताकत है।

लिखते तो बहुत लोग हैं, कवि कैसे लिखते हैं? जैसा गुण्टर आइख ने कहा है, "कविता की हर पंक्ति में अन्धे की लाठी जमीन से टकराती सुनायी देती है।" या जैसा ज्याँ पाल सार्त्र ने कहा है, कवि शब्द को चिमटियों की तरह, एण्टिनाओं की तरह, चश्मों की तरह इस्तेमाल करता है। या जैसा मैंने ही कहा है, कवि शब्द को इन्द्रिय की तरह इस्तेमाल करता है।

अन्धे की लाठी कहिए या एण्टिना या इन्द्रिय, ये सब कब्जा करने की कोशिशें हैं, हथियाने की और भोगने की। इसमें ताकत का इस्तेमाल है जैसे कि वह खेत जोतने, रोटी सेंकने या प्रसव में है।

सारा का सारा सृजनात्मक कर्म अहिंस्र हिंसा है। मुमकिन है इसीलिए मारिस नटॉन्सन ने कहा हो 'रेटरिक इज़ द लैसेरेशन ऑफ लैंग्वेज इन द नेम आफ़

ह्यूमन सॉलिडैरिटी ।'

2

श्रीकान्त वर्मा की कविताओं में भय की एक नियामक भूमिका है। लेकिन पहले भय का मतलब समझ लें। वैदिक साहित्य की एक प्रसिद्ध उक्ति है जिसके अनुसार भय ही है जिसके नाते सूर्य उगता और अस्त होता है, भय ही है जिसके नाते यह हवा चलती है, आदि-आदि। इस अर्थ में भय कोई ऐसी चीज नहीं जिससे आप त्राण पा सकें, भय एक नियम है जो अनुल्लंघनीय है, इसे आप उद्यम से नहीं जीत सकते। फिर आप इसे किस चीज से जीत सकते हैं? अगर भय के नाते ही यह दुनिया चल रही है तो भय की समाप्ति ही दुनिया की समाप्ति है। अतः इस भय को जीतना अगर सम्भव होगा तो निजी तौर पर ही होगा। ऐसा नहीं हो सकता कि सभी लोगों को इससे छुटकारा मिल जाये।

समकालीन हिन्दी कविता में जो भय अक्सर कविता की जमीन बनता रहा है वह कुछ ऐसी संस्थाओं का भय है जिनकी सत्ता से दुनिया नहीं, दुनिया का वक्ती रोजगार चलता है। राज्य और पूंजी जैसी संस्थाएँ जिनसे समकालीन हिन्दी काव्यचिन्ता उपजने का दावा करती है, एक समाप्य गवेषणा के जरिये पहचानी जा सकती हैं और कम से कम समकालीन हिन्दी कविता के अधिकांश का तेवर तो यह भी है कि उसने पहचान लिया है। यहाँ पहचानने का मतलब निदान है। जैसे चिकित्सक रोग पहचान लेता है और उसका इलाज करता है, उसी प्रकार इन संस्थाओं में अवांछित को पहचानकर उसको दूर करने का आह्वान यह कविता करती है, ऐसा इसका कहना है।

श्रीकान्त वर्मा की कविता का यह कहना नहीं है। वह भय को मृत्यु में प्रतीकीकृत करती है और इस प्रकार उसके ऐसे स्वरूप को उभारती है, जिसके सामने उद्यम और प्रतिरोध की मानक समझ का गुजर नहीं है।

एक कहानी लें, 'अरथी'। मदनलाल नाम के एक व्यक्ति की मृत्यु के बाद वाचक 'मैं' मदनलाल की मौत को यों देखता है :

> मृत्यु के सामने वह अवश्य कातर हुआ होगा। अपने सामने खड़ी मौत से उसने ज़रा भिक्षा माँगी होगी, पैरों पर गिरा होगा, बिलबिलाया होगा। और अन्त में, मौत को अटल देख बिदा लेने के लिए संसार की ओर मुड़ा होगा—उसी वक्त मौत ने उसकी पीठ पर छुरा भोंक दिया होगा। और वह दो शब्द भी नहीं बोल पाया, अटपटाकर रह गया। उसके मुख पर यही अटपटापन था।

कहानी में यह प्रारम्भिक आरेखन है जो मृत्यु को केन्द्र में रखता है और इस प्रारम्भिक आरेखन के केन्द्र की भी रचना एक काट से हुई है, मौत सामने

है, अटल है, लेकिन वार वह पीछे से करती है। इस आरेखन को एक इकाई मान लें तो इसे काटता हुआ दूसरा आरेखन है जो कहानी को फैलाता है, जिसमें वाचक मदनलाल की मौत से पलटकर अरथी के साथ चल रहे लोगों की बात करने लगता है जिसमें वह खुद भी शामिल है और मदनलाल की मौत परिधि पर आ जाती है। केन्द्र में जिन्दा लोगों का व्यवहार आ जाता है। यह व्यवहार वाचक और अन्य व्यक्ति—खड़ाऊँवाला—के बीच का बतकाव है जिसके अखाड़े में वे जोर आजमा रहे हैं। लेकिन इसमें भी मामूल से थोड़ा फर्क है, वाचक ने जानबूझकर एक झूठ उछाल दिया है—मदनलाल के जन्म की अवैधता का—उसको चित करने के लिए खड़ाऊँवाला एक दूसरा झूठ उछालता है—मदनलाल के लड़के के जन्म की अवैधता का। लेकिन वाचक ने "कोई उत्तर नहीं दिया—उसकी बात पर विश्वास करने का प्रयत्न करता रहा।"

मौत की सनसनी को मामूल में बदलता हुआ बतकाव, उस बतकाव के मामूल को सनसनी में बदलता हुआ एक झूठ, उस झूठ की सनसनी को मामूल में बदलता हुआ झूठ का दुहराव, इस दुहराव के मामूल को सनसनी में बदलती हुई यकीन की कोशिश, यह एक तीसरा आरेखन है जो पहले दो आरेखनों को काटता हुआ उनकी तथ्यात्मकता को विरल करता है और अरथी में बँधे मदनलाल, अरथी के साथ चल रहे लोगों के वजूद को गायब करके सिर्फ एक लिखावट बनाता है, जिसमें हर वक्र दूसरे वक्र का प्रतिच्छेदन कर रहा है। कहानी के अन्त में एक गली बचती है जिसकी दीवाल पर एक लड़का अपनी मनपसन्द गाली लिख रहा है।

'मायादर्पण' में ईजाद की जा रही गाली हो या 'मगध' में संग्रहीत कविता में दीवार पर लिखा मिटाया जाता हुआ नाम, श्रीकान्त वर्मा की रचना-दृष्टि में हस्ती या शायद यह कहना बेहतर है कि फरेबे-हस्ती एक लिखावट है। मिटाने को लिखने का विरोध नहीं मानना चाहिए। मैं यहाँ 'फार्मल लेंगुएजेज़' की एक बुनियादी अवधारणा का उल्लेख करने को विवश हूँ जिसके अन्तर्गत एक एम्पटी वर्ड की संकल्पना का स्वीकार है और जिसके अन्तर्गत मिटाने का अर्थ है उस एम्पटी वर्ड को लिखना। जब भाषा का फॉर्म के स्तर पर शास्त्रीय विधि से अध्ययन किया जाता है तो मिटाना और लिखना एक ही है। मैं समझता हूँ कि जाने-अनजाने श्रीकान्त वर्मा ने अपनी रचना-प्रविधि में इस एकता को स्वीकार किया है। यह वे एक निजी स्तर पर भी करते हैं, एक इबारत को काटने के लिए दूसरी इबारत लिखते हैं, फर्क सिर्फ यह है कि कविता का लिखना चूँकि एक 'रीड ओनली डिस्क' पर लिखना होता है, पहली इबारत आँखों के सामने बची रहती है। यह फर्क वहाँ मिट जाता है जहाँ मनुष्य द्वारा दीवाल पर लिखा नाम काल मिटाता है, क्योंकि काल का अभिलेख पढ़ा नहीं जा सकता। जिस समय

अपना लिखा हुआ काल की बही में दर्ज हो जाता है, उस समय वह पढ़ा नहीं जा सकता।

किसी कवि की भाषा को समझना प्राचीन लिपियों के पढ़ने से मिलता-जुलता है और जब इसके लिए उचित श्रम करने की क्षमता या रुचि नहीं होती तो यह कहकर काम चला लिया जाता है कि इस लिपि में वही लिखा है जिसे पढ़ने की हमें आदत है। इसलिए 'मगध' संग्रह और उस क्रम में लिखी गयी अन्य कविताओं को समकालीन राजनीति का एक पारदर्शी नामकरण मानने का आग्रह हिन्दी आलोचना में बलवान है। जिस मेथॅडॉलॉजी के अन्तर्गत यह किया जाता है यानी कविता को गद्य में समझना, उसका इस्तेमाल करनेवाले को यह जानना चाहिए कि श्रीकान्त वर्मा ने यह भी लिखा है कि 'मगर रुको/इतिहास/मैंने बी० ए० के बाद छोड़ दिया था'।

श्रीकान्त वर्मा के आरेखन किसी तथ्य को ढँकने के लिए नहीं, उस तथ्य की तथ्यवत्ता को विरल करने के लिए किये जाते हैं। चूँकि मगध-वर्गी कविताओं के पहले की कविताएँ ऐसे शब्द इस्तेमाल करती हैं जिन्हें रोजमर्रा के एकार्थी भाषिक प्रयोग में राजनीतिक और सामाजिक अर्थों के भार का वहन करना पड़ता है, चूँकि उसमें वोट, लोकतंत्र और महिलाएँ हैं इसलिए हिन्दी आलोचना का रुख कुछ यह रहा है कि उन्होंने पहले तो व्यवस्था से विद्रोह किया, फिर उससे समझौता किया और फिर इस समझौते और व्यवस्था विद्रोह को एक साथ निभाने के लिए मगध-वर्गी कविताएँ रचीं, जिनमें विद्रोह पर मिथकीय संज्ञाओं का आवरण डाल दिया गया है।

इस तथाकथित मूल्यांकन में श्रीकान्त वर्मा के व्यक्तित्व और कृतित्व दोनों का अपमान है। यह एक साधारण-सी समझ में आ सकनेवाली बात है कि सक्रिय राजनीति में जाकर वे किसी ऐसे नैतिक दलदल में नहीं जा धँसे थे जिसमें जीविकोपार्जन के अन्य उपाय अपनानेवाले लोग—नौकरी या व्यवसाय करनेवाले लोग—नहीं धँसते। यदि उनके सामने आत्मग्लानि का कोई संघर्ष अपने राजनीतिक कर्म को लेकर था तो वह उन सबके सामने भी उतना ही है जो दूसरे कामों में लगे हैं। इस क्षेपक के बाद कृतित्व की चर्चा पर पुनः लौटते हुए मैं एक उदाहरण से यह दिखाने की कोशिश करूँगा कि आवरण का शिल्प दरअसल क्या होता है और श्रीकान्त वर्मा का काव्यशिल्प किस तरह आवरण नहीं, आरेखन है।

पं० दयाशंकर नसीम की प्रसिद्ध मस्नवी की ये पंक्तियाँ देखिए—

यह कहके लबों से क़न्द घोले। मस्ती ने दिलों के ओक़्दे खोले॥
क़ाविश पे हुआ गुहर से अल्मास। गुंचे ने बुझाई ओस से प्यास॥
वाँ गुँचये यास्मीं था गुलनार। याँ दामने सर्व ऊर्गवाँ ज़ार॥

वाँ सुब्हे सफ़ा थी गुलबदायाँ। फूली रुख़े मेह्र पर शफ़क़ याँ॥
क्या आगे लिखूँ कि अब सरे दस्त। होता है दवात में कलम मस्त॥

यह मैथुन का विवरण है जो आवरण के शिल्प में दिया गया है और इस आवरण के पार देखने के लिए आपको सिर्फ इतना करना है कि आप गुहर या अल्मास या गुंचा या सर्व आदि शब्दों के सन्दर्भ-रूढ़ अर्थों पर निगाहें दौड़ायें। यह मैं स्पष्ट कर दूँ कि मैं इस शिल्प पर कोई नार्मेटिव टिप्पणी नहीं कर रहा हूँ।

अब श्रीकान्त वर्मा की कविता 'सिंहद्वार' को पढ़ें—

जंघा पर बैठा है सिंह, भुजा पर बाज़ !

वक्ष पर गरुड़
पैरों में साँप
और नितम्बों पर छाप है
भाप है
जिसमें हरेक
आकार ले रहा है

अचानक एक इच्छा झपटती है दूसरी इच्छा पर
न जाने कहाँ से
आता है
एक धूल उड़ाता हुआ
वहशी घुड़सवार
और कहता है,
कसी हुई ज़ीन पर
एड़ दो,
उड़ने दो
अयाल,

और उड़ते हैं
अयाल,
रक्त में दौड़ते है
अश्व,
जंघा को सूंड में लपेटकर
कहाँ लिये जाता है
ऐरावत ?

वक्ष पर,

नितम्ब पर
निशान।

'क्षमा करो। क्षमा करो।' कहता है
सुख में
भर-भरकर
        वार-बार
        कुचला गया
        अंकुर।

कानों के पर्दे
और रक्त की झिल्ली के
        फटने तक
        बजती है
        टाप।

गर्जन शिरा में
        और कौंध किस
        जगह नहीं।

आग का एक
        बीज
        बोया गया था
        सूराख में।

एक-एक शाख में
हलचल—
हजारों उड़-उड़कर
टकराती हुई चिड़ियाँ
चीखती हैं :
बलात्कार ! बलात्कार !

गुफा की देहरी पर बार-बार
आ-आकर

दहाड़ता है सिंह
बाज़ मारता है
एक के बाद एक
सैकड़ों झपट्टे—
ले उड़ता है
कानों के फूल,
नाक की नथ,
हाथ की चूड़ियाँ,
वक्ष की कंचुकी,
कमर का लहँगा
और आँखों की शर्म !

गुफा से निकलता है सिंह
और प्रकाश
वमन करता है।

सिंह, बाज, ऐरावत, गरुड़ आदि के बावजूद क्या दरअसल यह कविता कोई आवरण देती है? यदि इन्हें आवरण मानें, यदि ये प्रतीक हैं, तो उनकी प्रतीकात्मकता का खण्डन करनेवाली, आवरण को दूर कर देनेवाली पंक्तियाँ भी इसी कविता में हैं, "कानों के फूल/नाक की नथ/हाथ की चूड़ियाँ/वक्ष की कंचुकी/कमर का लहँगा/और आँखों की शर्म" तो किसी आवरण से ढँकी नहीं गयी है। यदि यह मैथुन का विवरण है तो आवरण के शिल्प का निर्वाह उन्होंने नहीं किया, यह मानना पड़ेगा।

लेकिन क्या यह मैथुन का विवरण है? क्या कानों के फूल से लेकर आँखों की शर्म आवरण नहीं हैं जो सिंह या बाज के विवरण को ढँकते हों? नहीं हो सकते, क्योंकि 'आँखों की शर्म' उन झपट्टों से नहीं उड़ायी जा सकती न "क्षमा करो। क्षमा करो। कहता है/सुख में/भर-भर के/बार-बार/कुचला गया/अंकुर" की संगति इससे बिठायी जा सकती है।

बलात्कार और रति, सिंह की दहाड़ और उसका प्रकाश-वमन एक-दूसरे को काटते हैं। इस आरेखन में यह परस्पर कैन्सिलेशन ही है जो इस कविता में आगे आता है।

मैं कहना चाहता हूँ कि यह आरेखन यदि कविता की काव्यात्मकता के रूप में नहीं स्वीकार किया जाता, यदि हम वह मेथॅडॉलॅजी अपनाते हैं जो कविता को गद्य में रिड्यूस करती है और जो दुर्भाग्यवश हिन्दी आलोचना की व्यापक मेथॅडॉलॅजी है तो अपनी जरूरत के मुताबिक इस कविता को हम कोई भी अर्थ दे सकते हैं,

यह बलात्कार का भी विवरण हो सकता है, मैथुन का भी और कुछ वन्य पशुओं के आचरण का भी। लेकिन यह काव्य चर्चा में नहीं हो सकता। स्वयं श्रीकान्त जी ने अपनी एक टिप्पणी में, जो काव्यचिन्ता की टिप्पणी नहीं है, इस कविता से एक अंश ले लिया है और इसे बलात्कार के निदर्शन के रूप में उद्धृत किया है :

> प्रत्येक बलात्कार हिंसा है। मगर यह अकारण हिंसा नहीं। इसके पीछे अपने होने का दर्प है। अपनी जाति का आक्रामक अभिमान है। अपने वर्ग के गन्दे वीभत्स स्वार्थ हैं।
>
> अकारण बलात्कार भी सम्भव है। एक पुरुष एक स्त्री पर अकारण भी बाज़ की तरह टूट पड़ सकता है :
>
> गर्जन शिरा में
> और कौंध
> किस जगह नहीं।
> आग का एक
> बीज
> बोया गया था
> सूराख में।
> एक-एक शाख में
> हलचल
> हजारों उड़-उड़कर
> टकराती हुई चिड़ियाँ
> चीखती है :
> बलात्कार ! बलात्कार !
>
> मगर उसके अकारण टूट पड़ने के पीछे सौन्दर्य और पशुता की एक लम्बी प्रक्रिया है। सौन्दर्य को देखकर वह अपना संवरण नहीं कर सका। करोड़ों वर्षों से अन्तर्मन में दफनाया गया ओरांग ओटांग एक क्षण में जाग उठा, हिंस्र हो गया और हमला कर बैठा। ऐसा व्यक्ति दुर्घटना के बाद या तो आत्महत्या कर लेता है या सारा जीवन प्रायश्चित करता है। दस्तोएव्स्की के पात्रों की तरह उसका दिमाग जेल में और मन नरक में परिणित हो जाता है।
>
> —सरहद पर

मैं इसे आकस्मिक नहीं मानता कि इसका लेखन उद्धरण में उस स्पेस आकुपेशन से अलग है जो कविता के लेखन का स्पेस आकुपेशन है।

3

श्रीकान्त वर्मा की इबारतें एक-दूसरे को काटती हैं। लेकिन काटकर वे करती क्या हैं ? 'नहीं', या 'लेकिन' जैसे शब्द जोड़कर जब एक इबारत दूसरी को काटती है तो वह अर्थ का प्रतिषेध करती है लेकिन 'स्पेस आकुपेशन' में पहली इबारत को समृद्ध करती है। इस अर्थ में कविता को आगे बढ़ाना इसी प्रतिषेध के माध्यम से सम्भव होता है। जिस 'तीसरे रास्ते' की चर्चा बहुत होती रहती है वह भी कोसल, अवन्ती आदि जानेवाले रास्तों में 'नहीं' जोड़कर 'है', उसका होना तभी है जब सारे रास्ते होकर न हुए हों। जब सारी राहें नाप ली गयी हों तभी वह रास्ता अपने को लिखे जाने के लिए दीखता है।

श्रीकान्त वर्मा की एक इबारत जब दूसरी इबारत पर हिंसात्मक ढंग से झपटती है तो उस झपटने का अन्त एक मौत में होता है, लेकिन मैं फिर कहना चाहता हूँ कि हमारे लिए यह आवश्यक है कि हम इस विचार की कैद से अपने को छुड़ा लें कि कविता कोई ऐसा लेखन है जिसका कूट हमारे पास पहले से मौजूद होता है। कविता एक कूट लेख है और उसके कूट को भिन्न पाठविधियाँ भिन्न ढंग से पढ़ सकती हैं। उदाहरण के लिए जब हम '1' के दाहिनी ओर '0' लिख कर एक लेख '10' तैयार करते हैं तो दशमलव पद्धति में यह 'दस' बताता है लेकिन बॉयनरी पद्धति में 'दो' बताता है। यह आप किस आधार पर कह सकते हैं कि यह इबारत दशमलव पद्धति में है और बॉयनरी पद्धति में नहीं है ? इबारतों के जिस युद्ध और जिस मौत का उल्लेख मैंने अभी किया उसमें मौत का मतलब 'जीवन की समाप्ति' ही क्यों माना जायगा ? मेरी जानकारी में शिष्टसम्मत हिन्दी में जिसे हम 'चरम सुख' कहते हैं, उसका फ्रांसीसी भाषिक प्रयोग में नाम है 'छोटी मौत'। प्रत्येक मैथुन अपने रचनेवाले मिथुन की हत्या करता है। जिस समय क्रौंच पक्षी के एक जोड़े की दो इकाइयाँ खुद मरने के लिए एक-दूसरे को मार रही हैं उस समय एक तीसरी सत्ता, व्याध, का बाण अगर कहीं से आ जाता है और एक मौत को दूसरी मौत से रोक देता है तो वह एक दैवी कविता को अपाठ्य कर देता है और आदमी को इसके लिए मजबूर करता है कि वह एक मानुषी कविता रचे। यह हमें ही तै करना होगा कि मौत की हमारी समझ व्याध की है या क्रौंच पक्षी की इकाइयों की।

श्रीकान्त वर्मा के लेखन में ग्लोबल स्तर पर जो चित्र उभरता है उसमें केवल दो पात्र हैं—एक पुरुष, एक स्त्री (यह आइडेन्टिफिकेशन भी केवल चर्चा की सुविधा के लिए है) और वे एक तलवारबाजी के खेल में लगे हुए हैं। उनकी कहानियों के प्लाटों में, उनके उपन्यास में, उनकी कविताओं में कभी आदमी और दुनिया, कभी आदमी और ईश्वर, कभी आदमी और औरत का जोड़ा इस खेल में लगा हुआ है और ऐसा नहीं है कि तलवारें पकड़ ली गयी हों, शरीर ही हैं वे तलवारें। यह

'बालगेम' ही उस रचना को रचना बनाता है जैसे पारमाणविक कणों का बालगेम दुनिया को दुनिया बनाता है। यह एगनिस्टिक्स लोकल स्तर पर इबारतों की एगनिस्टिक्स में उतरती है और इस एगनिस्टिक्स में काटना, हारना, जीतना, भोगना, पछाड़ना केवल पैंतरों की हैसियत रखते हैं। यह एगनिस्टिक्स ही वह 'बिग बैंग' है जो उनकी कविता के बिन्दु को फैलते हुए ब्रह्माण्ड में बदलता है। यह स्पेस आकुपेशन, जिसका उल्लेख मैंने पहले भी किया, उनकी कविताओं के सजग चाक्षुष संयोजन में भी उतरता है।

इस समूची शिल्पयोजना के माध्यम से, मुझे लगता है कि श्रीकान्त वर्मा की रचनाओं में शब्द और अर्थ की कॉम्पलीमेण्टेरिटी का एक स्वीकार कहीं न कहीं है, जिस समय आप शब्द को कण्ट्रोल कर रहे हैं उस दौरान उसी अनुपात में अर्थ पर कण्ट्रोल कम हो जाता है और इसी तरह अर्थ पर कण्ट्रोल करते समय शब्द पर। मुझे लगता है कि अर्थों को बार-बार एक-दूसरे से काटने के क्रम में श्रीकान्त जी ने यह दिखाने की कोशिश की है कि शब्द पर कण्ट्रोल, लिखने की तर्ज़ हासिल करना उनका प्राइमरी कन्सर्न रहा है। "मुझे अपना ढंग, अपना तर्ज़ हासिल करने में बरसों लग गये। लेकिन जब मैंने इसे प्राप्त किया तो पाया कि वह एक ऐसा तर्ज़ है, जिसे दूसरे अपना नहीं पायेंगे—बहुत आसानी से।"

श्रीकान्त वर्मा का मगध[1] : आख्यान-बिन्दु का निरन्तर विस्थापन

उदयन वाजपेयी

थापिया न जाई कीता न होई
आपे आप निरंजन सोई[2]

—नानक

कृति में 'कृत' क्या है ? यह प्रश्न हमें एक विचित्र उत्तर के सामने ला खड़ा करता है : संसाराकृति में संसार कृत है, बनाया गया है। कृति संसार में नहीं जन्मती, संसार कृति में जन्मता है। संसार क्या है ? देशकाल का विशिष्ट विन्यास। देश-काल को कई तरह से विन्यस्त किया जा सकता है, किया गया है इसलिए अनेक संसार हैं। एक वैज्ञानिक देशकाल को एक तरह से बुनता है, एक चित्रकार एक तरह से, एक इतिहासकार एक अन्य तरह से, एक लेखक एक तरह से, बाईबिल एक तरह से, महाभारत एक तरह से, नानी की कहानियाँ एक तरह से···श्रीकान्त वर्मा की कविताएँ किस तरह और कैसा संसार बुनती हैं, इस निबन्ध की चिन्ता है। चूँकि श्रीकान्त वर्मा की कविताएँ अपने इस बुनने की प्रक्रिया में एक अन्य संसार—जो इतिहास के प्रबचन की कोख से जन्मा है—को उकेलती हैं, हम यहाँ यह भी समझने की कोशिश करेंगे कि इतिहास की संसार को जन्म देने की क्या नीति है।

---

1. इस आलेख में 'मगध' शब्द के साथ एक कौतुक किया गया है। आयोजकों का 'मगध' से आशय था, श्रीकान्त वर्मा की कविताओं का देश-काल, इस अर्थ के साथ-साथ इस निबन्ध में कई जगह 'मगध' से आशय 'मगध' संग्रह की कविताएँ भी हैं।
2. स्थापित नहीं किया जाता, रचा नहीं जाता, वह निरंजन अपने होने से है।

2

यदि हम एक जगह खड़े होकर दूर देखते हैं तो धीरे-धीरे सब छोटा होता जाकर अन्त में क्षितिज में मिल जाता है। इसका उल्टा भी सही है; क्षितिज ही धीरे-धीरे एक स्थान पर स्थित हमारी ओर बढ़े, और अन्ततः उसका विलय हममें हो जाये। यह बात जिस तरह दिक् (व्योम) के लिए सही होती प्रतीत होती है उसी तरह काल के लिए भी है। अगर हम अपने को एक काल में स्थित मानें और पीछे देखें (अपने को एक स्थान पर स्थित मानने पर ही 'पीछे' या 'आगे' का जन्म होता है) तो हमें लगेगा कि काल के एक तरह के 'प्रवाह' के कारण हम उस जगह आ खड़े हुए हैं, जहाँ हम हैं। यह बोध कि काल के प्रवाह में हम यहाँ आ पहुँचे हैं, इस तीव्रता से महसूस होगा कि हम यह सहज ही भूल जाएँगे कि इस 'प्रवाह' का उत्स उसी स्थिति में है जिसे हम उसका परिणाम मान रहे हैं। इतिहास का इन्सान को छलने का यही एकमात्र ढंग है। वह जिस स्थिति का परिणाम है उसी स्थिति को वह अपना परिणाम होने का भ्रम पैदा करता है। इतिहास इसी तरह अपना मायावी स्थापत्य खड़ा करता है।

एक प्रवचन का परिणाम, इतिहास, कम से कम दो विस्मृतियों की सृष्टि करके ही अपनी प्रामाणिकता हासिल करता है (और यह बिडम्बनापूर्ण है क्योंकि इतिहास के विषय में यह अफवाह आम है कि वह स्मृतियों को बचाकर रखता है; एक तरह का स्मृति-बैंक !) पहली विस्मृति इस बात की कि वह किसी प्रवचन का उत्पाद है : वह दर्शाता है कि वह (इतिहास) अपने में अकृत है, प्रदत्त है : याने वह अपने सम्पर्क में आनेवाले हर व्यक्ति को यह भुलाने की कोशिश करता है कि वह एक उत्पाद है। इस विस्मृति की सफलता इस बात में निहित है कि हमें लगने लगता है कि कुछ तथ्यों के धागे यहाँ-वहाँ बिखरे पड़े थे, उनसे ही मिलकर इतिहास खड़ा हो गया। कोई आया और उसे किताब में लिखकर चला गया, वह न आता तो कोई और आता और 'वही कुछ' लिखता। तथ्यों और इतिहास के बीच एक अदद प्रवचन भी है, इतिहास को उसकी देह और तथ्यों को उनके प्राण देता हुआ, यह बात विस्मृत हो जाती है। यहाँ शास्त्रीय संगीत से इसकी तुलना समीचीन होगी। राग में कई स्वर होते हैं; उन्हें जोड़कर ही राग बनता मालूम देता है। लेकिन वह क्या है जो इन स्वरों को रागलीला में बदल देता है ? वह क्या है जो स्वरों के सामान्य होने के बावजूद हर गाये गये राग को विशिष्टता प्रदान करता है ? वह है गायक का राग-चिन्तन। यह चिन्तन ही स्वरों को स्वरता देता है। यही है वह जिसके होने से राग रचा जाता है, जिसमें स्वरों के तार झिलमिलाते नजर आने लगते हैं। राग-चिन्तन ही राग की जन्मभूमि है। और चूँकि राग-चिन्तन विशिष्ट है, इसी एक राग को जब दो अलग गायक गाते हैं तो दो अलग संगीतों की सृष्टि होती है। ठीक इसी तरह तथ्य यहाँ-वहाँ बिखरे पड़े हैं, यह मानने से ही

एक तरह का चिन्तन शुरू हो जाता है और फिर इसी चिन्तन के आलोक में ये सारे बिखरे पड़े तथ्य सिलसिलेवार होने का दर्जा हासिल कर एक ऐसा प्रवचन तैयार करते हैं जिससे वे स्वयं अति-वास्तविक होने का दर्जा पा सकें। जाहिर है यह एक अन्तहीन कुचक्र है। इतिहास जिस प्रवचन का उत्पाद है उसे ही अपना उत्पाद बताकर इस विचित्र विस्मृति की ऐसी संरचना करता है कि हम किसी भी तरह यह भूल जाते हैं कि वह प्रवचन-जन्य है; मनुष्यकृत है। जबकि हमें यह लगता रहता है कि मनुष्य इतिहास-जन्य है। इतिहास का प्रवचन एक ऐसा प्रवचन है जो अपने को ही भुलाने की चेष्टा करता है। इतिहास जिस दूसरी विस्मृति का सहारा लेता है वह उस स्थान की विस्मृति है जिस पर स्थित होने के कारण कोई उसे इस तरह देख पाया। इतिहास अपने को इस तरह बरतता है जैसे वह उस स्थान से निरपेक्ष है जहाँ से देखने के कारण वह एक खास तरह का दिखा। याने वह स्वायत्त है। याने वह अपने आख्यान-विन्दु से स्वतंत्र है।

इतिहास नामक स्मृति-बैंक अपनी इन्हीं दो विस्मृतियों की मदद से अपनी प्रामाणिकता हासिल करता है।

3

श्रीकान्त वर्मा का मगध वह देश है जहाँ दूर होती आकृतियाँ छोटी नहीं पड़तीं और पास आती परछाइयाँ बड़ी नहीं होतीं। श्रीकान्त का मगध वह काल है जिसे कोई काल-प्रवाह बहाकर नहीं लाया, वह ऐसा है जिसे अपनी वास्तविकता हासिल करने, बीतने की दरकार नहीं। वहाँ न कुछ बीतता है और न कुछ होनेवाला है। वहाँ न आशा है न निराशा (जो वैसे भी इतिहास के प्रवचन के लक्षण हैं, साहित्य के नहीं, यह अलग बात है कि अनेक साहित्यिक कृतियाँ अपने होने को तभी होना मानती हैं जब वे इतिहास के प्रवचन के लक्षणों को अपने लक्षणों की तरह आत्मसात् कर सकें!) यहाँ सब कुछ अपनी निरन्तरता में ठहरा हुआ है। इलियास कैनेटी के शब्दों में वह एक ऐसा 'शाश्वत है जहाँ सब लगातार शुरू हो रहा है।'

4

'सीन फ्रॉम नोह्वेयर' नाम के अपने निबन्ध में मणि कौल ने मुग़ल मिनिएचर चित्रों के विषय में एक विलक्षण चिन्तन किया है। इन चित्रों में यह निर्धारित कर पाना असम्भव है कि जो दृश्य इनमें प्रतीत्य हैं उन्हें कहाँ से देखा गया होगा। इन चित्रों के विषय में द्रष्टा-स्थिति को तय कर पाना असम्भव है क्योंकि अगर वे एक स्थान पर स्थित होकर देखे गये होते तो दूर और पास के आकारों में छोटे-बड़े का भेद होना चाहिए था, जैसा कि रेनेसाँ के चित्रकारों को अभीष्ट था, मगर ऐसा नहीं है। ऊपर के वृक्ष का भी वही अनुपात है जो नीचे खड़े अकबर बादशाह का। इस

दृश्य को कहाँ से खड़े होकर देखा गया ? वृक्ष के समीप से ? या बादशाह के समीप से ? अगर दोनों जगहों से नहीं तब कहाँ से ? एक साथ हर जगह से या कहीं नहीं से—सीन फ्रॉम नोह्वेयर। इसी तर्ज़ पर श्रीकान्त वर्मा का मगध 'कहीं नहीं' से या 'हर कहीं' से खड़े होकर लिखा गया है, (या पढ़ा गया है) : रिटिन (ऑर रेड) फ्रॉम नोह्वेयर : "लो, वह दिखाई पड़ा मगध/लो, वह अदृश्य।"

कविता में या कथा में या कथात्मक कविता में, उसे पढ़ने के बाद यह स्पष्टता से या अगर स्पष्टता से नहीं भी तो धुँधले ढंग से तो कहा ही जा सकता है कि इसे कहाँ स्थित होकर कहा गया है, कि आख्यायक किस बिन्दु पर स्थित है; उसे ही किसी कृति का आख्यान बिन्दु कहा जायेगा। आख्यान बिन्दु की स्थिरता ही कृति को, प्राय: स्थिरता प्रदान करती है। आख्यान बिन्दु ही पाठ-बिन्दु है, पाठ-बिन्दु, जहाँ पाठक अवस्थित होता है, से कृति को पढ़ा जाता है। पाठ-बिन्दु पर सबसे पहले आनेवाला, उसका पहला आगंतुक है, स्वयं लेखक। यहाँ रहकर ही कृति को पढ़ा जाता है, यहाँ रहकर ही उसने इसे पहली बार पढ़ा था।

एक सिद्धान्तीकरण करने का प्रयास करें तो हम कह सकते हैं कि साहित्यिक कृति अपने पाठक से कम से कम दो प्रकार के कौतुक करने में सक्षम है : पहला, उसकी (पाठक की) अपने विषय में पाल ली गयी अपेक्षाओं, पाठक की अन्य स्मृतियों से, जिसे रूसी आलोचक लोतमान ने अपने एक निबन्ध में स्पष्टता से दर्शाया है। यहाँ हम चाहें तो कृति की तुलना स्वप्न से कर सकते हैं। स्वप्न जागृति के संकल्पों से कौतुक की अवस्था है। कृति द्वारा किया जा सकनेवाले दूसरा कौतुक पाठ-बिन्दु के विस्थापन से सम्भव होता है। पाठ-बिन्दु का निर्धारण कृति ही करती है, यह वही निश्चित करती है कि उसे कहाँ से पढ़ा जाये, यह चयन पाठक के हाथ में नहीं है। यदि पाठक को कृति-क्रीड़ा में शामिल होना है तो उसे कृति के नियम स्वीकार करने होंगे। कृति पाठ-बिन्दु को बदलकर या विस्थापित करके ही यह दूसरा कौतुक कर सकती है (इस तरह यह कहा जा सकता है कि साहित्यिक कृति का पठन अपने पैरों तले की ज़मीन को खिसकने देने का, जोखिम उठाना है!) इन्हीं कौतुक-द्वय से किसी कृति का देशकाल अपना विन्यास पाता है।

5

बाबर सिज़दे में झुकता है
शहर देख रुकता है
'समरकन्द ! समरकन्द !' बुर्ज देख
बाबर किलकारी भरता है।
'समरकन्द पीछे छूट गया है।'
कहता हुआ शहरयार

बाबर के पास से गुजरता है।

—बाबर और समरकन्द : जलसाघर

उज्जयिनी जाने को इच्छुक यात्रियों से निवेदन है
यह रास्ता उज्जयिनी को नहीं जाता
और यह कि यही रास्ता उज्जयिनी को जाता है।

—उज्जयिनी का रास्ता : मगध

श्रीकान्त वर्मा की कविता में दूसरे कौतुक, पाठ-बिन्दु के विस्थापन की प्रधानता है। वहाँ आख्यान-बिन्दु या पाठ-बिन्दु का विस्थापन इस हद तक है कि हमें उसे आख्यान-बिन्दु का अभाव कहने का 'सम्मोह' होता है; या ये बिन्दु, बिन्दु न होकर एक धुँधलका हैं जो मगध में सर्वव्याप्त है। वह हर जगह है और इसलिए कहीं भी स्पष्ट रूप से पहचाने जा सकने की स्थिति में नहीं है। उन्हीं की लय में कहें तो वह हर जगह है और कहीं नहीं है।

हम एक पंक्ति पढ़ते हैं :

'यह रास्ता उज्जयिनी को नहीं जाता'

और सोचते हैं अब 'आगे' क्या होगा। आगे से हमारा मायने होता है कि आख्यान किस तरह काल में आगे बढ़ेगा, क्योंकि हमने यहाँ आये नामों को दूसरे प्रवचन (यानी इतिहास) में भी देखा है, हमने जो इतिहास के ध्वनि-लोक में इसे पढ़ते हैं, और इस तरह पढ़ने के लिए अपने को विवश मानते हैं। और अगली पंक्ति काल से छल करती है, हमारे पैरों के नीचे की जमीन को खींच लेती है :

'यही रास्ता उज्जयिनी को जाता है'

हम देखते रह जाते हैं और हमारी स्थिति बदल जाती है। जिस रास्ते के सामने हम खड़े थे, वह कहीं चला गया और अब हम अपने को किसी अन्य रास्ते के सामने खड़ा पाते हैं जो दरअसल उज्जयिनी को जाता है। तो फिर हम पहली पंक्ति के सुर में सुर मिलाकर यह कैसे कहने लग सकते हैं कि यह रास्ता उज्जयिनी को नहीं जाता, जबकि सच यह है कि यही रास्ता उज्जयिनी को जाता है? सामने देखी बात को कैसे झुठलाया जाय। यह धोखाधड़ी है या कि हम एक दूसरे ही संसार में आ गये हैं जहाँ रहने के नियम-धर्म भिन्न हैं। यहाँ पाठ-बिन्दु (आख्यान-बिन्दु) लगातार फिसलता है, और इसलिए हमारी स्थिति लगातार बदलती रहती है।

इसे एक और तरह से समझा जा सकता है : श्रीकान्त की कविता में सारे आख्यान-बिन्दु एक दूसरे को उकेलते चलते हैं, जैसे एक स्वेटर को उकेलकर दूसरा स्वेटर बुना जाता है, दूसरे को उकेलकर तीसरा और यह सिलसिला लगातार चलता रहता है। पहला आख्यान-बिन्दु दूसरे के हाथ उकिल जाता है और दूसरा तीसरे के हाथों, और तीसरा पहले आख्यान-बिन्दु के हाथों। यहाँ उकेलना यह स्थापित करता है कि सारे आख्यान-बिन्दु दरअसल 'बुने गये' हैं, वे अपने आप नहीं

हुए, उन्हें बाकायदा 'गढ़ा गया' है। आख्यान-बिन्दुओं के उकिलने से इन सारे आख्यान-बिन्दुओं का गढ़ा हुआ होना आलोकित होता है। वे भले ही कितने ही स्वतःस्फूर्त लगें; सारे आख्यान-बिन्दु—मगध के या और कहीं के—हैं कृत्रिम ही। कृत्रिम याने जो अपने होने से नहीं हुए बल्कि जिन्हें, जैसे वे हैं वैसा, उन्हें जाने या अनजाने बनाया गया है।

6

इन कविताओं की तुकें "मैं जानता हूँ कि एक दिन यह/पाने की विकलता/और न पाने का दुःख/दोनों अर्थहीन हो जाते हैं/नींद में बच्चे सुगबुगाते हैं"—पूर्व आख्यान-बिन्दुओं की आहटें हैं जो इस नये और स्वयं ही घुल जानेवाले आख्यान-बिन्दु पर कोहरे की तरह छा जाती हैं। एक ऐसी ज़मीन पर कोहरे की तरह जो स्वयं ही कोहरे में, इसी तरह के कोहरे में, परिणत हो जानेवाली है।

7

बोर्खेज की 'अलेफ' का आख्यायक एक ऐसा पत्थर पा जाता है जहाँ :

> "उस एक क्षण में मैंने करोड़ों कृत्य देखे, आनन्दमयी और आतंककारी, उनमें से एक से भी मैं उतना चकित नहीं हुआ जितना इस बात से कि वे सारे व्योम के एक ही बिन्दु पर विद्यमान थे, बिना एक दूसरे को ढँके, या बिना किसी पारदर्शिता के। जिसे मेरी आँखों ने देखा वह समक्षणिक था लेकिन जो मैं अब लिखूँगा वह धारावाहिक होगा क्योंकि भाषा धारावाहिक है। तब भी मैं, जितना बन पड़ेगा, याद करने की कोशिश करूँगा···"

अगर हम याद करें, ऐसा ही कुछ कृष्ण का वैश्वानर स्वरूप है जो वे अर्जुन को समझाते-समझाते प्रकट करते हैं : जहाँ अर्जुन युद्ध लड़ रहा है, जहाँ वह युद्ध लड़ चुका है, जहाँ वह उन सारे राजाओं को मार चुका है जिन्हें मारने में वह सकुचा रहा है, जहाँ वह खड़ा कृष्ण से प्रश्न कर रहा है···

जो बारी-बारी, क्रमिक प्रतीत हो रहा है वह आख्यान-बिन्दु के एक तरह से स्थित होने के कारण है, इन दोनों दृष्टान्तों से यह समझ पायी जा सकती है। अगर आख्यान-बिन्दु बदल जाये, तो वह सब बदल जायेगा जो वहाँ होने के कारण, वैसा दिख रहा है। अर्जुन को मिला 'पत्थर' (दृष्टि), अनन्त आख्यान-बिन्दुओं पर उसकी समक्षणिक उपस्थिति है। कोई भी प्रवचन, फिर वह कथा हो या इतिहास, अपने आख्यान-बिन्दु से स्वतन्त्र दिखने का कितना ही स्वांग क्यों न करे, वह अन्ततः उससे स्वतन्त्र हो ही नहीं सकता। यह किसी भी प्रवचन का ढोंग है कि वह दर्शाये कि वह अपने आख्यान-बिन्दु से स्वतन्त्र है।

8

सम्भव है :

द्रष्टा को जो भी प्रतीत हो रहा है—जागृति या स्वप्न में; हर दृश्य जो वह देख रहा है—जागृति या स्वप्न में, अपनी-अपनी स्मृति साथ लेकर आता हो। चाहे वह जागृति का दृश्य हो, या स्वप्न का, स्मृतिहीन कोई नहीं। स्मृति द्रष्टा का नहीं दृश्य का लक्षण है। हम दृश्य के भीतर ही स्मृति का अनुभव करते हैं। स्वप्न में हम जागृति की स्मृति लेकर नहीं जाते, तब भी स्वप्न स्मृतिहीन नहीं होते। तब वह स्मृति कहाँ से आ जाती है? कहाँ है उसका उत्स ? शायद स्मृति द्रष्टा का नहीं, दृश्य का ही, जिसकी उसे प्रतीति होती है, एक रेशा है उसके ही विन्यास में, उसकी ही बुनावट में प्रतीत होती हुई, किसी और तरह से नहीं। स्मृति का स्वयं अपना जीवन है; किंचित् निर्ममता से कहा जाये तो वह अगर द्रष्टा-मोहताज है तो सिर्फ इस मायने में कि द्रष्टा द्वारा प्रतिश्रुत होने में ही वह अपना रूप प्रकट करती है।

9

श्रीकान्त का मगध स्मृति नहीं है। यह न मगध की स्मृति है, न अवन्ति की, यह न कोसल की याद है और न स्मरण है काशी का। यहाँ भाषा याद करने का माध्यम नहीं, जैसा बोर्खेज की कहानी के आख्यायक को अभीष्ट है क्योंकि वह भाषा को धारावाहिक देखता है, जैसे कि एक ही आख्यान-बिन्दु पर आख्यायक के स्थित होने पर वह होती भी है। यहाँ, श्रीकान्त के मगध में, भाषा की गतिकी स्मृति की गतिकी की तरह है। वह स्वयं स्मृति की तरह व्यवहार करती है। वह जिन दृश्यों को दृश्य बनाती है वे किन्हीं की स्मृतियाँ नहीं। वे अपनी स्मृतियाँ साथ लाते हैं। जिस दृश्य को एक वाक्य इंगित कर रहा है, उसकी एक स्मृति है और जैसे ही वाक्य बदलता है, एक नया दृश्य जन्मता है, समूचा स्मृति-विन्यास बदल जाता है। मगध में जन्मते दृश्य स्मृति के आईने नहीं और अगर आईने हैं तो स्वयं अपने, जहाँ वे अपनी स्मृति लेकर प्रकट होते हैं और चुपचाप अपनी स्मृति साथ लिये हुए ही विलीन हो जाते हैं, 'जैसे कोई जहाँ से उठता है'। अगर इन कविताओं के विषय में यह धारणा है कि ये खासी कृत्रिम हैं तो यह अस्वाभाविक नहीं है। उस कृति को, जो अपने आख्यान-बिन्दु के सतत विस्थापन के कारण तमाम आख्यान-बिन्दुओं और इसलिए तमाम आख्यानों की कृत्रिमता को अनावृत करती है, कृत्रिम कहकर ही बाकी सारे आख्यान अपनी छद्म अकृत्रिमता की रक्षा कर सकते हैं। यहाँ यह कहने की चेष्टा नहीं है कि मगध अकृत्रिम है, बाकी सारे कृत्रिम हैं। नहीं, यह बिल्कुल गलत विचार होगा। मगध को जब भी कृत्रिम कहा जाता है, कहा जायेगा, वह इस तरह होगा, या है जैसे यही कृत्रिम है बाकी सारे अ-कृत्रिम हैं। मगध की कृत्रिमता ठीक इसी स्वाँग

को अनावृत्त करती है। वह अपनी कृत्रिमता के स्वीकार में ही बाकी सारी कृत्रिमताओं को कृत्रिम बताता है। मगध की यह चाह नहीं कि उसे संकल्पसृष्टि न माना जाये, उसका विवेक तो यह है कि सारी सृष्टियाँ संकल्प-सृष्टियाँ ही हैं।

'कोसल मेरी कल्पना में गणराज्य है'

10

मगध के वासी को यह विवेक सहज प्राप्त है कि वह अतीत और भविष्य को जैसे चाहे बुन ले, क्योंकि सारे अतीत और सारे भविष्य जैसा चाहा गया—वैसे बुने गये—अनजाने या जान-बूझकर, अकेले या सामूहिक रूप से—। वह जानता है कि जो दिख रहा है, जो दृश्य है वह उसके देखने के रेशों से ही बना है। वह अपने एक 'देखने' को गेंद की तरह उछालकर दूसरा 'देखना' शुरू कर देता है और दृश्य बदल जाता है। उसके चारों ओर बिखरे तथ्यों को क्या चीज वास्तविकता का दर्जा प्रदान करती है, वह जानता है, और वह बार-बार दोहराता है :

आनन्द,
मनुष्य न पैदा होता है
न मरता है
सिर्फ गुजरता है
बेमतलब सँवरना
बेमतलब
सँवरता है।

व्यर्थ रंगों की एक साहसिक योजना

रमेशचन्द्र शाह

कुँवर नारायण के पहले कविता-संग्रह का नाम था 'चक्रव्यूह', दूसरे का 'परिवेश : हम-तुम' और अब यह तीसरा संग्रह उनका हमारे सामने है, जिसका नाम है 'अपने सामने'। तीन खण्डों में विभाजित इस संग्रह की कविताएँ कवि के कवि-अस्तित्व को मानो तीन आयामों में झलकाती हैं। एक ही असन्तुष्ट चेतना जैसे स्वयं को तीन तरह से अनुभव कर रही है और उस अनुभव की हरकत को, उसके दर्शन को कविता में रच रही है। पहले में वह खुद अपने सामने है : "मैंने अक्सर इस ऊलजलूल दुनिया को/दस सिरों से सोचने और बीस हाथों से पाने की कोशिश में/अपने लिए बेहद मुश्किल बना लिया है···।" दूसरे में वह सबके सामने है : परिवेश, हम-तुम के ताने-बाने से उलझती हुई और इस जटिल सामाजिक अनुभव को उस ऊलजलूल दुनिया के अपने अनेकान्तिक सम्वेदन से बींधती हुई···"जैसे किसी ने/तमाम बदरंग लोगों और चीज़ों को इकट्ठा पीसकर/किसी सपाट जगह पर लीप दिया हो/और रक्त के सरासर जोखिम के विरुद्ध/आदमी के तमाम दबे हुए रंग/खुद-ब-खुद उभर आये हों···।" तीसरे खण्ड में यही चेतना इतिहास और राजनीति के गलियारों में उनके मानवीय अर्थ को टटोलती हुई भटक रही है। इस प्रश्न को गुँजाती हुई कि "क्या हम अभी भी उन्हीं नीचाइयों में खड़े हैं/जहाँ ऊँचाइयों का असर पड़ता है?"

मानववादी, मानवनिष्ठ दृष्टि नयी कविता की प्रेरक दृष्टि रही है, पर यहाँ कवियों के प्रस्थान-बिन्दु और विकास-क्रम एक-दूसरे से काफी भिन्न रहे हैं : छायावाद और प्रगतिवाद दोनों के मुकाबले। कुछ कवियों की भाव-ऊर्जा पिछले दौरों से, पिछली भावभूमियों से इतनी घनिष्ठ है कि वे नयी कविता के उपकरणों का दक्ष अथवा कामचलाऊ इस्तेमाल करते हुए भी नयी कविता के सहज नागरिक नहीं बन पाते। कुछ ऐसे हैं जो गाँव से शहर के बीच संक्रमण की स्थितियों का मार्मिक

अन्तर्साक्ष्य प्रस्तुत करते हुए भी इस द्वन्द्वात्मकता को उस अनिवार्य परिणति तक नहीं ले जा पाते जहाँ आधुनिक रचना की शर्तों की खुली स्वीकृति के साथ हमारी ठेठ हिन्दुस्तानियत का आन्तरिक प्रतिरोध भी प्रकट हो सके। दूसरी ओर ऐसे कवि हैं जो अपनी बौद्धिक बनावट में अपेक्षाकृत ज्यादा निष्कवच और वध्य हैं। वे ज्यादा अवाँगार्द हैं। उनमें यह क्षमता है कि वे अपने अनुभव से एक दूरी अर्जित कर सकें और उसे दार्शनिक-मनोवैज्ञानिक या सांस्कृतिक सन्दर्भों में रच सकें। चूँकि हमारी संस्कृति (या कह लीजिए संस्कार) दोमुखी है: एक तो अन्तर्मुख पहलू हमारा दार्शनिकता का और दूसरा बहिर्मुख पहलू हमारा अतिमूलक, बातूनी (स्पीच-ओरियन्टेड) और तमाशाई का है, इसलिए अपने परिवेश के साथ हमारा सम्बन्ध या तो अनुभव की दार्शनिकता के स्तर पर घटित होगा या अनुभव की नाटकीयता के स्तर पर।

कुँवरनारायण इनमें कहाँ हैं? हमारी आज की आत्म-स्थिति में, जहाँ हमारे कई अग्रज कवि भी हमारा साथ देते नहीं लगते और दूसरी ओर युवा कविता का भी एक खासा बड़ा हिस्सा हमें आधुनिक रचना की शर्तों से छिटका हुआ—अतः बेमानी, सपाट, बड़बोला इत्यादि लगता रहा है, कुँवर नारायण के अनुभव की भाषा क्या हमारे अपने अनुभव की भाषा के करीब लगती है? क्या वह हमारी रचनात्मकता को कहीं से उकसाती है? "दस सिरों से सोचने और बीस हाथों से पाने की कोशिश" का मतलब क्या है? "कितना स्पष्ट होता आगे बढ़ते जाने का मतलब / अगर दसों दिशाएँ हमारे सामने होतीं / हमारे चारों ओर नहीं / कितना आसान होता चलते चले जाना / यदि केवल हम चलते होते / बाकी सब रुका होता"···ये पंक्तियाँ हमसे क्या कहती हैं? क्या ये हमारी प्रगति में अथवा यथा-स्थिति के आत्मतोष में एक गैरजरूरी दार्शनिकता का अड़ंगा लगा रही हैं? यह दार्शनिकता कैसी है? क्या इसके जरिये यह कवि पहले हमारे वेदनतन्त्र का अनु-कूलन करके फिर उसे एक खास दिशा में प्रभावित करना चाह रहा है? या कि इसके विपरीत वह हमें हर तरह की कण्डीशनिंग से आगाह करता हुआ हमारी भाव-ऊर्जा और विचार-ऊर्जा को एक ऐसे खतरनाक खुलेपन की ओर एकाग्र कर रहा है जहाँ 'शक' और 'विश्वासघात' है, 'एक अकारण शुरुआत और अकारण मृत्यु के बीच' अपने होने का ही 'अनिश्चय' है:

अनेक अतीतों और अनेक भविष्यों के बीच
मैंने वर्तमान को कभी-कभी ऐसे भी ठहर जाते देखा है
मानो वह केवल
स्मृतियों में जाग रहा,
एक जन्मसिद्ध समय जीने से भाग रहा

—अनिश्चय

क्या यह महज दार्शनिकता है ? या कि हमारे अनुभव का भी अनुभव ? उस अनुभूति का साक्षात्कार—जिसे हम महसूस कर भी नहीं महसूसते—आसानी से भुला देते हैं ? पर अब नहीं, इस अनुभव के बाद नहीं, जो कि उसी आदमी को हो सकता था जिसने इस ऊलजलूल दुनिया को दस सिरों से सोचने और बीस हाथों से पाने की कोशिश में अपने लिए बेहद मुश्किल बना लिया हो। क्या यह 'बेहद मुश्किल' हमारी ही नहीं ? हमारे अनुभव की सगी ?

कितनी कठिन यातना है
इस तरह अकस्मात् एक जिन्दा पल का ठहरे रह जाना
वहीं का वहीं
अव्यतीत
अघटित
अवाक्
और रोज पैदा होते नये-नये वीरानों का चिल्लाना बेजबान—
बीत, कुछ तो बीत हम पर
जिन्दगी या मौत-सा स्पष्ट
हमको अनिश्चय से चीरते क्षण···बीत···

क्या ऐसा नहीं लगता कि कवि की बौद्धिक और सम्वेदनात्मक वध्यता उसे उसी जमीन पर लाकर खड़ा कर देती है जहाँ पर हम हैं ? यानी कवि के बादवाली पीढ़ी। यों मूल्यों का जहाँ तक सवाल है, कवि अपनी पीढ़ी के किसी भी कवि से कम चिन्तित नहीं है। पर वह यह भी अनुभव करता है कि अब वह अपने मूल्य चिन्तन की ओट भी नहीं ले सकता—उस सर्वव्यापी मूल्यभ्रंश और अराजकता के खिलाफ, जिसमें आज का मनुष्य डाल दिया गया है।

अपने को अपने ही
देश की फटी जेब में सँभाले
एक अवमूल्यित नोट
सोचता हुआ कि प्रभो
अब कौन किसे किस-किसके नरक से निकाले···

—एक अदद कविता

मैं नहीं जानता भरोसे की भाषा और किसे कहते हैं। न तो यहाँ परम्परा और संस्कृति की दुहाई है, न पिछली भावभूमियों के सहारे हमारे वेदनतन्त्र का अनुकूलन करनेवाली वाग्मिता की ही यहाँ कोई गुंजाइश है। और कवि भी क्या यहाँ तक यूँ ही पहुँच गया है ? नयी कविता की सुबह को उसकी शाम से मिलाने-वाली यह भाषा क्या आप अपना प्रमाण नहीं ?

···ताज्जुब कि हम ही उस वक्त भी थे गवाह

जब कुछ खास शब्द पैदा हुए थे
और जिनकी शान के खिलाफ
हम ही आज हैं घर-घर में उनका खून
यूँ कि जब कहता सच कहता वह झूठ लगता
हमारे बीच मतलब का रिश्ता तो है
मगर उन शब्दों के मतलब का नहीं
जो या तो बीत गया
या था ही नहीं-सा···

—मतलब का रिश्ता

जो था ही नहीं-सा। यहाँ मोहभंग की रोमानी मुद्रा तक की गुंजाइश नहीं है। रागरंजित सत्य भी जैसे कहीं पीछे छूट गया है। इस वंचना के त्रासद तथ्य से कोई आसान छुटकारा भी नहीं। यह 'नयी कक्षा में एक नये सबक की शुरुआत है' और जो मनुष्य इस कवि की चिन्ता और आस्था का केन्द्र है, वह भी कौन है? वह दो हिस्सों में कटा हुआ होश-हवास है। यानी एक हिस्सा पीठ और दूसरा सब्र का इतिहास है। इसी मनुष्य की एक और मूर्ति देखिए : "उसकी विवशता और छटपटाहट/जिसे एक अन्तहीन मृत्यु ने अपने सीने से चिपका रक्खा हो/ उसकी लटकी हुई छाती, धँसा हुआ पेट, झुके हुए कन्धे वह/कौन है हमेशा जिसकी हिम्मत नहीं, केवल घुटने तोड़े जा सकें?" यह हिम्मत कुँवर नारायण की दृष्टि में सबसे स्पृहणीय मानव-मूल्य है। पर वे यह भी अच्छी तरह जानते हैं कि···"अलग-अलग जुनून हैं/कविता, हिम्मत और बौखलाहट।" यह हिम्मत अगर टूटती भी है तो किसी पुराने या नये धोखे में लिपटने के लिए नहीं। "टूटती हुई हिम्मत विज्ञापनों से बँध नहीं पाती/पुरानी मैगजीनों के इन उदले हुए पन्नों से/तबीयत घबराती है—उचट-उचट जाती।" हिम्मत मानो कुंजी है कवि की मूल्य-दृष्टि को समझने के लिए और मूल्य-दृष्टि ही क्यों, उसकी काव्य-दृष्टि को भी :

डूबते देखा समय को
जो अभी-अभी सूर्य था
अपने में अस्त
मैं शाम में इस तरह व्यस्त
कि जैसे वह हुई नहीं—मैंने की
उसके व्यर्थ रंगों को
एक साहसिक योजना दी।

—डूबते देखा समय को

व्यर्थ रंगों को एक साहसिक योजना देना और अन्त तक हिम्मत न हारना क्या एक ही बात नहीं? इसी से जुड़ी हुई बल्कि इसी में से निकलती और अर्थ पाती

हुई वह संग्रह की समापक कविता देखिए जिसमें "एक जनते-जन्मते क्षण की दुविधा-ग्रस्तता" है, (कि किसे रोशनी कहूँ ? किसे अँधेरा ? किसे शिखर कहूँ ? किसे धरा-तल ?) और है "एक पूरा जंगल सतर्क"—उसकी गति, छलाँग और महक··· उसकी पहचान का जोखिम। अपने कविकर्म के बारे में यह बुनियादी नम्रता ही तो कवि से कहलवाती है कि "हर आदमी कलाकार है जो यथार्थ को नहीं/अपने यथार्थ को/कोई-न-कोई अर्थ देने की कोशिश में पागल है।" जिस अमूर्त कला के भयानक संकेत का जिक्र इसी कविता में आगे आया है—वह क्या इस जंगल की पहचान के जोखिम से भी जुड़ा है ? मुक्तिबोध की वे पंक्तियाँ याद आती हैं··· "अब अभिव्यक्ति के खतरे उठाने ही होंगे/तोड़ने ही होंगे मठ और गढ़ सब।" मगर कुँवर नारायण की पंक्तियाँ क्या कहती हैं···? "तमाम बदरंग लोगों और चीजों को इकट्ठा पीसकर/किसी सपाट जगह पर लीप देने" की प्रेरणा आखिर क्यों ? इसीलिए न कि "रक्त के सरासर जोखिम के विरुद्ध/आदमी के तमाम दबे हुए रंग/खुद-ब-खुद उभर आये हों ?" 'दबे हुए' और 'खुद-ब-खुद' की व्यंजना गौरतलब है। मुक्तिबोध की उस कविता में 'पहाड़ों के पार' किसी अरुण कमल के खिले होने का आश्वासन है, जबकि कुँवरनारायण के कवि के लिए :

पहली दिग्विजय का वह भूरा धुँधला फाटक
धोखा था—पहला धोखा जिसके बाद
सोने का नगर नहीं
केवल एक उजाड़ रूखी वापसी···

—सोने का नगर

क्या यह मात्र हमारा परम्परागत निर्वेद है ? हमारी संस्कारगत उदासी ? इस प्रश्न का उत्तर इतना आसान नहीं है जितना समझ लिया जाता है। हमने नये कवियों के बीच कुँवर नारायण की आधुनिकता पर, उनकी वैचारिक निष्कवचता पर बल देना जरूरी समझा था। इस आधुनिकता का एक पक्ष यह भी है कि अपनी दार्शनिक और मिथकीय परम्परा से कुँवर नारायण का सम्बन्ध एक खास अर्थ में अस्तित्वमूलक है। कुँवर नारायण की बौद्धिक पीड़ा का अपना मौलिक रूपाकार है : दर्शन उनके लिए कोई शरणस्थल नहीं, वल्कि सान है। उनकी दार्शनिकता उन्हें मूल्यों का कोई उच्चावच क्रम निर्धारित करने को प्रेरित नहीं करती। न ही वह उन्हें परम्परागत पौराणिक-दार्शनिक प्रतीकों को मनमाने ढंग से उलट देने की छूट देती है। वे उस तरह धार्मिक सम्वेदना के कवि भी नहीं कहे जा सकते। उनका आत्म-संघर्ष एक ओर तो "उस नैतिक अकेलेपन को जिन्दा रखने का है" जिसमें "बन्द होकर प्रार्थना की जाती है/या अपने से सच कहा जाता है / अपने से भागते रहने के वजाय" और दूसरी ओर वह पूरे की तलाश का संघर्ष भी है। कवि के रूप में इसका अर्थ होता है "उस नाजुक रिश्ते को टूटने से बचाना/जिसने मुझे मेरी ही

गवाही से बाँध रक्खा है।" जाहिर है कि कवित्व के हिसाब से भी—यानी समाज में कवि और कविता की जरूरत या हैसियत को लेकर यह कोई बड़ा रोमानी या क्लासिकल दावा नहीं है। कवि अच्छी तरह जानता है कि···"किसी को कानो-कान खबर न होगी / यदि टूट जाने दूँ उस नाजुक रिश्ते को / जिसने मुझे मेरी ही गवाही से बाँध रक्खा है।"

दरअसल आज उसी कवि को समूचे मानव समाज और समूची मानव सभ्यता की ओर से बोलने का हक है जो अपने को सबसे ज्यादा वध्य एक मानव-इकाई के रूप में—प्रत्यक्ष कर सकता है। यह वध्यता की अनुभूति ही उसे मनुष्य में जो कुछ अवध्य है, उसका विश्वसनीय संकेत खोजने और रचने को प्रेरित करती है। "हजारों साल से उसी एक पिटते हुए आदमी को/उसी एक पिटते हुए सवाल की तरह पूछा जा रहा है/तुम कौन हो/कहाँ रहते हो ?" और यह पूछनेवाले कौन हैं ? "वही, जो हमेशा हर मौके पर जबान खिचवाकर कुबूलवा सकते हैं/किसी में भी/किसी के लिए भी।" निश्चय ही यह सिर्फ "ह्वाट मैन हेज डन टु मैन ?" वाली वर्ड्स्वर्थियन उदासी ही नहीं है। यह ठेठ आज के, बीसवीं सदी के चौतरफा आक्रान्त मनुष्य की वह साँसत है, जिसमें ऐसा लगता है कि, "अपने ही किसी दुःस्वप्न में कैद हूँ/आज से हजारों साल पहले/और अपराधी नहीं हूँ।" विडम्बना देखिये कि "इस तरह घिरे रहना अकारण/अपराधी न होने के भाव से/कहीं मज-बूत करता है मेरे विरुद्ध मेरे ही भयों को/कि आज भी कड़े पहरे में हूँ।"

कुँवर नारायण का यह आदमी सन्देहों और विश्वासघातों से घिरा हुआ है और कहता है—"मुझे एक मनुष्य की तरह पढ़ो, देखो और समझो/ताकि हमारे बीच एक सहज और खुला रिश्ता बन सके/माँद और जोखिम का रिश्ता नहीं।" किन्तु वह यह भी अच्छी तरह समझता है कि इस "विस्थापित युग की धमाचौकड़ी में/न बुद्ध हैं, न ईसा / सिर्फ एक गलत किन्तु सही-सा तर्क-युद्ध है।" और है "गोलियों और धमाकों के बीच—एक झुलसे हुए वार्तालाप की कोशिश" :

ठहरो, यह मत करो
हमें इसका उत्तर देना होगा
विज्ञापन के चतुर लहजों में नहीं
किसी घायल बच्चे के दर्द-सी सादी भाषा में
कि कौन-सी मृत्यु अनिवार्य है

—वियतनाम

किन्तु कहाँ है यह भाषा ? कहाँ है वह सहज और खुला हुआ रिश्ता ? सिर्फ 'सींखचों का पकड़िया जंगल है'। आदमी एक 'बँधा शिकार' है (जो 'कैदी' और 'पहरे' की तरह इस संग्रह की एक प्रमुख इमेज है) "कुछ ठहर-सा गया है मेरे बिल्कुल पास / मुझे सूँघता हुआ / किसी भी क्षण आक्रमण कर सकनेवाली एक

बर्बर ताकत / वह क्यों चाहता है ?/क्या है मेरे पास उसको देने लायक / जिसे उसकी तरफ फेंककर / अपने को बचा लूँ ?"

जैसा कि हमने पहले भी देखा, यह 'अपने को बचाने' का प्रश्न कवि के लिए उस 'पूरे की तलाश' के सन्दर्भ में ही अर्थ रखता है । इस पूरे की तलाश में उस खामोशी में से गुजरना होता है जिसकी अपनी जबान होती है और अपनी भयानकता ।

जैसे एक मटमैली जिल्दोंवाली किताब
अचानक एक रात कहीं से खुल जाये
और बीच में दबी मिले एक कटी हुई जीभ
और वह निकल पड़े
अपने बाकी हिस्सों की तलाश में

—पूरे की तलाश में

और इस तलाश के सिलसिले में ही वह काफ्काई मैटामौरफोसिस जैसा जाग्रत दुःस्वप्न उभरता है जहाँ उस खामोशी की जबान सचमुच खुल गई है : "मेरे बाईं तरफ/क्या मेरा बायाँ हाथ है ?/मेरा दाहिना हाथ क्या मेरे ही साथ है ? /या मेरे हाथों के बल्लों से मेरे सिर को/गेंद की तरह खेला जा रहा है ?/मैं जो कुछ भी कर पा रहा हूँ/वह विष्टा है या विचार ?/मैं दो पाँवों पर खड़ा हूँ या चार ?"

हाँ, यह सचमुच अजीब है । अपने ही सिरहाने बैठकर अपने को गहरी नींद में सोते देखना । पर जमाना ऐसा है कि जो सबसे ज्यादा अजीब है, वही सबसे ज्यादा सम्भाव्य है । "वक्त नाजुक है/पर कविता की तरह नाजुक नहीं ।" कुँवरनारायण इसीलिए बाहर आ गये हैं : उस खतरनाक खुलेपन में, जहाँ 'हमलों के बर्बर सिलसिले' के बाद अब 'एक अँधेरा जंगल' है । वे देख पा रहे हैं उस 'सतर्क पूरे वन' को, जो जम्हाई लेकर जाग रहा है। वे उसके 'कितनी तरह से होने' को पहचान रहे हैं और उस पहचान की जोखिम को भी । उस 'लापता का हुलिया' उन्हें मालूम है जो "···कई बार ऊँचाइयों से गिरकर टूट चुका है" और "इसलिए देखने पर जुड़ा हुआ लगता है/हिन्दुस्तान के नक्शे की तरह ।" कवि "शान्ति, दया, क्रूरता, उपेक्षा, भयानकता, सुन्दरता और तटस्थता" के इस अविच्छेद्य यौगिक को जिस तरह पहचान रहा है···वह हमें एक साथ विचलित और कहीं आश्वस्त भी करता प्रतीत होता है । इसीलिए जब वह कहता है कि "एक जनते-जन्मते क्षण में द्विविधाग्रस्त हूँ", तब हमें उसकी यह द्विविधाग्रस्तता औरों की निर्णयात्मकता से कहीं अधिक सारगर्भ लगती है । उसकी नेतिक्षमता—नेगेटिव कैपेबिलिटी—ही हममें यह भरोसा जगाती है । 'वह कभी नहीं सोया' शीर्षक कविता हमें इसीलिए मूल्यवान लगती है कि उसके वह निर्भ्रान्त आधुनिक सम्वेदना और साथ ही, वह आन्तरिक प्रतिरोध-क्षमता भी प्रकट है जिसका जिक्र इस लेख के आरम्भ में हमने

किया था।

वह जगह जहाँ से मेरे मन में यह द्विविधा जागी
कि अब यह खोज हमें आगे नहीं बढ़ा पाती
मेरे घर के बिल्कुल पास थी
....

शायद वहीं एक सभ्यता का अतीत हमसे विदा हुआ था
जहाँ साँस लेने में पहली बार मुझे दिक्कत महसूस हुई थी
और मैं बेतहाशा भागा था
उस ज़रा-से दिखते आसमान, वर्तमान और खुली हवा की ओर
जो धीरे-धीरे मुँदते चले जा रहे थे

—वह कभी नहीं सोया

वस्तुस्थिति के इसी निर्भ्रान्ति दर्शन और स्वीकार में से उस निपट अनिवार्य खोज का स्वरूप सामने आता है जो उस "ज़रा-से दिखते आसमान, वर्तमान और खुली हवा" का दिखाई देते रहना सम्भव कर सके। जिजीविषा की वह निपट एकाग्रता ही रचनाकर्म की भी दिशा बन सके: "यहीं से शुरू होती आदमी की खोज/उसकी रोजमर्रा कोशिश/कि वह कैसे जिन्दा रहे उन तमाम लड़ाइयों के बीच/जो उसकी नहीं—जो उसके लिए भी नहीं—जिनमें/वह न योद्धा कहलाये, न कायर/केवल अपना फर्ज अदा करता चला जाय ईमानदारी से/और फिर भी अपने ही घर की चहारदिवारी में वह/जिन्दा न चुनवा दिया जाय।"

हम फिर लौटकर उसी बात पर आते हैं कि कुँवर नारायण की कविता में आज के इस निपट मानवीय अस्तित्वमूलक अनुभव का दर्शन है—कोई सामान्यीकृत आदर्शवाद या यथार्थवाद नहीं। इस अनुभव का रूपाकार भी इसीलिए स्थिर और जड़ीभूत नहीं हो सकता। 'समुद्र की मछली' शीर्षक कविता इस अन्त:प्रक्रिया को झलकाती है:

बस वहीं से लौट आया हूँ हमेशा
अपने को अधूरा छोड़कर
जहाँ झूठ है, अन्याय है, कायरता है, मूर्खता है—
प्रत्येक वाक्य को बीच ही में तोड़-मरोड़कर
प्रत्येक शब्द को अकेला छोड़कर
वापस अपनी ही बेमुरौव्वत पीड़ा के
एकांगी अनुशासन में
किसी तरह पुन: प्रारम्भ होने के लिए

—समुद्र की मछली

मुक्तिबोध की एक कविता याद आ रही है: "कहते तुम समुद्र है आत्मा/पर

अगर सड़क पर पशु-मूत्र-धारा हो वह तो / इसकी क्या गैरण्टी है कि निज वह क्षुद्र नहीं/···किन्तु शायद हृदय में दुखते हुए शून्य को सहलाने/प्रतीकात्मक कार्य में रत तुम।" जाहिर है कि कुँवर नारायण की 'समुद्र की मछली' ऐसे किसी प्रतीकात्मक कार्य में रत नहीं है। हृदय में दुखते हुए शून्य को सहलाने का सवाल ही यहाँ कहाँ है। यहाँ तो इसकी ठीक उलटी प्रक्रिया है : "प्रत्येक वाक्य को बीच ही में तोड़-मरोड़कर वापस अपनी ही बेमुरौव्वत पीड़ा के एकांगी अनुशासन में किसी तरहपुनः आरम्भ होने" का अर्थ और क्या है ! हमने कहा था न, कि उनकी बौद्धिक पीड़ा का अपना मौलिक रूपाकार है : दर्शन भी उनके लिए कोई शरण नहीं, बल्कि सान है। वह पश्चिम के अस्तित्ववाद की गरीब बिरादर नहीं हैं, बल्कि जिसका उस विचारधारा से भी कोई परिचय न हो, वह भी अपने वेदन-तन्त्र में इस पीड़ा के रूपाकार को, उसकी हरकतों को अच्छी तरह प्रत्यक्ष कर सकता है। वह एक विशिष्ट कवि के वेदन-तन्त्र से अभिन्न है। यह स्वीकार करते हुए भी कि दर्शन और कविता काफी अलग-अलग चीजें हैं, आज की एक महत्त्वपूर्ण प्रतीति यह भी है कि लिंग्विस्टिक्स का चूरा बना दिये गये दर्शन को दर्शन की जगह पर फिर से स्थापित करने का काम अब महज तार्किकों के बस का नहीं रह गया है। दर्शन को दर्शन बनाने के लिए समूचे आदमी के अनुभव के भीतर से उसे फिर से जन्म लेना पड़ेगा।

कुँवर नारायण के कवित्व में वह अन्तरात्मा की पीड़ित विवेक-चेतना है जो कि ऐतिहासिक दृष्टि से हमारे दार्शनिक स्वभाव की सबसे बुनियादी खोट है, पर साथ ही उनमें वह स्नायविक-दार्शनिक खोजी पीड़ा भी है जो पूरे की तलाश करती है और हमें अपने अन्तःसाक्ष्य से कहीं आश्वस्त करती है कि बेमुरौव्वत पीड़ा के उस एकांगी अनुशासन से उपजा कर्म और कृतित्व एकांगी नहीं हो सकता। इस "अच्छे-भले रंगों के नुकसान के वक्त (जब सूरज 'उगल देता है रक्त)" कवि, आदमी और उसकी सभ्यता की साँसत को किस तरह प्रत्यक्ष करे कि वह देखना सच हो और काम का भी हो ? कविता की ऊँचाई से देखने में निश्चय ही उस अँधेरे का भी हाथ होगा "जो रोशनी के आविष्कार से पहले था"। साथ ही उस देखने में वह आत्म-विद्रूप भी होगा जहाँ 'एक पूँछदार सपना आँखों से निकलकर शानदार मोटरों के पीछे भाग रहा है।' और जहाँ एक तरफ किसी 'मूल्यवान् अहसास को इस्तेमाल से बचाकर' कविता की ऊँचाई पर बनाये रखने की चिन्ता है, वहीं उसी मूल्यवान अहसास को भी 'कुछ गये-गुजरे देहाती खयाल' कहकर उसी सपाट जगह पर लीप देने की लाचारी भी है जहाँ शहर और स्वयं उस आदमी की बेशर्म जरूरतों की होड़ है। कुँवर नारायण की कविता में यह 'जरूरतों का दम घोटनेवाला' शहर भी है और वह पूरा जंगल भी, जो 'उसकी नींद की शान्ति' है।

अनुभव की दार्शनिकता—अनुभवशील व्यक्ति-सत्ता के खास अपने चारित्रिक

और सामाजिक स्पन्दनों के साथ—हरेक के बस की बात नहीं है। पर क्यों नहीं होनी चाहिए ? युगों से मनुष्य जाति अपनी स्थिति और गति को समझने-समझाने का काम कुछ चुने हुए व्यक्तियों के जिम्मे छोड़कर निश्चिन्त रही है। कवि और विचारक की भूमिकाएँ भी एक दूसरे से काफी अलग रही हैं। मानव-समाज के लिए, मानव-समाज की तरफ से सोचने का काम भी कुछ विशिष्ट आत्म-केन्द्र ही निभाते रहे और इस निर्वाह को सक्षम बनाने की कई प्रणालियाँ भी निकाली गयीं जैसे गार्जियन्स, फिलासफर, स्टेटस्मैन, ब्राह्मण इत्यादि। मगर बीसवीं सदी तक आते-आते ऐसा लगता है कि मनुष्य जाति अपने इन प्रयोगों से एकबारगी ऊब गई और अपनी एक आँख से नीत्शे के सुपरमैन का और दूसरी आँख से सर्वहारा के अधिनायकत्व का स्वप्न देखने लगी। देखा जाये तो इस तरह अपने ही अनुभव से, अपने ही संचित कर्म से मनुष्य के मोहभंग का विस्फोट इन दो ध्रुवों पर, दो विपरीत चरमताओं के रूप में हुआ और ऐसा होना स्वाभाविक ही था। आखिर इन दो चरमताओं की टकराहट के फलस्वरूप ही तो जहाँ आकर उसकी आँख खुली वह भी अपने आप में चरम स्थितियों का अनुभव और उस अनुभव का दर्शन ही था !

तो आज के प्रजातन्त्र के—बल्कि प्रजातन्त्र की भी थकान के—इस विशृंखल और अराजक युग में क्या ऐसा नहीं लगता कि अब हर मानव-इकाई को अपने मानवीय अनुभव का दार्शनिक होना ही चाहिए ? इस होना ही चाहिए को अगर हम जो हो सकता है, उसमें घटाकर देखें तो नतीजा यही निकलेगा कि मनुष्ययोनि में जो सबसे ज्यादा आमुलआम और खासुलखास जीव है—अर्थात् कवि (जो जन्मना और कर्मणा इन दोनों का प्रतिनिधित्व करने—उन्हें एक साथ निभाने को विवश है)—उसे कम से कम अपनी मानव-बिरादरी की तरफ से यह काम करते रहना चाहिए।

मानवीय अनुभव का दार्शनिक, यानी कवि। क्या मतलब है इस मुहावरे का और इस अटपटे समीकरण का ? अपनी 'कुतुबमीनार' शीर्षक कविता में कुँवर नारायण ने पूछा कि—"क्या हम अभी भी/उन्हीं नीचाइयों में खड़े हैं/जहाँ ऊँचाइयों का असर पड़ता है ?" यह सवाल और इसका ढंग चौंका देने की हद तक नया है। पर जितना हम इस सवाल से चौंकते हैं, उतना ही अपने इस अहसास से भी कि इसकी जड़ तो हमारे रोजमर्रा के अनुभव में ही है अपनी ही गरिमा और अपने ही दैन्य के इस मिले-जुले विस्फोट से हम एकाएक चौंकते हैं और चौंककर फिर सहज होते हैं—एक करुण हास्योद्रेक में—जहाँ कवि और हमारे बीच कविता की दूरी भी नहीं रह जाती। और हम पाते हैं कि उसकी अनुभव परिपक्वता और बौद्धिक विकलता में हमारा बराबरी का साझा है और वह भी निपट अस्तित्व की उसी जमीन पर खड़ा है जहाँ पर हम खड़े हैं। हमारे अध्यवसाय और हमारी वंचना को इतना साफ और कौन देखेगा ?

'आदमी अध्यवसायी था' अगर
इतने ही की जयन्ती मनाकर
सी दी गयी उसकी दृष्टि
उसके ही स्वप्न की जड़ों से
न उगने पायी
उसकी कोशिशें
बेलोच पत्थरों के मुकाबले कटकर रह गये उसके हाथ
तो कौन संस्कार देगा
उन सारे औजारों को
जो पत्थरों से ज्यादा उसको तराशते रहे···

—आदमी अध्यवसायी था

यह सवाल और यह चिन्ता उसी कवि की हो सकती थी जिसने अपनी यात्रा के आरम्भ-बिन्दु पर ही हमें सम्बोधित करते हुए कहा था :

मेरे काव्य के इन मानस परोक्षों से
एक अपना आकाश रचो
मेरे असन्तुष्ट शब्दों को लो
और कला के इस विदीर्ण पूर्वग्रह मात्र को
सौन्दर्य का कोई नया कलेवर दो···

—माध्यम : चक्रव्यूह

और साथ ही यह भी, कि

···तुम्हें आश्चर्य होगा यह जानकर
कि कवि तुम हो···
और मैं केवल कुछ निस्पृह तत्त्वों का एक नया समावेश
तुम्हारी कल्पना के आसपास मँडलाता हुआ
जीवन की सम्भावनाओं का दृढ़ संकेत···

—माध्यम : चक्रव्यूह

कुँवर नारायण के कविकर्म की बुनियादी नम्रता (और परिभाषा) अब भी वही है। तब वह नम्रता यदि कुछ अतिरिक्त और अतिरंजित भी लगती थी तो आज की परिस्थिति में वह निपट स्वाभाविक, बल्कि कविकर्म का एकमात्र औचित्य-सी लगती है। उस नम्रता का वाक्य-विन्यास जो पहले भी अपने अटपटे-पन से हमारा ध्यान आकर्षित करता था, अब अपने ऊबड़-खाबड़पन और बेतर-तीबी से हमारी विस्थापित सम्वेदना का साथ काफी दूर तक निभाता है और मानक-परोक्षों को भी अनुभव-प्रत्यक्षों जैसी सघनता और गत्वरता दे देता है। कला का वह विदीर्ण पूर्वग्रह मात्र भी, जो अपनी विदीर्णता के बावजूद (या कदाचित् उसके

फलस्वरूप ही) संक्रान्तिकालीन कवि-लेखक के लिए यह गुंजाइश पैदा करता था कि वह अपने स्व को और अपने माध्यम को पारदर्शिता के एक असम्भव आदर्श की ओर उन्मुख करे (एलियट) या "अपनी आत्मा के लुहारखाने में मनुष्य-जाति के अब तक अनबने अन्तःकरण को गढ़ने" का बीड़ा उठा ले (जेम्स ज्वायस)—वह रचना-सम्भव व्यक्तित्वाकांक्षी पूर्वग्रह भी (कला का) आज उतना असन्दिग्ध और सुलभ शायद नहीं रह गया है। इस विचलन और इस अधैर्य को भी वही असन्तुष्ट शब्द छूते हैं और इसी बूते हमारे निपट आज के अनुभव-मर्म को भी।

क्यों खोजना पड़ता है
मिथकों में, वक्रोक्तियों में, श्लेषों में, रूपकों में
झूठ के उलटी तरफ क्यों इतना रास्ता चलना पड़ता है
एक साधारण सचाई तक भी पहुँच पाने के लिए ?
—आदमी अध्यवसायी था

एक साधारण सचाई तक ! और उस पहलेवाली प्रतिज्ञा का क्या हुआ जिसमें हमारी कल्पना के आसपास मँडलाते हुए जीवन की सम्भावनाओं के एक दृढ़ संकेत का आश्वासन था। क्या कवि ने अपनी टेक छोड़ दी है ? या कि उसकी रचना-प्रक्रिया की धुरी खिसक गयी है ? जीवन की सम्भावनाओं के दृढ़ संकेत के बदले क्या अब सिर्फ यह सवाल बचा है कि कौन-सी मृत्यु अनिवार्य है ? और जिसका उत्तर वह माँगता है—"किसी घायल बच्चे के दर्द-सी सादी भाषा में ?" मगर कवि के असन्तुष्ट शब्दों से हमारी बढ़ती हुई घनिष्ठता ही हमें एक और सिसकते बालक की याद दिला देती है और पूछने को प्रेरित करती है कि कहीं कोई अन्त-र्विरोध तो नहीं था वहाँ—नयी कविता के उस उषःकाल में—इन दो चीजों के बीच—जहाँ एक ओर तो यह नितान्त आधुनिक रचना की शर्तों का स्वीकार है :

एक असन्तुष्ट
चेतना जो आवेश में पागलों की तरह
भाषा को वस्तु मान, तोड़-फोड़कर
अपने एकान्त में बिखरा लेती है
और फिर किसी सिसकते बालक की तरह कातर हो
भाषा के उन्हीं टुकड़ों को पुनः
अपने स्खलित मन में समेटती है, सँजोती है
और जीवन को किसी नये अर्थ में प्रतिष्ठित करती है।
—माध्यम : चक्रव्यूह

और दूसरी ओर यह जीवन के एक पुराने अर्थ को लौटा लाने की—एक प्रकार के रेडिकल इनोसेन्स की स्वप्न-भरी आकांक्षा है :

स्वयंसिद्ध आनन्द के प्रौढ़ आलिंगन में

समा जाय ऋचाओं की गूंज-सा आर्यलोक
पूजा के दूब-सी कोमल नीहार-धुली
दुधमुँही नयी-नयी संसृति को
बाल-मानवता के स्वाभाविक सपनों तक आने दो···

—माध्यम : चक्रव्यूह

प्रस्तुत संग्रह में भी एक ओर 'कोणार्क' के सम्मुख कवि की यह बलपूर्वक दुहराई गयी टेक, कि 'जीवन आह्लाद है, शर्म नहीं' और दूसरी ओर 'आपद्धर्म' शीर्षक कविता का वह 'कविता की ऊँचाई' के बावजूद मिट्टी में मिला देनेवाला शहरी दुःस्वप्न, जहाँ 'प्यार आपद्धर्म' है। क्या यहाँ भी उसी अन्तर्विरोध की एक हल्की-सी आहट नहीं ? क्या हमें अन्ततः यहीं आकर टिकना होगा कि हिन्दुस्तानी कवि की चेतना अपनी परिधियों पर चाहे जितनी युग की अनिवार्य द्वन्द्वात्मकता से ग्रस्त हो जाये, केन्द्र में वह द्वन्द्वमूलक नहीं ही हो सकती ? अगर ऐसा है सच-मुच, तो अन्तर्विरोध नहीं है। और है भी तो जरूरी और फलप्रद है। मगर सवाल तो हमारे लिए सवाल ही बना रहता है कि जब सब कुछ उस द्वन्द्व की चपेट में आ गया है तो रचना की अपने पुराने केन्द्र में वापसी कैसे सम्भव है। उसकी धुरी तो खिसक ही गयी।

मगर, जैसा कि इस संग्रह की कविताओं के निकट जाकर हमने देखा—कुँवर नारायण के कवि को इस बारे में कोई भ्रम नहीं है। तभी तो वे मिला सके हैं, जोड़ सके हैं नयी कविता के उस आरम्भ बिन्दु को—इस "अच्छे-भले रंगों के नुक-सान के वक्त से/जब सूरज उगल देता है रक्त।" तभी तो वे कह सके हैं :

डूबते देखा समय को
जो अभी-अभी सूर्य था
अपने में अस्त
मैं, शाम में इस तरह व्यस्त
कि जैसे वह हुई नहीं—मैंने की,
उसके व्यर्थ रंगों को
एक साहसिक योजना दी

—डूबते देखा समय को

इस विनम्र और पारदर्शी आत्म-स्वीकृति में एक विनम्र-सा दावा भी निहित है और ऐसा कौन पाठक होगा जो इन कविताओं से गुजरते हुए इस बात का भर-पूर अन्तःसाक्ष्य नहीं पायेगा कि कवि का यह दावा सही है।

फर्क पड़ता है

विष्णु खरे

केदारनाथ सिंह पिछले बीस वर्षों से अधिक समय से कविताएँ लिख रहे हैं किन्तु उनका पिछला संग्रह बीस वर्ष पहले प्रकाशित हुआ था। बीस वर्ष का यह अन्तराल हिन्दी कविता के लिए भी महत्त्वपूर्ण है—1960 में मुक्तिबोध की खोज नहीं हुई थी, धूमिल का दूर-दूर तक नामोनिशान नहीं था और कवि या समीक्षक को यह गुमान भी न था कि आगामी बीस वर्ष ही हिन्दी कविता के निर्णायक वर्ष होंगे। पिछले दो दशक कई तरह की कविताओं और कवियों के तिरोहण के दशक रहे हैं। अज्ञेय तथा उनसे प्रेरणा प्राप्त करनेवाली कविता और काव्य-चिन्ता अप्रासंगिक हो चुके हैं, अकविता काल के कराल गाल में बिला गयी किन्तु मुक्तिबोध पूरे काव्य-दृश्य को सूर्य की तरह आलोकित कर रहे हैं। मुक्तिबोध के अलावा भी सार्थक कवि हैं—यद्यपि इस बीच अनेक युवा कवि भी आये जिनमें से अधिकांश उल्काओं की तरह विलीन हो गये—जिनमें मुक्तिबोध जैसी जिम्मेदारी और प्रतिबद्धता है और वैविध्य मुक्तिबोध से ज्यादा है। बहुत-कुछ गीतात्मकता तथा उसके बाद 'नयी कविता' के संस्कारों से शुरू करनेवाले केदारनाथ सिंह इन बीस वर्षों में न डरे न दिग्भ्रमित हुए। वे इस या उस भगदड़ में शामिल नहीं हुए। हिन्दी में इतना धैर्य, मजबूती, बेफिक्री—और इतना आत्मविकास भी—कम ही मिलते हैं। युवा कवियों के पदार्पण से वरिष्ठ कवि चिन्तित न हों, यह तो समझ में आता है किन्तु अपने तीन महत्त्वपूर्ण समकालीनों—रघुवीर सहाय, कुँवर नारायण और श्रीकान्त वर्मा की बदलती-विकसित होती कविता तथा बढ़ती हुई प्रतिष्ठा से भी वे विचलित नहीं हुए, यह एक सुखद आश्चर्य है। 'जमीन पक रही है' में केदारजी की पैंतालीस कविताएँ हैं—बीस वर्षों में प्रकाशन-योग्य समझी गयी पैंतालीस कविताएँ यानी औसतन एक वर्ष में तीन कविताएँ भी नहीं ! अज्ञेय सरीखे अर्थगर्भ मौनी की सैकड़ों कविताएँ इस बीच खाद बन गयीं और अनेक ग्रामीण कस्बाई

और नागर युवा कवियों ने भी हिन्दी को कूड़ेदान बनाने में कोई कसर नहीं छोड़ी। पैंतालीस कविताओं का यह संकलन भी किसी अतिरिक्त आत्मविश्वास या आत्माभिनन्दन की उपज नहीं है। संग्रह की कविताएँ कोई बड़े दावे नहीं करतीं—'मेरी कठिनाई यह है / कि मैं चीजों को जानता हूँ' के बावजूद सचाई यह है कि वे चीजों के त्रासद अहसास की कविताएँ हैं, दाम्भिक ज्ञान की नहीं।

यह नहीं है कि मैंने 'जमीन पक रही है'[1] की सारी कविताएँ नहीं पढ़ी हैं—सच तो यह है कि इस संग्रह के एक-एक शब्द को कई बार पढ़ा है किन्तु यह कोई शर्त नहीं है कि यदि कोई संकलन आपको महत्त्वपूर्ण लगा है तो उसकी सारी कविताएँ आपको महत्त्वपूर्ण या समान रूप से उल्लेखनीय लगें। किसी कविता-संग्रह की सारी कविताएँ पूरी की पूरी खराब लगें यह तो सम्भव है—हिन्दी के ज्यादातर संग्रहों की यही हालत है—किन्तु यदि किसी संग्रह में अच्छी कविताएँ हैं तो स्पष्ट है कि सारी अच्छी नही होंगी या समान रूप से अच्छी नहीं होंगी। एक संकलन ही क्यों, बड़े से बड़े कवि की सम्पूर्ण कविताएँ एक जैसी पठनीय नहीं होतीं—निराला, मुक्तिबोध, शमशेर, नेरुदा, ब्रेख्त, एलियट आदि की सारी कविताओं को एक जैसा सराह पाना या सबको सराह पाना किसी मूढ़ अन्धभक्त का ही काम हो सकता है। दरअसल हर रचनाकार के पास देने के लिए एक क्रोड़ सामग्री ही होती है—एक दैदीप्यमान सर्जनात्मक ऊर्जा-केन्द्र जिसमें से उनकी सारी रचनाएँ फूटती हैं। यह सर्जनात्मक भभक कभी बहुत ऊँची हो सकती है और कभी सिर्फ एक चिन्गारी। हमें इस चिन्गारी या लपट से ही कवि की शक्ति का संकेत पाना होता है। इसलिए यह स्पष्ट करना आवश्यक है कि केदारनाथ सिंह के इस संकलन पर या उसकी कविता पर बात करते समय जो रचनाएँ मैं अपने सामने रख रहा हूँ वे हैं 'सूर्य', 'जमीन', 'आवाज', 'प्रतीक्षा के विरुद्ध कुछ पंक्तियाँ', 'दुश्मन', 'रोटी', 'टमाटर बेचनेवाली बुढ़िया', 'बैल', 'बढ़ई और चिड़िया', 'फर्क नहीं पड़ता', 'एक प्रेम कविता को पढ़कर', 'जो एक स्त्री को जानता है', 'बारिश', 'गर्मी में सूखते हुए कपड़े', ''मैदान में बच्चे' तथा 'धूप में घोड़े पर बहस'। एक संकलन में चर्चा करने लायक सोलह कविताएँ हों, यह अपने आप में एक उपलब्धि लगती है।

इन सोलह कविताओं के शीर्षक ही केदारनाथ सिंह की दुनिया का जुगराफिया समझाने के लिए काफी हैं—उनमें सूरज, धरती, मैदान, बारिश, गर्मी, धूप, आवाजें, बुढ़िया, बढ़ई, स्त्री, बच्चे, बैल, घोड़े, चिड़िया, रोटी, टमाटर, कपड़े, प्रेम और दुश्मन आदि हैं। दो शीर्षक ही ऐसे हैं जो ठोस संसार के नहीं हैं किन्तु उनके पीछे खासा मूर्त रुख है। स्पष्ट है कि केदारजी ठोस चीजों के कवि हैं (ठोस शब्द उन्हें अच्छा भी लगता है और उनकी कविताओं में लौटता रहता है) और

1. जमीन पक रही है : केदारनाथ सिंह, 1980

उनकी प्रतिभा चिरन्तनवादी घटाटोप में ठस नहीं हो गयी है। किन्तु कविताओं और उनके संग्रहों के शीर्षक ही उन्हें श्रेष्ठ बना पाते तो हिन्दी के अधिकांश कवि कुकवि क्यों होते, महाकवि न हो जाते। केदारनाथ सिंह की कविताएँ और उनके शीर्षक एक-दूसरे को सार्थकता और नयी अस्मिता प्रदान करते हैं। उनकी कविता की पहली पहचान अपनी दुनिया की चीजों को बहुत गहरे डूबकर प्यार करना है। इसे आप चाहें तो गीतात्मकता कह लें या रूमानियत—जबकि ध्यान से पढ़ने के बाद आप पायेंगे कि दरअसल आपको उसे एक उत्कृष्ट मानवीय लगाव कहना चाहिए था। उनकी कविता इस दुनिया में आकर मूलतः प्रसन्न और उल्लसित है, आदमी होना केदारजी के यहाँ खुश होना है, चीजों को सुनना, देखना, छूना, सूँघना, चखना है : धरती, सूरज, चाँद, सितारों को देखकर चमत्कृत होना ही नहीं है, उन्हें अपना समझना है, यह जानना है कि यह सब आदमी और उसके सुख के लिए बने हैं। यह बहुत खतरनाक हो सकता था, उन्हें 'पाँच जोड़ बाँसुरी' छाप कवि ही बनाये रख सकता था किन्तु वे इस स्वर्ग में सर्प भी देख पाते हैं। बात सिर्फ यह है कि उन्हें केवल साँपों ही साँपों के दुःस्वप्न नहीं आते—अपने होने के प्रति स्वस्थ लगाव और उसमें एक स्वस्थ आह्लाद ऐसे दुःस्वनों के शत्रु हैं। उनकी कविताओं से केन्द्रीय मानव-प्रेम, मानव द्वारा बनायी गयी उपयोगी वस्तुओं, उसके लिए उपयोगी प्रकृति, मानवीय भावनाओं के प्रति स्नेह ने जहाँ उन्हें एक स्वस्थ रूमानी कवि बनाया वहाँ दूसरी ओर उनकी कविता को साठोत्तरी और सत्तरोत्तरी वादों से बहुत दूर रखा। केदारनाथ सिंह पिछले दो दशकों के उन मुट्ठी-भर कवियों में से हैं जिन्होंने मानवद्रोही तथा रुग्ण पाखण्डों से अपनी कविता को मुक्त रखा है। उनके यहाँ निहिलिज़्म, सिनिसिज़्म, फासिज़्म समर्थक अनेकान्तवाद, विश्व घृणा, आत्म विद्रूप आदि अनुपस्थित हैं—यह उस समय जब पिछले बीस वर्षों के उनकी पीढ़ी के और उनकी पीढ़ी के अधिकांश कवियों में यह प्रवृत्तियाँ प्रारम्भिक रूप में ही सही किन्तु दिख अवश्य जायेंगी। इसका अर्थ यह कतई नहीं है कि केदारजी ने एक रोमानी रेगिस्तान में मुँह धँसा लिया है और बुरी खबरों की तरफ से कान बन्द कर लिये हैं।

केदारनाथ सिंह के यहाँ शब्दों और भावनाओं का अपव्यय नहीं है। उनकी कविताएँ मसीहाई या क्रान्तिकारी मुद्राएँ नहीं अपनातीं, वे बहुत छोटे-छोटे हर्ष-विषाद और जद्दोजहद की कविताएँ हैं, 'थोड़ा लिखा ज्यादा समझना' के सन्देश हैं। उनमें छोटा या मामूली आदमी होने की न तो भंगिमा है, न लज्जा, न पश्चात्ताप—बल्कि अधिकतर कविताओं में वे स्वयं को निहत्था उघाड़कर रख देते हैं। छोटी-छोटी चीजों, इन्सानों, गनीमतों के असली, महदूद किये हुए चित्रों से वे आदमी और आदमी के बीच के रिश्तों को स्पष्ट करते हैं। वे जानते हैं कि ये रिश्ते हमेशा आदर्श, मधुर और मानवीय नहीं होते, इसीलिए उनकी कविताओं में अमूर्त आदमी

नहीं है बल्कि जिन्दगी से सीधे लिये गये लोग, उनकी तकलीफें, सपने और सच्चाइयाँ हैं। केदारजी के भूखे आदमी, पिता की चाय के लिए अलस्सुबह दूध खरीदने जाता अकेला बच्चा, बढ़ई, दर्जी, औरत, माँ, झुम्मन मियाँ, दोस्त, बुढ़िया, बच्चे, लड़के, बस का इन्तजार करती स्त्री, नंगी पीठवाला आदमी, पिटनेवाला आदमी, बहस करते हुए मित्र, मल्लाह, हलवाहा, हज्जाम आदि रणबाँकुरे आराध्यों में परिवर्तित नहीं किये गये हैं। वे सिर्फ आदमी हैं, उनका आदर्शीकरण या स्वर्गारोहण केदारजी का अभीष्ट नहीं।

आदमी से इतना रिश्ता रखते हुए भी उनकी कविताएँ मात्र मानवकेन्द्रित नहीं हैं। दरअसल मानव और प्रकृति के बीच सम्बन्ध को उसके विभिन्न आयामों में जितना उन्होंने देखा है, हिन्दी के किसी भी समकालीन कवि ने शायद ही देखा हो। आदमी की उपस्थिति के बिना प्रकृति एक बेजान और नैतिक मूल्यों से रहित वस्तु है—आदमी का मस्तिष्क ही बृहत्तर प्रकृति के विकास का वह हिस्सा है जो प्रकृति को अर्थ देता है। प्रकृति जहाँ गीतात्मक है, वहाँ उसके पंजे और दाँत भी हैं। केदारजी की कविताओं में कहीं भी 'प्रकृति चित्रण' केवल प्रकृति-चित्रण की अय्याशी के लिए नहीं है, बल्कि प्रकृति उनके यहाँ हमेशा आदमी की विभिन्न भावनाओं और परिस्थितियों के जरिए देखी गयी चीज है। प्रकृति उनके लिए मानव से पलायन नहीं है, बल्कि परस्पर सन्तुलन और मित्रता की खोज है। आदमी के दिमाग में और समाज में जब तक मानवद्रोही तत्त्व रहेंगे तब तक प्रकृति-द्रोह एक विभीषिका बना रहेगा और शायद मानव की समाप्ति का कारण भी बनेगा। केदारनाथ सिंह की कविताएँ इसीलिए आदमी की आदमियत की खोज, उसमें गहरी आस्था, उसके प्रति अदम्य प्रतिबद्धता की कविताएँ हैं।

किन्तु जिनके लिए आदमियत की खोज महज सामयिकता तक आकर रुक जाती है, ऐसे नित्यकर्मी दिमागों को यह तकलीफ हो सकती है कि केदारजी रोज सुबह अखबार की सुर्खियाँ पढ़कर कविताएँ नहीं लिखते। जब हमारे जमाने के सबसे ज्यादा जागरूक कवि मुक्तिबोध ने इसकी कोई आवश्यकता नहीं समझी और रघुवीर सहाय के यहाँ भी समसामयिक या नगर-संस्करण होने की आसानीपसन्द अवसरवादिता और कविता और मानव-विरोधी हरकत नहीं है तो वह केदारनाथ सिंह के यहाँ क्यों हो जिन्होंने अपनी आस्था, प्रतिबद्धता, दोष, और प्रेम को अपनी तरह लिखने का कठिन रास्ता चुना? हिन्दी के अधिकांश कवि और आलोचक, जिनके पास प्राथमिक बुद्धि भी नहीं है, अपने लेखे एक तरह की कविता और उसकी एकायामीय व्याख्या से चिपक जाते हैं और उसी साँचे में सबको ढालना चाहते हैं। हिन्दी में आज के समाज और देश को लेकर शमशेर अपने ढंग से व्यग्र हैं, त्रिलोचन, नागार्जुन, रघुवीर सहाय, कुँवर नारायण अपने ढंग से और धूमिल, चन्द्रकान्त देवताले, सौमित्र मोहन, ज्ञानेन्द्रपति अपने-

अपने ढंग से। इनमें एक तरीका केदारनाथ सिंह का भी है—इस समय सैकड़ों कवि आज की राजनीति, आज के समाज पर कविताएँ लिख रहे हैं फिर उनमें से मुट्ठी-भर ही क्यों बच रहते हैं और उनमें केदारनाथ सिंह भी क्यों उल्लेखनीय हैं, इसकी कुंजी मात्र समसामयिक होने में ही नहीं है—या बस उसी में है।

केदारजी की कविताओं में व्यक्तिगत और सार्वजनीन, सूक्ष्म और स्थूल, शान्त और हिंस्र के बीच आवाजाही, तनाव और द्वन्द्वात्मकता लगातार देखी जा सकती है। 'सूर्य' कविता की पहली आठ या शायद नौ पंक्तियाँ कुहरे में धूप जैसा गुनगुना मूड तैयार करती ही हैं कि 'खूँखार चमक', 'आदमी का खून', 'गंजा या मुस्तंड आदमी', 'सर उठाने की यातना', इस गीतात्मक मूड को जहाँ एक ओर नष्ट करते से लगते हैं वहाँ उसका कण्ट्रास्ट भी देते हैं। इसी कविता की अन्तिम चार पंक्तियों में एक और विरोधाभास है—कवि एक ओर तो कहता है कि सिर्फ सूर्य ही एक ऐसी चीज है जिस पर बस्ती के लोग भरोसा कर सकते हैं किन्तु दूसरी ओर वह यह भी जानता है कि सूर्य पर बस रोटी ही नहीं सेंकी जा सकती। स्पष्ट है कि आदमी के लिए रोटी सेंक पाना उन सब कार्यों से कठिन है जो सूरज आसानी से कर पाता है। रोटी आदमी को ही सेंकनी होगी, यह तो साफ है किन्तु एक और सम्भावना यह भी है कि हिन्दी कविता में सूर्य-प्रतीक के अति-प्रयोग की तरफ भी कवि इशारा कर रहा हो। इसका प्रमाण 'प्रतीक्षा के विरुद्ध कुछ पंक्तियाँ' में इस तरह देखा जा सकता है : "कुछ शब्द हैं—जैसे सूर्योदय/जिसके जादू से बचना चाहिए"। कवि जानता है कि "कितना बदल जाता है सब कुछ / यहाँ तक मंजन का स्वाद भी / सिर्फ यह कहने से कि आज बुध नहीं बृहस्पति है" और यह कि "चिड़ियाँ / तुम्हारे कोट के जेबों से नहीं / बल्कि चिड़ियाँ निकलती हैं / शहर की सबसे मनहूस इमारतों से"। मृदु से कठोर की ओर यह यात्रा 'रोटी', 'बढ़ई और चिड़िया', 'गर्मी में सूखते कपड़े' तथा 'मैदान में बच्चे' कविताओं में भी है लेकिन 'बढ़ई और चिड़िया' और 'गर्मी में सूखते हुए कपड़े' में यह फिर भी सांकेतिक है। शेष दो में वह काफी साफ है—यद्यपि वहाँ की मुखरता या प्रगल्भता नहीं है। दुनिया की सबसे आश्चर्यजनक चीज रोटी ताप, गरिमा तथा गन्ध के साथ पक रही है। केदार जी चाहते तो इस मृदु चित्र को कुछ और पंक्तियों में ले जा सकते थे लेकिन शीघ्र ही रोटी एक झपट्टा मारनेवाली चीज में बदल जाती है और कवि आदिमानव के युग में पहुँच जाता है—वह कहता अवश्य है कि पकना लौटना नहीं है जड़ों की ओर किन्तु रोटी पकना उसे आदिम जड़ों की ओर ही ले जाता है—उसकी गरमाहट उसे नींद से जगा रही है, आदमी के विचारों तक पहुँच रही है और वह समझ रहा है कि रोटी भूखे आदमी की नींद में नहीं गिरेगी बल्कि उसका शिकार करना होगा और यह समझना कविता लिखते हुए भी कविता लिखने की हिमाकत नहीं बल्कि 'आग की ओर इशारा करना' है। 'मैदान में बच्चे' में कवि कुछ

दूर तक शामिल होता है, किन्तु कुछ देर बाद उसकी उपस्थिति अपर्याप्त और अन्त में शायद अनावश्यक हो जाती है—गोंद की तलाश में शहर की ओर मुट्ठियाँ ताने बढ़ते हुए नाराज बच्चों के लिए वह अदृश्य है। वह जो घास-भरा मैदान था, एक बे-चेहरा चीज हो जाता है—केदारजी की यह कविता एक ओर तो भावुकता से वयस्कता की ओर बढ़ जाने का संकेत है और दूसरी ओर मोहभंग का भी। 'गर्मी में सूखते हुए कपड़े' उनकी इस तरह की कविताओं में सबसे कम ललित है—यानी सारी ललित भावनाओं की सजग, निर्मम छँटाई उसमें हुई है और कविता अपने नितान्त अनलंकृत 'सौन्दर्य' में अपने सारे प्राकृतिक गुणों के साथ सामने है—इसी-लिए अन्तिम पंक्तियों की कठोरता उसी अनुपात में है—यानी सबसे कम कठोर। शायद यह केदारजी की सबसे ज्यादा धोखादेह कविता है—एक स्तर पर एकदम चाक्षुष तथा वर्णनात्मक और दूसरे पर लोहे की तरह धीरे-धीरे गरम होनेवाली। 'बढ़ई और चिड़िया' में भी कोमल और क्रूर के बीच विलक्षण तनाव है—वहाँ गिलहरी की पूँछ के साथ बाघिन की गुर्राहट है और अन्त में स्वयं लकड़ी के अन्दर फँसी हुई चीखती चिड़िया है।

सवाल यह है कि जब केदारनाथ सिंह कठोर, क्रूर या हिंस्र होते हैं तो उनकी कविता हमसे क्या कहती है—क्या वह सिर्फ एक तरकीब है या उसके तकाजे हैं? उनका कठोर होना उनकी कविता को कहाँ ले जाता है? हिन्दी कविता को कहाँ ले जाता है और उनके पाठक को क्या देता है? जिन सोलह कविताओं का हम जिक्र कर रहे हैं, उनके अतिरिक्त भी 'ज़मीन पक रही है' में अनेक कविताएँ हैं जिनका तीखापन छिपा हुआ नहीं है बल्कि बहुत ज्यादा साफ है—केदारनाथ सिंह जैसे कवि के लिए बहुत ज्यादा साफ। जब कवि एक खास स्थान बना लेता है तो उसे बहुत कुछ करने की रियायत नहीं दी जाती—वह अपनी उपलब्धि से सीमित हो जाता है। हम केदारनाथ सिंह की अपेक्षाकृत कम अच्छी या एकदम उनके अयोग्य कविताओं की बात नहीं कर रहे हैं किन्तु जिन कविताओं में वे कमोबेश अपनी पूरी ताकत से उपस्थित हैं उनमें उनका क्या सन्देश है? केदारजी की हम-दर्दी किसके साथ है, यह बताना न होगा—उन्हें अपनी सहानुभूति प्रदर्शित करने के लिए कवायद या कसरत नहीं करना पड़ती। बल्कि यूँ कहें कि उन्होंने व्यायाम का वह रास्ता स्वयं ही नहीं चुना है। प्रतिबद्धता के एक से एक उदाहरण हिन्दी में हैं। नागार्जुन, निराला, मुक्तिबोध, रघुवीर सहाय, धूमिल आदि, किन्तु स्पष्ट था कि केदारनाथ सिंह इनसे अलग रास्ता चुनते—यह प्रश्न शायद अप्रासंगिक है कि धूमिल को उन्होंने कितना प्रभावित किया और बाद में धूमिल से उन्होंने क्या पाया—केदारजी की कविताएँ कभी भी एकदम बड़े वक्तव्य, बड़े चीत्कार, बड़े दावे, बड़े चमत्कार से शुरू नहीं होतीं—वे लगभग एक बातचीतनुमा हल्के-फुल्के जुमले से शुरू होती हैं, एक शरारत की तरह भी, किन्तु जिस तरह हर मामूली

बात में किसी बड़ी घटना के बीज हो सकते हैं—या किसी चिंगारी में दावानल की क्षमता—इसी तरह उनकी कविता ज्यों-ज्यों बढ़ती है त्यों-त्यों वेग, उत्तेजना, ताप और द्युति प्राप्त करती है, यानी जो चीज दियासलाई की तरह शुरू होती है वह अँगुलियाँ झुलसा देती है। 'टमाटर बेचनेवाली बुढ़िया' की पाँचवीं पंक्ति में ही गोर्की की माँ याद आ जाना कलात्मक जल्दबाजी लग सकती है—जो केदारजी में बहुत कम है—किन्तु सम्भव है कवि किसी भी प्रबुद्ध पाठक द्वारा उसे पहचान लिए जाने के सुख को बढ़ाने के लिए ऐसा कर गया हो—एक तरह की ब्रेख्तियन वन अप मैनशिप वाली तरकीब या शरारत : सच तो यह है कि 'टमाटर बेचनेवाली बुढ़िया' में शिल्प दूसरी कविताओं से बिल्कुल उलटा है, यानी विशेषीकरण से साधारणीकरण-सामान्यीकरण-यूनिवर्सलाइजेशन का। केदारजी कुछ कविताओं में कहीं-कहीं अतिरिक्त कह जाने का जोखिम लगभग बिला वजह ले लेते हैं किन्तु आम तौर पर उन कविताओं को वे तुरन्त भट्टी में नहीं झोंकते बल्कि एक धौंकनी से धीरे-धीरे गरमाते हैं—कोयलों को हर फूँक के साथ गुलाबी होता देखते हैं और कविता धीरे-धीरे दमकने लगती है। इसलिए उनकी कविता में चीख-चिल्लाहट, हाय-हाय, झगड़ा-टण्टा, खून-बलवा उस तरह नहीं है जैसा दूसरों के यहाँ आता है और अक्सर खराब तरह आता है। आदमी से, भारतीय आदमी से गहरी सहानुभूति रखे बगैर और आज के भारतीय हालात से सख्त नफरत किये बगैर अच्छी कविता लिख पाना असम्भव है। अच्छी कविता का कोई फार्मूला नहीं है, यह बात अलग है—और केदारनाथ सिंह में यदि अत्यधिक रोष, अमर्ष, असन्तोष नहीं दीखता तो इसका मतलब यह नहीं है कि चूँकि वे गीतात्मकता से बढ़े थे, इसलिए यह ऐसा है या इसलिए है कि उनमें उन्हें व्यक्त करने की ताकत नहीं है। केदार उन कवियों में से हैं जिनका विकास अद्‌भुत है—'भटका मेघ' के श्रीकान्त वर्मा और 'माया दर्पण' के श्रीकान्त वर्मा के बीच का विकास वैसा ही है और ऐसे विकास के पीछे की सर्जनात्मक शक्तियाँ कम नहीं होतीं। सच यह है कि केदार सरीखे सजग कवि वह सारे काम क्यों दोहराएँ जो निराला, मुक्तिबोध, रघुवीर सहाय, श्रीकान्त वर्मा, धूमिल आदि अपने-अपने तरीकों से खासे अच्छे कर चुके हैं। यही वह कठिन वरण है जिसे कर एक कवि अपनी भाषा, अपनी जमीन तथा अपनी अस्मिता प्राप्त करता है। केदारजी की कविताओं का अपनापन असन्दिग्ध है और वे कवि और कविताओं की भारी भीड़ में भी तुरन्त पहचानी जा सकती हैं। इतनी कम कविताओं में अपनी पहचान इतनी ज्यादा बना लेना जहाँ एक विलक्षण उपलब्धि है वहाँ हिन्दी के कुछ आलोचकों तथा पाठकों की अद्‌भुत वयस्कता का भी परिचायक है। दरअसल केदारनाथ सिंह, शमशेर, विनोदकुमार शुक्ल आदि जैसे किन्हीं साँचों में फिट न हो पानेवाले सारे सर्जकों का हिन्दी में न सिर्फ बने रहना बल्कि प्रासंगिक माना जाना बुरे कवियों, बुरे आलोचकों, बुरे प्राध्यापकों

और बुरे सम्पादकों के सारे झूठ, छद्म और स्यापे को चुपचाप ध्वस्त करता है।

केदारनाथ सिंह की कविताएँ चीजों को दो तरह से सेलेब्रेट करती हैं—एक तो उनके भौतिक या अभौतिक अर्थों और परिणामों के लिए और दूसरे वे जो हैं सिर्फ उनके लिए। 'जमीन', 'बैल', 'एक प्रेम कविता को पढ़कर', 'जो एक स्त्री को जानता है' जैसी कविताएँ एक दूसरे तरह की कविताएँ हैं। यहाँ 'जमीन', 'बैल', 'प्रेम कविता' या 'स्त्री' को कवि ने अपनी ओर से कुछ नहीं दिया है—सिवाय इसके कि वह कई बार उनके पास गया है और बहुत देर तक उसने उन्हें देखा, छुआ, सुना, पढ़ा है। इस बार-बार जाने ने जहाँ स्वयं कवि की इन्द्रियों को नयी क्षमताएँ दी हैं वहाँ उसके विषयों को भी नये आयाम दिये हैं।

केदारनाथ सिंह के कवि की धृष्टताएँ अद्भुत हैं—वह अपने जुनून में दरख्त की पीठ थपथपाता है, घोड़े की तरह घास चरने की इच्छा करता है, खरहों की माँद तक खबर पहुँचाना चाहता है, धरती को आलू की तरह चीर देना तय करता है, जमीन की महक को जिलवाना चाहता है, वह बैल के विचार सुन सकता है, उसके सपनों में उतर जाता है, उस जानवर की खुशियाँ, उसका गर्व उसे मालूम है, प्रेम-कविताओं की बतखें, स्त्रियाँ, पेड़, भालू, गोली सब उसके लिए जीवित हो जाते हैं, उस स्त्री को भूलने की प्रक्रिया में जिसे वह जानता है, उसे जंगली पत्तों की खुशबू, जानवर के रोमों की गरमाहट, मजबूत पत्थर, पानी का संगीत, पत्ता, उसकी नसों में खून, सूरज, भेड़ों को हाँकता गड़रिया, आँच, यातना, शनिवार, शहर, पेड़, जड़ें, घड़ी, हवा, नाम, तारीखें, रंग, चेहरे, आँखें, देह की बची हुई ऊष्मा, नदी और पिछला मार्च—यानी एक पूरा संसार—प्राप्त हो जाते हैं।

'शब्द' कविता में केदारजी ने 'टमाटर बेचनेवाली बुढ़िया' तथा 'बढ़ई और चिड़िया' कविताओं का मिला-जुला शिल्प इस्तेमाल किया है—वे शब्दों की चिन्ता से निकलते हैं, दाने तक पहुँचते हैं, दाने में उन्हें आटे की गन्ध और उससे चक्की का पाट और उससे माँ के गाने की आवाज आती है—इसमें जहाँ एक ओर शब्द टमाटर हैं जो माँ तक पहुँचाते हैं, वहाँ स्वयं कवि वह बढ़ई है जो दाने को चीरता हुआ उस आरे और फिर आरे से चक्की और चक्की से माँ की आवाज तक पहुँचता है—इस चीरने के अन्त में चिड़िया की चीख नहीं बल्कि माँ के गाने की आवाज है। यहाँ यह बात ध्यान देने लायक है कि केदारजी की कविताओं की माँ उनकी माँ नहीं है—वह दरअसल मेहनतकश, सतायी गयी किन्तु अपनी विपन्नता में पूरी गरिमा लिये हुए एक सर्वहारा माँ है जिसमें हम सब अपनी माँ की तस्वीर देख सकते हैं।

यहाँ एक सन्देह हो सकता है—क्या केदारनाथ सिंह शब्दों, बिम्बों और चित्रों के जादूगर हैं ? क्या उन्होंने अपनी कवि-सुलभ शक्तियों का खतरनाक फायदा उठाया है, हम पर मेस्मरिज़्म इन्द्रजाल, सम्मोहन, हिप्नोटिज़्म का प्रयोग किया है ? क्या वे अपने शब्दों, बिम्बों और चित्रों को संगीत—बहुत ललित संगीत—

के स्वरों की तरह इस्तेमाल करते हैं और एक सिद्धहस्त सितार या पियानो या वायलिन वादक की तरह आरोह और अवरोह की द्रुत आतिशबाजी से हमें मोह रहे हैं? केदारजी के यहाँ बिम्ब और चित्र हैं इससे कौन इन्कार कर सकता है—कई बार उनमें कोई 'सम्बन्ध' ढूँढ़ पाना मुश्किल होता है, यह भी सही है। लेकिन 'जो एक स्त्री को जानता है' कविता केदारनाथ सिंह की कविताओं के शिल्प को समझने में बहुत सहायक हो सकती है। कविता की शुरुआत एक हल्की उदासी एवं मृदु स्वीकार से होती है और पेन्सिवनैस (इसके लिए कोई हिन्दी शब्द शायद नहीं है) का यह दायरा फैलता हुआ अनेक गीतात्मक और अगीतात्मक चीजों को अपने में समेटता जाता है—जो भावना, दया, करुणा, तरस तथा बिसूरने में पतित हो सकती थी, धीरे-धीरे अपने आसपास अनेक चीजों के होने के अहसास में बदल जाती है और जहाँ कवि अपने शोक या पीड़ा या नैराश्य में 'विशिष्ट' होने जा रहा था, सृष्टि में अनेक के बीच एक होने की अनुभूति—सृष्टि और अस्तित्व के विराट् गणतन्त्र का एक दूसरों की ही तरह वेध्य नागरिक—पर अनेक तरह की खट्टी-चिपपिरी-मीठी अनुभूतियों के एक सिलसिले को पार करता हुआ पहुँचता है, जहाँ उसकी भावनाओं, विचारों, हृदय तथा मस्तिष्क में जो भी अतिरिक्त था वह छिलकर या तपकर गिर जाता है और एक परिशुद्ध, दमकता हुआ सार ही बच रहता है। यह चमत्कार केदारजी की प्रत्येक कविता में होता हो ऐसा न तो सम्भव है और न आवश्यक, किन्तु इनकी कविताओं की शब्द-यात्रा या बिम्ब-यात्रा या चित्र-यात्रा विभिन्न प्रक्रियाओं के विभिन्न चरणों से गुजरती हुई एक प्यूरिफिकेशन की यात्रा है—वह कितनी सफल है और कितनी शुद्धि वह प्राप्त कर पाती है, यह भले ही हर कविता में अलग-अलग हो। केदार जी की कविताएँ इसलिए हमेशा एक डायलैक्टिक में विकसित होती हैं, उसे आप चाहें तो शिल्पगत डायलैक्टिक कहें या कथ्यगत—या दोनों साथ-साथ, उन्हें पढ़ते समय कभी-कभी बरबस डबल हेलिक्स का चित्र कल्पना में आता है।

केदारनाथ सिंह चीजों का वर्णन ठीक-ठीक करनेवाले हिन्दी के विरले कवियों में हैं और चीजों का ठीक-ठीक वर्णन जहाँ एक ओर सौन्दर्य और उल्लास की ओर ले जाता है वहाँ वह जीवन की विसंगतियों, एब्सर्डिटीज़ की ओर भी ले जाता है। केदारनाथ सिंह की दृष्टि सीमित नहीं है, यह इसी से जाहिर हो जाता है कि उनके यहाँ एक खासे कसैले स्वाद की कविताएँ भी हैं। जैसे 'भीड़ के विरुद्ध एक शब्द', 'ढाल से उतरते हुए', 'बाजार से लौटकर', 'बहस' और 'धूप में घोड़े पर बहस'। पहली चार कविताएँ आत्मपरक शैली में हैं किन्तु उनमें विसंगति का रुग्ण इस्तेमाल फिर भी नहीं है। इस तरह की कविताओं में सबसे दिलचस्प 'धूप में घोड़े पर बहस' ही है। विशद व्याख्या यहाँ सम्भव नहीं है—बहस तीन आदमियों के बीच में हो रही है—विषय घोड़ा है जो वहाँ दूर-दूर तक उपस्थित नहीं

है। केदारजी का विट् यहाँ अपनी पूरी ताकत के साथ मौजूद है—कविता दो-तीन दफे बहुत खतरनाक ढंग से किसी 'अर्थ' या 'प्रतीक' के समीप आकर लौट जाती है। उनकी द्वन्द्वात्मकता एक चीज स्थापित करती और फिर उसी को काट देती है। बहुत किस्म के नाटकीय वक्तव्य दिये जाते हैं—काफी उत्तेजना फैलती है—एक अन्तिम सनसनीखेज भविष्यवाणीनुमा फतवा दिया जाता है और फिर लम्बे समय तक कोई बहस नहीं होती। सवाल यह नहीं है कि पहला, दूसरा और तीसरा अलग-अलग और क्या है, घोड़े क्या हैं और आँकड़े क्या हैं—जो चीज स्पष्ट है वह यह है कि तीनों एक-दूसरे का स्थान ले सकते हैं। कविता की अन्तिम पंक्तियाँ कॉमिकल हैं, ट्रैजिक भी और भयावह भी। पूरी कविता कई तरह की व्याख्याओं की छूट देती है—जो महत्त्वपूर्ण एक गुण होना चाहिए। 'फर्क नहीं पड़ता' इसी विसंगति से जन्म लेती है किन्तु फर्क नहीं पड़तावाली विसंगति मानव-विरोध के इतने समीप है कि उससे कुछ पाने के लिए कविता में अनेक क्रूर विकल्पों को रखना पड़ता और गलत समझे जाने का खतरा बना रहता, इसलिए केदारनाथ सिंह 'फर्क नहीं पड़ता' में तुरन्त सही चीजों का पक्ष लेते हैं और अन्त तक आते-आते 'फर्क नहीं पड़ता' को 'फर्क पड़ता है' में बदल देते हैं।

एक और तह का अहसास

वागीश शुक्ल

उद्दालक आरुणि के पास प्रोति कौशाम्बेय कौसुरुबिन्दि ब्रह्मचारी होकर रह रहे थे। उनसे आचार्य ने पूछा—

"कुमार, तुम्हारे पिता संवत्सर में कितने दिन मानते थे ?"

"दस।"

"हाँ, दस ही दिन संवत्सर में होते हैं, दस अक्षर का ही विराट् छन्द होता है, विराट् छन्द का ही बना होता है यज्ञ; कितने दिन संवत्सर में होते हैं ?"

"नौ।"

"हाँ, नौ ही दिन संवत्सर में होते हैं, नौ ही प्राण होते हैं, प्राणों से ही यज्ञ ताना जाता है; कितने दिन संवत्सर में होते हैं ?"

"आठ।"

"हाँ, आठ ही दिन सवत्सर में होते हैं, आठ ही अक्षरों का गायत्री छन्द होता है, गायत्री छन्द का ही बना होता है यज्ञ; कितने दिन संवत्सर में होते हैं ?"

"सात।"

"हाँ, सात ही दिन संवत्सर में होते हैं, चार अक्षरों से बढ़ते हुए सात ही छन्द होते हैं और छन्दों से ही यज्ञ ताना जाता है; कितने दिन संवत्सर में होते हैं ?"

"छह।"

"हाँ, छह ही दिन संवत्सर में होते हैं, छह ही ऋतुएँ संवत्सर में होती हैं, संवत्सर ही यज्ञ है और यह प्रायणीय और उदयनीय दिवस तो एक ही है; कितने दिन संवत्सर में होते हैं ?"

"पाँच।"

"हाँ, पाँच ही दिन संवत्सर में होते हैं, पाँच पदोंवाले पंक्तिछन्द का ही बना होता है यज्ञ, पाँच ही प्रकार का होता है (याज्ञेय) पशु, पाँच ही ऋतुएँ होती हैं

संवत्सर की, संवत्सर ही यज्ञ है और ये जो चतुर्विंश और महाव्रत हैं, ये तो एक ही दिन हैं; कितने दिन संवत्सर में होते हैं ?"

"चार।"

"हाँ, चार ही दिन संवत्सर में होते हैं, चार पैरोंवाले ही होते हैं (यज्ञिय) पशु, पशु ही यज्ञ है, और ये जो पृष्ठ्य और अभिप्लव हैं ये तो एक ही दिन हैं; कितने दिन संवत्सर में होते हैं ?"

"तीन।"

"हाँ, तीन ही दिन संवत्सर में होते हैं, तीन ही तो छन्द हैं, तीन ही लोक हैं, यज्ञ में तीन ही सवन होते हैं और ये जो अभिजित् और विश्वजित् हैं ये तो एक ही दिन हैं; कितने दिन संवत्सर में होते हैं ?"

"दो।"

"हाँ, दो ही दिन संवत्सर में होते हैं, दो पैरोंवाला ही होता है पुरुष, पुरुष ही यज्ञ है और ये जो स्वरसाम है, ये तो एक ही दिन है; कितने दिन संवत्सर में होते हैं ?"

"एक।"

"हाँ, एक ही दिन संवत्सर में होता है, वही एक दिन है जो यह दिन-दिन होता है, दिन ही यह सारा संवत्सर है, यही संवत्सर का रहस्य है जो गुरु के पास बैठकर सीखा जाता है, जो संवत्सर के इस रहस्य को जानता है वह इस श्रेय से उपजता है, वह आत्मा हो जाता है, वह संवत्सर हो जाता है, वह संवत्सर होकर देवों तक पहुँच जाता है।"

—शतपथ ब्राह्मण, बारहवाँ काण्ड, द्वितीय ब्राह्मण 13-23

'जरत्कारु' देखते हुए मुझे कमलेश की एक ऐसी कविता याद आती रही जो इस संग्रह में नहीं है :

तुम भाई से पूछती हो—भोजन परसूँ
वह हाथ-पाँव धोकर बैठ जाता है पीढ़े पर
छिपकली की परछाईं पड़ती है फूल के थाल में

आँगन में खाट पर लेटे-लेटे
बरसों के सपने देखती हो—यह भी झूठ
महीना हो गया नैहर में आये

चूहे बहुत-सी बालें धान की खींच ले गये हैं
बिल्ली रात-भर खपरैल पर टहला करती है
माँ कुछ पूछती है—फिर रुआँसी हो जाया करती है।

—आलोचना, जन०-मार्च 1971, पृष्ठ, 1-2

और मुझे यह महसूस होता रहा कि—

एक-एक व्रण से फूटता चीत्कार
शृंखलाबद्ध आग की तरह फैलता स्थायी-सा लगता फिर
अकस्मात डूबने लगता है जैसे पौ फटनेवाली हो।

—किसी भी दैत्याकार पल में

कमलेश की कविता का स्थान हिन्दी कविता में हमेशा से अलग रहा है और उसका उल्लेख हमेशा अलग से करना जरूरी होता रहा है। यह सिर्फ इसलिए नहीं कि उनका 'मुहावरा' अलग है—वह तो हर उल्लेखनीय कवि का अपना होता है और अलग ही होता है—और यह इसलिए भी नहीं कि उनका 'दरजा' अलग रहा है, या जैसा कि कभी-कभी कहा जाता है, वे 'कवियों के कवि' हैं क्योंकि यह कहना हिन्दी कविता के सोपानक में उस कविता को रखना होता है, जबकि कमलेश की कविता उस सोपानक में है ही नहीं।

'कितने दिन संवत्सर में होते हैं ?' के उत्तर में यह कविता कहती है 'दस' और फिर तुरन्त इससे कोई सवाल करता है 'कितने दिन संवत्सर में होते हैं ?' और यह कविता फिर इस सवाल से जूझने लगती है :

भले ही हम ठीक-ठीक कभी भी यह न देख सकें कि इस सब कुछ का नृत्यरत पुरुरूप तत्त्व कैसे अन्तहीन रूप से खुद अपना आप बन जाता है (लेकिन) मनुष्य होने के नाते और कामना से परिपूर्ण होने के नाते दृष्टि की स्पष्टता को निरन्तर खोजते रहने के अलावा हमारे पास कोई चारा नहीं है। रूपों के भीतर का परम रूप, परिवर्तन का अन्तिम परिणाम, हमारी पहुँच के बाहर हो सकता है। रूप के प्रत्यय की तलाश—शक्ति के रूप के प्रत्यय की, अन्तहीनतः परस्पर संक्रियात्मक प्रक्रिया के रूप के प्रत्यय की—मनुष्य की अपरिहार्य और निर्णायक आवश्यकता है।

—आइंस्टाइन और बेकेट (लेखक, एडविन श्लासबर्ग) की भूमिका में जान उन्टरेकर

कमलेश की कविता रूप के प्रत्यय की तलाश की कविता है। 'रूप' से यहाँ मतलब केवल वस्तुओं के रूप से नहीं है, स्वयं शब्द और अर्थ भी रूप हैं, या यों कहें कि जिन वस्तुओं का प्रत्यय यह कविता तलाशने की कोशिश करती है, उनमें शब्द और अर्थ भी शामिल हैं। यह कविता की निरन्तर विकलता है :

अर्थ के एक पहलू का समुच्चय होगा अपना राग
कौन सा वह समुच्चय होगा राग का जिसमें अर्थ की
सारी गहराई पकड़ में आती हो—
जिसमें दुनिया की संश्लिष्टि की कोई कड़ी न छूटे

—रात में

'दिशाओं की/करोड़ों सम्भावनाओं को एक साथ पा लेने की विकलता' ('रात में') कोई ऐसी छटपटाहट या 'यन्त्रणा' नहीं है जिसे दूर किया जा सके और जिसका दूर होना कोई राहत दे सके। संवत्सर के रहस्य को जान लेना खुद संवत्सर हो जाना है और संवत्सर हो जाना देवता हो जाना है लेकिन यह भी जानना जरूरी है कि 'यज्ञ का रास्ता देवों का अलग है और मनुष्यों का अलग' (जैमिनीय ब्राह्मण 1.277)। दरअसल 'जो देवों को मनुष्यों में बँटा हुआ जानता है और मनुष्यों को देवों में बँटा हुआ जानता है, वह देवों में बँट ही जाता है, वह मनुष्यों में बँट ही जाता है' (वही)। बँटा हुआ जान सकने की विकलता है :

अपनी करोड़ मृत्युओं, करोड़ प्रेमों
करोड़ पापों और करोड़ जन्मों से—
करोड़ों जन के हृदय का स्पन्दन रात की शिराओं में कैसे पकड़ूँ
—रात में

जो कमलेश की कविता को आकार देती है, क्योंकि :

जरूरी हो जाती है तब
कविता एक और किस्म की
—गिरे दिन

किस किस्म की यह कविता है जो जरूरी हो जाती है और वह 'तब' किस 'कब' के जवाब में है ? 'कविता तीखी सम्वेदना माँगती है इस समय' ('दो क्षण का अबकाश') लेकिन 'इस समय' किस 'किस समय' के जवाब में है ?

अगर 'इस समय' कुछ सबसे जरूरी है तो वह इन सवालों के बारे में सवाल उठाना है क्योंकि 'इस समय' अगर सबसे ज्यादा कुछ हुआ है तो वह है इन सवालों को भोथरा करना। ये सवाल कभी इतने प्राण-शून्य नहीं होते थे जितने आज हो रहे हैं।

'इस समय' जब आजकल कविता या आलोचना में प्रयुक्त होता है तो दो में से एक मतलब समझा जाता है। एक यह कि अब सुधरने का समय आ गया है और सुधारनेवालों की शर्तों के साथ-साथ चलना कविता का धर्म है; इसे 'राजनीतिक' मतलब कहना चाहिए और दूसरा यह कि अब जमाना बदल चुका है और इस ज़माने की शर्तों के साथ-साथ चलना कविता का धर्म है; इसे 'आधुनिक' मतलब कहना चाहिए। लेकिन इस दूसरे मतलब में 'साथ-साथ चलना' 'अनुकूल चलना' हो यह जरूरी नहीं हैं, साथ-साथ चलने का इस दूसरे मतलब में मतलब है बदले हुए जमाने के बदलाव का महत्त्व स्वीकार करना, इतना कि वह बदलाव कविता की केन्द्रीय चिन्ता हो।

जमाने का बदलना कोई अजूबा नहीं है, जमाने की परिभाषा से निकला हुआ एक सूचनाहीन सत्य है। 'जमाना' कालचेतना का मानवीय पारिस्थितिकी में

अनुकूलन है, भौगोलिक-ऐतिहासिक संज्ञाप्य है। कविता और विज्ञान, विचार और कल्पना, ये भौगोलिक-ऐतिहासिक संज्ञाप्य नहीं हैं क्योंकि मानवीय मेधा का समस्त उदात्त कर्म मानवीय पारिस्थितिकी के पार जाने की कोशिश है :

> इस बिन्दु पर एक पहेली सामने आ जाती है जो सभी वक्तों में जिज्ञासु मस्तिष्कों को आन्दोलित करती रही है। यह कैसे सम्भव है कि गणित, जो कि आखिरकार उस मानवीय विचार से उपजता है जो अनुभव से स्वतन्त्र है. सचमुच की चीजों के लिए इतना खरा बैठता है कि उसकी तारीफ करनी पड़ती है ? क्या इसका यह अर्थ है कि मानवीय तर्क, बिना किसी अनुभव के, केवल सोच के सहारे, इस योग्य है कि सचमुच की चीजों के गुणधर्मों की गहराइयाँ नाप सके ?
>
> —प्रूशिया की विज्ञान अकादमी में 27 जनवरी 1921 को दिये गये भाषण में अलबर्ट आइन्स्टाइन

बीसवीं शताब्दी अगर दरअसल किसी चीज़ की शताब्दी है तो विज्ञान की शताब्दी है। जितनी बार और जितनी तरह से झंझावात इस शताब्दी में विज्ञान में आये हैं उतनी बार और उतनी तरह से किसी चीज में नहीं आये। लेकिन विज्ञान में 'बीसवीं शताब्दी' केवल एक कैलेण्डर है, यानी यों कहें कि बीसवीं शताब्दी में होना विज्ञान की कोई विशिष्टता नहीं है (वह विज्ञान की तवारीख में दर्ज होगा)। बीसवीं शताब्दी का विज्ञान उन्नीसवीं शताब्दी के विज्ञान का उत्तर-वर्ती और इक्कीसवीं शताब्दी के विज्ञान का पूर्ववर्ती है। फिर यह मुग़ालता कविता को ही क्यों है कि बीसवीं शताब्दी में होकर वह कुछ ऐसा कर रही है जो उन्नीसवीं शताब्दी के उत्तरवर्ती होने और इक्कीसवीं शताब्दी के पूर्ववर्ती होने से अलग है ? 'कविता को ही' कहने से कुछ भ्रम हो सकता है, शायद विज्ञान-कर्मियों के अलावा अन्य चिन्तनकर्मियों में से अधिकांश इस प्रकार के किसी न किसी मोह में हैं; उदाहरण के लिए दर्शन जैसे विषय में भी, जिसकी एक अत्यन्त समृद्ध परम्परा रही है, राइख़न बाख (वैज्ञानिक दर्शन का उदय, 1951) का कहना है कि उनकी पीढ़ी के पहले के दार्शनिकों ने चीजें समझी ही नहीं थीं, इसलिए नहीं कि वे नासमझ थे, बल्कि इसलिए कि वे 'वैज्ञानिक' नहीं थे।

'वैज्ञानिक' होने के आधार पर विशिष्टता के दावे 'सामाजिक विज्ञानों' में हैं और सामाजिक विज्ञानों की चेतना के आधार पर विशिष्टता के दावे कविता और कविता की आलोचना में। यह अद्भुत है कि जिस वैज्ञानिक चेतना की सारी गरिमा और शक्ति इस बात में है कि वह पारिस्थितिकी के पार जा सकती है और तब भी और इसीलिए पारिस्थितिकी के बारे में सर्वाधिक विश्वसनीय होती है, उस वैज्ञानिक चेतना के नाम पर एक पारिस्थितिकी ढाल ली जाय और उस पारि-स्थितिकी के नाम पर चिन्तन को खारिज दाखिल किया जाय ! मार्क्स ने अपनी

प्रख्यात पुस्तक 'पूँजी' डार्विन को समर्पित करनी चाही थी और डार्विन ने इन्कार कर दिया था। यह छोटी-सी घटना विज्ञान और विज्ञानेतर, किन्तु 'वैज्ञानिक चेतना' से वैशिष्ट्य-मण्डित होने के अभिलाषी, शास्त्रों के आपसी सम्बन्ध को बहुत संक्षेप में और बहुत प्रकट रूप में उजागर करती है, खास तौर पर तब जब हम यह याद करें कि मार्क्स का उत्तराधिकार सँभालनेवालों ने डार्विन के इन्कार पर कोई गौर नहीं किया, यानी वे यह मानने को तैयार नहीं हुए कि डार्विन एक जैविकीविद् थे और सामाजिक-राजनीतिक व्यवस्थाओं के बारे में कुछ नहीं कह रहे थे।

'इस समय' के जो दो मतलब ऊपर दिये गये हैं, वे इसी तरह की पैबन्दसाजी के नतीजे हैं।

इस पृष्ठभूमि को ध्यान में रखना जरूरी ही है ताकि कमलेश की कविता को समझने में गलती न हो, क्योंकि इस कविता में 'इस समय' के ये दोनों ही मतलब नहीं हैं। यह एक अनातंकित कविता है। यह कविता किसी इतिहास-लेखन या समाजशास्त्र का उपनिवेश नहीं है। और इसीलिए उसकी चेतना बिल्कुल वही है जो वैज्ञानिक चेतना है, और उसके सरोकार वही हैं जो विज्ञान के सरोकार हैं यानी 'संवत्सर में कितने दिन होते हैं' इस प्रश्न पर सोचते चले जाना और किसी भी जवाब पर न रुकना क्योंकि कोई भी जवाब, भले ही वह सही हो और तर्क-पुष्ट हो, सोचते जाने को बन्द करने के लिए नहीं होता, उसकी राह आगे बढ़ाने के लिए होता है। प्रोति कौशाम्बेय के किसी उत्तर को उद्दालक ने झूठ नहीं कहा, उसे स्वीकार किया, उसके समर्थन में तर्क दिये और आगे पूछा कि संवत्सर में कितने दिन होते हैं। सिर्फ अन्तिम उत्तर है जिसके समर्थन में कोई तर्क नहीं है, जो देवत्व की प्राप्ति है, कर्म की इसीलिए समाप्ति है और फलतः कविता और विज्ञान की पहुँच के बाहर है यद्यपि दोनों का लक्ष्य है, क्योंकि दोनों ही मानुषी कर्म हैं।

लेकिन 'इस समय' के ये दो मतलब अगर यहाँ नहीं हैं तो 'इस समय' का क्या मतलब है? एक उत्तर यों खोजा जा सकता है :

> मैंने 'लीडा और हंस' इसलिए लिखी थी कि एक राजनीतिक पत्रिका के सम्पादक ने मुझसे एक कविता माँगी थी···मेरी कल्पना लीडा से और हंस से रूपक के लिए खिलवाड़ करने लगी और मैंने यह कविता लिखनी शुरू की, लेकिन जब मैं लिखने लगा तो दृश्य पर पक्षी और स्त्री इस तरह छा गये कि सारी राजनीति इसके बाहर निकल गयी···
>
> —अपनी कविता 'लीडा और हंस' के बारे में डब्ल्यू बी० येट्स, जून 1924

इस तरह की बात शायद कमलेश की कविता 'उन्नीस सौ बासठ' के बारे में की जा सकती है जिसको पढ़ने से हालाँकि ठीक-ठीक यह नहीं कहा जा सकता कि राजनीति उसके बाहर निकल गयी है लेकिन जिसको पढ़ने से यह जरूर कहा जा सकता है कि राजनीति उसके भीतर विलीन हो गयी है। यह कविता उन्नीस सौ

बासठ के बारे में ही है और किसी अनुभव के बारे में नहीं, यह कविता देश की एक राजनीतिक घटना के बारे में है, किसी अन्य जागतिक प्रपंच के बारे में नहीं, ऐसा इसका शीर्षक ही बताता है। दूसरे शब्दों में, 'इस समय' कविता के शीर्षक में है।

'इस समय' हमेशा एक आदेश होता है, कविता को खास ढंग से पढ़ने का आदेश। वह शीर्षक में भी हो सकता है, और कविता के भीतर कहीं प्रकट होकर एक काव्येतर अर्थ की याचना में भी अपना आदेश स्थापित कर सकता है। इस आदेश को स्वीकार करने के लिए पाठक बाध्य है, क्योंकि वह कवि का अपना आदेश होता है और इस तरह कविता का हिस्सा जैसे कि उसकी पंक्तियों की लम्बाई वगैरह। कवि का यह आदेश कविता की प्रौद्योगिकी में शामिल है लेकिन अगर कवि ने कविता लिखी है और कोई दूसरा मतलब साधने की एक कोशिश को कविता कहकर नहीं पेश कर दिया है तो आदेश को स्वीकार करने की बाध्यता केवल एक तर्क होती है और तब जाहिर है कि उस तर्क के आगे जाने का निमंत्रण भी। यह आदेश कहता है कि इस तरह कविता को पढ़िए क्योंकि कविता को पढ़ने का यह तर्क है और जब आप 'हाँ' कह चुकें और उस 'हाँ' के समर्थन में उस तर्क की संगति बिठा लें तब आप फिर सोचना शुरू करें कि 'संवत्सर में कितने दिन होते हैं ?'

संक्षेप में, मेरा कहना यह है कि कमलेश की कविता में 'इस समय' की समाकारिता डब्ल्यू० बी० येट्स की उस राजनीति से नहीं है जिससे खेलते हुए उनकी कल्पना ने उसे कविता से बाहर कर दिया, उसकी समाकारिता उन तर्कों से है जो उद्दालक ने संवत्सर में दस, नौ, आठ, सात, छह, पाँच, चार, तीन दो दिन होने के पक्ष में दिये थे। 'उन्नीस सौ बासठ' को पढ़ने का तरीका यह है : यह कविता उन्नीस सौ बासठ के बारे में है, हाँ, क्योंकि इसमें इस तरह की पंक्तियाँ हैं—'सेनाएँ/हमारी रक्षा करें, आवश्यक क्यों हो ?/श्रेष्ठियों के मणिमाणिक्य भी तो अब यहाँ नहीं रहे' : यह कविता किसके बारे में है ?

इसी अर्थ में कमलेश की कविताएँ हिन्दी कविता के सोपानक के बाहर हैं क्योंकि इस सोपानक में 'इस समय' का आगमन राजनीतिक पत्रिका के सम्पादक द्वारा कविता की माँग से शुरू होता है और बहिर्गमन पक्षी और स्त्री के द्वारा राजनीति को बाहर कर देने से। ऐसी कविता—और यह 'समकालीन' कविता को 'कालजयी' कविता में बदलने की एक स्वीकृत विधि है—श्रेष्ठ कविता नहीं होती, यह मेरा कहना नहीं है। यह मेरा कहना नहीं है कि हिन्दी में कमलेश के अलावा श्रेष्ठ कवि नहीं हैं। लेकिन समकालीन या आधुनिकता के सवाल से, 'इस समय' से, कमलेश जिस तरह टकराये हैं उस तरह कोई नहीं टकराया है। जो लोग इस टकराहट में पछाड़ खा गये और लिखायी-पढ़ायी बातें कविता के नाम पर ले आने

लगे, उनके अलावा भी हिन्दी में कवि हैं जिन्होंने समकालीनता का दबाव बर्दाश्त किया है और अपनी कल्पना को इतना शक्तिसम्पन्न बना रहने दिया है कि उनकी कविता सीखी-पढ़ी कविता है, सिखायी-पढ़ायी नहीं। लेकिन उनका रास्ता वही है जो डब्ल्यू० बी० येट्स का रास्ता है। यह रास्ता कमलेश का नहीं है। कमलेश का रास्ता प्रोति कौशाम्बेय का रास्ता है।

2

कमलेश की कविताओं में पुरुरूपता है ! एक प्रत्यक्ष स्तर पर हम उसे भाषा की विविधता में पाते हैं—

1. किन्हीं अज्ञात मजबूरियों में पड़कर/पढ़ सके जाते थे उनसे आँखें मूँदकर/भविष्य के गर्भ में छिपे पड़े थे कूट लेख।
2. वैसे चोर/गुदड़ी में पड़े छदाम भी मार लिया करते थे।
3. किसी पुरातन संस्कारवश/आसमान लाल या काला, धुन्ध-भरा या प्रभामय/चिड़ियों से भरा या खाली, जान लेना/उनकी बेचारगी थी।

ये तीनों उद्धरण एक ही कविता 'भविष्यवक्ताओं का व्यवसाय' से लिये गये हैं। 'डायनें बच्चों को टोना दे देती हैं', 'जो बच्चा उस साल मरा', 'मेरे बाप का बुखार', 'गाँव', 'आँधियाँ और किसान बच्चे', 'कंकरीली पथरीली ममता', 'किसी भी दैत्याकार पल में', 'जरत्कारु', 'किसी भी दिन', 'विणुप्रिया', जैसी कई कविताएँ एक साथ पढ़ी जायें तो इस विविधता की पहचान सामने आने लगती है। यह विविधता दो-तीन तरह की नहीं है और इसके वर्गीकरण की समस्या वैसी ही है जैसी रागों के वर्गीकरण की, यानी राग अनन्त हैं फिर भी कोशिश करना धर्म है जबकि गायक एक ही राग में तमाम उपजें ले आता है और जितनी बार प्रस्तुत करता है उतनी बार एक अलग ढंग से, जिसकी एक अलग पहचान होती है। क्षण-क्षण में नया होना रमणीयता की पहचान है ऐसा हमारे पूर्वज कहा करते थे। इसके क्या मायने हैं, यह आधुनिक हिन्दी कविता में कमलेश की कविताओं तक पहुँचने पर पता लगता है कि हिन्दी कविता में क्या-क्या हो सकता है। ये कविताएँ हिन्दी कविता में विश्वास और उसको लेकर गर्व जगाने का काम करती हैं और यह हौसला जगाती हैं कि वे कसौटियाँ जो धरोहर की शक्ल ले चुकी हैं, फिर से निकाली और इस्तेमाल की जायें।

हम औचित्य की बात उठाते हैं। औचित्य का मतलब है कि हम 'प्रकृति विपर्यय' न करें, राम के बारे में लिखते समय वैसा न लिखने लगें जैसा रावण के बारे में लिखते समय लिखते हैं। यह कोई सतही बात नहीं है बशर्ते कि आप याद रखें कि वीर या ज्ञानी या उदार होना दोनों में समान है। दैवी और आसुरी होने में अन्तर बहुत सूक्ष्म है—कितना सूक्ष्म है यह तब पता लगता है जब आपके

सामने कोई इस तरह का वाक्य आ जाये कि 'असुर ऋचा से आये और देव साम से' (जैमिनीय ब्राह्मण 1.154)। अस्तु, कविता के सिलसिले में भाषा की बात करते हुए तो इसका मतलब यह होता है कि भाषा वही कहे जो उससे कहलाया जा रहा है, यानी सिर्फ तरह-तरह के ठाट दिखाना ही काफी नहीं है, वह हास्यास्पद या दयनीय भी हो सकता है जब तक यह मालूम न हो कि ये ठाट क्या दिखाने के लिए दिखाये जा रहे हैं और इनसे क्या काम निकालना है। एक चीज रूप होती है, एक चीज होती है रूप का प्रत्यय और इन दोनों का तालमेल जरूरी है।

इस अवस्थिति को भाषा के सम्बन्ध में एक अन्य प्रकार के गम्भीर चिन्तन से थोड़ा अलग हटकर देखना यहाँ समीचीन होगा। मेरा संकेत रोलाँ बार्थेस की ओर है, "भाषा नकारात्मक रूप से आचरण करती है, सम्भाव्य की प्रारम्भिक सीमा के रूप में।" इस तरह "एक लेखक वह है जिसके लिए भाषा एक समस्या है, जो इसके गाम्भीर्य को अनुभव करता है, इसके उपस्करत्व को नहीं और न ही इसके सौन्दर्य को।" और दूसरी ओर "बूर्ज्वा वैचारिकी के बाहर कोई भाषास्थल नहीं है···एकमात्र सम्भव प्रत्युत्तर है; न सामना करना, न तोड़ना, सिर्फ चुराना; संस्कृति, विज्ञान और साहित्य के पुराने पाठ के टुकड़े करके छदम्वेष के विधानों के अनुसार उसके नैन-नक्श बदल देना", इस तरह लेखन "उन नियमों के पार जाता है जो एक समाज, एक वैचारिकी, एक दर्शन अपने-आप के लिए इस नाते बना लेते हैं कि वे एक ऐतिहासिक ज्ञेयता के ज्वार में एक दूसरे से सहमत हो सकें।"

भाषा की बहुसंयोजकता (पोलीवैलेंस) का यह प्रस्तुतीकरण अपनी सतह पर औचित्य के विपरीत जाता लगता है। यानी औचित्य तो 'ज्ञेयता के ज्वार में सहमति' की बात करता लगता है, जबकि लेखन इसके पार जाने में है।

वस्तुतः 'ज्ञेयता के ज्वार में सहमति' की समस्या उस प्रकार के लेखन से उठी जिसे 'यथार्थवादी' कहा जाता है, जो भाषा की बहुसंयोजकता का अस्वीकार है, जो एकवक्तृतावाद (मोनोलॉगिज्म) है, जो जैसा कि जूलिया क्रिस्तीवा का कहना है '0—1' तर्क है, यानी दो विकल्पों में से एक का चुनाव करने का तर्क है, जो जैसा कि कीर्केगार्द का कहना है, 'यह या वह' का संसार है, नैतिकता का संसार है, सौन्दर्य का संसार नहीं है जो कि 'यह और वह' का संसार है। दो विकल्पों में से एक का चुनाव करने के लिए हमारे यहाँ एक शब्द है विनिगमना। कविकर्म विनिगमना के अस्वीकार करने में है। इस तरह वह भाषा में बहुसंयोजकता और बहुध्वनिकता ले आता है, या यों कहें कि उसके उन खजानों को खोलता है जो हमेशा पहले से ही पुराने (=ऑलवेज ऑलरेडी ओल्ड) हैं।

इस प्रस्तुति में पाठक/आलोचक की भूमिका इस बहुध्वनिकता पर एकध्वनिकता का आरोपण करने की है; जूलिया क्रिस्तीवा के शब्दों में यह भूमिका 'अर्थ

के एक द्वीप' का 'थक्का जमाने' की है।

यह प्रस्तुति अपने पैनेपन और सूझ की गहराई के बावजूद एक द्वन्द्वात्मक प्रस्तुति है जिसमें रचना और आलोचना, रचना और भाषा, आलोचना और भाषा एक प्रकार के टकराव में हैं क्योंकि भाषा का सहकार 'बूर्ज्वा' है, भाषा को उस सारी 'ज्ञेयता' से बाँध दिया गया है जो 'ऐतिहासिक ज्ञेयता' है, यानी जो एक कृत्रिम अनुशासन की ज्ञेयता है। इस तरह यह ज्ञेयता एक दी हुई, पहले से ही पुरानी ज्ञेयता के विरोध में है।

लेकिन औचित्य, न केवल हमेशा 'पहले से ही पुरानी ज्ञेयता' को स्वीकार करता है अपितु वह इसे ऋतावान् भी मानता है, एक ऐसे नियम का विवर्त मानता है जो दैवी या मानुषी नहीं है, जबकि जिस पर समस्त दैवी और मानुषी गतिकी आश्रित है। 'हमेशा पहले से ही पुरानी' की जगह हम 'प्रत्न' शब्द का प्रयोग करते हैं और यह कहते हैं कि ऋतावान् प्रत्न ज्ञेयता के ज्वार में सहमति ही औचित्य है। और तब कविकर्म इसके पार जाने में नहीं, इसकी गतिकी के सहकार से ऊर्जा-सम्पन्न होने में है।

हम एक उदाहरण लें (और अर्थ के एक द्वीप का थक्का जमायें !) :

आँधी पीछा करती रही, पिछली सदियों की तरह
आश्रयदाताओं को मुखबिर बनाते
अपनी गरिमा की रक्षा करने में असमर्थ करते हुए

—आँधियाँ और किसान बच्चे

'आश्रयदाता' और 'मुखबिर' दोनों ही परिचित शब्द हैं लेकिन कविता में इन शब्दों के अर्थक्षेपणों को बिल्कुल विलक्षण दिशाओं में खोला-पसारा गया है और आश्रयदाता से मुखबिर होते हुए आदमी को उसी तरह की अनर्ह असामर्थ्य में ले आया गया है जिस तरह की अनर्ह पराजय में भागता हुआ आदमी है और जिस तरह की अनर्ह विजय में पीछा करती हुई आँधी है। एक तात्कालिक अनुभव जातीय स्मृति का सक्रियक बन गया है लेकिन इसके आगे भी, इस कविता में जो संसार फैलता है, उसका सन्निकटन ग्रीक ट्रैजिडी का संसार करता है।

कमलेश की जिन कविताओं में 'समकालीनता' के लक्षण दिखते हैं उनमें लगभग सर्वदा ऐसा ही कुछ होता है। दरअसल :

> जो चीज एक लोहे की कुल्हाड़ी को एक पत्थर की कुल्हाड़ी से बेहतर बनाती है वह यह नहीं है कि पहली कुल्हाड़ी दूसरी कुल्हाड़ी से बेहतर बनी हुई है। वे दोनों एक ही तरह से बढ़िया तौर पर बनी हैं लेकिन लोहा पत्थर से बिल्कुल अलग चीज है···जो बेहतरी है वह मनुष्य की मेधा की तथाकथित प्रगति में नहीं बल्कि उन नये क्षेत्रों की खोज में है जिनमें वह अपनी अपरिवर्तित और

अपरिवर्तमान शक्तियों को इस्तेमाल करता है।

—क्लाड लेवी-स्त्रास, संरचनात्मक नृविज्ञान, 1968

इस उद्धरण के ही सन्दर्भ में कमलेश की कविता अपने 'आसपास की दुनिया' उसकी राजनीति, उसके इतिहास और उसकी सामाजिकी की परख और अधि-प्रामाण्य के साथ उपस्थित होती है।

उदाहरण के लिए हम 'लाचारी' कविता लेते हैं। "कुछ भी होता/कहीं से भी इस बियावान को अपने हाथों गढ़ पाता" प्रमीथिअस की आवाज है लेकिन मैं ईस्कलस के नाटक की बात कर रहा हूँ, शेली या मार्क्स के सुझावों की नहीं। शेली का सुझाव था कि प्रमीथिअस की मुक्ति हो जाती है जब उसके भीतर से घृणा निकल जाती है, लेकिन वह कमलेश का सुझाव नहीं है :

सबको मैंने करुणा से गढ़ा, सब चित्र टूटे
मन के, सवार लिये घोड़े दौड़े शाबासी पाते
मुझसे, कहीं खोट नहीं थी मन में···

मार्क्स का सुझाव, जैसा कि उनके कार्यक्रम को शोभा देता है, यह था कि प्रमीथिअस पूंजीवाद की जंजीरों में जकड़ा हुआ कामगार वर्ग का प्रतिनिधि है; वह भी कमलेश का सुझाव नहीं है :

मैंने ही बनाया वह स्थान जहाँ मैं खड़ा हूँ
दुनिया में खड़ा होने के लिए मैंने रोज तैयार किया
अपने को; पढ़ाई की, गुन सीखे, ढब किया
रोजी कमाने को, हर एक में खोट रही तो क्या करूँ
पूछूँ किससे कि कमजोर क्यों बनाया मुझको ?

कमलेश की कविता शेली के सन्निकटन में प्रमीथिअस के लिए एक नया क्षेत्र ढूँढ़ती है, मार्क्स के सन्निकटन में एक बेहतर प्रमीथिअस नहीं बनाती, लेकिन अपने सुर में वह यूनानी मिथक के नजदीक है :

आखिरी बार आवाज दूँ तो किसको, अपने तो
वही यार, वही टूटती जमातों के सिलसिले
और वही निजाम जिसमें रहने से निस्तार नहीं

यह निजाम है जिसमें प्रमीथिअस पहले मजबूर है जूस की सहायता करने को ताकि वह देवों का सम्राट हो सके और फिर, जब जूस के राज्य में लाचार मनुष्य की कोई जगह नहीं होती और वह मनुष्य को समाप्त करके एक नयी जाति का आरम्भ करना चाहता है, तो दुबारा मजबूर है मनुष्य को दो शक्तियाँ देने को; पहली शक्ति है भविष्य के प्रति अज्ञान और दूसरी है अग्नि जो कला और प्रौद्योगिकी (ग्रीक भाषा में दोनों के लिए एक ही शब्द था) का उत्स है। लेकिन यही

निजाम है कि जो यह भी कहता है कि प्रमीथिअस का यह कृत्य अपराध है जिसके लिए प्रमीथिअस दण्ड भोगने के लिए विवश है और जूस दण्ड देने के लिए विवश। यह एक ऐतिहासिकतः अज्ञात और ऐतिहासिकतः अज्ञेय निजाम है लेकिन इसमें रहने से 'निस्तार नहीं।'

और कहीं न कहीं कमलेश की कविता इस खयाल को भी उकसाती है कि अपरिवर्तित और अपरिवर्तमान मेधा के इस्तेमाल के नये क्षेत्रों का नयापन भी बहुत हद तक रूपनिष्ठ (=फॉर्मल) होता है।

कमलेश ने निजाम को जब भी देखा है निजाम के वेषालंकार-निष्ठ अभि-प्रामाण्य से अनातंकित अप्रभावित रहकर। उनकी कविता के सरोकार बुनियादी हैं और वह हमेशा इस कोशिश में दीखती है कि जो कुछ घटित हो रहा है उसके हेतु और प्रयोजन से उसे खण्डित करके न देखे। लेकिन यह हेतु और प्रयोजन किसी खोज का विषय यहाँ नहीं है क्योंकि अन्वेषण की शक्तियाँ और पुरोवाचन के उपस्कर भी तो अन्ततः हेतु और प्रयोजन से युक्त हैं। यह खोज का विषय नहीं है लेकिन 'ज्ञान' का भी शायद नहीं है क्योंकि वस्तुतः तो इसमें कुछ 'छिपा हुआ' नहीं है, यह पूर्वज्ञात पूर्वानुभूत घटित है जो अपरिहार्यता और अनिवार्यता का अंग है और अपरिहार्यता और अनिवार्यता भी इसीलिए है कि उनका होना अपरिहार्य और अनिवार्य है।

कमलेश की कविता और विश्व में जो सम्बन्ध है उसका सन्निकटन लाइब्निट्ज के शब्दों में 'पूर्वस्थापित सामंजस्य' से किया जा सकता है। इस नाते उनकी कविता में उस तरह की क्रान्तिकारी (=रोमांटिक) अवधारणा का सर्वथा अभाव है जो 'परिवर्तन' से एक रूढ़ अर्थ में जुड़ गयी है। कमलेश के यहाँ परिवर्तन जिस अर्थ में है उसका सन्निकटन उस अर्थ से किया जा सकता है जिस अर्थ में उसे यूनानी दार्शनिक हेराक्लिटस ने समझाया था—यह 'विरोधी तनावों की सह-स्वरता' है, जिस पर दुनिया टिकी हुई है। सहस्वरता यूँ कि जो दो परस्पर विरोधी दीखते हैं वे विरोधी नहीं हैं—इस अर्थ में नहीं कि वे 'एक ही सिक्के के दो पहलू' हैं, बल्कि इस अर्थ में कि स्वर की मूल एकता के अधीन उन्हें तो दो होना ही था ताकि स्वर हो, स्वर नहीं होगा तो सृष्टि कैसे होगी जो कि है। इसलिए "एक दिन अपने बघनखों से वह इस सृष्टि का पेट/फाड़ देगी" जैसी पंक्तियों से ही समूची बनी हुई कविता 'कँकरीली पथरीली ममता' भी मूलतः वही प्रभाव छोड़ती है जो "रोज पहरेदारों के इंगित पर हम तुम्हारी देह की/कारा में बन्दी हो जाते हैं समुद्री कीड़ों को/अपनी देह की ज्योनार देते हुए" जैसी पंक्तियों से बनी हुई 'विष्णुप्रिया' जैसी कविता। इन कविताओं में युद्ध से लेकर प्रेम तक के कर्म निर्मम (यानी 'मेरे नहीं') हैं।

इसका यह तात्पर्य नहीं है कि ये कविताएँ किसी ऐसी जगह पर लिखी गयी

हैं जहाँ दुख और सुख नहीं है। ये अर्जुन की कविताएँ हैं कृष्ण की नहीं, लेकिन कृष्ण के दोस्त की जरूर हैं। ये कविताएँ न विजय के पहले की ललकार से सकुचाती हैं न पराजय के बाद की धिक्कार से, लेकिन कर्म की टेक ये दोनों ही नहीं हैं, कर्म की टेक यह जिज्ञासा है कि मैं क्यों जीत रहा हूँ और क्यों हार रहा हूँ।

कर्म, जो अन्ततः भाषा है, इस 'अनावरण' के प्रयास से रहित होने पर बतकही में बिखर जाता है।

बतकही, जो अक्सर कविता और रचना की भाषा के एक महान गुण के रूप में बखानी जाती है, वस्तुतः भाषा के विखण्डन का परिणाम है। सुदूर अतीत का व्यक्ति अपनी भाषा को एक परावाक् का उच्चार मानता था, मात्र एक कायिक कर्म नहीं। ज्यों-ज्यों मानवीय वैचारिकता में ऐहिकता का दबाव बढ़ता गया भाषा की भूमिका घटती गयी है, वह कम से कम बातों को कहने के लिए, कम से कम सूचना को संज्ञापित करने के लिए इस्तेमाल के योग्य बनायी जाती रही है। इसका सीधा रिश्ता एकार्थता और नानार्थता से बनता है, जितना ही कम संज्ञापित करने को होगा उतनी ही भाषा एकार्थक होगी और 'बोलचाल के नजदीक' होगी।

कमलेश की कविता की भाषा 'बतकही' नहीं है, वह 'बोलचाल' की भाषा के नजदीक नहीं है। यह मैं स्पष्ट कर दूँ कि यह मैं इस आधार पर नहीं कह रहा हूँ कि उनकी भाषा में तत्सम शब्दों या जटिल वाक्य-संरचनाओं का प्रयोग है, बतकही का मतलब अन्दाज से है।

दरअसल कमलेश की कविता में गाँव के किसान और एक सम्पूर्ण जागतिक अनुभव से गुजरते हुए सहस्राब्दियाँ छलाँगती हुई समूची प्राणिपरम्परा में कोई अन्तर ही नहीं है, दोनों ही जिस समय होते हैं पूरे होते हैं और कमलेश के ही शब्द इस्तेमाल करें (स्वामीनाथन् की कला पर लिखी गयी कविता) तो इतने पूरे होते हैं कि ईश्वरीय होते हैं। यह ईश्वरीय होना कैसे सम्भव होता है. इसको समझने के लिए एक औसत हिन्दू मन से अधिक कुछ नहीं वांछित है, (और उससे कम भी कुछ नहीं) यानी जिस समय आप एक मामूली-सा पेड़ या पत्थर पूज रहे हैं उस समय उस पेड़ या पत्थर में ही सारे देव हैं, सारा अद्वैत है और सारा शब्द ब्रह्म है। इसलिए उनकी कविता को दो फांकों में नहीं बाँटा जा सकता, उसमें गाँव या कस्बा कोई ऐसा निकाय नहीं जो अपने से इतर को स्वायत्त न करता हो, कोई ढब नहीं है जिसमें सारे ढब न हों, कोई बोली नहीं है जिसमें सारे बोल न हों, कोई प्रणाली नहीं है जो कविता पर काबिज हो, कोई शब्द नहीं है जिस पर कोई वाक्यपद्धति हावी न हो।

इसलिए कमलेश की कविता में विधि और निषेध एक आनुष्ठानिक अनिवार्यता के अधीन आते हैं। वे किसी अर्थप्रक्रिया का स्वीकार या अस्वीकार नहीं

है। ऐसा कोई प्रतिबन्ध नहीं है कि इन कविताओं को एक राजनीतिक/सामाजिक/ऐतिहासिक सरोकार का बसेरा नहीं मिल सकता लेकिन ऐसा कोई आश्वासन नहीं है कि ऐसा कोई सरोकार इन कविताओं का घर भी होगा। कोई भी सरोकार इन कविताओं को एक चोला देता है, लेकिन प्रत्यक्षीकरण की प्रविधियों में जरा-सा फेर लाते ही वह चोला भी बदल जाता है।

कमलेश की कविताएँ विश्वप्रपंच का एक साथ लघिमा और गरिमा में आकलन है, एक साथ दूरियों का संकोच और निकटताओं का प्रस्तार है और इस अर्थ में वे नापतोल के परस्पर-अपवर्जी क्रम-विन्यासों पर एक तरह का आक्षेप करती हैं। क्योंकि वे जब भी दो भिन्नताओं को सिरजती हैं, उन भिन्नताओं में अन्योन्याश्रय सम्बन्ध होता है।

यह अन्योन्याश्रय सम्बन्ध शब्द-अर्थ, भाव-शिल्प, कवि-पाठक, वीक्षक-वीक्ष्य, देव-असुर, किसी में भी मूर्त हो सकता है। किन्तु अन्योन्याश्रय का यह मूर्तिमद्‌भवन कर्ता नहीं, करण है।

[कर्ता, यानी वह जो स्वतन्त्र है (स्वतन्त्र : कर्ता, पाणिनि) जो कर्म के अधीन नहीं कर्म का स्रष्टा है, जो क्रिया के अधीन नहीं क्रिया का स्रोत है। करण यानी वह जो साधकतम है (साधकतम् करणम्, पाणिनि) क्रिया के साधकों में सर्वाधिक साधक। प्रचलित उदाहरण है, 'राम ने रावण को बाण से मारा', इस वाक्य में 'मारना' क्रिया के लिए राम का हाथ या धनुष भी साधक है, इससे इन्कार नहीं किया गया है लेकिन साधकतम के रूप में बाण को प्रस्तुत किया गया है, इसलिए इस वाक्य में 'बाण' में करण कारक है।]

कमलेश की कविता को क्रिया के रूप में देखने पर कर्ता अविनाभाव है, करण है अन्योन्याश्रय में मूर्तिमद्‌भवन। अविनाभाव, यानी बिना (=बगैर) के अस्वीकार का भाव।

इस तरह से कहने पर ऐसा लग सकता है कि यह कविता सत्ताओं की नहीं सत्ताओं के बीच के सम्बन्धों की कविता है। यह सही होगा बशर्ते कि यह ध्यान में रखा जाये कि 'सम्बन्ध', दो स्थावर सत्ताओं के बीच एक जंगम सत्ता को कहते हैं। लेकिन कौन-सी सत्ता स्थावर है और कौन-सी जंगम यह इस पर निर्भर है कि कौन-सी वैश्विकी के अधीन वे सत्ताएँ वीक्ष्यमाण हैं, दूसरे शब्दों में सत्ताओं के स्थावरत्व और जंगमत्व का निर्धारण अथवा वीक्षा ही वैश्विकी है।

यह स्थावरत्व और जंगमत्व जिस वैश्विकी या क्रिया के अधीन निर्धारित अथवा वीक्ष्यमाण होता है उसका प्रमाकरण कविता ही कर सकती है, क्योंकि कविता में ही वे कारयित्री शक्तियाँ हैं जो स्वर्ण को कुण्डल में बदलती हैं। कविता माया है जो अहंकृति के प्रपंच को विस्तीर्ण करती है और जाग्रत-प्रपंच तथा स्वप्न-प्रपंच का इस अर्थ में एकीकरण करती है कि वह दोनों की मायिकता को साक्षात्कृत

करती है।

काव्यप्रपंच जागतिक प्रपंच का स्वांग (=सिमुलेशन) है, इसलिए उसमें सर्ग और प्रतिसर्ग के वे विधिनिषेध भी अनिवार्यतः प्रभावी होते हैं जो जागतिक प्रपंच के विधिनिषेध हैं। जागतिक प्रपंच के ये विधिनिषेध क्या हैं? पृथ्वी क्यों इतनी ही बड़ी है, पार्थिव गुरुत्व की मात्रा इतनी ही क्यों है, पारिस्थितिक प्रतिबन्ध ऐसे ही क्यों हैं?

ऐसे प्रश्नों के उत्तर अभिकथन न होकर विज्ञान होते हैं—उदाहरण के लिए 'बिजली क्या है' का उत्तर विद्युत विज्ञान है—लेकिन कदर्थता के प्रश्न से उलझते हुए एक अभिगृहीत से छुटकारा मिलता नहीं दीखता, वह यह कि करतार और कुम्हार में कुछ न कुछ उभयनिष्ठ है। अन्यथा इसका कोई हल नहीं मिलता कि मनुष्य को भाषा क्यों मिली है, कल्पना की शक्ति मनुष्य में क्यों है, विलास और हाव, शोक और निर्वेद की क्षमताएँ मनुष्य में क्यों हैं। मानुषी चेतना को सर्वथा अविशिष्ट मानने पर हम उसी तरह के नतीजे पर पहुँचेंगे जिस तरह के नतीजे पर ग्रीक दार्शनिक ज़ेनॉफनीज़ जैसे विचारक पहुँचते हैं, यानी इस तरह के नतीजे पर कि यदि घोड़े चित्र बना सकते तो देवताओं की आकृतियाँ घोड़ों जैसी होतीं। इस तरह का चिन्तन नितान्त अकिंचित्कर चिन्तन है, क्योंकि अव्वल यह इस सवाल का जवाब नहीं देता कि घोड़े क्यों चित्र नहीं बना सकते और दोयम यह इस सवाल का जवाब नहीं देता कि बावजूद इसके कि चित्र मनुष्य बनाते हैं, देवताओं की आकृतियाँ घोड़ों जैसी भी क्यों होती हैं।

ज़ेनाफनीज़ का तर्क अपनाने पर हम स्वभावतः यह मानने लगते हैं कि होमर और हीसिअड ने देवताओं पर मनुष्यों की कमजोरियाँ लादने के अलावा कुछ नहीं किया है, दूसरे शब्दों में, उन्हें देवता प्रत्यक्ष नहीं थे और समूचा काव्यप्रपंच और मिथकप्रपंच उसी कोटि का एक छल है, जिस कोटि का छल ताश के पत्तों की हेराफेरी होती है।

लेकिन मायिकता और कपट में अन्तर है, दोनों दो भिन्न कृत्य हैं। सर्जना से कुछ न कुछ अपूर्व उपजता है, यानी कुछ ऐसा जो पहले नहीं था। यह अपूर्व (यानी जो पहले नहीं था) पूर्व (यानी जो पहले था) की नियति है; अर्थात् पूर्व के होने का कोई तुक नहीं था अगर उसे अपूर्व को नहीं उपजाना था। दूसरे शब्दों में, बीज इसलिए है कि उससे पेड़ निकले और हवा और पानी इसलिए हैं कि बीज से पेड़ निकल सके और ग्रह-नक्षत्रों का यह जखीरा इसलिए है कि पृथ्वी नामक एक ग्रह पर हवा और पानी हो सके।

सम्पूर्ण विश्वप्रपंच प्राण के निमित्त तानित होता है।

और वह किसी ऐन्द्रिक परिसीमन के अधीन नहीं है। सिर्फ देखे जाने के लिए नहीं है, सिर्फ सुने जाने के लिए नहीं है, सिर्फ सोचे या समझे जाने के लिए भी नहीं

है। उपभोग्य है लेकिन सिर्फ उपभोग के लिए नहीं है। व्यक्ति या समाज के लिए है लेकिन सिर्फ व्यक्ति या समाज के लिए नहीं है। पिता और पुत्र के लिए है लेकिन सिर्फ पिता और पुत्र के लिए नहीं है, सन्तान (=बढ़ते-फैलते रहना) के लिए है।

प्राण से, और प्राण के लिए तानित विश्वप्रपंच के अनुकार पर ही काव्यप्रपंच भी तानित होता है। कविता एक ऐसे वर्तमान को आँकती-आँजती है जिसमें अतीत और भावी की वीक्षाजन्य निर्मिति समाविष्ट है जो चेतना का संकोच नहीं है, विस्तारगर्भी चेतना की आख्या है।

'जाग्रत-प्रपंच' और 'स्वप्न-प्रपंच' शब्दों का प्रयोग ऊपर किया गया है। 'जागते रहने' और 'सोते रहने' से कुछ मानकीय (=नार्मेटिव) पूर्वग्रह जुड़े हुए हैं और वे पूर्वग्रह इन शब्दों से भी जुड़ जाते हैं। इसलिए इन शब्दों को छोड़कर एक दूसरे शब्द का प्रयोग करना समीचीन होगा—'प्रतिमायिक'। स्वप्न की प्रतिमाया जागरण है, और जागरण की प्रतिमाया स्वप्न।

इस शब्द का इस्तेमाल करते हुए, कविता की जागतिक संरचना एक प्रतिमायिक संरचना है। वह हमारे व्योम-काल का एक प्रति-व्योमकाल रचती है, एक प्रति-प्रपंच है।

प्रति-व्योम, प्रति-काल, प्रति-घटना आदि कहने से मेरा क्या तात्पर्य है उसके लिए कुछ उदाहरण :

1. 'खोया चमत्कार' में प्रतिकाल, क्षय और विरूपण की उस हद में है, "आकाश जब सूखे तालाब-सा चिड़ियाविहीन होकर/प्रकट कर देगा अपनी असमर्थता" और प्रतिव्योम है " आँखों पर तरह-तरह की पट्टियाँ बाँधे/अपने घर की तलाश लोगों की व्यर्थ हो रही होगी।" प्रतिघटना है "अवतरित होगा तब वह राज्य जहाँ भक्ष्य स्वादु अन्नों की/विषमयता नष्ट हो जायेगी···"

इस कविता का प्रतिप्रपंच 'समकालीन' वर्तमान विरूपण को एक ऐसी प्रक्रिया के रूप में देखने से बनता है जो सीमित प्रक्रिया है या यों कहें कि जिस प्रक्रिया का अन्त उसके होने में ही शामिल है। [दृष्टान्त के रूप में : आकाश स्थित एक नक्षत्र गुरुत्व के अधीन गैस के पिण्डीभूत होने से बनता है और फिर उसी गुरुत्व के अधीन उस पिण्ड के संकोच के नाते उसका निपात (=कोलैप्स) भी होता है जब वह कालिविवर (=ब्लैक होल) के रूप में व्योम-काल के सारे समीकरणों से परे सब कुछ 'भूलता हुआ' चरम विनाश को प्राप्त होता है।] यहाँ विरूपण वहिर्हेतुज नहीं है, कोई ऐसा विकार नहीं है जिसे एक सामयिक प्रयास से दूर किया जा सके। आकाश के तालाब में लबालब पानी भर देने के आह्वान की कविता यह नहीं है, विरूपण का उद्भव खोजने और उसे दूर करने की कविता यह नहीं है। यह रोमाण्टिक कर्म की कविता नहीं है, क्लासिकल कर्मबोध की कविता है, लेकिन यहाँ

वह ग्रीक ट्रेजिडी के क्लासिकल कर्मबोध की कविता नहीं है क्योंकि विरूपण का कोई कारक नहीं है, विरूपण का निमित्त अवश्य कुछ हो सकता है।

कारक की जगह निमित्त को रखने के नाते ही इस कविता में जो प्रतिघटना है वह एक वृहत्तर विधान की अंगीभूत है, किसी सचेष्ट हस्तक्षेप का परिणाम नहीं है। हस्तक्षेप के अभाव, या यूँ कहें कि हस्तक्षेप को भी एक वृहत्तर विधान का अंगीभूत मानने के नाते इस कविता में तात्कालिक त्रास या विकलता के प्रातिपदिक कलियुग के प्रातिपदिक हैं, कलियुग जो कृतयुग का चरम विरूपण भी है और कृत-युग की पुरोहिती भी।

इस तरह, जैसा कि अशोक वाजपेयी ने लिखा है, कमलेश की भाषा में 'एक और तह का अहसास' है, उनकी कोशिश भाषा की जडों तक पहुँचने की है, उनकी तलाश 'भाषा में अपनी पीछे छूट गयी भूमि की'। इसमें टीका के रूप में इतना जोड़ना और जरूरी होगा कि यह 'एक और तह का अहसास' बराबर बना रहता है, हर तह का सामना अगली तह की पुरोहिती है। और हर तह से सामना होने के साथ यह अहसास भी जोर पकड़ता जाता है कि ये तहें अन्योन्याश्रय के एक वृत्त में कारयित्री प्रतिभा को भावयित्री प्रतिभा के निकट ले आते हुए अन्ततः एकीकृत करती हैं—कविता की ज्यामिती वीक्षा और निर्मिति के बीच की फाँक को निरन्तर अपनी वक्रता के दबाव से पाटती जाती हैं।

इसलिए 'जड़ों तक पहुँचने की' कोशिश में जड़ें कोई मंजिल नहीं हैं और 'पीछे छूट गयी भूमि की' तलाश का समझना यह नहीं है कि किसी 'टाइम मशीन' से गुजरकर प्राचीन वैदुष्य और पवित्रता तक पहुँचा जा सकता है। यह तलाश ऐसी किसी धूल को साफ करने की नहीं है जिसकी परतें सभ्यता की सहस्राब्दियों में मनुष्य की श्रेयसी मेधा पर जम गयी हैं, यह तलाश पापबोध के पार जाने की नहीं है और न ही यह मनुष्य की पूर्वजा देवोपम प्राणिसत्ता की उपलब्धियों तक पहुँचने की कोशिश है। उदाहरण के लिए अभी मैंने कहा कि कमलेश की कविता में तात्कालिक त्रास या विकलता के प्रातिपदिक कलियुग के प्रातिपदिक हैं, लेकिन (ऐतिहासिक ज्ञेयता के ज्वार में सहमत होते हुए !) कलियुग को एक कालखण्ड मान लेना ठीक न होगा :

> सोता हुआ कलि होता है बैठनेवाला द्वापर। उठकर खड़ा हो गया त्रेता होता है। चलता हुआ होने पर कृत होता है।
>
> —ऐतरेय ब्राह्मण 33/15

इस मिथकीय ढाँचे को सामने न रखने पर ऐसा प्रतीत हो सकता है कि यह 'नोबल सैवेज' की स्मृति, 'चर्च ट्रायम्फैण्ट' के स्वप्न और ग्रीक ट्रेजिडी के भय (मामूली लोगों पर पड़ती विपत्ति) तथा करुणा (अपराध के अनुपात से बहुत अधिक दण्ड) के तत्त्वों से उपजा रचना कर्म है। इन सबसे ये कविताएँ अछूती हैं

ऐसा नहीं है क्योंकि अध्ययन और विश्लेषण की हमारी प्रौद्योगिकी में पश्चिमी परम्परा का तमाम वैदुष्य भी अब शामिल है, वह निरा 'बाहरी' भी नहीं रह गया लेकिन वह सर्जना की प्रकृति नहीं है। इन कविताओं की प्रतिमायिकता का सन्तान जिस ऊर्जा से होता है उसमें उसकी कोई हिस्सेदारी नहीं है, यद्यपि निश्चय ही ऐसा कोई आग्रह भी नहीं है कि कुल्हाड़ी लोहे की नहीं बन सकती।

2. 'वह जगह जहाँ कोई भी तामीर मुश्किल नहीं' ('दिनों की आकांक्षा') एक प्रतिमायिक व्योम है। और दूसरी ओर वह मायिक व्योम है जिसमें 'सारी दैत्य-लीला चलती रहती है किसी/छिपी तरतीब से···' ('दैत्यलीला')। यह मायिक व्योम जिस मूर्च्छा की संसृष्टि है उसकी प्रतिमूर्च्छा की संसृष्टि है, यह प्रश्नवाचक :

···हम अचानक उस पाश से
मुक्त होते जाते हैं पाते हैं कहीं वह
दैत्यलीला भी तुम्हारी फितरत ही तो नहीं थी ?

—दैत्यलीला

दी गयी मूर्च्छा के विरोध में तो नहीं लेकिन उसके पूरक के रूप में एक प्रति-मूर्च्छा की संसृष्टि, मायिकता के पूरक के रूप में प्रतिमायिकता की संसृष्टि, विषाणुजन्य भावशून्यता के पूरक के रूप में प्रतिविषाणुजन्य भावप्रवणता की संसृष्टि, यही इन कविताओं का काम है जिनके जरिये ये हमें एक अधूरे जगद्बोध से एक पूरे जगद्बोध तक ले जाती हैं, स्थावर सत्ताओं की डिब्बाबन्द दुनियाओं को खोलकर उनके बीच की जंगम सत्ताओं को प्रत्यक्ष करती हैं और इस प्रकार पिण्ड को समाहित करनेवाले ब्रह्माण्ड को ऐन्द्रिकता प्रदान करती हैं।

इस तरह द्वन्द्व सिर्फ एक इकाई की अपर काया है, मिथुन केवल एक भाव का प्रत्यक्षीकरण। 'वास्तव'—जगत् और काव्यजगत् का सम्बन्ध प्रतिकार या सहकार का नहीं, सीधे-सीधे अविनाभाव का सम्बन्ध है। एक नहीं है अगर दूसरा नहीं है।

कविता इसलिए है कि मनुष्य है लेकिन मनुष्य भी इसीलिए है कि कविता है।

इस तरह कमलेश की कविताएँ मानववाद (ह्यूमनिज़्म) के उस दबाव से मुक्त हैं जो पिछली शताब्दी में 'शिक्षित' भारतीय की विचार-सरणि पर भी हावी हो चला है और साथ-साथ उस तथाकथित विकल्प से भी जो मनुष्य को कोई विशिष्ट स्थान दे ही नहीं पाता।

दुनिया में आदमी की सही तैनाती पहचानना शायद सबसे कठिन, लेकिन दैनन्दिन लोकायत कर्म के बाद एकमात्र सार्थक कृत्य है। कलाओं, विज्ञानों, बुद्धि और मनीषा की सारी शक्तियों का लगाव अन्ततः इसी से है। यह पहचान एक समाप्य कृत्य के रूप में नहीं, एक प्रवाही यात्रा के रूप में विकसित होती है और जैसी राह-कुराह यह पकड़ती है वैसी ही कविता भी सिरजती है।

मुझे ऐसा लगता है कि भारतीय चिन्तन में इस पहचान को कविता में समाकलित किया गया है। प्रसिद्ध मिथकीय कथा है कि पहली मनुष्य-रचित कविता अनुष्टुप् छन्द में थी, क्रौंच के जोड़े में से एक की हत्या होते देखकर महर्षि वाल्मीकि को जो शोक हुआ, वही श्लोक में बदल गया। श्लोक अनुष्टुप् का पर्याय है। इस तरह अनुष्टुप् लौकिक मानुषी कविता है जो दैवी कविता का मानुषी संसार में हो सकना है और मानुषी कविता ही वह मानुषी कर्म है जो इस दैवी संसार में मनुष्य की बहाली का तरीका, उसका सबूत और उसका सिलसिला है :

> ऊर्ज जानायन ने कपिवन भौवायन से पूछा कि यज्ञ का प्रातस्सवन तो गायत्री छन्द का है, माध्यन्दिन सवन त्रिष्टुप छन्द का है और तृतीय सवन जगती छन्द का है तो यह अनुष्टुप् क्या है जो हर सवन में आ जाती है? कपिवन भौवायन ने उत्तर दिया, अनुष्टुप् वाक् है और वाक् ही यज्ञ को तानती है।
>
> —जैमिनीय ब्राह्मण 1.283

अनुष्टुप् छन्द दिशाओं का छन्द है। 'शतपथ ब्राह्मण' में अग्निचयन के प्रसंग में उल्लेख आता है कि वसुओं ने पृथ्वी को गायत्री छन्द से, रुद्रों ने अन्तरिक्ष को त्रिष्टुप् छन्द से, आदित्यों ने द्यौः को जगती छन्द से और विश्वेदेवों ने दिशाओं को अनुष्टुप् छन्द से गढ़ा। मेरा मानना है कि संकेत इस ओर है कि दिशाएँ इधर-उधर, ऊपर-नीचे, अगल-बगल, पीछे-सामने, बाहर-भीतर की प्रत्यय हैं और इस तरह वे लोकों में गतिकी की प्रत्यय हैं, कर्म की राह हैं। सर्जना गति है, गति दिशा है, दिशा अनुष्टुप् है, अनुष्टुप् कविता है—मानवीय कर्म का प्रत्यय।

कमलेश की कविता जाने-अनजाने मानवीय कर्म के प्रत्यय के रूप में अपने को आकलित करती है। इसलिए इस कविता के हाव-भाव एक निष्पाप आस्था से संचालित होते हैं जिसमें ऐन्द्रिता का प्रस्तार वैश्विक व्यवस्था को अपने रस में सराबोर कर सकता है और उस वैश्विक व्यवस्था की प्राणवत्ता से रसमय हो सकता है। इसलिए इस कविता में स्वाद कोई दावा नहीं, धर्म है, और 'क्वालिटी कण्ट्रोल' की, तृप्ति से कोई पृथक् सत्ता नहीं है।

ये कविताएँ समर्पण की कविताएँ हैं, रस के आगे सर्जना का समर्पण, सर्जना के आगे काव्य-चातुरी का समर्पण, काव्य-चातुरी के आगे पक्षधरता का समर्पण, पक्षधरता के आगे शिक्षा का समर्पण। इसे यों भी कह सकते हैं कि शिक्षा को जीतकर पक्षधरता, पक्षधरता को जीतकर काव्य-चातुरी, काव्य-चातुरी को जीतकर सर्जना और सर्जना को जीतकर रस कमलेश ने हासिल किया है। लेकिन शब्द कोई भी इस्तेमाल किये जायें जब तक इस कविता में विनय और करुणा के स्पन्द को हम ध्यान में नहीं लाते, हम यह नहीं समझ सकते कि इन कविताओं में जान कहाँ से आती है।

विनय और करुणा, सब कुछ खर्च कर देने के बाद हासिल होते हैं। जब सारा अहंकार चुक जाता है तब विनय की सम्पत्ति से कवि श्रीमान् होता है, कमलेश के ही शब्द इस्तेमाल करें तो यह 'रूपक तज देने के बाद' होता है।

'रूपक तजना' क्या होता है ? वह 'केंचुल छोड़ना' जैसा कुछ हो सकता लेकिन वह रूपक का रूपकत्व मिटा देना भी हो सकता है और इस अर्थ में वह एक बहुत बड़ा काम है। अहंकार को मिटाना एक रास्ता है लेकिन जैसा कि महाराज भोज ने 'शृंगार प्रकाश' में प्रतिपादित किया, यह समझना भी एक रास्ता है कि अहंकार एकमात्र रस है। 'रूपक तज देने के बाद' विनय और अहंकार एक ही है।

कवि की विनय, यानी शब्द जैसे कि वे उसे मिले हैं, और कवि का अहंकार, यानी अर्थ जैसा कि उसके मन में है, ये अलग-अलग शायद पहचाने जा सकते हैं लेकिन जब वे रूपक तज देते हैं तब उनकी सम्पृक्ति अप्रमेय है, गूँगे का गुड़ है।

कालिदास इस सम्पृक्ति पर मुग्ध थे। 'रघुवंश' का मंगल श्लोक 'वागर्थाविव सम्पृक्तौ···' प्रसिद्ध ही है। 'कुमारसम्भव' में वे फिर इस बात को दुहराते हैं 'तमर्थमिव भारत्या सुतया योक्तुयर्हसि' (6/79); जैसे वाणी को अर्थ से मिलाते हैं वैसे ही तुम्हें चाहिए कि अपनी लड़की (पार्वती) को उनसे (शिव से) मिलाओ, यह है महर्षि अंगिरा का कहना हिमालय से। 'कुमारसम्भव' काव्य में कुमार (स्कन्द) का सम्भव (जन्म) अवर्णित क्यों रह गया, इसकी एक व्याख्या यह भी है कि शब्द है पार्वती, अर्थ है शिव, दोनों की सम्पृक्ति से उत्पत्ति होती है कुमार यानी स्कन्द की, जो रस है। शब्द और अर्थ दोनों प्रमेय हैं, वर्ण्य हैं किन्तु रस नहीं, इसलिए 'कुमारसम्भव' में स्कन्द के जन्म का वृतान्त नहीं लिखा जा सका। अस्तु, यह जोड़ना आवश्यक है कि यह सिर्फ 'कविताई' नहीं, भारतीय चिन्तन का एक केन्द्रीय निष्कर्ष है : 'रुद्रोर्थोऽक्षरः सोमा' (रुद्रहृदयोपनिषद्) जैसे सैकड़ों वाक्य जो विविध दर्शन ग्रन्थों और पूजापाठ के मन्त्रों से लेकर काव्यों और काव्य-शास्त्रीय ग्रन्थों तक बिखरे हैं, यह बार-बार दुहराते हैं कि कविता परमवस्तु है, अप्रमेय है, शब्द और अर्थ का सामरस्य है और यहीं वह शास्त्र या इतिहास से अलग है। शास्त्र शब्दप्रधान है, इतिहास (=लीजेंड) अर्थप्रधान लेकिन कविता उभयप्रधान है। इसका प्रमाण-पुष्ट विवेचन एक स्वतन्त्र निबन्ध की अपेक्षा रखता है, यहाँ हम कमलेश की एक कविता 'जरत्कारु' पर इस सिलसिले में कुछ कहते हैं।

'महाभारत' (आदिपर्व 45) में जरत्कारु की कथा का वह अंश वर्णित है जिसकी ओर इस कविता में संकेत है या यों कहें कि जिसकी पृष्ठभूमि पर यह कविता रची गयी। कथा यह है कि महर्षि जरत्कारु ने एक कुएँ में कुछ लोगों को घास से लटकते हुए देखा। घास की सारी जड़ें कटी हुई थीं सिर्फ एक जड़ बाकी थी, उसे भी एक चूहा काट रहा था। महर्षि ने इस घोर विपत्ति में पड़े हुए लोगों से कहा

कि मेरी तपस्या का चौथाई या आधा या पूरा भी अगर आप लोगों का उद्धार कर सके तो मैं प्रस्तुत हूँ। उनका उत्तर था कि हम स्वयं तपस्वी हैं, हमारा तप क्षीण हो चुका है क्योंकि हमारा कुल अब समाप्ति की ओर बढ़ रहा है। यह चूहा काल यानी समय है, यह अकेली जड़ जिसके सहारे हम लटके हुए हैं, हमारे वंश में अकेला बचा जरत्कारु नाम का ऋषि है जो तपस्या के फेर में विवाह नहीं कर रहा है। सन्तान ही धर्म है—अगर आप उसे समझा सकें तो समझाइए कि विवाह करे और वंश को आगे बढ़ाये, क्योंकि हम सब घोर नरक में जाने ही वाले हैं। 'महाभारत' की कथा का आशय व्यक्ति का उसकी परम्परा के प्रति उत्तरदायित्व है। तपस्या या मोक्ष व्यक्ति की उपलब्धियाँ हैं और सन्तानोपत्ति उस ऋण से छुटकारा है जो व्यक्ति अपने जन्म के साथ ग्रहण करता है। यह भाव इस कविता की जमीन नहीं है। इस बात को यों भी कह सकते हैं कि इस कविता में जरत्कारु की समस्या को 'नये सिरे' से देखा गया है, लेकिन मैं यह कहना पसन्द करूँगा कि जरत्कारु की कथा का 'शब्द' इस कविता के लिए प्रधान नहीं है, यानी जरत्कारु की कथा इस कविता के लिए शास्त्र नहीं है। ज्यों-की-त्यों वह कहानी नहीं ली गयी इस कविता में।

इस कविता में ऊपर से देखने पर बात बिल्कुल उलट दी गयी है। 'महाभारत' का सवाल था कि तुम अपने पितरों के लिए क्या कर रहे हो, तुम सिर्फ अपने लिए नहीं पैदा हुए थे इस बात को जानो, तुम आगे की पीढ़ियों के लिए पैदा हुए थे, तुम इसलिए हो कि तुमसे पहले कुछ था और तुम इसलिए हो कि तुमसे बाद में कुछ हो सके, तुम्हें यह अधिकार नहीं कि भविष्य को तुम इसलिए समाप्त कर दो कि तुम्हें अपने लिए अकेले कुछ चाहिए। गार्हस्थ्य का कर्तव्य निबाहे बिना मोक्ष की प्राप्ति के प्रयास की समाकारिता (=आइसोमार्फिज्म) आज की उस उपभोक्ता संस्कृति की मानसिकता से है जो अपने रहते-रहते सारा कोयला फूँक लेना चाहती है और सारे पेड़ काट लेना चाहती है।

यह 'महाभारत' की कथा का कहना है। कविता में उस संवाद के पहले की बात है जो जरत्कारु और उनके पितरों के बीच सम्भव हो सका था। "एक झील की तलाश में/जिसका मीठा पानी चुल्लुओं भर/पी सकते" हैं जरत्कारु यानी हम और कुएँ से लटकते पितरों को देखकर भी इसके लिए विवश हैं कि सारे प्रश्न खुद से ही करें। सिवान तक जिन्हें पहुँचाकर लौट आये हैं, उनसे यह उम्मीद है कि वे कुछ करेंगे, कोई मन्त्र ले आयेंगे, यद्यपि यह शक भी बना हुआ है कि कहीं वे ही तो नहीं हैं जो कुएँ में लटक रहे हैं।

'आधुनिक' और 'उत्तर-आधुनिक' अब रूढ़ हो चले हैं और उनके उपयोग से गलतफहमी बढ़ने की बहुत गुंजाइश है। मैं एक नया शब्द गढ़ने का प्रस्ताव करता हूँ 'आस्मत्रिक' हमारे बीच का, हमारा। काल और व्योम जैसे कि वे हमारे हैं, जैसे

कि वे हमें छूते हैं, जैसे कि वे हमें समझ में आते हैं, जैसे कि वे हमें बाँधते हैं और जैसे कि हम उनसे बँधते हैं। इस शब्द में अपने अतीत का अस्वीकार नहीं, अपने वर्तमान से इंकार नहीं, अपने भविष्य का तिरस्कार नहीं।

कमलेश की कविता आस्मत्रिक है। हम मौत के पहले तक की जिन्दगी तक सिमटने की जिद छोड़ भी दें तो भी यह एक सचाई है कि हमारे और हमारे पितरों के बीच प्रत्यक्ष सम्वाद की कड़ी आज नहीं है। हमारे सामने यह स्पष्ट नहीं कि हम जिन्हें सिवान तक पहुँचाने गये थे उनका हमसे क्या सम्बन्ध है, हमारा सिवान (गाँव की सीमा) सिवान के आगे से कैसे जुड़ता है ? वे लोग कहाँ गए और कौन हैं जिन्हें हम सिवान तक छोड़ आए ?

इस प्रश्नाकुलता को 'आधुनिक' कहने में मुझे जो हिचक है उसका कारण है :

> फिर याज्ञवल्क्य से लाह्यायनि भुज्यु ने पूछा—'पारिक्षित (=परीक्षत् के बेटे जिन्होंने अश्वमेध किया था) कहाँ रहे ?' याज्ञवल्क्य ने कहा '···वे वहाँ चले गये जहाँ अश्वमेध यज्ञ करनेवाले जाते हैं।' (भुज्यु ने पूछा) 'अच्छा तो अश्वमेध यज्ञ करनेवाले कहाँ जाते हैं ?'···
>
> —वृहदारण्यक उपनिषद् 3/7

कविता भी इसी सवाल से जूझ रही है :

> वे रात को चले गये घोड़ों पर सवार
> हम जो सिवान तक पहुँचाने गये थे लालटेनें लेकर
> वापस लौट आये
> हम क्यों उन्हें रात ढले पहुँचा आये थे सिवान पर ?
> कौन से पुरखे लटक रहे थे जड़ों से ?
> आखिर हम उन्हें सिवान पर क्यों छोड़ आये ?
> कौन से मन्त्र वे आज तक नहीं लाये ?

इस आस्मत्रिक प्रश्नाकुलता को हम चाहें तो 'अपने वक्तों की पहचान' जैसा भी कुछ नाम दे सकते हैं। यह आस्मत्रिक छटपटाहट, उन सम्बन्धों का विपर्यास जिनमें एक आस्थायुक्त मानस अपने को पाने की उम्मीद करता है लेकिन जिनके बारे में एक प्रश्नाकुल मेधा को उत्तर नहीं मिलते, इस कविता (और इन कविताओं) का केन्द्रीय द्वन्द्व है।

और यह अर्थ कविता पर हावी नहीं है, यह कविता (ये कविताएँ) अर्थ-प्रधान नहीं है। जरत्कारु की कथा का शब्द हटा देने पर यह कविता एक ऐसा बयान रह जायेगी, जिसमें आस्मत्रिकता नहीं रहेगी क्योंकि हमारे लिए शब्द महत्त्वपूर्ण है जैसे कि नाम। एक आदमी जिसके होशोहवास खो जाते हैं, होश में आने पर जानना चाहता है कि मैं कहाँ हूँ और स्मृति-भ्रंश का सबसे दारुण रूप वह होता है जब वह यह सोच पाने में असफल रहता है कि उसका नाम क्या है।

ठीक इसी तरह कविता का एक पता-ठिकाना होता है, वही उसका शब्द है, उसकी जमीन है।

इस तरह यह कविता उभयप्रधान बनती है, शब्द के घर में अर्थ की रिहाइश की कविता।

शब्द के घर में अर्थ की रिहाइश अप्रमेय है लेकिन प्रमा पर पाबन्दी नहीं। कमलेश की कविता एक सम्पूर्ण कर्म के रूप में परिबद्ध है लेकिन उसका फलक अनन्तशक्य (=पोटेंशली इनफाइनाइट) है जैसे कि एक सैद्धान्तिक अभिकलित्र किसी भी दिये हुए क्षण में परिबद्ध है लेकिन उसका फलक (टेप) अनन्तशक्य है। इस कविता का परिसीमन केवल इसका संकेत (=एड्रेस) है, केवल यह कायिक अभिलक्षण कि यह एक मनुष्य की कविता है, जिसमें सचेत कविकर्म कारक है और जिसमें मनुष्य के ही सरोकार रूपायित होते हैं—हाँ, वे सरोकार सिर्फ उन अनुशासनों से ही नहीं हैं जो मनुष्यों के रचे हुए हैं, वे उन उपादानों और उन सत्ताओं से भी हैं जो किसी वृहत्तर निकाय के उसी प्रकार अवयव हैं जिस प्रकार कि मनुष्य।

सड़क पर खड़ा कवि

प्रभातकुमार त्रिपाठी

जगूड़ी के काव्य-संकलन पर लिखते हुए मैंने धूमिल के बारे में एक बात कही थी कि धूमिल ने युवा कविता को आत्मविश्वास की नुकीली, पैनी और बेलाग भाषा दी है और अब मुझे याद आ रहा है कि धूमिल की कविता को लेकर आत्मविश्वास की बात अशोक वाजपेयी ने भी कही है। अपनी बात को स्पष्ट करना इसलिए जरूरी लग रहा है कि व्यवस्था का विरोध करनेवाली अनेक युवा कविता में, आत्मविश्वास का यह स्वर, एक सामूहिक संकल्प के रूप में शब्द ग्रहण कर रहा है, लेकिन मैंने इस शब्द का प्रयोग थोड़े भिन्न अर्थ-सन्दर्भ में किया था। मेरा मुख्य आशय यह था कि धूमिल के यहाँ, अपने कवि-जीवन को लेकर, किसी तरह का ग्लानि-बोध या आत्म-दया का भाव नहीं है, यानी उनकी कविता का समावेशी चरित्र, मध्यवर्ग की उस खतरनाक ग्रन्थि के प्रभाव से निर्मित नहीं है, जिसकी कोंच के चलते कवि यकायक बिरादरीपन के हवाई दबाव की गिरफ्त में आ जाता है और उसे जरूरी लगने लगता है कि देश की अमानवीय हालत के ब्यौरों से अपनी कविता भर दे और इस अमानवीयकरण के लिए जिम्मेदार 'व्यवस्था' के प्रति अपना गुस्सा जाहिर करे। कविता में बन्द रहकर भी, बार-बार कविता से बाहर की भाषा में, ऐसे हथियार के द्वारा व्यवस्था को ध्वस्त कर देने की बात करे, कि हथियार और जिस लड़ाई से दूर बने रहने का अभिशाप उसकी नियति है, या शायद उसका चुनाव है। लगता है कि अधिकांश युवा कविता में, खासकर उसकी लड़ाकू-भाषा में, मेक-बिलीफ के संसार के शब्द हैं, और अचानक जब वे अपने वास्तविक संसार में आते हैं, तो उन्हें अपना व्यक्तिगत या कवि-जीवन निहायत गलत और ग्लानि-योग्य लगने लगता है। उग्रता और आत्मदया की भाषा ज्यादातर अतिरंजना और भावुकता की भाषा होती है, जो स्वाभाविक और सच्ची होने के बावजूद आत्मपरक होती है।

यह सम्भवत: धूमिल के काव्य की सबसे महत्त्वपूर्ण उपलब्धि है कि अव्वल तो अन्धकार का कोई निजी जिक्र उनकी कविता में उपस्थित नहीं है और अगर कहीं है भी तो उसे लेकर उनका आलोचनात्मक रुख काफी स्पष्ट है। यही कारण है कि उनके यहाँ अपने परवर्ती कवियों की तरह 'भावुक उग्रता' या बिखरा हुआ समावेशीपन (जैसा कि मणिमधुकर के यहाँ है) नहीं है, और न ही अकविता के दौर के कवियों की-सी आत्म-रति। इसलिए मुझे लगता है कि धूमिल की कविता का केन्द्रीय आकर्षण यही है कि वे अपनी कविता में आत्म-प्रक्षेप की मसीहाई मुद्रा से मुक्त हैं। इसलिए उनके व्यवस्था-विरोध के स्वर में, रेटॉरिक या सामान्यीकरणों जैसे, खतरनाक काव्य-उपकरणों का भी सार्थक और असरदार इस्तेमाल सम्भव हो सका है।

धूमिल भी अपने कवि-जीवन की सामाजिक सार्थकता को लेकर प्रश्नाकुल हैं और शायद इसलिए ही अनेक बार कविता के बारे में ही बात करते हैं। लेकिन कहीं भी उनके मन में अपने कर्म और हथियार को लेकर हीनता का वैसा भाव नहीं है, जो इधर के कई कवियों में है और जो कविता को दूसरा कुछ बनाने की कोशिश में, जन की जुबान का इस्तेमाल अपना निजी रोना और चिल्लाना लिखने के लिए कर रहे हैं। दूसरों की तरह धूमिल भी कविता के निकम्मेपन से परिचित हैं :

> कविता में जाने से पहले मैं
> आपसे ही पूछता हूँ
> जब इससे न चोली बन सकती है
> न चोगा
> तब आपै कहो
> इस ससुरी कविता को
> जंगल से जनता तक ढोने से क्या होगा—

लेकिन इसके साथ उनका यह भी विश्वास है कि 'कविता भाषा में आदमी होने की तमीज' है। धूमिल के यहाँ भी मध्यवर्ग के लालची और आत्म-सीमित संसार के अनुभव हैं :

> उसकी गर्दन लम्बी है। उसे शक है
> किसी ने रास्ते भर उसका पीछा किया है
> उम्र के सत्ताईस साल
> उसने भागते हुए जिये हैं
> ...   .
> अपनी अधूरी इच्छाओं में झुलसता हुआ
> वह एक सम्भावित नर्क है

वह अपने लिए काफी सतर्क है
और जब जवान औरतों को देखता है
तो उसकी आँखों में कुत्ते भौंकते हैं

यह महत्त्वपूर्ण है कि इसमें या इस मिजाज की किसी दूसरी कविता में भी, आत्म-ग्लानि की बात केन्द्र-स्थित नहीं है। यहाँ किसी 'वह' के साथ संग्राम की मुखर घोषणा नहीं है—बल्कि इस दुश्मन को उसकी कमीनगी के साथ, काफी नुकीली भाषा में पहचानने पर जोर है। यह दिलचस्प और महत्त्वपूर्ण है कि इस तरह की कविताओं में धूमिल, अकारण खींचतान नहीं करते। 'मकान' भी इसका प्रमाण है। अपने इस आलोचनात्मक रुख के कारण ही धूमिल ऐसी कविताओं के आत्मप्रक्षेपी-रूप (जो ग्लानि के मुहावरे के भी केन्द्र में होता है) का जरूरी सम्पादन करते हैं। वे आत्मलोचन को भावुक बेचैनी की कैफियत नहीं बनाते और इसलिए ही उनके लड़ाकू-मुहावरे में भी, गैर-जरूरी स्फीति नहीं है। वे स्फीति तक का इस्तेमाल अपने इरादे को, विश्वसनीय, प्रासंगिक और असरदार बनाने के लिए करते हैं। इस बात का इतने विस्तार में विश्लेषण इसलिए जरूरी लगा है ताकि हम धूमिल की भाषा के व्यवस्था-विरोध को चालू मुहावरे से अलग करके देख सकें और पहचान सकें कि अगर उन्होंने 'मोचीराम', 'प्रौढ़-शिक्षा', 'उस औरत की बगल में लेटकर' जैसी ठोस मानवीय स्थितियों की कविताएँ लिखी हैं, तो इसलिए कि वे सिर्फ आत्मपरक गुस्से के मुहावरे में नहीं बँधे थे, बल्कि लगातार बात करते हुए उन जगहों, उन मैदानों की ओर अपने लोगों को खींच रहे थे, जहाँ भारतीय मनुष्य को अपनी निर्णायक लड़ाई लड़नी है।

जाहिर है कि धूमिल की कविता की सार्थक पहचान के लिए यह जरूरी है कि हम धूमिल के व्यक्तित्व के इस ग्रन्थिमुक्त खुलेपन को समझें। यह समझ ही उनकी कविता के अतिरिक्त मुखर चरित्र की सोद्देश्यता और जरूरत को स्पष्ट कर पाती है और हम देख पाते हैं कि "कुछ होगा कुछ होगा अगर मैं बोलूँगा" जैसे स्पष्ट इरादे के साथ धूमिल जब शब्दों का इस्तेमाल आरम्भ करते हैं तो सबसे पहले अपनी भाषा का चरित्र तय करते हैं। उन्हें हर पल इस बात का खयाल है कि उन्हें जन की बोली में शरीक होना है। बेशक उनकी बोली में भाषण का अन्दाज कई जगह मौजूद है, जो कविता की नफीस धारणा को अपने काव्य-संसार में घुसने की इजाजत ही नहीं देता। राजकमल पर कविता लिखते हुए धूमिल ने कहा है—"जीभ और जाँघ के चालू भूगोल से/अलग हटकर उसकी कविता/एक ऐसी भाषा है, जिसमें कहीं भी/'लेकिन, 'शायद', 'अगर' नहीं है।"

मेरा खयाल है कि स्वयं धूमिल की कविता इस बात को एक जरूरी काव्यादर्श के रूप में स्वीकार करती है। उनकी भाषा में अगर प्रखर स्पष्टता है, 'स्पेड को स्पेड' कहने का नैतिक साहस है तो शायद इसलिए कि कविता के उद्देश्य

और उसकी जरूरत को लेकर उनके मन में कोई द्विधा नहीं है। वे अपने पेशे को अपने काव्य-नायक मोचीराम की तरह समझते हैं और उसी के चलते तमाम लोगों से बात करते हैं। मोचीराम के इस आदर्श को ही वे नहीं स्वीकारते कि उन्हें जिन्दा रहने के लिए सही तर्क चुनना है, बल्कि मोचीराम के व्यक्तित्व से, उसकी सूक्तिपरक असरदार मुखरता से, और उसके व्यक्तित्व में अन्तःसलिल मानवीय करुणा से, वे अपनी तमाम कविता का चरित्र गढ़ते हैं। यह आकस्मिक नहीं है कि मनुष्य के लिए संग्राम-रत युवा कविता की दुनिया में, सम्भवतः धूमिल प्रखर सम्बोधन के अकेले कवि हैं। सम्बोधन की यह बात महत्त्वपूर्ण है। यह उन्हें "मैं जन हूँ, मैं जन के साथ हूँ", जैसी भावुकजनोन्मुखता से मुक्त रखे हैं। वे जन के साथ रहने की आत्म-प्रक्षेपी घोषणाओं के नहीं, जन से बात करने की जरूरी मुखरता के कवि हैं। एक ऐसे समय में जबकि सम्वाद जरूरी है, युवा-कविता के अधिकांश से बातचीत की अनुपस्थिति दुर्भाग्यपूर्ण है। एक तरह से, युवा कविता सम्वादकेन्द्रित उद्‌बोधन के जरूरी रेटॉरिक की दृष्टि से काफी कमजोर है। जन-भावना और जन-संघर्ष के नाम पर ज्यादातर अपने देश के 'पढ़ाकू जनवादी' की मूर्ति ही, किसान और मजदूर के जीवन के ब्यौरों के बीच प्रतिष्ठित हो रही है। यह सुखद है कि जब धूमिल 'जन' की भाषा में शामिल होने की बात करते हैं तो उन्हें अपने मोचीराम की यह बात याद रहती है—

कुछ हैं जिन्हें शब्द मिल चुके हैं
कुछ हैं जो अक्षरों के आगे अन्धे हैं
वे हर अन्याय को चुपचाप सहते हैं
और पेट की आग से डरते हैं
जबकि मैं जानता हूँ 'इनकार से भरी हुई चीख'
और 'एक समझदार चुप'
दोनों का मतलब एक है
भविष्य गढ़ने में, 'चुप' और 'चीख'
अपनी-अपनी जगह एक ही किस्म से
अपना-अपना फर्ज अदा करते हैं

चूँकि धूमिल को अपने कर्म की दिशा के बारे में कोई शंका नहीं है, इसलिए वे 'समझदार चुप' की सार्थकता के प्रति पूरे सम्मान के साथ अपनी कविता को 'इन्कार से भरी हुई चीख' बनाते हैं। यहाँ ध्यान रखना उचित है कि चीख सिर्फ एक संकेत है, धूमिल की कविताएँ चीखती नहीं बल्कि एक सात्विक गुस्से के साथ बात करती हैं। अपनी बात को एक बौद्धिक वक्तव्य में रूपान्तरित करने का जरूरी खतरा उठाती हैं। अपने इस इरादे के साथ धूमिल जहाँ कहीं भी जाते हैं—फिर चाहे वह चुप्पी का इलाका ही क्यों न हो—वहाँ वे अपने लोगों को, अपने

कमरे से अपनी जड़-नींद तोड़कर बाहर निकलने के लिए आवाजें देते हैं। इन आवाजों में ही धूमिल की वह कविता बसी है, जिसे यह फिक्र नहीं है कि वह अपने पुरखों की बेटी रह गयी है या नहीं। इसलिए धूमिल उन तमाम लोगों को इनकार से भरी हुई चीख की जरूरत बतलाते हैं, जिन्होंने अपनी भाषा खो दी है :

कल मैंने कहा था कि वह दुनिया
जिसे ढँकने के लिए तुम नंगे हो रहे थे
उसी दिन उघर गयी थी
जिस दिन हर भाषा
तुम्हारे अँगूठा-निशान की स्याही में डूबकर
मर गयी थी

और धूमिल को पता है कि इन्हें शिक्षित करना, इनकी नींद तोड़ना, अपनी असलियत के साक्षात्कार के लिए इन्हें झिंझोड़ना जरूरी है। इसलिए ही—'हर हाथ में गीली मिट्टी की तरह हाँ हाँ मत करो'—जैसी प्रौढ़-शिक्षा के साथ धूमिल बड़ी तकलीफ से लेकिन स्पष्ट स्वर में आवाज देते हैं :

आ, अपने चौदहों मुखों से बोलता हुआ आ
ओ देश के पोर पोर में दुखते हुए गूँगे जुनून
क्रोध की अकेली मुद्रा में
उफनते हुए सात्विक खून
आ, बाहर आ
मैं एक अदना कवि तेरी भाषा का मुहताज
मुझे अपनी बोली में शरीक कर

धूमिल इस बोली में शरीक होने की प्रतिज्ञा के कवि हैं, लेकिन यही बोली उनके काव्य-संसार की सबसे बड़ी सीमा का भी निर्माण करती है। कविता को एक सार्थक वक्तव्य के रूप में प्रस्तुत करने के अपने इरादे के साथ, वे सम्वादहीनता की स्थिति को तोड़ते जरूर हैं, लेकिन बातचीत करने के दौरान अपने समय की भयानक हालत भी जब वे इसी तरह के वक्र और मुखर वक्तव्य के मुहावरे में ही परिभाषित करने की कोशिश करते हैं, तो अक्सर ही उनकी उत्कट हिस्सेदारी के जीवन-चित्र नहीं उभरते, बल्कि उनकी भाषा की चमक हमें घेर लेती है। ऐसा लगता है कि बातचीत को, वक्तव्य को, सूक्तिपरक सामान्यीकरण के टटके मुहावरे को हर कहीं इस्तेमाल करने का मोह, उन्हें समकालीन हालत की 'पेरिफेरल-दुनिया के संकेत-भरे चित्रण' में कैद कर लेता है। इस सिलसिले में आत्मेतर तकलीफ और बेचैनी के दबाव से लिखी गयी, महत्त्वाकांक्षी कविता 'पटकथा' की याद आती है, जहाँ उनका अधिक बोलना, चुप्पी के बीच जीनेवाले हिन्दुस्तान की 'अमानवीयकृत हालत' को—जल्दबाजी के भावुक बयानों और फिकरेबाजी

का एक अखबारी सिलसिला बना देता है। कुछ उदाहरण लें :

मैंने अचरज से देखा कि दुनिया का
सबसे बड़ा बौद्ध मठ
बारूद का सबसे बड़ा गोदाम है
अखबार के मटमैले हाशिए पर
लेटे हुए तटस्थ और कोढ़ी देवता का
शान्तिवाद नाम है
यह मेरा देश है
यह मेरा देश है
हिमालय से लेकर हिन्द महासागर तक
जली हुई मिट्टी का ढेर है
... ...
एक भेड़ है
जो दूसरों की ठण्ड के लिए
अपनी पीठ पर ऊन की फसल ढो रही है
... ...
उसकी नाभि में एक सड़ा हुआ घाव है
जिससे लगातार वदबूदार मवाद बह रहा है

ऊपर की तमाम पंक्तियाँ क्या हिन्दुस्तान की अमानवीय हालत को इस तरह उपस्थित कर पाती हैं कि उससे हमारी समझ और सम्वेदना के इलाके में कोई क्रियात्मक हलचल हो सके ? क्या ये पंक्तियाँ (इस तरह की अनेक पंक्तियाँ इस कविता में हैं) जन-संघर्ष के मैदान में कवि की बेचैन मौजूदगी का कोई जीवन्त और आत्म-साक्ष्य ही देती हैं ? मुझे तो लगता है कि इस कविता में सूझ और शब्द के बीच, कवि की बौद्धिक कुशलता और उसके अपने मुहावरे की एक खास चमक ही अधिक है, जिसके बल पर उसने अपनी लगभग स्थिर हो चुकी बेचैनी को स्वातन्त्र्योत्तर भारत की हालत से संयुक्त किया है। यह कविता उन जगहों पर भी बोलती और समझाती है, जहाँ कि संयम और रचनात्मक संश्लेषण की जरूरत है। ऐसी जगहों पर लगता है कि सड़क में भी कवि, जीवन को रचना नहीं चाहता, उसके बारे में बात करना चाहता है। मुझे लगता है कि यह धूमिल की ही नहीं, आज की जरूरी राजनैतिक कविता की महत्त्वपूर्ण असफलता है कि इरादे की ईमानदारी के बावजूद अधिकांश कवि, रचना के कल्पनाशील आयोजन से कतराते हैं। वे राजनीति को उसी भाषा और उसी मुहावरे में ग्रहण करते हैं, जिस भाषा में राजनेता कर रहे हैं। राजनेता की सीमा (या चालाकी) कवि की भी सीमा हो, यह दुर्भाग्यपूर्ण है। धूमिल, जिनके यहाँ अन्य कवियों की तुलना में मूल्यबोध

की स्थिति केन्द्री है, भी शायद इसी प्रचलित काव्य-रूढ़ि के शिकार हो गये लगते हैं कि जनता और देश की हालत से, उत्तेजना और सूचना के स्तर पर, परिचित करानेवाली कविता ही राजनैतिक है।

आज जबकि मनुष्य के संसार के सुन्दर-असुन्दर सार्थक-निरर्थक होने का पूरा दारोमदार संगठित राजनीति के ऊपर है, तो उसकी मुखालिफत के लिए यह जरूरी है कि हम उसके द्वारा निर्मित अमानवीय बदसूरती को उसकी समग्रता में उपस्थित करने का यत्न करें। राजनीति की क्रूरता का चरित्र तभी समझा जा सकता है, जबकि समूह का जीवन या अजीवन—किसी ठोस व्यक्ति-पात्र के माध्यम से, जिसकी स्थिति रचना में केन्द्रीय हो या किसी मूर्त प्रसंग के माध्यम से, ब्यौरों, क्रियाओं तथा जरूरत के मुताबिक रेटॉरिक के उपयोग से मूर्त किया गया हो। धूमिल की वक्र, चमकदार और बयान से भरी भाषा, प्रायः इस अजीवन को और इसलिए व्यवस्था की क्रूरता को, तमाम जटिलताओं के साथ उपस्थित करने की कोशिश नहीं करती। उसके लिए अपेक्षित रचनात्मक-धैर्य सँजोकर नहीं रखती। ऐसा लगता है कि धूमिल जहाँ बात करते हैं, समझाते हैं, लोगों को अपने पास बुलाते हैं तो उनकी आवाज में एक मानवीय गरमी होती है, लेकिन जहाँ वे कहते हैं—चलो मैं हिन्दुस्तान दिखाता हूँ, तो भी इतना ही दिखा पाते हैं, जितना सड़क पर से देखा जा सके।

प्रारम्भ में ही मैंने धूमिल की भाषा में आत्मविश्वास की बात कही थी और उसके नुकीलेपन पर जोर दिया था। मुझे लगता है कि यह सरल-रैखिक और बड़ी धुन की पक्की भाषा है। इससे जहाँ उनकी कविता आत्ममर्सिया या स्फीति के खतरनाक मुहावरे से बची है, वहीं उसमें परिधि की दुनिया से नीचे और गहरे जाने की कोशिश भी नहीं है। न तो वे व्यक्ति के अन्तःसंघर्ष जटिलता में उकेरते हैं, और न ही अपने समय को, संस्कारग्रस्तता तथा स्मृतिहीनता के सन्दर्भ में देख पाते हैं। जन समुदाय को उसके मूल्यों के स्तर पर बदलने के लिए कोई दीर्घ-कालिक सांस्कृतिक योजना उनके यहाँ नहीं है। यह आकस्मिक भी है कि धूमिल की भाषा की सांकेतिकता में वह रचनात्मक-एम्बीग्वीटी नहीं है, जो आदमी की सतह से लेकर तह तक की इच्छाओं को एक अनोखे और प्राणवन्त संसार की तरह उपस्थित करती है। शायद धूमिल इस बात को महत्त्वपूर्ण भी नहीं मानते थे। वे अपनी भाषा में उतनी ही चमक, उतना ही वक्तव्य भरना चाहते थे, ताकि अपने लोगों की भीड़ में उनकी बात समझी जा सके। वे अपने लोगों और अपने समय के प्रति समर्पित, सड़क पर खड़े अदना कवि ही रहना चाहते थे, स्मरणीय या शाश्वत कविता के नुस्खों से उन्हें परहेज था।

सूखी झील पर बसे हुए शहर की तरह था[1]

मदन सोनी

उपर्युक्त पाद टिप्पणी की भूमि पर हम एक परिकल्पना खड़ी करें !—पारम्परिक 'पराव्योम' के बरक्स एक 'अपव्योम' की परिकल्पना ! एक ऐसा 'अपव्योम' जो हमारे दिक्-यथार्थ को उसकी समक्षणिकता में इस तरह स्वायत्त करता हो कि वह इस यथार्थ का मात्र प्रतिबिम्ब, मात्र अनुकृति न हो बल्कि इस यथार्थ के साथ उसकी अवस्थिति इस तरह हो कि जिस क्षण वह, यथार्थ का प्रतिबिम्ब हो, ठीक उसी क्षण यथार्थ, उसका प्रतिबिम्ब हो : दोनों में से कोई 'बिम्ब' न हो जो प्रतिबिम्बित हो रहा हो, दोनों में से कोई 'प्रतिबिम्ब' न हो, जो किसी बिम्ब से बँधा हो।

> राधा अपने एकान्त कक्ष में दर्पण के सामने खड़ी शृंगार कर रही है। अचानक पीछे से कृष्ण आते हैं और उनकी दृष्टि दर्पण से झाँकते राधा के मुख के प्रतिबिम्ब पर पड़ती है। इस प्रतिबिम्ब को देख कृष्ण मुग्ध मोहित हो उठते हैं। कृष्ण को इस तरह मोहित होते देख राधा को उस प्रतिबिम्ब से इतनी गहरी ईर्ष्या होती है कि···

इस दृष्टान्त में : राधा को ईर्ष्या जिससे है वह, राधा के लिए, मात्र प्रतिबिम्ब न होकर एक 'दूसरी काया' है—एक समानान्तर व्योम में विन्यस्त 'दूसरी काया'। आईने की स्पेस जिसे एक 'भ्रम' माना जाता है, राधा की ईर्ष्या उसे एक 'अपव्योम' में परिणत कर देती है जहाँ एक काया का यथार्थ, 'दूसरी काया' के यथार्थ में स्वायत्त

---

1. यह लेख मदन सोनी के एक विस्तृत निबन्ध 'कविता का व्योम और व्योम की कविता' (पूर्वग्रह सीरीज में प्रकाशित) का एक अध्याय है। इसी निबन्ध का इससे ठीक पहले का अध्याय 'पाद टिप्पणी' शीर्षक से है, जिसका हवाला इस लेख की शुरुआत में है।

है। इस 'दूसरी काया' की यथार्थता कहीं खण्डित है तो मात्र इस तर्क से कि राधा के लिए वह स्पर्श्य नहीं, लेकिन यह आंशिक अयथार्थ खुद राधा की अपनी काया में भी है—इस तरह कि (बगैर उस दर्पण के) राधा को अपनी काया भी सम्पूर्णतः दृष्य नहीं है। इस तरह समान क्षण में दोनों कायाओं का आंशिक अयथार्थ परस्पर उच्छेदित है, दोनों का यथार्थ समतुल्य है। लेकिन राधा की ईर्ष्या मात्र इसलिए नहीं है कि 'दूसरी काया' यथार्थ है, ज्यादा बड़ा और महत्त्वपूर्ण कारण यह है—हर क्षण में हर वस्तु के साथ होने—में; मुक्तिबोध के शब्दों में—"एक पैर रखता हूँ कि सौ राहें फूटतीं" या बोर्खेस के शब्दों में "गार्डन ऑफ फोरकिंग पाथ्स" रूप होने में है।

यह समझ 'देखने' के जिस तरीके में प्रतिफलित होती है वह वस्तुओं, घटकों या प्रतिद्वन्द्वियों को पूर्वापरता, केन्द्रीयता-अपकेन्द्रीयता, दूरी-निकटता या उच्चावचता की रहस्यपूर्णता में देखने का प्रचलित तरीका नहीं है जो वस्तुतः यथार्थ के अन्यथाकरण, अयथार्थीकरण और रहस्यीकरण का तरीका है। एक अक्षम, अवैज्ञानिक, असृजनात्मक दृष्टि की यह विवशता है कि वह इसी तरह देख सकती है। वह ऐसे 'अपव्योम' का सृजन नहीं कर सकती जहाँ से घटकों की समक्षणिकता वीक्ष्य हो, अतः वह हमेशा किसी घटक, वस्तु या प्रतिद्वन्द्वी विशेष से प्रतिबद्ध होकर शेष को देखती है और उसे ये घटक पूर्वापर, केन्द्रीय-अपकेन्द्रीय, दूर-पास और उच्चावच क्रम में दिखाई देते हैं। इस दृष्टि का उत्पाद होने और फिर इसी दृष्टि से निरन्तर रूढ़ होने के नाते 'यथार्थवाद' यथार्थ का मिथकीकरण और रहस्यीकरण है। या ठीक इसी अर्थ में 'यथार्थवाद' यथार्थ का यूटोपिया है। यहाँ पॉल क्ली की एक कृति के साथ जुड़े एक विवाद का स्मरण प्रासंगिक होगा। यह कृति बहुत शान्त ढंग से 'यथार्थवाद' के यूटोपिया से यथार्थ को वाहर लाती है। आम तौर से जब लोग बगीचे के किसी कोने में खड़े होकर बगीचे को देख रहे होते हैं तो सबसे निकट का पेड़ सबसे बड़ा और दूर के पेड़ क्रमशः छोटे होते दिखाई देते हैं। उनमें एक पूर्वापर क्रम होता है और भूमि के उच्चावचन के कारण उनकी ऊँचाई भी प्रभावित होती है···। देखने का यह तरीका कला में भी प्रचलित रहा है। जाहिर है कि इस तरह दिखाई दे रहे पेड़ों का आकार यथार्थतः वैसा है नहीं, सिर्फ दिखाई देता है क्योंकि एक निश्चित दूरी और क्रम में, एक निश्चित जगह से प्रतिबद्ध होकर उन्हें देखा गया होता है। इस तरह दिखाई दे रहा बगीचा यथा-अर्थ न होकर, प्रतीति है और कलाकृति में उसका स्वाँग 'यथार्थवाद' नहीं 'भ्रमवाद' है। ऐसे ही भ्रमवादी माहौल में पॉल क्ली की यह कृति विवाद का विषय बनती है जब क्ली इस कृति से 'दूरी', 'क्रम', 'प्रतिबद्धता' को इस तरह बाहर कर देते हैं कि सारे पेड़ एक साथ अपने वास्तविक आकार में दिखाई देने लगते हैं और बगीचा एकाएक उस रूप में प्रकट हो उठता है जैसा वह 'रेनेसाँ' के बाद से नहीं

दीखता था। विडम्बना यह नहीं है कि जब इस कृति ने लोगों को इस यूटोपिया की जकड़न से मुक्त किया तब ये लोग (जिनमें कलाकार भी शामिल थे) चौंके, विडम्बना यह है कि उन्हें यह नयी 'स्पेस' असम्भव और असत्य लगी और वे त्राहि-त्राहि कर उठे कि—ऐसा कैसे हो सकता है ! वे शायद सोच भी नहीं पा रहे थे कि इस कृति के केन्द्र में एक ऐसी सम्यक दृष्टि है जिसके प्रक्षेप में हर पेड़ 'एक साथ' है, जैसी कि भिन्न और सादे शब्दों में पाल क्ली का जवाब था।

भाषा में, देखने का यह तरीका जिस चीज से सबसे पहले और सबसे अधिक बाधिक होता है, वह स्वयं भाषा है। क्योंकि भाषा स्वयं अपने विन्यास में पूर्वापरता और एकरैखिकता से बँधी होती है। एक सम्यक् दृष्टि के प्रक्षेप में जो घटक एक साथ हैं, भाषा में वही कर्ता, क्रिया, कर्म, करण आदि के पूर्वापर क्रम होने में होंगे। यह वह क्रम है जो हर तरह की क्रान्तिकारी दृष्टि को उस नियम-विधान के आगे घुटने टेकने को विवश करता है जिसे हम 'व्याकरण' के नाम से जानते हैं। इस विधान को स्वीकार कर लेने के बाद किसी भी क्रान्तिकारी दृष्टि की यह नियति हो जाती है कि या तो वह इस (रूढ़) विधान में अपना अनुकूलन कर ले या फिर, भाषा में अपने निर्वासन और अलगाव की कीमत पर अपने प्रतिकूलन को बनाये रखे क्योंकि एक दृष्टि का भाषा में रूपान्तरण या—और भी आलंकारिक ढंग से कहें तो—दृष्टि का भाषा की नागरिकता हासिल करना तभी सम्भव है जब वह दृष्टि भाषा के व्याकरण को स्वीकार करे। और प्रचलित व्याकरण को स्वीकार करना अन्ततः सामाजिक यथास्थिति को स्वीकार करना है। एक क्रान्तिकारी दृष्टि जिस क्षण प्रचलित व्याकरण से सम्मत वाक्य में अपने को बसा लेती है, उस क्षण वह दरअसल एक साथ यथास्थिति की सबसे सम्वेदनशील जड़ में उर्वरक और अपनी जड़ों में मट्ठा डालती है। इस परिप्रेक्ष्य में देखें तो, भाषा में एक क्रान्तिकारी दृष्टि के उन्मेष को दो स्तरों पर पहचाना जा सकता है : एक—निषेधपरक स्तर पर स्थापित व्याकरण का विघटन और दूसरे—विधिपरक स्तर पर एक नये व्याकरण का संघटन।

विनोद कुमार शुक्ल की दृष्टि, जो कि स्थापित प्रतिबद्धतावादी सामान्य दृष्टि के बरक्स अपनी 'समक्षणिकता' में एक क्रान्तिकारी दृष्टि है, उपर्युक्त दोनों स्तरों पर सक्रिय होती है। यह विघटन और संघटन भी कविता में इस तरह एक साथ है कि किसी एक का लक्षण दूसरे का लक्षण भी है। अर्थात विघटन और संघटन इस तरह पूर्वापर क्रम में नहीं हैं कि एक टूटता हुआ वाक्य उसी क्षण एक बनता हुआ वाक्य है :

कुछ इस तरह याद नहीं
कि झाड़ी में
कहीं एक फूल होगा

पर दिखता नहीं
......

—कुछ इस तरह याद नहीं

जाना भी दिखता रहता है
बहुत देर तक।
उसे देखते रहना
न देखने के बाद देर तक।

—जाना भी दिखता रहता है

दोस्त से मैंने कहा कि सूखी झील पर बसे हुए शहर की तरह था।
पालतू बतख का झुण्ड सड़क पर बायें
पैदल चल रहा था।
लोग आ रहे थे।
मैं किसी नाव या बोट का नाम लेकर
जूते पहिने हुए था।

—दोस्त से मैंने कहा कि सूखी झील पर बसे हुए शहर की तरह था

इन उद्धरणों से शायद यह स्पष्ट ही होगा कि यहाँ 'व्याकरण के विघटन' से अभिप्राय व्याकरण के साथ उस तरह की छेड़छाड़ या तनावपूर्ण व्यवहार से नहीं है जिसके बगैर भाषा का काव्यभाषा में रूपान्तरण ही सम्भव नहीं और इसीलिए जैसा व्यवहार हर समर्थ कविता में होता है। हमारा अभिप्राय 'व्याकरण' शब्द के उन सरलीकृत और रूपकात्मक प्रयोगों से भी नहीं जिन्हें करते हुए अक्सर—खासकर आलोचना में—कहा जाता है कि यह अमुक कवि या कविता का 'नया व्याकरण' है और जिसका मतलब भिन्न तरह के भाषा-प्रयोग, नयी शैली, नये काव्यविषय या भिन्न सरोकारों की कविता से होता है। उदाहरण के लिए धूमिल के सन्दर्भ में 'नये व्याकरण' की बात बार-बार कही गयी है। स्वयं धूमिल की कविता में व्याकरण के शब्द या 'व्याकरण' शब्द इस तरह प्रयुक्त होता है कि सामान्य पाठक को यह लग सकता है कि यह कविता व्याकरण को लेकर उद्विग्न और परिवर्तनकामी है। लेकिन यहाँ यह स्पष्ट होना चाहिए कि धूमिल की कविता में ये प्रयोग (मसलन 'उनका व्याकरण' और उसके बरक्स ध्वनित 'दूसरा व्याकरण') अन्योक्तिमूलक प्रयोग हैं। अर्थात 'व्याकरण' शब्द इस्तेमाल करते हुए धूमिल का जोर या तो सामाजिक-राजनैतिक 'तन्त्र' (यानी 'सन्दर्भ') पर है या भाषा की अर्थ-संरचना पर, यानी उस भाषा मात्र पर जो 'बैलमुत्ती इबारतों' की छाया में पली-पुसी है। जाहिर है कि इस तरह के प्रयोगों में 'व्याकरण' शब्द एक माध्यम-भर है—कविता की कर्मभूमि नहीं। यह इसी का प्रमाण है कि बार-बार ऐसे प्रयोगों के बावजूद धूमिल की कविता भाषा के वैयाकरणिक विघटन में सक्रिय

नहीं होती। वह हर बार एक नये या भिन्न अर्थ को एक 'व्याकरणसम्मत वाक्य' में रचती है। समाज, राजनीति, परिवार, धर्म, अर्थ, काम, नैतिकता और सौन्दर्य के अनेक किले तोड़ने या तोड़ना चाहने के बावजूद यह कविता 'व्याकरण' के प्राचीनतम दुर्ग को न सिर्फ कोई नुकसान नहीं पहुँचती, बल्कि इस क्रान्तिकामी भाषा के लिए उसकी सम्मति प्राप्त करने की प्रक्रिया में उसे और भी पुख्ता करती है। यदि एक भाषा का तोड़ा जाना इसलिए जरूरी है कि वह बूर्ज्वा मूल्यों से अनुकूलित हो चुकी है तो क्या यह 'तोड़ना', उस भाषा के 'व्याकरण' (जो कि भाषा के स्वभाव का मूलभूत नियामक होता है) से निरपेक्ष बने रहकर सम्भव है ?

इसी सिलसिले में एक तीसरा भेद और कि विनोद कुमार शुक्ल की कविता व्याकरण तोड़नेवाली उस विद्रोही काव्य-पद्धति से बाहर की कविता है जिसमें कविता पढ़ने का एक तरीका यह होता है कि पढ़े जा रहे व्याकरण-च्युत पाठ के समानान्तर पाठक का व्याकरणबद्ध दिमाग एक समानान्तर, व्याकरण-सम्मत पाठ मन ही मन तैयार कर लेता है और फिर दोनों के बीच के भेद से कविता के अर्थ को पहचानता है। ऐसी कविता, इस तरह, अपनी अर्थनिष्पत्ति के लिए—'सन्दर्भ' के रूप में—ठीक उसी व्याकरण पर निर्भर होती है जिसे प्रत्यक्षतः उसने तोड़ा होता है। ऐसी कविता का अपना व्याकरण प्रचलित व्याकरण पर निर्भर, प्रकारान्तर से प्रचलित व्याकरण की पैरोडी होता है।

व्याकरण के साथ विनोद कुमार शुक्ल की कविता का व्यवहार इससे बिल्कुल भिन्न है— इस अर्थ में कि इसमें उस व्याकरण की पैरोडी नहीं, विस्मृति है। रूढ़ व्याकरण में इस कविता के पाठ को व्यवस्थित करना सिर्फ असम्भव ही नहीं, निरर्थक उपक्रम भी होगा क्योंकि यह 'अपने व्याकरण' में इस तरह स्थित है कि उसके बाहर उसका कोई अस्तित्व नहीं। मसलन, उपर्युक्त दूसरे उद्धरण के वाक्य का अर्थ—'अमुक का जाना दिखता रहता है देर तक···' आदि परिवर्तित प्रारूप और मूल प्रारूप के अन्तर में नहीं है। यही नहीं, यह परिवर्तित प्रारूप एक सपाट अकाव्यात्मक वाक्य होकर रह जायेगा। यह समझने के लिए यह समझना जरूरी है कि व्याकरण को तोड़ने के नाम पर विनोद कुमार शुक्ल ने इस वाक्य से 'कर्म' (ऑब्जेक्ट) को हटाया नहीं है, 'क्रिया' को स्थापित नहीं किया है। क्रिया ('जाना') को कर्म की जगह रखकर यह वाक्य, एक साथ क्रिया की कर्म सापेक्षता और कर्म की क्रिया-सापेक्षता को तोड़ता है। इसी तरह पहले उद्धरण में जो चीज 'याद नहीं' वह कोई व्यतीत घटना नहीं, भावी घटना ('फूल होगा') है। यहाँ भी (याद करने की) 'क्रिया' अपने व्याकरण-सम्मत 'कर्म' (अतीत या अतीत की घटना) से विच्छिन्न होकर एक भविष्यत्कालीन 'कर्म' ('कहीं एक फूल होगा') से सम्बद्ध है और इस तरह अपने सम्बद्ध कर्म से निरपेक्ष है। या, दूसरे शब्दों में उपर्युक्त दोनों 'कर्म' अपनी सम्बद्ध क्रियाओं से निरपेक्ष हैं।

यह कारकों और क्रियाओं के बीच एक तरह की छल-लीला है जो विनोद कुमार शुक्ल की कविता के ज्यादातर वाक्यों में निरन्तर चलती रहती है; कहीं कारकों के स्थान-परिवर्तन से, कहीं क्रियाओं-कारकों की आँख-मिचौनी से, कहीं सहायक क्रियाओं के मुख्य क्रिया में बिला जाने से···। इस अर्थ में इन कविताओं का व्याकरण स्थितिशील नहीं, गतिशील व्याकरण है।

क्रियाएँ, वाक्य में किसी-न-किसी कालखण्ड की प्रतिनिधि हैं जो कर्ता और कर्म के बीच अपनी स्थिति से वाक्य को काल के किसी खण्ड में अवस्थित करती हैं। लेकिन विनोद कुमार शुक्ल के वाक्यों में चलनेवाली यह छल-लीला क्रिया को उसकी खण्डित काल-प्रातिनिधिकता से विच्छिन्न करती है और क्रिया—जिसकी नियामक मध्यस्थता में वाक्य एक मानकीकृत काल (ऐतिहासिक काल) का उपनिवेश होता है—इस तरह विच्छिन्न होकर वाक्य को उसकी औपनिवेशिक स्थिति से मुक्ति दिलाती है।

मानकों (नार्म्स) के निषेध के जो तर्क इस निबन्ध की पादटिप्पणी में दिये गये हैं, प्रचलित व्याकरण के निषेध के तर्क भी कमोबेश वही होंगे, क्योंकि यह व्याकरण स्वयं काल के युग का उत्पाद होने के नाते उसका मानक है। एक सर्जनात्मक वाक्य का ऐसे व्याकरण से सम्मोहित होना, 'दिक् की भाषा चेतना' में काल के युग का नॉस्टेल्जिया है : उसके ऊपर मँडराता, उस पर अपनी छाया डालता, अपने सुगठन से उसको अभिमन्त्रित करता लेकिन उसके विभक्त और खुरदुरे पिण्ड से ऊपर उठा हुआ। दुनिया-भर में हो रहे बहुत से लेखन में—जैसे कि विनोद कुमार शुक्ल की कविता में—इस वाक्य के टूटने के पीछे और कुछ नहीं, काल-चेतना की कक्षा से अलग होकर उसका दिक्-पिण्ड की चेतना से आ टकराना है। इसे 'अर्थ' की कक्षा से टूटकर 'शब्द' की कक्षा में आ जाना भी कहा जा सकता है, बशर्ते उसका यह सरलीकृत मतलब न निकाला जाय कि यह वाक्य का अर्थहीन हो जाना है। दरअसल यह शब्दों का अपने अर्थ में लौट आना है—उस क्षेत्र से जहाँ वे एक तथाकथित केन्द्रीय अर्थ की सृष्टि और पुष्टि के सामूहिक कर्तव्य में अपने अर्थ की अनेक व्यंजनाओं को स्थगित और कुण्ठित करने पर विवश होते हैं। इस अर्थ में यह वाक्य का अर्थहीन हो जाना नहीं, अस्वित्वहीन हो जाना है। या, शब्द के रूप में वाक्य का पुनर्जन्म।

हर वाक्य अपने में एक नाटक है जहाँ हर शब्द वह भूमिका निभाने को विवश होता है जो उस वाक्य के अर्थ—यानी उस नाटक की नाट्यवस्तु—को अभीष्ट होती है। हर शब्द, यह भूमिका वाक्य में निर्धारित कर दी गयी अपनी जगह और अनुशासन में रहकर निभाता है। यह भूमिका उस शब्द की पहचान को सीमित और खण्डित करती है क्योंकि वह अपने मूल अर्थ में नहीं, वाक्यगत अर्थ में—नाट्यवस्तु के सन्दर्भ में, अन्य शब्दों से अपनी भिन्नता और सम्बन्ध में—पहचाना

जाता है। यह पहचान—-औपनिषदिक शब्दावली में कहें तो—'तात्त्विक' नहीं, 'भेदपरक' या—रोलाँबाख़्त के शब्दों में कहें तो 'इसेन्शॅल' नहीं, 'डिफ्रेन्शॅल' पहचान है। शब्दों को यह आश्वासन नहीं है कि वे अपनी 'इसेन्शॅल' पहचान की कीमत पर किसी वाक्य में नाट्य करते हुए किसी ऐसे केन्द्रीय या मूलतत्त्व को उत्तीर्ण कर लेंगे जिसके सन्दर्भ में वे अपनी तात्त्विक पहचान को पुनरुपलब्ध कर सकें। क्योंकि आज किसी भी नाट्यवस्तु की 'इसेन्शॅलिटी' अक्षत नहीं है जिसे उत्तीर्ण किया जा सके। इसीलिए अब शब्दों की यह नियति है कि—एक-दूसरे का संहार या औपनिवेशीकरण करते, एक-दूसरे को अविश्वसनीय बनाते 'चौरासी लाख' वाक्यों में भटकने के बाद वे अपनी भेदपरक पहचान के ऐसे गहरे धुँधलके में जा पहुँचते हैं जहाँ स्वयं को मूल में नहीं पहचान पाते।

यह वह परिप्रेक्ष्य है जिसमें, शब्द को रूढ़ वाक्य से मुक्त करने के, विनोद कुमार शुक्ल के उपक्रम की सार्थकता समझ में आ सकती है। यह शब्द को 'चौरासी लाख' वाक्यों में भटकने की नियति से छुटकारा दिलाने और उन्हें उनकी 'इसेन्शॅल' पहचान तक वापस ले जाने का उपक्रम है। ये उपक्रम उनकी कविताओं में अनेक-विध प्रगट हैं जिनमें से एक—जिसका कि ऊपर संकेत किया गया—यह है कि कारकों और/या क्रियाओं के स्थान-व्यत्यय से वाक्य के वे जोड़ खोल दिये जायें जो शब्दों को एक निश्चित जगह, भूमिका और गति में एकरैखिक यात्रा पर विवश करते हैं। इन जोड़ों के खुलते ही शब्द उन जगहों, भूमिकाओं और गतियों से मुक्त होकर वाक्यगत अर्थ और अपने मूल अर्थ की दिशा में साथ-साथ चलने लगते हैं और इस तरह अपनी 'इसेन्शॅल' पहचान को 'डिफरेन्शॅल' पहचान में तिरोहित होने से बचाते हैं।

फलाँगता छुटपन
बचपन भर
फलाँगता उतने वर्ष
उतने वर्ष तक

—रायपुर बिलासपुर सम्भाग

इन पंक्तियों में यह बात लक्ष्य की जा सकती है कि किस तरह इनमें शब्द की इकाइयाँ, शब्द-समुच्चय के लिए काम्य अर्थ के भीतर, उस अर्थ से अपने को अलग करती चलती हैं। जब कोई व्यक्ति काल को फलाँगता है तो उस फलाँग को दिक् में या दिक् को फलाँगता है तो काल में मापता है। यानी यह रूढ़ है कि दिक् और काल ही एक-दूसरे के माप हैं और इसीलिए ऐसे किसी भी अर्थ का सूचन करने-वाले वाक्य में दो शब्द एक-दूसरे के भेद से इस तरह पहचाने जाएँगे कि एक 'काल-सूचक' है, दूसरा 'स्थानसूचक'। इसी तरह एक भाववाचक संज्ञा व्यक्त-अव्यक्त रूप से किसी-न-किसी व्यक्ति, वस्तु, अथवा जाति से सन्दर्भित होकर ही अस्तित्व-

मान होती है। इसीलिए एक रूढ़ वाक्य में दो शब्द परस्पर भेद से इस तरह पहचाने जायेंगे कि एक भाववाचक संज्ञा है दूसरी व्यक्ति/वस्तु/जातिवाचक। लेकिन उपर्युक्त पंक्तियों की विशेषता इस बात में है कि इस 'भेदपरक' (वाक्य-परक) पहचान का नाट्य करते हुए भी 'छुटपन' और 'वर्ष' अपने स्वसन्दर्भित अर्थ में स्थित बने रहते हैं ['छुटपन', 'बचपन' से (जो कि 'छुटपन' का पर्याय है) सन्दर्भित है, 'वर्ष', 'वर्ष' से]। वाक्य में भाववाचक कालवाचक का नाट्य करते हुए भी, दोनों नहीं भी हैं; 'वर्ष' वर्ष है, 'छुटपन' छुटपन। विनोद कुमार शुक्ल की प्रायः हर कविता के प्रायः हर वाक्य में इस तरह के उपक्रम को लक्ष्य किया जा सकता है जहाँ 'शब्द' क्रिया, संज्ञा, विशेषण, सर्वनाम या कारक होने में अपना शब्द होना तजते या भूलते नहीं।

इसी सिलसिले में विनोद कुमार शुक्ल की कविताओं के एक और महत्त्वपूर्ण लक्षण का उल्लेख यहाँ प्रासंगिक होगा। यह है वस्तुओं/स्थितियों का 'निरुपमा-करण' जिसे कविता से उपमानों की विदाई भी कहा जा सकता है। इसके मूल में भी तात्त्विक पहचान का ही आग्रह है। जो तत्त्वतः है वह निरुपम है क्योंकि उसका कोई सादृश्य नहीं। उपमान और प्रतीक उसे ही अलंकृत करते हैं जिसकी पहचान भेदतः है। ये वे मुखौटे हैं जिनसे अलंकृत होकर वह अपनी भेदपरक पहचान का विरेचन करता है लेकिन जिस क्षण यह विरेचन हो जाता है ये मुखौटे स्वयमपि विच्छिन्न हो जाते हैं :

निरुपम न उपमा आन राम समान रामु निगम कहे।

—रामचरितमानस, उत्तरकाण्ड, 92

—यह वही नायक है जो जब पुत्र, भाई, शिष्य, पति, योद्धा आदि सैकड़ों भूमिकाओं में पहचाना जाता है तब उसका अंग-अंग उपमानों से अलंकृत होता है। लेकिन यह मात्र उपमेय का निरुपमेय हो जाना नहीं बल्कि ठीक उसी क्षण उन तमाम उपमानों का निरुपमान हो जाना—अपनी तात्त्विक पहचान पा लेना—भी है जो इस नायक के अलंकरण के लिए वात्सल्य, सुन्दरता, वीरता, धीरता आदि के प्रतीक बनकर अपने स्थितिज स्वरूप से भटके हुए थे। जैसा कि पहले संकेत किया जा चुका है, उपमा आदि (अर्थ+) अलंकार काल के युग से सम्मत और उससे अनुकूलित प्रविधियाँ हैं जो मनुष्य या मनुष्येतर को तत्त्व और भेद के बीच निरन्तर आवाजाही के खेल में मदद करती थीं। लेकिन आधुनिक युग में यही प्रविधियाँ 'खेल में मदद' की नहीं, 'औपनिवेशीकरण में मदद' की भूमिका निभाती हैं। कविता में इनका प्रवेश एक शीतयुद्ध की शुरुआत है जिसमें तमाम शब्द मानकी-कृत होकर स्वयं को एक-दूसरे के साथ प्रतिद्वन्द्विता के रिश्ते में पाते हैं। इस युद्ध में जीतने की सम्भावना हमेशा उस अर्थ की होती है जो शब्द पर 'आरोपित' है और हारने की सम्भावना उस अर्थ की जो शब्द का 'स्थितिज' अर्थ है। विनोद कुमार

शुक्ल की कविता से उपमानों की विदाई 'शब्द के समय' से 'अर्थ की प्रविधि' की विदाई तो नहीं पर उसका सत्ताच्युत् होना अवश्य है। जब इन कविताओं में कहा जाता है कि "अँधेरा छोटे-छोटे बाल की तरह उगा था" या "हाँफते हुए मेरी साँस हूबहू कोहरे की नस्ल की थी"(या इसी तरह के सैकड़ों वाक्य) तब संकेततः यह प्रकृति में निहित 'सादृश्य' के उस आभास का बखान और स्वीकार है जो मनुष्य को 'एक तत्त्व ही की प्रधानता' और अर्थों की परस्पर व्याप्ति का दर्शन कराती है और उसे 'अर्थ के खेल' के लिए आकर्षित करती है। लेकिन इससे पहले कि यह खेल औपनिवेशीकरण की आड़ बने, कविता सादृश्य केउस जादू को इस तरह की पंक्तियों से तोड़ देती है :

सुबह छः बजे का वक्त सुबह छः बजे की तरह

—वह आदमी नया गरम कोट पहिनकर चला गया विचार की तरह

—यहाँ उपमेय और उपमान एक ही है या दूसरे शब्दों में उपमेय स्वयं अपना उपमान है। सुबह छः बजे का वक्त अपनी उपमा के लिए किसी अन्य, अप्रस्तुत पर निर्भर नहीं : वह निरुपम है। प्रश्न है कि तब क्यों 'की तरह' जैसे सादृश्य-सम्बन्ध-सूचक पद का प्रयोग किया गया ? क्यों इस तरह के शब्द इन कविताओं में बार-बार प्रयुक्त होते हैं ? उनके होने का क्या अर्थ है, जब वे उपमेय और उपमान की दो स्वतन्त्र सत्ताओं के बीच सादृश्य-सूचन की पारम्परिक भूमिका से वंचित हैं ? इन प्रश्नों का पहला जवाब तो यही है कि ये शब्द पाठक को उपर्युक्त प्रश्नों तक ले जाकर पहली बार उसका ध्यान अपनी ओर आकर्षित करते हैं कि वे मात्र उस पारम्परिक भूमिका के पात्र होने के कारण नहीं, उसके बावजूद अस्तित्वमान हैं और दूसरा यह कि अपनी इस उपस्थिति मात्र से वे 'सादृश्याभास' पैदा करते हैं : एक वस्तु को उपमेय के रूप में सन्दर्भित कर वे सादृश्य की जो सम्भावना पैदा करते हैं, उपमान के रूप में सन्दर्भित करने के लिए किसी अन्य वस्तु के अभाव का सामना करते हुए उसी क्षण उस सम्भावना को निरस्त कर देते हैं। उपमेय के भाव और उपमान के अभाव का यह खेल 'सादृश्य' की जगह 'सादृश्याभास' को जन्म देता है। दरअसल यह अनन्वय अलंकार है जो यद्यपि अर्थालंकार का ही एक भेद है लेकिन अन्योक्तिपरक अलंकारों से इस मानी में भिन्न है कि इसमें उपमेय और उपमान भेदतः दो वस्तुएँ नहीं हैं, उनमें अद्वैत है। इस अर्थ में अनन्वय अपने में वस्तु की 'इसेन्शॅल' पहचान और उसके असादृश्य की व्यंजना की, सादृश्य-वैज्ञानिक तकनीक है।

उपमा आदि अर्थालंकार जहाँ सादृश्य के विज्ञान पर आधारित प्रविधियाँ हैं वहाँ—हम कह सकते हैं कि—सादृश्याभास के विज्ञान पर आधारित यह अन्योक्त्याभास की प्रविधि है जो विनोद कुमार शुक्ल की कवितामें अर्थ के खेल और अर्थ के यथार्थ को, एक साथ एक दूसरे से जोड़ने और अलगाने की दोहरी भूमिका निभाती

हैं। इस प्रविधि को समझने के लिए हम कुछ और उदाहरण लें। इनमें एक उदाहरण उन प्रयगों का है जिनमें उपमेय-उपमान की यद्यपि दो सत्ताएँ हैं पर उनमें इतना मामूली भेद है कि एक पर दूसरे का आरोपण 'आरोपण' न होकर अपने मूलभूत अभेद की पहचान होता है। जब किसी स्थूलकाय व्यक्ति को हाथी से उपमित किया जाता है तब वह इसलिए एक निरा आरोपण होता है क्योंकि एक स्थूल सादृश्याभास के अलावा दोनों में अनन्त भेद होते हैं जिन्हें भुलाकर दोनों की 'इसेन्शॅल' पहचान को नष्ट किया जाता है। ऐसी उपमाएँ, इस तरह,एक औप-निवेशीकरण से भेद को 'झुठलाने' की प्रविधियाँ होती हैं। लेकिन विनोद कुमार शुक्ल के जिन प्रयोगों का जिक्र हम कर रहे हैं वहाँ आरोपण की भूमिका एक ऐसी स्पेस के उद्‌घाटन की है जहाँ भेद और अभेद एक दूसरे से भ्रमित होने की बजाय अपने मूल रूप में प्रगट हो सकें :

बतख का झुण्ड
बतख की तरह था
बतख की तरह चोंच और पंख थे।
—दोस्त से मैंने कहा कि सूखी झील पर बसे हुए शहर की तरह था:

(या—
···लहर का चेहरा नदी से मिलता-जुलता है।
—राजनैतिक बहस में सूखे को लेकर

तालाब का एक बूंद पानी
बूंद भर तालाब
बूंद भर गहरा हो गया।
बूंद भर ठहरा हो गया।
—लड़की की इच्छा है)

जिस तरह व्यक्ति और समूह (समाज) एक दूसरे के अलंकार होने से पहले एक दूसरे के 'रस' हैं, वैसे ही बतख, बतख के झुण्ड का उपमान या अलंकार होने से पहले उसका भाव है, रस है। लेकिन इस 'अभेद' के साथ दोनों के बीच एक सूक्ष्म 'भेद' भी है जो उन्हें एक दूसरे से अलगाता है। यह भेद उपर्युक्त अभेद के बावजूद अपना मूल्य नहीं खो देता, क्योंकि वह इतना सक्षम है कि अपनी अकेली छवि से अपनी जैसी छवियों के 'झुण्ड' को मूर्त कर सकता है। इन उद्धरणों में 'की तरह' या 'मिलता-जुलता' शब्द अर्थ को अलंकृत करने से ज्यादा अर्थ की पहचान के लिए हैं, लेकिन क्योंकि वे सादृश्यवाचक (या आरोपणवाचक) शब्द भी हैं अत: कविता में अन्योक्त्याभास पैदा करते हैं।

उपर्युक्त उद्धरणों में तो फिर भी सादृश्यवाचक शब्दों को आधार देते हुए उपमेय और उपमान हैं, जो भले ही एक दूसरे को दूर की कौड़ी न होकर प्रकृत्या

अवयव-अवयवी हैं लेकिन एक दूसरा उदाहरण द्रष्टव्य है जहाँ उपमान अप्रस्तुत नहीं स्वयं प्रस्तुत है, जहाँ वह उपमेय के अभाव में भी 'है' :

दोस्त से मैंने कहा कि सूखी झील पर बसे हुए शहर की तरह था

उपमान के स्वायत्तीकरण की यह विलक्षण व्यंजना है जिसमें एक 'प्रतिबिम्ब' से आपकी मुलाकात है जो बिम्ब के बगैर है; मानो कमरे में प्रवेश करते हुए जहाँ आपको एक व्यक्ति के मिलने की अपेक्षा है, वहाँ उस व्यक्ति की जगह आपकी मुलाकात आईने में एक व्यक्ति के प्रतिबिम्ब से हो। आप चौंककर चारों ओर देखते हैं—उस प्रतिबिम्ब के बिम्ब की खोज में, लेकिन वह बिम्ब—वह व्यक्ति, आपको मिले इससे पहले ही वह प्रतिबिम्ब चलता हुआ आपके पास आता है और आपसे मुलाकात शुरू कर देता है—इस तरह कि वह प्रतिबिम्ब नहीं, बिम्ब है, स्वयं व्यक्ति है।

'अनुपस्थिति' की 'उपस्थिति' या 'अभाव' के 'भाव' का एक और उदाहरण :

या लोग कोई झोपड़ी नहीं के अन्दर जाकर
कोई दरवाजा नहीं को बन्द कर लेते।
कोई खिड़की नहीं को खोल लेते
या छोटा-सा झरोखा भी नहीं
के पास आकर बैठ जाते हैं।
दुनिया देखते हैं।

—तीन मीटर खुशबू के अहाते में उगा हुआ गुलाब

कुल मिलाकर इन कविताओं में 'अर्थ का खेल' अर्थ के आरोपण का, एक अर्थ की सम्मति-पुष्टि या स्थापना में दूसरे अर्थ के स्थगन का और दो अर्थों को एक दूसरे से भ्रमित करने का खेल न होकर शब्दों को अर्थों के घटाटोप से बाहर लाने, उन्हें उनके स्थितिज अर्थ में मुक्त करने का खेल है। शब्द को लेकर गहरी निष्ठा और संघर्ष के बावजूद निश्चय ही ये कविताएँ शब्द-माधुर्य या शब्द-वक्रोक्ति की कविताएँ नहीं हैं जो कि, खासकर यूरोप में धुर समकालीन या उत्तर-आधुनिक लेखन का इष्ट है। लेकिन इसी के बरक्स इन कविताओं की अर्थ-वक्रोक्ति अन्ततः शब्द के पक्ष में अर्थ की स्थापित सत्ता से संघर्ष की विधि ही है। यह अनायास नहीं कि अर्थालंकार का सहारा लेते हुए भी ये उसके उन भेदों को चुनती हैं जहाँ अलंकार्य-अर्थ, अलंकार-अर्थ के रूप में आत्मविरतृत है अर्थात् जहाँ शब्द का, अपने ही अर्थ से साक्षात्कार उसके सौन्दर्य का प्रतिमान है। वाक्य-विघटन जो इन कविताओं में काव्य-विघटन की पराकाष्ठा पर है, और कुछ नहीं शब्दों के स्थितिज अर्थ पर आरोपित, अर्थ की मानकीकृत स्थापित सत्ता का विघटन ही है जो कविता में एक 'केन्द्रीय अर्थ' के रूप में प्रगट होती है। अगर हम यह सूत्र बनायें कि 'पद' शब्द की प्रतिबद्धावस्था है और 'शब्द' पद की मुक्ता-

वस्था, तो कह सकते हैं कि इन कविताओं का विच्छिन्न विन्यास 'पद' को शब्द की मुक्तावस्था में पाने का उद्यम है। ये इस उद्यम के ही परिणाम हैं कि इन कविताओं में वे जोड़ प्रायः खुले हुए हैं जो शब्द को पद की दिशा में, पदों को वाक्य की, वाक्यों को छन्द की और छन्दों को एक काव्य-संघटन की दिशा में मोड़े रहते हैं। ये जोड़ खुलकर इन सबको एक साथ उन तमाम दिशाओं में चलने की सुविधा प्रदान करते हैं जो उनकी सम्भव दिशाएँ हैं। इनका यह एक साथ बहुदिशात्मक खुलाव ही उस स्थिति का संकेतन है जिसे हमने जगह-जगह 'समक्षणिकता' कहा है और जो—जैसा कि इस निबन्ध का पूर्वग्रह है—दिक् के यथार्थ का केन्द्रीय अभिलक्षण है। इसी मानी में ये कविताएं अपना—यानी 'कविता के व्योम' का विघटन और 'व्योम की कविता' का संघटन करती हैं; या दूसरे शब्दों में पराव्योमवक्तृता अथवा 'यूटोपिया' का विघटन और अपव्योम अथवा 'हेट्रोटोपिया' (मिशेल फूको) का संघटन करती हैं।

यह अपव्योम क्या है—इसे कविता के उपर्युक्त अलंकार-विधान से ही समझा जा सकता है। मसलन 'अनन्वय' जो इन कविताओं में निरन्तर प्रयुक्त है, बिल्कुल वैसे ही अमानकीकृत दर्पण की तरह है जिसका उल्लेख इस अध्याय के आरम्भिक दृष्टान्त में किया गया है—ऐसा दर्पण जो कविता की स्पेस को कविता के बाहर की स्पेस के समानान्तर, बगैर किसी अतिरंजना के सहारे, एक साथ भेद और अभेद में चरितार्थ करता है। जिन्हें विनोद कुमार शुक्ल के यहाँ 'आधुनिकतावाद' के दर्शन होते हैं उन्हें यह भी बताया जाना जरूरी है कि आधुनिकतावादी कविता अपने को 'दर्पण' नहीं 'माया दर्पण' के रूपक में चरितार्थ करती है। माया दर्पण जिसमें कविता की स्पेस, स्पेस की मानकीकृत और विद्रूप प्रतिच्छवि होती है; जहाँ काव्यार्थ, अर्थ की 'पैरोडी' होता है—और क्योंकि 'पैरोडी' मूल की आलोचना है—अतः जहाँ सिर्फ अर्थ ही काव्यार्थ से आलोच्य है, काव्यार्थ स्वयं आलोचना से परे है, जिसका मतलब कविता की पूज्यनीय मूर्ति गढ़ना है। दर्पण में बिम्ब और प्रतिबिम्ब (अर्थ और काव्यार्थ) सहोक्त आलोचना में एक दूसरे का संस्कार करते हैं। अर्थ में क्योंकि काव्यार्थ की सम्भावना होती है अतः काव्यार्थ न होकर वह अधूरा है और काव्यार्थ क्योंकि अर्थ की छवि के बगैर विश्वसनीय नहीं, अतः उसकी अन्विति के बगैर अधूरा है। यथार्थ—बिम्बार्थ और प्रतिबिम्बार्थ की निरन्तर सहोक्ति में है और दर्पण दोनों की समक्षणिक वीक्षा को सम्भव बनाता है। 'सहोक्ति' इन कविताओं में, शास्त्रीय अर्थ में अलंकार की तरह न्यूनतम प्रयुक्त है पर उपर्युक्त प्रभाव के चलते इन कविताओं में वह निरन्तर और स्थायी ध्वनि है।

यह निबन्ध जहाँ आ पहुँचा है वहाँ वह इस तरह के आरोपों को आकर्षित या उद्दीप्त कर सकता है कि इसमें कविता को लक्षणग्रन्थ की तरह पढ़ने की कोशिश की गयी है और जो इसलिए एक गलत पाठ है क्योंकि प्राविधिक पाठ है जिसमें

कविता का जीव रस, आनन्द या दर्शन उपेक्षित होकर रह जाता है। यह आरोप सिर्फ इस निबन्ध को ही घेरे में नहीं लेगा बल्कि उसका विस्तार इस सामान्यीकरण तक हो सकता है कि ऐसी व्याख्या की गुंजाइश चूँकि यह कविता देती है, अतः यह कविता स्वयं लक्षण-ग्रन्थ है। इसे निरी अटकल न समझा जाय, इस नाते यह भी याद करना जरूरी है कि विनोद कुमार शुक्ल की कविता में कुछ लोगों ने 'रीतिवाद' की 'वापसी' को सूँघा भी है। इस सिलसिले में यह किंचित बेतुका स्पष्टीकरण आवश्यक है कि लक्षण-काव्य होने की न तो सामर्थ्य इस कविता में है, न यह उसकी साधना है और न साध्य। लक्षण-काव्य वे हैं जिनमें कवि को काव्य-प्रविधि का वर्णन-विवेचन ही साध्य होता है, जहाँ कविता इस वर्णन-विवेचन का माध्यम या उदाहरण मात्र होती है। विनोद कुमार शुक्ल की कविता उस कोटि की कविता भी नहीं है जिसमें प्रविधि, रूपंकरण का एक माध्यम-भर होती है, जहाँ एक उपमा या श्लेष का उद्देश्य उपमेय या शब्द को शक्ति/सौन्दर्य प्रदान करना होता है। इसमें कोई सन्देह नहीं कि विनोद कुमार शुक्ल की कविता में प्राविधिक प्रयोग या उपक्रम अत्यन्त ध्यानकर्षी हैं: ऐसी शायद ही कोई कविता हो जिसमें वाक्य-विन्यास और अलंकारों के साथ छेड़छाड़ न की गयी हो लेकिन यह छेड़छाड़ महज कौतुक या चमत्कारप्रियता के चलते नहीं है, जब हम देखते हैं कि ये कविताएँ प्रविधि को प्रविधि की तरह प्रयुक्त करते हुए भी, उसे इस प्रचलित उद्देश्य से च्युत कर काव्यवस्तु में शामिल कर लेती हैं। दूसरे शब्दों में, प्रविधि यहाँ रूपंकरण का साधन होते हुए, साध्य भी है, साध्य होते हुए साधन भी है। अगर रूढ़ सामान्यीकरणों का सहारा लें तो कहा जा सकता है कि यह कविता 'निम्न-मध्यवर्ग के सुख-दुख, आकांक्षा, संघर्ष, जय-पराजय की कविता है।' लेकिन इस अतिपरिचित सामाजिकता के बावजूद अगर यह कविता हिन्दी आलोचना की 'पहचान सीरीज' में अपरिचय अथवा अतिपरिचय की शिकार हो जाती रही है तो इसकी वजह काव्यप्रविधि के साथ इसका असामान्य (—'सामान्य' के प्रचलित मानक से असामान्य—) सम्बन्ध है। अपने समकालीनों ही नहीं, निकट पूर्ववर्तियों के बीच भी विनोद कुमार शुक्ल अकेले ऐसे कवि हैं जिनकी कविता में प्रविधि का, साधन और साध्य के रूप में निरन्तर पुनर्जन्म होता है। यह साधनद्रव्य और आशयद्रव्य का निरन्तर चलता परस्पर रूपान्तरण है—हरेक को एक साथ दो पहचानों में अवस्थित करता: परस्पर सन्दर्भ से जन्मी भेदपरक पहचान और परस्पर मुक्ति से जन्मी तात्त्विक पहचान।

उपर्युक्त परिप्रेक्ष्य में देखें तो कोई भी व्याख्या तब तक सार्थक नहीं होगी जब तक वह इन कविताओं के प्राविधिक उपक्रमों पर स्वयं को केन्द्रित नहीं करती क्योंकि ये उपक्रम इन कविताओं की राजनीति, नैतिकता, सामाजिकता आदि के अनिवार्य और अकेले सन्दर्भ हैं। किस तरह?—इसे स्पष्ट करने के लिए उन

संकेतों को हम और व्यवस्थित करें जो इस सिलसिले में, बीच-बीच में दिये गये हैं :

हम 'विच्छिन्नता' की प्रविधि को लें जो इन कविताओं में एक केन्द्रीय रूपक की तरह उभरती है। यह विच्छिन्नता मात्र शब्द और शब्द या शब्द और वाक्य और उपमेय-उपमान आदि के बीच नहीं है, इसे संज्ञा और विशेषण, वाक्य और वाक्य, वाक्य और छन्द, छन्द और छन्द आदि के बीच भी आसानी से देखा जा सकता है। यह अतिव्याप्त विच्छिन्नता प्रथम द्रष्ट्या ही जिस प्रभाव की सृष्टि करती है वह—ब्रेख्त के शब्द और धारणा के सहारे कहें तो—'अलगाव-प्रभाव' (एलियनेशन एफेक्ट) है। इन कविताओं का हर घटक इस गहरे बोध में एक दूसरे के साथ है कि उसका यह 'साथ होना' उसकी अन्तिम नियति नहीं, एक नाटकीय आयोजन का हिस्सा है। काव्य-सत्य, भाषिक-सत्य नहीं है। विनोद कुमार शुक्ल को जो चीज अभीष्ट है वह सिर्फ काव्य-सत्य नहीं है, उस फर्क की पहचान भी है जो काव्य-सत्य और भाषिक-सत्य के बीच है। इसीलिए इन कविताओं में शब्द बार-बार वाक्य का, अलंकारों का, विशेषणों का मुखौटा हटाकर प्रगट होते हैं, या कहें, भाषा कविता का मुखौटा हटाकर बार-बार प्रगट होती है। शब्दों का अपनी वाक्य-गत पहचान के बीच, शब्दगत पहचान से यह हस्तक्षेप, नाट्यगत पहचान में जीवन-गत पहचान का हस्तक्षेप है जो उस 'अलगाव-प्रभाव' को जन्म देता है जिसके चलते ही आधुनिक युग में किसी भी तरह की नाट्यभूमि उपनिवेश (या 'युटोपिया') की बजाय 'अपव्योम' की सृष्टि होती है : उपनिवेश, जो यथार्थ से भागे हुए जीवन की शरणस्थली है, 'अपव्योम' जहाँ यथार्थ का फिर से सामना है। इस तरह विनोद कुमार शुक्ल का कविकर्म 'जीवन्त मुखौटों' की सृष्टि-भर नहीं है, उन्हें इस कदर पारदर्शी बनाते जाना भी है कि वे मुखौटों की तरह ही पहचाने जा सकें! वे जिस चेहरे पर हैं, उस चेहरे को आवृत्त करने-भर के लिए नहीं, अनावृत्त करने के लिए भी हैं। कविकर्म आवरण से आवृत्त करना नहीं, अनावृत्त करना है। कविता कर्म है, श्रेष्ठ-कर्म नहीं लेकिन कर्म के रूप में उसका मर्यादाकरण उसके इस तरह स्वयं-पारदर्शी होने में है, किसी इतर कर्म से अनुशासित होने में नहीं, क्योंकि हर कर्म-स्वयं एक मुखौटा है।

मेरी सूरत मुझको देखती है कि बदला नहीं
चालाकी से अपनी सूरत की फोटो मैंने
खिचवा ली थी
कि बहुरूपिया होकर भी पहचाना जायेगा

—घर से बाहर निकलने की हड़बड़ी में

विनोद कुमार शुक्ल के प्राविधिक उपक्रम इस 'सूरत' को निरन्तर फोकस में लिए रहने के हैं। प्रविधि या तकनीक इन कविताओं में भी एक 'चालाकी' या

चतुराई है पर इस भेद के साथ कि जहाँ बहुत सारी कविता में उसकी भूमिका शब्द की, भाषा की, कवि की सूरत को ढँकने की होती है, इन कविताओं में वह इन सबके अनावरण की है। और हाँ, यही 'रूपवाद की वापसी' है लेकिन 'कविता में' नहीं, 'कविता से'!

यह जरूरी लगता है कि हम उपर्युक्त चर्चा का विस्तार इस प्रश्न तक करें कि इन कविताओं के प्राविधिक उपक्रम का मूल्य जिस 'अलगाव-प्रभाव' से आँका गया है, स्वयं उस अलगाव-प्रभाव का मूल्य क्या है? कविता में भाषा के अनावरण का क्या मूल्य है—खासकर तब, जब, जैसा कि इन कविताओं को पढ़ते हुए लगता है, इस अनावरण की प्रक्रिया में कविता अपने संघटन का मूल्य चुका रही है? भाषा का मूल्य हर कवि के लिए होता है, पर इसलिए कि वह उससे एक अधिक मूल्यवान वस्तु—कविता—को पाता है। लेकिन विनोद कुमार शुक्ल की स्थिति इससे विपरीत-सी लगती है तो इसलिए कि ये कविताएँ जिस वस्तु को पाने और सौंपने को सबसे ज्यादा उद्यमशील, एकाग्र, समर्थ और बहुत हद तक सफल लगती हैं, वह भाषा है। दूसरे शब्दों में विनोद कुमार शुक्ल को काव्य-सत्य, भाषिक-सत्य की मुक्ति में है। काव्य-सत्य पर भाषिक-सत्य की वरीयता का यह आत्यंतिक आग्रह क्यों है?···

भाषिक-सत्य और काव्य-सत्य का रिश्ता जिस एक अन्य रिश्ते से समीकृत किया जा सकता है वह प्रकृति और संस्कृति ('नेचर' और 'कल्चर') का रिश्ता है। भाषा वह प्राकृतिक स्रोत और दिक है, जिससे और जिसमें—एक सांस्कृतिक उत्पाद, एक सांस्कृतिक वस्तु के रूप में—कविता आकार ग्रहण करती है। भाषा के साथ यह रिश्ता सिर्फ कविता का ही नहीं उन तमाम रूपों का है जो (लिखित या अलिखित रूप से) प्रवचनात्मक हैं, जो शब्द में विन्यस्त हैं। इस तरह भाषा वह प्राकृतिक उपादान है जो किसी भी प्रवचनात्मक संस्कृति को जन्म और जगह देती है। भाषा से बाहर और परे कोई भी मानवीय वाक्य नहीं है; यह सिर्फ भाषा के साथ है कि वह जितनी वाक्य के भीतर है, उससे कई गुना अधिक उससे बाहर है। वह एक साथ भीतर भी है, बाहर भी। भाषा की इस समक्षणिक उपस्थिति का रहस्य इस बात में है कि ध्वनि, बिम्ब और अर्थ के समुच्चय के रूप में उसका अस्तित्व प्रकृति के समानान्तर विराट है, वह 'अर्थ' की मात्र मनुष्यकृत सत्ता पर निर्भर नहीं। यही नहीं, एक प्रवचनात्मक संस्कृति की वैधता (और प्रकारान्तर से अस्तित्व भी) भाषा की इस समक्षणिक उपस्थिति के बीच अपने को बनाने और बनाये रखने में है। यह बनाये रखना और कुछ नहीं सिवाय इसके कि शब्द को वाक्य में उन तमाम बिम्बों, ध्वनियों और अर्थों में खुला रखा जाय जो उससे यद्यपि वाक्यार्थ के लिए अभीप्ट नहीं हैं पर जो उसमें प्रकृत्या हैं और जिन्हें खोकर वह उस 'स्पेस' के औसत को कम करेगा जिसमें वाक्य को अन्ततः रहना है। यह तभी

सम्भव है जब शब्द से उतना ही अर्थ निचोड़ा जाय जितना अनिवार्य है, या दूसरे शब्दों में, बिम्बों, प्रतीकों, उपमाओं, ध्वनियों, विशेषणों और अन्य तरह के विकारों, अर्थात् 'रेह्‌टॉरिक' से उसे न्यूनतम तोड़-मरोड़ा जाय। प्रवचनात्मक संस्कृति आत्मोन्माद के क्षणों में जब यह भूल जाती है तब वह उसी तरह भाषा का औपनिवेशीकरण करती है जिस तरह उत्पादन और उपभोग की कुल संस्कृति, प्रकृति का। निर्मल वर्मा ने कहीं कहा है : "टेक्नॉलॉजी कॉलनाइजेज़ स्पेस···।" इसी के वजन पर हम कह सकते हैं कि—रेह्‌टॉरिक कॉलनाइजेज़ लैंग्वेज़, यद्यपि तभी जब वह चरम अतिरेक की दशा में होता है। रेह्‌टॉरिक प्रवचनात्मक संस्कृति की प्रौद्योगिकी है।

प्रकृति और भाषा, दोनों ही स्तरों पर यह औपनिवेशीकरण हमारे समय में हुआ है और दोनों के बीच एक विलक्षण किस्म का सम्बन्ध बना है। प्रकृति ('नेचर') के मनुष्यकृत रूपान्तरण ने उसे उसके मूल से इतनी दूर ला पटका है जहाँ वह हमारी विराट उपभोक्ता संस्कृति के भीतर एक अपदार्थ और अन्ततः सांकेतिक उपस्थिति में बदलती जा रही है। प्रकृति का संकेत में बदल जाना इस रूपान्तरण के विकासवाद की तार्किक परिणति है। जिस वक्त एक हरे-भरे पेड़ को एक सोफासेट में बदला जाता है उस वक्त पेड़ की व्यापक स्पेस—मनुष्य और मनुष्येतर तक फैली स्पेस—का सिर्फ मानवीय स्पेस में संकुचन होता है, लेकिन अगर सारे पेड़ों को इसी तरह फर्नीचर में बदल दिया जाय तो ऑक्सीजन के अभाव में वह मानवीय स्पेस भी खत्म हो जाएगी जिसके कारण पेड़ का 'संकुचित अर्थ' बचा था और तब ये सारे सोफे प्रकृति के अर्थहीन संकेत होंगे। हमारी उपभोक्ता संस्कृति इस रूपान्तरण के विकासवाद को भले ही इस पराकाष्ठा तक न ले जा पायी हो लेकिन जिस रास्ते पर वह है उसका तार्किक गन्तव्य यही है : पदार्थ (मैटर) का संकेतीकरण !

इससे विपरीत नतीजा भाषा के औपनिवेशीकरण का है : भाषा—जो मूलतः संकेत है—के पदार्थीकरण का। आँकड़ों, सूक्तियों, सूत्रों और वक्तव्यों की एक ऐसी स्वायत्त व्यवस्था धीरे-धीरे हमारे यहाँ विकसित हुई है जिसके सारे आशय या अर्थ उसी में स्थगित हैं, उस व्यवस्था के बाहर उन आशयों या अर्थों का नहीं के बराबर अस्तित्व है। यह जितनी बड़ी संकेत-व्यवस्था है उसके द्वारा स्वयं से बाहर उतना ही कम संकेतित हो पाता है क्योंकि संकेतित हो सकने के लिए जिन वस्तुओं या पदार्थों की जरूरत है वे—जैसा कि ऊपर कहा गया—स्वयं संकेतों में तब्दील हो रही हैं। ऐसे अनन्त पदार्थ हैं जो लुप्त हो चुके हैं और हो रहे हैं—उनका अस्तित्व सिर्फ भाषा की स्मृति में है, शब्द के रूप में बचा हुआ : "कोसल सिर्फ कल्पना में गणराज्य है"। मानवीय ध्वनि और मानवीय अर्थ का अस्तित्व इसलिए है कि मनुष्येतर ध्वनियाँ और अर्थ भी सृष्टि में हैं और जैसा कि हमने

कहा, भाषा वह 'स्पेस' है जहाँ ये—मनुष्य और मनुष्येतर अर्थ-ध्वनियाँ आकार और जगह पाती हैं। वह इन अर्थ और ध्वनियों का आलम्बन है। हमारी शताब्दी में इस स्पेस में मानवीय अर्थ और ध्वनियों का इतना विस्फोटक विस्तार हुआ है कि मानवेतर अर्थ और ध्वनियाँ इस स्पेस से बुरी तरह गायब हुई हैं। भाषा में हुए इस मानवीय अर्थ के विस्फोट को वस्तुतः मनुष्य की चेतना में हुए मानविकी के विस्फोट की प्रतिध्वनि के रूप में देखा जाना चाहिए। दर्शन, मनोविज्ञान, राजनीति, समाजविज्ञान, नृविज्ञान आदि के आधुनिक विकास ने मानवीय अर्थ का इतना गहरा और व्यापक उत्खनन और अनुसंधान किया कि वह भाषिक स्पेस में एक दैत्याकार रूपक की तरह प्रकट हुआ है—एक ऐसा रूपक जिसमें प्रकृति के सारे बिम्ब और प्रतीक बिलाते जा रहे हैं। पिछले सत्तर-अस्सी वर्ष के लेखन और प्रवचन—जिसमें भारी तादाद में स्वयं कविता भी शामिल हैं—में प्रकृति का सिर्फ परिमाणात्मक लोप नहीं हुआ है, गुणात्मक भी हुआ है। अर्थात् यदि वह है भी तो मानवीकृत प्रतीकों, बिम्बों की शक्ल में है, वह मनुष्य की अन्योक्ति या उसका विशेषण है, उसकी सत्ता अप्रस्तुत है। लेकिन स्थिति सिर्फ इतनी ही नहीं है। भयानक सिर्फ यह नहीं है कि मानवीय रूपक के आलम्बन की हैसियत में भाषा का संकुचन हो गया है, ज्यादा भयानक यह है कि स्वयं यह रूपक भी मानवीय नहीं रह पा रहा है। मानविकी, जो मानवीय अर्थ के शोध और मूल्यांकन के नाम पर विकसित हुई थी उससे विच्छिन्न होकर अब स्वयं एक ऐसे स्वायत्त तर्क-छल में बदल चुकी है जिसके हाथों में मानवीय अर्थ एक गेंद की तरह है : अस्थिर और निरन्तर खेला जाता हुआ, घिसता और टूटता। इसकी तार्किक परिणति यही हो सकती है कि एक दिन मानविकी का यह तर्क-छल भाषा पर छाये हुए मानवीय अर्थ के रूपक को अपदस्थ कर स्वयं उसकी जगह ले ले। और तब यह तर्क-छल कुछ भी संकेतित नहीं करेगा, सिवा खुद के। तमाम अर्थों से विच्छिन्न भाषा इस तर्क-छल द्वारा सोख ली जायेगी जहाँ वह उसके स्वयं-संकेतन में मददगार द्रव्य की भूमिका निभायेगी। तर्क के इस रास्ते का जो छोर सामने दीखता है उस पर एक भाषाहीन दुनिया है : वर्गों और वर्णों के भेद को स्तब्ध करता (उसे पाटता ?) एक वर्ग जिसकी कोई भाषा नहीं ! विकासवादी तर्क से देखें तो ऐसी एक दुनिया आरम्भ में भी थी जहाँ भाषाहीनता के चलते वर्ग और वर्ण स्तब्ध थे। लेकिन वह स्तब्धता भाषा के जन्म से पहले की स्तब्धता थी : एक आसन्नप्रसवा दुनिया की स्तब्धता। उसके बरक्स यह स्तब्धता भाषा की मृत्यु के बाद की स्तब्धता होगी।

विनोद कुमार शुक्ल की कविता की पृष्ठभूमि में भाषिक संकट की यह समझ है जो कविता में भाषिक सत्य की निरन्तर बनी रहती उजास में प्रतिफलित होती है। लेकिन, जैसा कि ऊपरी तौर पर लग सकता है, यह न तो भाषिक-सत्य की पक्षधरता में काव्य-विरोध है और न काव्य-सत्य पर भाषिक-सत्य की वरीयता है।

वस्तुतः यह सांस्कृतिक आत्मोन्माद के चलते स्थापित होने वाले काव्य-सत्य के अमर्यादित महत्त्व, उसके मिथकीकरण और पूज्यनीयता के विरुद्ध एक सजग आलोचना दृष्टि है जो उपर्युक्त अलगाव-प्रभाव में व्यक्त होती है। यह अलगाव-प्रभाव रेह्‌टॉरिक की उस दीवार को पारदर्शी बनाता है जो भाषा में कवि की उपस्थिति के कारण खड़ी होती है और यद्यपि जिसके बग़ैर कविता, भाषा में अपनी पहचान नहीं बना सकती लेकिन जो अपारदर्शी होकर कविता को भाषा 'में' नहीं भाषा 'से' अलग करती है; जिसके चलते कविता भाषा को ढँकती है, उसका औपनिवेशीकरण करती है और फलतः उस स्पेस के औसत को कम करती है जिसमें अन्ततः उसे रहना है। इस दीवार का पारदर्शीकरण कविता को भाषा की दिशा में और भाषा को कविता की दिशा में खोल देना है। नैतिक दृष्टि से यह संस्कृति को प्रकृति की ओर प्रकृति को संस्कृति की दिशा में खोल देना है। मानवीय अर्थ के आरोपण से परहेज, इन कविताओं में सिर्फ साधनद्रव्य या रेह्‌टॉरिक के स्तर पर नहीं है बल्कि इसी के चलते वह इस रूप में भी ध्वनित है कि जो वस्तुएँ या चरित्र इन कविताओं में हैं वे काव्यवस्तु और काव्यचरित्र होकर अपने मूल रूप से विस्मृत नहीं हैं, वस्तु और काव्यवस्तु के बीच का सम्बन्ध यहाँ उदासीनता या अन्योक्तिपरकता का सम्बन्ध न होकर एक दूसरे के प्रति खुले होने का सम्बन्ध है। मसलन प्रकृति के चिह्न इन कविताओं में मनुष्य या प्रकृत्येतर पदार्थों को नहीं, प्रकृति को ही चिह्नित करते हैं। उनकी उपस्थिति मानवीय चिह्नों को उभारने, उनका परिप्रेक्ष्य बनने में व्यय होती उपस्थिति नहीं, वह एक समानान्तर और सह-उपस्थिति है : मानवीय चिह्नों के साथ एक आलोचनात्मक रिश्ते में :

....

बस में चढ़ने के लिए लोगों की लाइन
इस तरह लगती है
कि आदमियों के बीच
किनारे का पेड़ भी
लाइन में शामिल हो जाता है
उस पेड़ के पीछे अकेला मैं
सबसे पीछे।

बस के आने के बाद
मैं पढ़ा-लिखा समझदार
खड़ा रहा
कि बस में पेड़ चढ़े फिर उसके पीछे मैं
तब मुझे मालूम होता है

कि पेड़ बस में नहीं चढ़ता ।
और मैं शहरी आदमी
प्रकृति से इस तरह अलग होता हूँ
कि पेड़ को पीछे छोड़ बस में बैठ जाता हूँ ।
....

—प्रकृति में

हिन्दी कविता—इसमें कोई शक नहीं और इस पर हम सहज ही गर्व कर सकते हैं कि—बहुत आगे जा चुकी है । इसमें भी कोई हर्ज न होता कि अपनी गति या प्रगति की महत्त्वाकांक्षा में वह घोड़े, हाथी और रथ जैसी सवारियाँ तजकर बस और रेल की सवार है लेकिन सिर्फ हर्ज नहीं, खतरा इस बात में है कि वह इस महत्त्वाकांक्षा में लाइन के अपने आगे खड़े पेड़ को छोड़ ही नहीं आयी है, बल्कि 'अपने रास्ते' के मोह और लालच में उन रास्तों को ज्यादातर खत्म करती आयी है और कर रही है जिन पर पेड़ अपने पाँव चलते हैं । जंगल से बाहर आ जाने या जंगल को बाहर कर देने के बाद हमारी कविता के कमरे में जंगल अब सिर्फ एक तस्वीर है । विनोद कुमार शुक्ल की कविता में जंगल के इस हृश्य को लेकर अवसाद है । यह जंगल की तस्वीर से जंगल के अभाव को ढँकने-झुठलाने की बजाय उस कमरे को, यानी खुद को, झुठलानेवाली कविता है, जिसके शब्द पेड़ की, जंगल की, पक्षी की, नदी की, समुद्र की खोज में भटकते अन्ततः उस भूखण्ड का सामना करते हैं, 'जहाँ कहीं छाया नहीं'—'जमीन के गड्ढों', 'उड़ती हुई चील' और 'आग की लपटों' की छाया के सिवाय ।

कविता का होना

अशोक केलकर

ए पोइम शुड नाट मीन बट बी

—आर्चीबाल्ड मक्लीश : 'आर्ज पोएटिका'

अब आप कहेंगे, भई 'कविता का होना' शीर्षक क्यों ? 'कविता का अस्तित्व" या उससे भी अधिक अच्छा 'कविता की सत्ता' या इसी प्रकार का शीर्षक अधिक गरिमामय नहीं दिखाई देता ? उत्तर यह होगा कि यह लेख उस शीर्षक के लिए शोभा न देता, क्योंकि उस प्रकार के गहन दर्शन में हमें घुसपैठ नहीं करनी है। हमें अपने ही से कुछ पहेलियाँ बुझानी हैं। ऐसी पहेलियाँ जो प्राचीनकाल के ग्रीक लोगों को पसन्द थीं—तत्त्वस्पर्शी पहेलियों की भाँति। उदाहरण के लिए—एक नगर राज्य में इतिहास में प्रख्यात एक जहाज़ था। हर साल उसकी एक-एक तख्ती बड़े समारोहपूर्वक निकाल दिया करते थे और उसके स्थान पर दूसरी लगाया करते थे। इस प्रकार यथावकाश ऐसी स्थिति आये कि उस जहाज की समस्त पुरानी लकड़ी के स्थान पर नयी लकड़ी आ जाये, अब बताइए कि यह सब होने पर वह जहाज वही जहाज रह गया ? अगर नहीं तो नये जहाज का 'होना' कब से शुरू हो गया ? "यह प्रश्न बचकाना है","इस प्रश्न का उत्तर स्पष्ट ही है।" इस प्रकार के गरिष्ठ और/या आलसी भागने के बहाने बन्द करके हमें खिलाड़ी की ज़िद से समरभूमि में उतरना है और कविता के होने को लेकर माथापच्ची करनी है। यह करते समय हमारा उद्देश्य सत्तामीमांसा का (ऑण्टोलाजिकल) प्रमेय प्रस्थापित करना नहीं होगा—अर्थात् हमारी इस कोशिश से सत्तामीमांसक को कुछ बोध मिला या उसके मन में हमें कुछ बोध देने की इच्छा पैदा हुई तो हम ना नहीं करेंगे। हमारा उद्देश्य इतने तक ही सीमित है कि साहित्य-विमर्शक के रास्ते से कुछ अड़चनें दूर की जा सकें और उसके कूट प्रश्नों के उत्तर खोजने के लिए वैचारिक बैठक तैयार की जा सके। यह सही है कि इतने-भर के लिए साहित्य-विमर्शक के कूट प्रश्न एवं उसकी

जोखिम हम गोद ले रहे हैं। फिर अगर कोई इस सीमित वैचारिक कार्य को बच्चे जनने की प्रक्रिया में दाई की सहायता या ऐसा ही कुछ कहकर चिढ़ाये तो उसमें खेद मानने का कोई कारण नहीं है।

जब हम यह कथन करते हैं कि 'यह कविता है,' तो सुननेवाले को स्थूल रूप में तीन प्रकार से उलझन में डालते हैं :

1. कौन-सी कसौटियाँ लगाकर हम यह पहचानते हैं कि 'क्ष' जो कविता है वही 'य' भी है? अमुक कविता वही है यह कैसे तय होता है? इसे हम कविता के स्वत्व का प्रश्न ही कहेंगे।

2. कविता होती है, वह खोजने पर कहाँ मिलती है? आखिर कविता है किस गाँव की? अमुक कविता अस्तित्व में है, मतलब निश्चित क्या है? कविता का अन्त होता है क्या? इसे हम कविता के अस्तित्व का या अस्तित्व-कक्षा का प्रश्न कहेंगे।

3. हमें जो भावित करती है वह कविता ही है, यह हम किस आधार पर कहते हैं? एक ओर 'क्ष' को कविता की कोटि में रखना, 'क्ष' का कविता के रूप में वर्गीकरण करना और दूसरी ओर 'क्ष' को कविता के रूप में परखना, मूल्यांकित करना ये क्या दो भिन्न कार्य हैं? इसे हम धर्मित्व का प्रश्न कहेंगे।

कविता के होतापन के प्रश्न में इन तीन प्रश्नों की मालिका छिपी हुई है।

कविता-प्रतीति की घटना

आरम्भ में ही एक स्पष्टीकरण करके फिर आगे बढ़ना उचित होगा। कोई कविता और उसकी प्रतीति, इनमें फर्क करना जरूरी है। प्रतीति स्थलकाल-विशिष्ट घटना है—कविता की प्रतीति का अर्थ है वह कविता अमुक व्यक्ति को अमुक समय पर भावित हुई है। अब यह सहज सम्भव है कि अनेक लोगों को यह प्रतीति कभी होती ही नहीं है—उनके बारे में फिलहाल हमें कुछ करना-धरना नहीं है। हमारे लिए मुद्दे की बात यह है कि कविता-प्रतीति की घटना जब किसी के बारे में घटित होती है, वह निश्चित किस बात की प्रतीति होती है? व्यक्ति निश्चित रूप में किसका सामना करता है? हमें इसका पता लगाना है। यह पता लगाते समय सहज ध्यान में आनेवाली बात है—मेरे जीवन में जो अनेक कविता-प्रतीति की घटनाएँ घटित हुई हैं, उनकी मैं मालिका गूँथ सकता हूँ—'क्ष' कविता की प्रतीति इतनी बार हुई, या कि इस समय हुई, इस तरह मैं हिसाब रख सकता हूँ। मतलब यह कि जिस तरह विशिष्ट सिक्का पुनः-पुनः हमारे हाथ से गुजर जाये, विशिष्ट छाता समय-समय पर खोल दिया जाये, विशिष्ट प्रेयसी के साथ बीच-बीच में मुलाकात हो जाये, विशिष्ट दण्डसंहिता का पुनः-पुनः आधार लिया जाये, उस प्रकार विशिष्ट कविता पुनः-पुनः हमें प्रतीत होती है। ऐसी

घटनाओं का रूप चायपान, धूम्रपान, लड़ाई, पत्र-लेखन जैसी घटनाओं से अलग होता है। कैसे अलग होता है? वही विशिष्ट कविता मुझे अनेक बार प्रतीत हो सकती है या मेरे अलावा अन्य व्यक्तियों को भी प्रतीत हो सकती है—कविता-प्रतीति की घटनाएँ अनेक होती हैं, लेकिन कविता एक ही। प्रत्युत् हम यह कह नहीं सकते कि चायपान अनेक बार हुआ, लेकिन चाय वही थी। और तो और, चाय के एक के बाद एक लिये गये दो घूंट भी भिन्न चाय के होते हैं। चिट्ठी-लेखन की हर घटना नयी चिट्ठी को जन्म देती है। इनमें से कुछ चिट्ठियाँ पेटी में डाल दी जायेंगी, कुछ सीधे कचरे की पेटी में जायेंगी। अब तक उल्लिखित घटनाओं में—फिर वे कविता-प्रतीति की हों या चायपान-जैसी हों—एक समान धर्म है। वह यह है कि ये सब घटनाएँ मानवीय घटनाएँ हैं। उनके मानवीय सन्दर्भ को बिना समझे उन घटनाओं का प्राथमिक परिचय तक नहीं हो सकता। इस हर घटना में मानवी पात्र हैं और वे अपनी मानवीय भूमिकाएँ अदा कर रहे हैं। मोटर के साथ टकराना, धूप में बैठना, या बरसात में भीगना हो या इन जैसी घटनाओं में भी मानवी पात्रों का आना सम्भव है लेकिन उनके स्थान पर बिल्ली या लौंदे भी चल सकते हैं।

मानवीय भूमिका

जिनको हम कविता की प्रतीति कह सकते हैं ऐसी घटनाओं में कौन-सी खास मानवीय भूमिकाएँ अदा करनी पड़ती हैं? हमें दो बातों का ध्यान रखना चाहिए, एक तो यह कि यहाँ जो गिनती चल रही है वह आदमियों की न होकर बिल्लों की है, दूसरी बात यह कि हमारे विश्लेषण का विषय कविता-निर्मिति न होकर कविता-प्रतीति की घटना है। इस साल के बाद एक भी नयी कविता नहीं निर्मित की जाय तो भी कविता-प्रतीति की घटनाओं का जारी रहना शक्य है। कविता-प्रतीति के लिए केवल कविता की उपस्थिति मात्र से काम नहीं चलता। कवि, प्रस्तुतकर्ता, पाठक (या श्रोता) और विमर्शक—इतने लोग आवश्यक होते हैं। किसी कविता के हिस्से में यह भाग्य बार-बार आयेगा। किसी साल यह भाग्य बार-बार आयेगा, कोई ऐसा समय भी आयेगा कि कोई उसकी ओर झाँककर भी नहीं देखेगा। ऐसी चरम स्थिति आने के लिए यह भी आवश्यक नहीं कि वह कविता जिस भाषा में लिखी गयी है वह भाषा बोलनेवाले पृथ्वी पर से एकबारगी नष्ट ही हो जायें। विशिष्ट कविता की प्रतीति की बात छोड़ दीजिए, कुल मिलाकर किसी समाज में कविता को कितना-कितना सम्मान दिया जाता है, इसके बारे में भी बार-बार आरोह-अवरोह हो सकते हैं। "दाने-दाने पर लिखा है खाने वाले का नाम" जैसी स्थिति कम-अज-कम कविता के बारे में सही नहीं। पूर्वोल्लिखित चार भूमिकाओं के बारे

में बारीकी से विचार किया जाय तो ध्यान में आयेगा कि ये चारों भूमिकाएँ अर्थात् चार व्यक्ति मानकर चलने का कोई कारण नहीं है। अलग-अलग पर्याय हो सकते हैं और प्रत्यक्ष में दिखाई भी देंगे। कवि स्वयं पाठक होगा, प्रस्तुतीकरण का कार्य स्वयं पाठक करेगा, इत्यादि लेकिन ऐसा निश्चित होगा ही और एक व्यक्ति के पास दो या अधिक भूमिकाएँ आ जायेंगी ही, ऐसा भी नहीं है। उदाहरणार्थ, किसी प्रूफ पढ़नेवाले के पास भी कोई कविता आ सकती है। लेकिन इस पाठक को कविता की प्रतीति शायद नहीं होगी। और यह स्थिति उस बेचारे प्रूफरीडर की ही नहीं, प्राध्यापक-महोदय की भी हो सकती है। कुछ खास लोग विमर्शक के रूप में विशेष अभिज्ञता प्राप्त कर सकते हैं परन्तु अन्यों को भी शायद अपने लिए विनम्र भाव से ही क्यों न हो, विमर्शक के आसन पर बैठना ही पड़ता है। अगर वे विमर्शक नहीं हुए तो उनका कविता-पठन, पठन ही होगा, कविता की प्रतीति के स्तर को वह छू नहीं सकेगा। कविता-प्रतीति की घटना सिद्ध होने के लिए आवश्यक भूमिकाओं में मैंने विमर्शक की गिनती क्यों की इसका रहस्य अब खुलेगा। (जाते-जाते यह भी कहना चाहिए कि कविता-निर्मिति की घटना के घटित होने की प्रक्रिया में कवि को अपना ही विमर्शक होना पड़ता है। उस समय प्रस्तुतिकर्ता और पाठक ये दो भूमिकाएँ कवि नहीं अपना सकता, क्योंकि कविता सम्प्रेषित होने में अभी देर है—जो होती हैं वे केवल रिहर्सलें।) एकाध कविता के प्रस्तुतिकर्तृत्व, पाठकत्व, विमर्शकत्व, पर अधिकार बतानेवाले अनेक हो सकते हैं परन्तु उसके जनकत्व का सम्मान प्राय: किसी एक को ही मिलेगा। अधिक निश्चित बताना हो तो अमुक कविता का जनक, यह भूमिका केवल एक ही हो सकती है—फिर वह कविता लोक-कविता भी हो तो भी हर्ज नहीं। एकाध कविता की निर्मिति में एक से अधिक व्यक्ति भाग ले सकते हैं। लेकिन उसके पाठक-विमर्शक को यह मालूम होने का कोई कारण नहीं है। और मान लीजिए कि मालूम है तो भी पाठक-विमर्शक के लिए कविता एक ही कविता-जनक का आविष्कार है। उसके सामने एक ही कवि होता है। भारत के लोग अपने लिए राष्ट्रगीत या संविधान स्वीकार कर सकते हैं लेकिन कविता-निर्मिति नहीं कर सकेंगे।

कविता का वाहन

कविता और कविता-प्रतीति में अन्तर है, यह ध्यान में लेने पर एक अन्य अन्तर भी दिखता है। वह है कविता और कविता के वाहन के बीच का अन्तर। इन दोनों का कविता-प्रतीति की घटना में स्थान है। कविता-निर्मिति की घटना यद्यपि कविता-प्रतीति से अलग है फिर भी कविता का वाहन वैसे अलग नहीं पड़ता। कविता-वाहन की बात करने से मुख्यतः इंगित होता है—प्रस्तुतिकर्ता के द्वारा प्रस्तुत कविता का एक प्रयोग—यह प्रयोग मुँह के द्वारा सुनायी पड़ेगा या मूक होगा। उसी तरह

मूक व प्रस्फुट प्रयोग स्मृति पर निर्भर होकर किया जायेगा या किसी आलेख की सहायता से। कविता-वाहन में आलेख का भी समावेश होता है—आलेख से मतलब है कागज पर स्याही के चिह्नों द्वारा अंकित कविता का नोटेशन या फिर रेकार्ड पर ध्वनिमुद्रण। लेकिन यह आलेख—यह मानवनिर्मित जड़वस्तु कविता नहीं होती—कविता की सभी लिखित या मुद्रित प्रतियाँ नष्ट कर दी जायें तो भी कविता का कुछ बिगड़ेगा, ऐसा नहीं कहा जा सकता। प्रस्तुत, इस प्रकार के बिना आलेख की सहायता के भी एकाध कण्ठगत कविता सैंकड़ों वर्षों तक श्रोताओं को प्रतीत होती रहेगी, भावित करती रहेगी। जो बात आलेख की वही प्रयोग की। प्रयोग और प्रतीति का सम्बन्ध अटूट नहीं होता। कभी कविता प्रस्तुत किये जाने पर भी प्रतीत नहीं होगी—कविता के सभी प्रयोग सफल नहीं होते। उल्टे बिना प्रयोग के भी कविता-प्रतीति हो सकती है। अब यह तो स्वीकार करना ही पड़ेगा कि एकाध पाठक को यह प्रतीति होती है तो उसके सामने एकाध बार तो कविता प्रस्तुत होना आवश्यक है और इस प्रस्तुतीकरण की आवृत्ति पुन: प्रत्यय के लिए कभी-कभी करनी पड़ेगी। लेकिन यह प्रतीति केवल उस सफल प्रयोग में सुरक्षित है, ऐसा नहीं, प्रयोग के बाद जो कुछ प्राप्त होता है उसका भी बड़ा हाथ उसमें रहता है। क्योंकि एक पाठक के कविता पढ़ने पर पीछे मुड़कर उसका चिन्तन किये बिना, उसको मन में सँजोये बिना, उसकी प्रतीति की पूर्णता सचमुच नहीं होती। फिर कविता का मूक प्रयोग तक न होने पर उसका पुन: प्रत्यय मिलता है—ऐसा होने पर हम कहते हैं, कविता ने हमें पागल कर दिया। (संस्कृत साहित्य मीमांसा में जिसे चर्वण कहते हैं वह यही अनुभव तो नहीं है?) "हमें साहित्य का आकलन होता है, हम साहित्य को आत्मसात् करते हैं, अपनाते हैं, वह केवल उसी अवधि में नहीं जबकि हमारे सामने 'पन्नों पर लिखे हुए शब्द' होते हैं—बाद में भी जबकि हम किसी बात में उलझे हुए होते हैं, कोई भाषण सुनते हैं (या कान पर से गुजरने देते हैं), मित्र के साथ वार्तालाप करते हैं—संक्षेप में जब-जब पढ़ी हुई कविता को हम मन में जाग्रत कर सँजोते रहते हैं उस अवधि में भी।"[1] संक्षेप में कविता और कविता का वाहन ये एक बात नहीं है।

वाहन के सन्दर्भ में साहित्येतर कलाओं के सम्बन्ध में क्या स्थिति है, यह तुलना के लिए देखना लाभदायी होगा। चित्र, शिल्पाकृति, वास्तुकृति—ये वाहन-वस्तु से बहुत जुड़ी हुई हैं—कलाकार द्वारा निर्मित ये जड़ वस्तुएँ नष्ट हो जायें तो सब खतम हो जाता है। किसी चित्र की प्रतिकृति कलात्मक ढंग से की जाये तो वह नकलची प्रशंसा का भागी बन जाता है—वह नाहक नहीं है। प्रतिकृति बनाने की क्रिया आंशिक रूप में मूल निर्मिति की क्रिया का गुण लेकर आती है।

1. एल० सी० नाइट्स 1959, प्रस्तावना।

लेकिन कविता-आलेख की प्रतिकृति करने पर, मतलब कि कविता किसी के द्वारा उतारी जाने पर, उस नकलची में कोई कवित्व-शक्ति का गुण नहीं देखेगा। अधिक से अधिक हम उसे वाङ्मय चौर्य का श्रेय दे सकते हैं। संगीतादि जो प्रयोगजीवी कलाएँ हैं, वे प्र योग से सम्बद्ध होती हैं। इस प्रकार की कलाकृतियों के प्रस्तुतीकरण में भी कम-अधिक सीढ़ियाँ हो सकती हैं। किसी बजवैये का त्यागराज या मोत्सार्ट जैसे रचनाकार द्वारा निर्मित रचना या बन्दिश प्रस्तुत करना और किसी बजवैये का किसी एक राग का विस्तार कर दिखाना दो अलग बातें हैं। दूसरे प्रयोग में निर्मिति के साथ निकटता बहुत अधिक है।

सामाजिक-सांस्कृतिक अवगुण्ठन

भाषा के अन्य		अन्य कविता
उपयोग	विमर्शक	
कवि	कविता	वाचक
	कविता-वाहन	
अन्य भूमिकाएँ	प्रस्तुतिकर्ता	अन्य समाजधारणा

आकृति 1

कविता-निर्मिति और कविता-प्रतीति

सामाजिक-सांस्कृतिक अवगुण्ठन

हमने देखा कि कविता-प्रतीति की कोई घटना लें तो उसमें कविता, पूर्वोक्त चार मानवीय भूमिकाएँ, और कविता-वाहन (जो कि कविता-प्रस्तुतीकरण और अगर आवश्यक हो तो कविता-आलेख मिलकर बनता है) इतनी चीजें समाविष्ट रहती हैं। एक और घटक के उल्लेख के बिना यह चित्र पूरा नहीं होगा। वह घटक है उस प्रतीति को घेरनेवाला सामाजिक-सांस्कृतिक अवगुण्ठन। इसमें सब आ जाता है—समाज का जीवन-प्रवाह, विशिष्ट ऐतिहासिक कालखण्ड में प्रचलित विविध सामाजिक भूमिकाओं और सांस्कृतिक संकेतों का उस प्रतीति को मिला हुआ पुट (देखिए आकृति-1), यह सारा अवगुण्ठन कविता-प्रतीति की घटना में विशेषतः दो प्रकार से अपना परिचय देता है—कविता की भाषा के रूप में और समाज की साहित्य -विषयक धारणा के रूप में।

अवगुण्ठन-कविता की भाषा

किसी ने कहा है कि मूर्ति बनाना क्या है? ऊबड़-खाबड़ शिला में पहले से ही वर्तमान शिल्पाकृति के आसपास का फालतू पत्थर फोड़कर हौले से उसे बाहर निकालना। ॲरिस्टाटल के मैटाफिजिक्स के एक वाक्य में इस कल्पना का उद्गम

दिखता है (मेटाफिजिक्स, 1017 बी 7)। अगर इसको कविता पर हूबहू लागू करना हो तो इस प्रकार कहना पड़ेगा—अमुक एक भाषा की अमुक कविता क्या है ? उस भाषा में व्याकरणिक व्यवस्था के अनुसार सिद्ध अनगिनत वाक्यों में से चुना गया एक महावाक्य। जिस तरह विशिष्ट गठन के उस शिलाखण्ड से अवगुण्ठित वह मूर्ति या शिल्पाकृति पहले से ही वर्तमान थी, उसी प्रकार कविता की भाषा उस कविता को पहले से ही धारण किये हुए थी। मुझे आशा है कि कलाकृतियों के द्रव्य के बारे में किये गये ये कथन कोई परमार्थ में नहीं लेगा—कविता, मूर्तियाँ इत्यादि कलाकृतियों की रचना और प्रतीति में भाषा एवं प्रसार इत्यादि कलाद्रव्यों का जो महत्त्वपूर्ण स्थान है उसको कुछ अतिशयोक्तिपूर्ण पद्धति से स्पष्ट करने का प्रयास है। इतना सूचित कर हम अवगुण्ठन के दूसरे पक्ष की ओर, अर्थात् साहित्य-धारणा की ओर चलते हैं।

अवगुण्ठन-साहित्य विषयक धारणा

समाज की साहित्य-विषयक धारणा समाज की संस्कृति एवं संचित का एक भाग होती है। उसका महत्त्व प्रस्तुत सन्दर्भ में अनन्य साधारण है। साहित्य-धारणा ललितकला विषयक धारणा का भाग है कला-धारणा आस्वाद-धारणा का भाग है, आस्वाद-धारणा कुल संस्कृति का भाग है, संस्कृति के कोश में समाज के घटकों के आचरण का नियमन होता है। यह नियमन संकेतों के आधार से होता है। इन संकेतों के छोटे-बड़े बन्ध-उपबन्ध होते हैं। आस्वाद-धारणा जिसका अभी उल्लेख किया, वह भी इसी प्रकार संकेतों का बन्ध होता है—विशिष्ट समाज में कुछ चीजें आस्वाद वस्तुएँ (एस्थेटिक ऑब्जेक्ट्स) मानी जाती हैं। इन आस्वाद-वस्तुओं का आस्वाद किन पद्धतियों से लिया जाय, यह उस समाज की आस्वाद विषयक धारणाओं से निश्चित होता है।[2] आस्वाद्य वस्तुओं में जो ललितकृतियाँ सिद्ध हो जाती हैं उनके आकलन को कला-धारणा कहते हैं। कलाकृतियों में जो साहित्य-कृतियाँ सिद्ध हो जाती हैं, उनके आकलन को साहित्य-धारणा कहते हैं। यह विवेचन कुछ उदाहरणों के साथ स्पष्ट करना आवश्यक है।

2. 'आस्वाद्य' एक सर्वसमावेशक विशेषण मान लिया जाये—सुन्दर, भव्य, सुगठित—हास्यास्पद इत्यादि एवं उनके विपरीत कुरूप इत्यादि सभी विशेषण उसमें समाविष्ट होते हैं। आस्वादधारणा के ही दो महत्त्वपूर्ण आयाम हैं—कला परम्परा और अभिरुचि। एस्थेटिक्स के लिए सौन्दर्यशास्त्र जैसा सँकरा शब्द न इस्तेमाल कर 'आस्वाद्यवस्तुमीमांसा' कहा जाय। कलामीमांसा (थिअरी ऑव आर्ट) 'आस्वाद्यवस्तुमीमांसा' का ही एक महत्त्वपूर्ण उपांग है।

एक स्थूल-सा उदाहरण ले लें। जापानी समाज का एक आस्वाद-विषयक संकेत लें। जापान में एक प्रकृति-सौन्दर्य से समृद्ध प्रख्यात स्थान पर अगर आप जायेंगे तो आपको यह बताया जायगा कि दृश्य का पूरा-पूरा आनन्द लूटना हो तो उसकी ओर पीठ फेरकर नीचे झुको और अपने फैले हुए पैरों के बीच से देखो। अमेरिकन समाज को कलाकृतियों की खुली चर्चा पसन्द नहीं। वहाँ का सभ्य संकेत यह कहना है, "मुझे कला के बारे में कुछ नहीं मालूम, लेकिन मुझे क्या पसन्द है, यह अच्छी तरह मालूम है।" किसी समाज में हस्ताक्षर के बारे में विशेष अपेक्षा होती है—अगर आप कुछ लिखेंगे तो इस तरह लिखिए कि उसमें से एक अस्वाद-वस्तु पैदा हो जाय। अच्छे अंकन की आशंका होती है और सब पढ़े-लिखे लोग उसका अनुकरण करते हैं। 'रुआला' नामक भटकनेवाली अरब जमात में कॉफी के बीजों को कूटने की प्रक्रिया को प्रतिष्ठित कला माना जाता है। घर का गुलाम जब यह काम करता है तब उसके खरल के नीचेवाले तल पर और बाजुओं पर बट्टे के तालबद्ध आघात किस तरह होते हैं, यह सुनकर पड़ोसी उसकी संगीत की क्षमता का अन्दाज करते हैं। ग्यारहवीं शताब्दी में एक चीनी ग्रन्थ में कलाओं की सूची इस प्रकार दी गयी है : विधिसंस्कार, संगीत, धनुर्विद्या, रथविद्या, चित्रकला (लेखनकला इसी में समाविष्ट है) और पद्यरचना। विशिष्ट कालखण्ड में एवं सामाजिक परिसर में जो आस्वाद-धारणा प्रचलित होती है उसका देशकाल के आस्वाद-जीवन में निर्णायक स्थान रहता है। इन प्राथमिक बातों को हम इधर भूल गये हैं। इसके दो कारण हैं। एक, पाश्चात्यों ने सप्तकलाओं का जो परिगणन किया है (वास्तु, शिल्प, चित्र, संगीत, नृत्य, नाट्य, साहित्य) उसका धीरे-धीरे होनेवाला सार्वत्रिक स्वीकार।[1] दूसरे, बीसवीं सदी में कला जीवन में होनेवाला वैश्विक आवागमन। पहली एलिजाबेथ रानी के समय किसी अंग्रेज द्वारा लिखे नाटकों का आज के भारतीय रसिक बिना हिचकिचाहट के आस्वाद लेते हैं। कोई भारतीय बजवैया भारतीय संगीत पाश्चात्यों को सुनाकर मुग्ध करता है। हमें यह नहीं भूलना चाहिए कि ये घटनाएँ मानवी इतिहास में हाल ही की हैं। इस नयी प्रवृत्ति को आंद्रे माल्रो नामक फ्रेंच विचारक ने संग्रहालयलक्षी प्रवृत्ति (म्यूजियम अप्रोच) कहा है। किसी कविता की निर्मिति जिस सामाजिक कोश में या कालखण्ड में होती है, सामान्यतः उसी कोश एवं कालखण्ड में उसकी

1. सुनता हूँ कि फाईन आर्ट्स शब्द के लिए प्रतिशब्द के रूप में ललितकला कम-अज-कम मराठी में सर्वप्रथम श्री कृ० कोल्हटकर ने इस्तेमाल किया। चित्रपट यह प्रयोगजीवी ललितकला पारम्परिक सूची में समाविष्ट नहीं थी।

प्रतीति भी होती है। बहुसंख्यक कविताओं के बारे में 'सामान्यतः' न कहकर 'हमेशा के लिए' कहना अनुचित नहीं होगा। किसी कविता को वैश्विक कविता संग्रहालय में रखकर उसकी ओर देखना यह शौक की बात है। किसी कविता को उत्साह में चैन से खिलने के लिए दूसरी कविताओं का सान्निध्य पर्याप्त होता है। इसका अनुभव हमें साहित्य पढ़ाते समय होता है—अगर किसी छात्र ने विशेष कविताओं का पठन किया ही नहीं है तो इस स्थिति में उसके द्वारा पढ़ी गयी एकाध कविता के बारे में पूछना कि तुम्हें इसमें क्या अच्छा लग रहा है, नासमझी का काम होगा।

जब कभी कवि (याने जनक-विमर्शक) की भूमिका अदा करनेवाला व्यक्ति और रसिक (याने पाठक-विमर्शक) की भूमिका अदा करनेवाला व्यक्ति दोनों ऐतिहासिक या भौगोलिक या सामाजिक दृष्टि से भिन्न कोश में होंगे तब कविता की प्रतीति होना न केवल कठिन है अपितु एक अर्थ में गौण भी है। कोई भारतीय प्राध्यापक शेक्सपियर के किसी नाटक का मूल संहिता के आधार से आस्वाद लेता है तो यह बात उसी प्रकार होती, जिस प्रकार किसी समय किसी एक देश में जन्मे कवि और उसके रसिकों के बीच जमी बेहतरीन महफिल में किसी बाहरी व्यक्ति का चुपचाप जाकर शामिल हो जाना। तिस पर अगर वह यह भी अभिमान से कहता हो कि, "आजकल के देशी साहित्य में मुझे कुछ आस्था नहीं है"—तो समझ लीजिए वह आत्मवंचना कर रहा है। उसका शेक्सपियर का आस्वाद अगर सच्चा है तो वह आस्वाद मुख्य फसल पैदा होने के बाद निकाली गयी फुटकर फसल होगी।

साहित्य के क्षेत्र में परम्परा का महत्त्व बताते समय कहा जाता है कि सभी पुरानी कविताओं की मिलकर कालखण्ड को लाँघनेवाली एक समष्टि होती है; एक-एक नयी कविता उसमें आकर मिल जाती है, इसके मिलने पर पूर्ववर्ती समष्टि से कुछ बदल होकर सूक्ष्म ही क्यों न हो परिवर्तन घटित होता है,[1] यहाँ 'सभी पुरानी कविताएँ' ये शब्द भी तारतम्यभाव से ग्रहण करने चाहिए—सभी पुरानी कविताएँ याने जिस साहित्य-धारणा से वह नयी कविता जन्म लेकर प्रतीत हो रही है, उस समकालीन धारणा में जो पुरानी कविताएँ अब भी पढ़ी जातो हैं

1. "What happens when a new work of art is created is something that happens simultaneously to all the works of art which preceded it. The existing monuments from an ideal order among themselves, which is modified by the introduction of the new (the really new) work of art among them."

—टी० एस० एलियट 1918, आधुनिक साहित्यमीमांसा में एक बहुचिचत कथन।

और पाठकों को भावित होती हैं, बस वे और उतनी ही कविताएँ। जिनको कविता-रूप भुला दिया गया है उन्हें उस पीढ़ी की साहित्यिक धरोहर में स्थान नहीं है। हर पीढ़ी को अपनी 'गोल्डन ट्रेजरी' नये ढंग से सम्पादित करनी पड़ती है। म्युजियम-लक्षी परम्परा किसी समाज में उत्पन्न होना अब तक सामने रखे गये विचार का अपवाद नहीं है। क्योंकि, विशिष्ट समाजकोश में जितना ऐतिहासिक और अन्तर्राष्ट्रीय एहसास घुला हुआ होगा केवल उतनी ही सार्वदेशिक या सार्वकालिक परम्परा अंकुरित होती है। सार्वदेशिकता और सार्वकालिकता को विशिष्ट कोष में अगर स्थान मिले तो ही वे रसिक को भावित करने की क्षमता रखती हैं, नहीं तो वे खोखली बातें जान पड़ती हैं।

काल और परिवर्तन का परिमाण

कविता के भुला दिये जाने की बात निकली ही है तो हमारे दार्शनिक मित्रों के मन में सहज झाँकनेवाला प्रश्न यहीं उपस्थित करें। वह है—"क्या कविता का होना काल और परिवर्तन के परिमाण से घिरा हुआ रहता है? या कविता इन बातों से परे है?" कविता की निर्मिति, प्रस्तुतीकरण, प्रतीति ये देशकाल विशिष्ट घटनाएँ हैं, इसे मान्य करने में कोई अड़चन नहीं होनी चाहिए—पानीपत की लड़ाई जैसी घटनाओं की भाँति उसका जातक बनाया जा सकता है। इन क्षणिक घटनाओं के बीच जो स्थिर रहती है वह कविता—इस अर्थ में उसे कालनिरपेक्ष कहा जा सकता है। गोएटे 'शाकुंतल' को लेकर नाचने लगा, यह घटित अमुक देश में अमुक स्थान में घटित हुआ लेकिन 'शाकुंतल' कालातीत है। परन्तु त्रिकोण की संकल्पना जिस अर्थ में कालातीत कही जाती है उस अर्थ में वह कालातीत नहीं है। असल में कविता की अवस्था भाषा जैसी ही होती है। कोई भाषा उसी समय तक जीवन्त होती है, जब तक उसे बोलनेवाले कम-से-कम दो व्यक्ति जीवित हैं। भाषाएँ नष्ट होती हैं और बहुत सारी कविताएँ भी काल के प्रवाह में नष्ट हो जाती हैं। लेकिन कविता या भाषा की 'मृत्यु' सदा के लिए नहीं होती, उनका पुनरुज्जीवन हो सकता है। प्राचीन इजिप्शियन भाषा की कविता सैकड़ों वर्षों तक अनछुई रह गयी थी। आज हम उन्हें पढ़ सकते हैं, पढ़ते भी हैं। कविता के जन्म और भाषा के 'जन्म' में फर्क है—कविता का 'जन्मकाल' निश्चित किया जा सकता है, भाषा का नहीं। अगर भाषा एक आदतों की बुनावट भी मानें तो वह न केवल काल-प्रवाह में टिकी रहती है अपितु बदलती भी है—आखिर वह इतनी बदलती है कि उसकी पहचान ही नहीं होती। (याने ग्रीकों के जहाज की भाँति भाषा के तत्त्व का प्रश्न उपस्थित होता है। खैर) भाषा की तरह कविता में 'परिवर्तन' हो सकता है क्या? समाज की साहित्य-विषयक धारणाओं का निश्चय ही इतिहास होता है, उन धारणाओं में परिवर्तन होता रहता है—एकाध कविता का ऐसा

इतिहास होता है क्या ? बाह्यतः वह निश्चित ही होता है। हम देखते हैं कि कविता के अच्छे-बुरे दिन होते हैं। वह भुलायी जाती है, आशंसित होती है, रौंदी जाती है, ताल-सुर में बाँध दी जाती है, उद्धृत की जाती है, राष्ट्रगीत के स्थान पर विराजित की जाती है, पाठ्यक्रम में शामिल की जाती है, मन की राहत के लिए काम में लायी जाती है इत्यादि, लेकिन क्या वह कविता आन्तरिक रूप में बदल जाती है ? अगर हम आग्रहपूर्वक मानें कि वह परिवर्तनशील है तो इस कथन का यह अर्थ निष्पन्न होता है कि एक कविता दो प्रतीतियों के बीच से गुजरती है तब उन दो कविता-प्रतीतियों के प्रसंगों में जो फर्क दिखाई देंगे उन्हें उस कविता में स्थान ही नहीं होता—ये सभी फर्क प्रतीति की घटना में अन्तर्भूत प्रस्तुतिकर्ता, वाहन इत्यादि अन्य घटकों के खाते में ही रखने पड़ेंगे। इसके आगे चलकर हम यह भी मानते हैं कि हर कविता का एक ही ठीक अन्वयार्थ होता है। उस योग्य या उचित अर्थ के सिवा अगर कोई दूसरे अर्थ निकाले जायें तो वे कविता में अन्तर्भूत नहीं होते। वह 'योग्य अर्थ' किस पद्धति से निश्चित करें इसके सम्बन्ध में भी हमें नक्शे बनाने पड़ेंगे—योग्य अर्थ वह है जो कवि की समसामयिक साहित्य-धारणा की कक्षा में लगाया जायगा और परवर्ती पाठकों को उसे ऐतिहासिक अध्ययन की सहायता से ही पुनः उपलब्ध करना पड़ेगा। एक बार कविता को अपरिवर्तनीय कहा जाय तो इस सिद्धान्त के पीछे इस तरह के गृहीतकृत्यों की मालिका खोज निकाली जा सकती है। क्या इस मालिका को हम मोल लें ?

कुछ उदाहरण लेकर देखें। रामदास स्वामी की कविता-पंक्तियाँ देखिए (सतरहवीं सदी के मराठी संत-कवि) :

अखंड ऐशी घालमेली। पूर्वापार होत गेला।
आताहि तैशीच चालिली। उत्पत्ति स्थिती ॥24॥
बनावरी बनचरांची सत्ता। जळावरी जळचरांची सत्ता।
भूमंडली भूपालांची सत्ता। येणेंचि न्यायें ॥25॥
सामर्थ्य आहे चळवळेचें। जो जी करील तयाचें।
परन्तु येथें भगवंताचें। अधिष्ठान पाहिजे ॥26॥

—(नवा) दासबोध गुरुशिष्य संवादरूप ग्रंथ दशक 10, समास 4, 'शिवशक्तिनिरूपण'

इसमें 'चळवळेचें' पद का अर्थ कवि एवं उसके समसामयिकों के सामने इतना भर था—'हिलने-डोलने के कारण, सिद्ध होनेवाला, हिलने-डोलने में होनेवाला' 'घालमेली' और 'करील', इन पीछे के और आगे के पदों से बँधा वह अर्थ है। यह पूरी ओवी (छन्द विशेष) बाद में प्रसिद्ध हो गयी तब 'चळवळेचें' पद का परिवर्तन हुआ 'चळवळचे' में और विशेष बात यह है कि मराठी में 'चळवळ' शब्द को वह अर्थ चिपक गया जो सामाजिक-राजनैतिक अर्थ 'ऐजिटेशन' या 'मूव्हमेंट' को

अंग्रेजी राज्य में प्राप्त हुआ था। आजकल के अनभिज्ञ पाठक के मन में इस ओवी को पढ़ते समय यही अर्थ उत्पन्न होता है। अभिज्ञ पाठक के बारे में यह शक्यता है कि तत्कालीन और सद्य:कालीन दोनों अर्थ वह मन में रखेगा और उनका परस्पर-अनुप्रवेश होगा, विश्व की अजस्र हड़बड़ाहट का चित्र जो कवि ने खींचा है उसमें और एक बात उदाहरण के रूप में प्रविष्ट होगी। इसका क्या यह नतीजा निकाला जाय कि कविता में परिवर्तन हुआ है और वह हानिकर न होकर लाभकर है? और अगर इनके सम्बन्ध में कवि शिकायत करेगा तो? कवि रॉबर्ट फॉस्ट को इसमें खेद नहीं होता। उल्टे वह साफ कहता है "कविता में जितने भी अर्थ निष्पन्न हो सकते हैं उन सबका लाभ कवि को मिलना चाहिए।"

हाँ, कालविपर्यास के फलस्वरूप घुसेड़ दिये गये अर्थ के कारण कविता में हानिकारक परिवर्तन हुआ है, ऐसे कवियों के उदाहरण भी दिये जा सकते हैं। टेनिसन की 'एडविन मॉरिस; ऑ द लेक' (1851) शीर्षक कविता की नीचे लिखी पंक्तियाँ देखिए :

देन सेड दि फैट-फैसेड क्यूरेट एडवर्ड बुल
आई टेक इट, गॉड मेड दि वूमेन फार दि मेन,
एण्ड फार दि गुड एण्ड इन्क्रीज ऑव दि वर्ल्ड,
ए प्रेटी फेस इज वेल, एण्ड दिस इज वेल,
टु हेव ए डैम इनडोर्स दैट ट्रिम्स अस अप,
एण्ड कीप्स अस टाइट।

उद्धरण का अन्तिम पद देखिए—"घर में होने के कारण जो बन्धन रहता है वह ठीक बात है।" कुछ ऐसा अर्थ फादर बुल को अभिप्रेत है। आज के अंग्रेजी पाठक की दृष्टि से उस पर पानी फिरता है, क्योंकि 'टाईट' शब्द के साथ मनुष्य-वाचक विशेष्य है तो 'शराब के नशा में धुत्त' अर्थ भी निकलता है!

कविता की परिवर्तनशीलता की खोज करते समय शब्दार्थ के स्तर पर ही विचार करने का कारण नहीं है। कहा जाता है कि हर युग शेक्सपियर का नया भाष्य देना चाहता है या ऐसा उसे लगना भी चाहिए, इसका भी इस सन्दर्भ में विचार करना होगा।

कविता और भाषा दोनों की तुलना करते हुए हम यहाँ तक आये कि दोनों बदल सकते हैं। 'जायते', 'अस्ति', 'विनश्यति', 'पुनर्जायते' की तरह 'विपरिणमते' भी दोनों पर लागू हैं। कविता-प्रतीति की घटना का स्वरूप निश्चित करते समय उसमें सामाजिक संस्कृति के अवगुण्ठन का हिस्सा आ जाता है और उस घटना में जनक-विमर्शक कवि की भूमिका जितनी ही, पाठक-विमर्शक रसिक की भूमिका भी महत्त्वपूर्ण है। इन दोनों को स्वीकार करने पर इस बात को मानने में अड़चन नहीं होनी चाहिए कि कविता बदलती है। लेकिन एक बात यह भी ध्यान में

रखनी चाहिए कि भाषा और कविता दोनों के सम्बन्ध में परिवर्तनशीलता के सिद्धान्त में मरोड़ पड़ती है। भाषा में समय पर बदल होते रहते हैं परन्तु एक विशिष्ट काल-बिन्दु पर भाषा को देखा जाये तो महसूस होगा कि भाषा स्थिर ही है। उसके सामने निश्चित एवं स्वयंपूर्ण नियमों का पुंज होता है और उनके अनुसार हम निश्चित कर सकते हैं कि व्याकरण-शुद्ध हिन्दी वाक्य कौन-से और हिन्दी जैसे या ब्याज-हिन्दी वाक्य कौन-से। यही अवस्था कविता की ओर विशिष्ट काल-बिन्दु पर रह कर देखा जाय तो प्रतीत होती है; तत्कालीन प्रस्तुतिकर्ता, पाठकों, रसिकों के सामने वह निश्चित और स्वयंपूर्ण अभीष्टों का पुंज रखती है और इन अभीष्टों में भी जो अधिक स्थिर होते हैं, उन्हें टालना मुश्किल हो जाता है। मतलब यह है कि कविता केवल अभीष्टों का पुंज नहीं होती—कम-अधिक स्थिर-पद अभीष्टों का वह सोपान होती है। इस सोपान के सिरे में कविता का कुल विषय और गठन निश्चित होता है और नींव में पंक्ति-पंक्ति की गढ़न कैसी है, यह तय होता है। किसी प्रेम-कविता में काल-प्रकार में परिवर्तन हो जाये, उस पर नये भाष्य हो जायें, तो भी उसका क्रोध-कविता में रूपान्तर नहीं होगा। कितनी ही बन्दकूद करने पर भी यह दिखाना सम्भव नहीं है कि 'टाईट' शब्द को प्राप्त नये अर्थ से टेनिसन की पंक्तियों की हानि न होकर उसमें गहराई आयी है। कविता का तात्कालिक स्वरूप निश्चित और स्वयंपूर्ण होता है। यही विवेक वड्र्सवर्थ—सम्पादकों के सामने था। इस विवेक के अनुसार वड्र्सवर्थ की कुछ कविताओं के बारे में प्रारम्भिक पाठों को हम स्वीकार करते हैं और उनके जनक के द्वारा बाद में किये गये संशोधनों को बुढ़ापे का पागलपन मानकर उपेक्षित करते हैं। इससे वे कविताएँ अपरिवर्तित रहती हैं।

किसी कविता के इतिहास में जो अच्छी-बुरी बातें घटित होती हैं, उनमें इस बात का बड़ा महत्त्व है कि वह कविता अलग-अलग लोगों को अलग-अलग प्रसंगों में भावित होती रहती है। उसका आन्तरिक इतिहास प्रतीति की इन घटनाओं के माध्यम से घटित होता रहता है और उसका अस्तित्व, धर्मित्व, स्वत्व उन्हीं के माध्यम से उभरता है।

अब हम यहाँ सत्तामीमांसा के क्षेत्र में परोक्ष तत्त्वों की समस्या के पास (द प्रॉब्लेम ऑव ऐब्स्ट्रेक्शन्स) आ धमके। सामान्यत: हम तीन प्रकार के परोक्ष-अपरोक्ष भाव कल्पित कर सकते हैं : (1) सामान्य-विशेष अथवा धर्म-धर्मी भाव (और उसी के समान वर्ग-वर्गीय भाव); (2) समुच्चय-घटक भाव (उदाहरणार्थ, राष्ट्र और नागरिक, जीव और पेशियाँ) और (3) अभीष्ट व्यक्त भाव (उदाहरणार्थ भाषा और उसका प्रयोग)। कविता तीसरे प्रकार का परोक्ष-तत्त्व (ऐब्स्ट्रेक्शन) है, एक समय-समय पर व्यक्त होनेवाला अभीष्ट है, अधिक बारीकी से कहना हो तो व्यक्त हो सकनेवाले अभीष्टों का समुच्चय है। इससे अधिक

गहराई में जाना दर्शन के जानकारों का काम है—यह उन्हीं के लिए छोड़ देना उचित होगा ।

तीन पहेलियों का आंशिक उत्तर

कविता, कविता-वाहन, कविता-निर्मिति की घटना, कविता-प्रतीति की घटना, उसमें अन्तर्भूत भूमिकाएँ, इन सबको घेरनेवाला अवगुण्ठन—इन सबके परस्पर भेदों एवं सम्बन्धों को निश्चित करने का प्रयत्न अब तक हमने किया । यह सब करते समय आरम्भिक तीन पहेलियों का आंशिक उत्तर हमें मिल गया है ।

स्व-त्व का प्रश्न

अमुक व्यक्ति को अमुक समय प्रतीत हुई कविता तथा दूसरे किसी को और/या दूसरे समय प्रतीत हुई कविता ये दोनों एक ही हैं या नहीं यह निश्चित करने के लिए दोनों प्रतीतियाँ एक ही अभीष्टों की श्रेणी-व्यवस्था की ओर अर्थात् सोपान की ओर जानेवाली होनी चाहिए । कविता का स्वत्व अचूक रूप में तय करना हो तो सतरहवीं सदी के दासबोध और बीसवीं सदी के दासबोध में समीकरण हमें नहीं करना चाहिए । 'अभीष्ट-श्रेणी-व्यवस्था' का ढीला अर्थ लेने पर ही ऐसा समीकरण हो सकता है । हाँ, एक ही अभीष्ट-श्रेणी-व्यवस्था को मानते समय निम्नश्रेणी के अभीष्टों के अन्तरों को—उदाहरणार्थ 'चळवळेचे' पद का अर्थ-अनदेखा करना पड़ेगा ।

अस्ति-त्व का प्रश्न

कविता की अस्तित्व-कक्षा भी इसमें सूचित हुई है । कविता होती है प्रतीति के अभीष्टों की श्रेणी-व्यवस्था । यह अभीष्ट-श्रेणी-व्यवस्था कविता निर्मिति नामक घटना के कारण अस्तित्व में आती है । जब विश्व में कोई भी साहित्य-धारणा इस कविता के द्वारा होनेवाली प्रतीति को जिला नहीं सकती तब उस कविता का अस्तित्व खत्म होता है । अगर इस प्रकार की प्रतीति की घटनाओं की बारम्बारता शून्य से ऊपर उठने लगती है तो हम मानते हैं कि कविता का पुनरुज्जीवन हो गया ।

धर्मि-त्व का प्रश्न

विशिष्ट भाषा के चिह्नों की जिस विशिष्ट रचना ने—विशिष्ट भाषा के जिस महावाक्य ने—हमें भावित किया वह कविता ही है, यह हमने कैसे जाना ? जिस समाजकोश में उस कविता का जनक (और/या पाठक) जीवन व्यतीत करता है उस समाज के सदस्य जब अपनी आस्वाद-धारणा के अनुसार इस भाषिक रचना

को अर्थात् इस महावाक्य को कलाकृति मानने को तैयार होते हैं तब यह पहचान होती है। यह निर्णायक आस्वाद-धारणा कवि के समाज की ही होगी, ऐसा न कह कर 'और/या पाठक' का उल्लेख कोष्ठक में क्यों किया? म्युजियम-लक्षी प्रवृत्ति की हमारी परिभाषा में व्यवस्था हो सके, इसलिए कविता के बारे में किये गये सभी व्यवहार (आपको रुचें अथवा न रुचें) अपरिहार्यतः अभीष्ट व्यक्त करनेवाले, मूल्यपरक व्यवहार होते हैं। किसी भाषिक मजमून या संहिता के कविता प्रतीत करने के धर्म को पहचानना और उस संहिता पर आस्वाद्यता का आरोप करना तथा उसके बारे में गौरवदर्शी मूल्य-कथन करना—इन दो कृतियों को अलगाना कठिन है। साफ कहना हो तो जब आप कविता की परिभाषा करते हैं तब अच्छी कविता की ही परिभाषा सूचित कर बैठते हैं। कविता जितनी और जैसी, अधिक कविताधर्मी होती है उतनी वह उत्तम कविता कही जायगी। (अनुमान और उत्तम अर्थात् तर्कशुद्ध अनुमान की अलग परिभाषाएँ आपने कभी की हैं? जो अनुमान तर्कशुद्ध नहीं है वह मूलतः अनुमान ही कैसे हो सकता है? खोटा रुपया रुपया ही क्यों कहा जायगा, रुपया असल में वही होगा जो खरा होगा। कुछ ऐसा ही प्रकार कविता के बारे में भी है।)

अब आप शायद हैरानियत से कहेंगे कि क्या यह कोई कविता के होने की बात को पूरी तरह सुलझाना हुआ? उत्तर यही है; जिस साधारण स्तर पर अब तक कविता सम्बन्धी प्रश्नों का हमने सामना किया, उसी स्तर को कायम रखना हो तो कहना होगा कि इन तीन प्रश्नों के जो उत्तर अभी दिये गये उससे अधिक पूर्ण उत्तर देना सम्भव नहीं—क्षमस्व।

कविता संज्ञा की परिभाषा

अब तक हमने कविता संज्ञा की जो परिभाषा सूचित की वह केवल ग्रन्थपाल महोदय के काम में आनेवाली है। अगर उसमें कुछ रंग या तफसील भरने हों तो विशिष्ट ऐतिहासिक कालखण्ड की विशिष्ट भाषिक समाज की साहित्य-धारणा के सन्दर्भ में विनिर्मित विशिष्ट कविताओं के पास जाना होगा। अगर इस तरह पास जाकर हम अधिक ठोस और ब्योरों सहित परिभाषा बना पायें तो ग्रन्थपाल महोदय के काम की वह न रहेगी। क्योंकि वह परिभाषा पक्षधर (पार्टिज़न) और अनुरोध करनेवाली (पर्स्वेज़िब) ही होगी। यह पक्षधरता किस पक्ष की ओर से? पक्ष कोई भी हो—वह अधिक सुगठित और स्थिर साहित्य-धारणा रखनेवाले किसी पूरे समाज की पक्षधर होगी (मान लीजिए किसी आदिम जनजाति की) या इसके विपरीत किसी व्यामिश्र और गतिशील साहित्य-धारणा की गोद से विशिष्ट ऐतिहासिक कालखण्ड में जन्मे किसी साहित्यिक पन्थ की परिभाषा होगी (मान लीजिए—अंग्रेजी साहित्य का रोमान्टिक निकाय)। लेकिन इस प्रकार की ठोस,

अनुरोधपूर्ण और पक्षधर परिभाषा हमारे पास होगी, तभी हम एक नित्य पैदा होने वाले वाद में निर्णय करने की स्थिति में होंगे। दो पाठक एक मजमून पढ़ते हैं— पहले को कविता के रूप में वह मजमून भावित करता है, दूसरे को वैसी प्रतीति नहीं होती। फिर कसूर किसका? दूसरे पाठक का या कविता के रूप में गले मढ़ दिये मजमून का? अर्थात् इस बात का निर्णय ग्रन्थपाल की निर्लिप्त परिभाषा से नहीं हो सकता।[1] इसका मतलब फिर यही हुआ न कि निर्लिप्तता की बलि दी जाय? कोई कुछ भी कहे जिसे कविता की प्रतीति प्राप्त करनी है, पाठक-विमर्शक के रूप में उसके सामने जाना है, वह साहित्यिक पक्षों के कोलाहल से अलिप्त नहीं रह सकता। कविता की संकल्पना को आधुनिक दार्शनिकों की शब्दावली में अनिवार्यतः वादग्रस्त संकल्पना (इसेन्शली कांटेस्टेड कंसेप्ट्स) की कोटि में रखा जाता है। (गैली 1956 क, 1956 ख देखिए) अपने सामने आये मजमून को कविता की कोटि में डालना, उस कविता का आकलन करने में मग्न रहना लेकिन उसके मूल्यांकन के प्रश्न को टालते जाना या उसे दूर रखना कहाँ तक सम्भव है? कविता जितनी महान उतनी उसके मूल्यांकन के अन्य कविताओं से तुलना के और स्तर निश्चित करने के प्रश्न को गौण मानकर सहज रूप से पीछे ढकेल दिया जाता है। उसकी जटिलता को सुलझाने में, उसकी व्याख्या (इंटरप्रिटेशन) करने में शक्ति खर्च हो जाती है, हो जानी भी चाहिए। प्रत्युत कविता योग्यता में जितनी छोटी

---

1. यह बात एक बार ठीक से समझ में आ जाय तो कविता के अध्येताओं को हमेशा सतानेवाले एक प्रश्न का उत्तर अपने आप मिलेगा। छोटे समाज की साहित्यविषयक धारणा में मतभेदों एवं परस्पर असंगतियों का उतना स्थान नहीं होता। वहाँ कविता की संस्कृति-सापेक्ष परिभाषा सरलतापूर्वक प्रस्तुत करना सहज सम्भव हो जाता है। लेकिन मासिकपत्र, पुस्तकें, रेडियो-केन्द्र इत्यादि की प्रचुरता जिस आधुनिक समाज में है, उस समाज की साहित्य-धारणा का क्या होगा? साहित्य का मर्मी जिस मजमून की सराहना करता है उसकी ओर बहुसंख्य पाठक झाँककर भी नहीं देखते और जिस मजमून पर बहुसंख्यक पाठक झपट पड़ते हैं उसे मर्मी पाठक सस्ता कहकर नाक-भौं सिकोड़ते हैं। फिर सभी रसिकों में भी अनेक पंथ होते ही हैं। ऐसी स्थिति में संस्कृति-सापेक्ष परिभाषा कैसे की जा सकती है? बहुमुखी समाज में कविता को एक से अधिक संस्कृति-सापेक्ष परिभाषाएँ मिल जायें तो आश्चर्य नहीं करना चाहिए। क्योंकि उनकी विशाल संस्कृति के पेट में अनेक उप-संस्कृतियाँ बसा करती हैं। रुआला अरबों की कविता की परिभाषा और बीट जनरेशन की या काव्यगायन के लिए भीड़ करनेवाले श्रोताओं की कविता की परिभाषा समान रूप से पक्षपातपूर्ण है।

हो मूल्यांकन की समस्या का महत्त्व उतना ही बढ़ेगा, व्याख्या का प्रश्न कम कुरेदेगा। व्याख्या और मूल्यांकन साहित्य-विमर्श के दो कार्य मान लिये जायें तो भी वे पूर्णतः एक दूसरे से अलगाये नहीं जा सकते। जब कोई विमर्शक व्याख्या में मग्न रहता है तब भी तफसील में जानेवाला मूल्यांकन उसे करना ही पड़ता है और कविता के सम्यक् मूल्यांकन का हवाला भी एक अर्थ में उसने दे ही दिया होता है। हम मानकर ही चलते हैं कि अगर्चे वह विमर्शक कविता पर इतनी मिहनत कर रहा है तो उसे उत्तम मान ही रहा है।[1] कहने का मतलब यह है कि मूल्यांकन कला के आस्वाद का अभिन्न अंग है और उसके बारे में अलिप्तता सम्भव नहीं है। मूल्यांकन को आगे ढकेलने से आस्वादन का जायका कुछ बढ़ सकता है। इन्द्रियदमन करते हुए सन्निवेश को दूर ढकेलने पर रतिक्षोभ (आरगेज़्म) को टालना जितना सम्भव है, ठीक उतना ही मूल्यांकन को टालना सम्भव है।

फिर रास्ता क्या है? कोई मध्यममार्ग है? कविता की परिभाषा तो करनी ही है लेकिन वह न सर्वमान्य, रंगहीन, खोखली या केवल ग्रन्थपाल के लिए ही उपयोगी करनी है और न ठोस, पक्षपातपूर्ण, कुछ की राय में निरपवाद परन्तु औरों की अस्वीकृत होनेवाली ऐसी भी करनी है—इन दो छोरों के बीच का सन्तुलन खोजना है। एक अर्थ में मध्यममार्गी परिभाषा की खोज खरगोश के सींग की खोज है, वह मिलनेवाली नहीं है। क्योंकि कविता का होतापन ही उसकी निजता में एवं अद्वितीयता में निहित होता है। जो कभी किसी ने उसी रूप में नहीं कर दिखाया वह कर दिखाने में कविता की इति-कर्तव्यता है। प्रत्येक महान कविता (जिसे पीछे उद्धरित एलियट के मजमून में नयी कहा गया है) स्वायत्त होती है, इस स्वायत्तता की शान में वह कविता संज्ञा को ही पुनर्जन्म देती है और एक नयी परिभाषा उपलब्ध करती है। इतनी विकट परिस्थिति होने पर भी सौभाग्य से उसके कारण समीक्षा-व्यापार के अवरुद्ध होने का कोई कारण नहीं है। इस परिस्थिति से राह खोजने के लिए उपर्युक्त विवेचन में मैंने विमर्श-सम्बन्धी सापेक्षतावाद यानी 'क्रिटिकल रेलेटिविज़्म' का समर्थन किया है। लेकिन

1. इधर आलोचना-व्यवहार में आकलन का एवं निरूपण का महत्त्व स्वीकार करना परन्तु मूल्यांकन को 'यह निरी मास्टरी कौन करेगा?' कहकर उपेक्षित करना एक फैशन-सा बन गया है। उसमें निहित खतरे प्रस्तुत विवेचन से ध्यान में आ सकते हैं। साहित्य की परख के ये दोनों अंग और उत्तम-अधम कविताओं के बारे में उनके भिन्न-भिन्न स्थान, इन विषयों पर उद्बोधक चर्चा के लिए देखिए, जी० विल्सन नाइट (1930 पहला सैद्धान्तिक प्रकरण और उसी ग्रन्थ की प्रस्तावना—टी० एस० इलियट, पृ० सत्रह।

वह पूरा प्रश्न विमर्शक की जोखिम का न होकर दर्शन के क्षेत्र का है। साहित्य के विमर्श के परे जाकर विमर्श का ही व्याकरण स्थापित करते समय (यानी मेटाक्रिटिकल डिस्कशन करते समय) इस प्रश्न का विचार अवश्य करना होगा।

इतना सब होने पर भी मध्यममार्गी परिभाषा एक व्यावहारिक आवश्यकता है। यद्यपि वह आवश्यकता समीक्षा शास्त्रीय नहीं है। फिर भी उनके लिए आवश्यक है जो साहित्य का अध्ययन समीक्षाबाह्य परिप्रेक्ष्य में करते हैं। मसलन संस्कृति-वैज्ञानिक, मानवतावादी, दार्शनिक इत्यादि लोगों के लिए। मानवीय व्यवहार का नक्शा प्रस्तुत करते समय मानवी-समाज में होनेवाले धर्म, विवाह, राज्यसंस्था इत्यादि संस्थाओं के साथ कला और साहित्य को स्थान देना ही पड़ता है। अर्थात् धर्म, विवाह, कला इत्यादि की परिभाषाएँ देनी ही पड़ती हैं और विशिष्ट समाज को सम्पूर्ण मानवजाति मानने की गलती न करते हुए यह काम करना होगा। कविता के बारे में पूर्वोल्लिखित विकट परिस्थिति में यह कैसे हो सकता है? कविता और 'पोएम' और 'गेडिख्ट' ये शब्द एक ही बात की चर्चा करते हैं, यह किस आधार पर माना जाय? इसके लिए दो तार्किक प्रयुक्तियों का अवलम्ब हमें करना पड़ेगा: (1) कविता और काव्य को अलग-अलग करना। काव्य संज्ञा को सामाजिक संस्था के सम्बन्ध में प्रयुक्त किया जाय, यह संस्था साहित्य-धारणा का एक अंग है। इसके कारण इन दोनों कथनों को कि 'कविताओं से कोई उपयोगी कार्य नहीं लेना होता' और 'काव्य का प्रयोजन होता है' हम बिना विसंगति के आक्षेप के एक ही समय स्वीकार कर सकते हैं। (2) मानवीय इतिहास के प्रवाह में किसी भी पक्षपातपूर्ण परिभाषा के आधार से, किसी भी साहित्य-धारणा के अनुसार जो भी मजमून कविता के रूप में परिगणित हुआ है उन सबका एक पुंज मान लें। इस पुंज को एक सामान्य-सा वर्ग मानकर उस मजमून में समान वैशिष्ट्य की खोज करना और इस प्रकार के वैशिष्ट्य पर आधारित अतिव्याप्ति और अव्याप्ति से मुक्त परिभाषा करना, यह प्रयुक्ति प्रस्तुत हो सकती है। किन्तु यह प्रयुक्ति स्वीकार करना ठीक नहीं होगा। ले-देकर आखिर वह ग्रन्थपाल के कपाटों के कारण बँध गयी गठरी ही है। विट्गेंस्टाइन की कुल-संकल्पना में रिगटनेवाला वह एक स्थूल सच है (देखिए विट्गेंस्टाइन 1953) और उसके चारों ओर सीमा-रेखा पोंछकर धूमिल करनेवाले उदाहरणों की किनारी है, ऐसा क्यों न माना जाय? इतनी सामग्री पर कविता की एकाध अनौपचारिक परिभाषा बहुत कुछ नपी-तुली भाषा में नहीं, लेकिन विगमन (इंडक्शन) करके क्यों न बनायी जाय? इतनी सावधानी बरतने पर हम 'लिरिक कविता' को ही कविता समझने की गलती नहीं करेंगे। रोमाण्टिक निकाय की कविता और समीक्षा-व्यवहार के आधार पर बनाया गया वह समीकरण उस

निकाय के मुँह में जँचता है। अन्य पक्षों की साहित्य-मीमांसा में वह ठीक नहीं जँचता।

कविता के अंगोपांग

अगर ऐसा है तो कविता के अंग हैं कौन-से? कविता का चेहरा है कैसा? उसके स्वत्व की पहचान कैसे हो? उसकी जब पूरी प्रतीति होती है—केवल प्रूफ देखनेवाले का पठन नहीं—तब कौन-कौन-सी चीजें मिलकर कविता बन जाती हैं? अगर इन सभी अंगों की पहचान हो जाय तो हम हाथी की सूँड को ही हाथी समझने की गलती नहीं करेंगे। इसका सबसे पहला और सबसे आसान उत्तर है : कविता एक भाषिक कृति, भाषिक आकृति, महावाक्य, मजमून होती है। संक्षेप में एक संहिता होती है। दूसरा अधिक गहराई में जानेवाला उत्तर : कविता एक आस्वाद्य-वस्तु है, उसकी उपस्थिति होने पर मन का जो उद्वेलन होता है वह स्वयंसिद्ध तृप्ति देनेवाले (इंट्रिन्जिकली सैटिस्फाइंग रिस्पोन्सिस) होता है। अन्ततोगत्वा उत्तर है : कविता केवल आस्वाद्य-वस्तु न होकर कलाकृति है। इन तीनों को आमने-सामने रखकर देखा जाय तो सहज ही ध्यान में आ जायगा कि तीसरे उत्तर में दूसरा उत्तर और दूसरे में पहला उत्तर समाया हुआ है। इनका यह नाता स्पष्ट करने की दृष्टि से ये तीन उत्तर एक सीढ़ी के पहियों की भाँति प्रस्तुत किये जा सकते हैं। कविता (1) संहिता हैं (2) एक जान-बूझकर रचा पठनीय (या श्रवणीय)

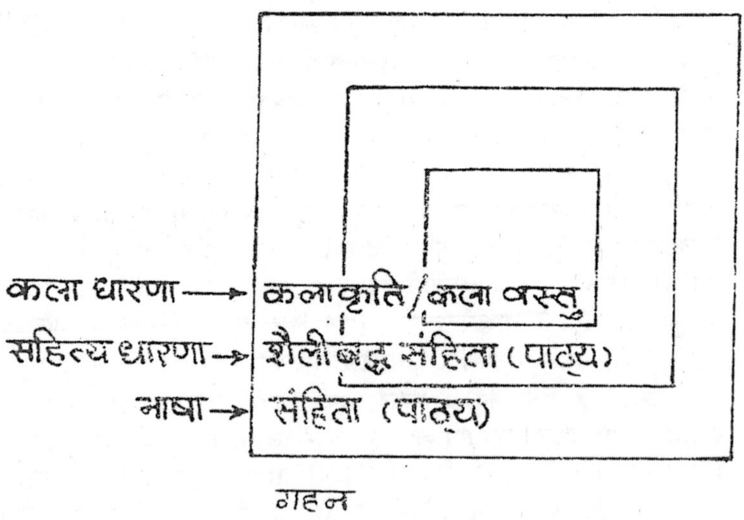

आकृति-2—कविता का होतापन

मजमून, एक शैलीबद्ध अ-निर्हेतुक असहज संहिता है (3) एक शैलीबद्ध भाषा को या कच्चे माल को द्रव्य के रूप में काम में लानेवाली और साथ ही अर्थसंक्रामक चिह्न (कम्युनिकेटिव सिम्बल) के रूप में भी अपना परिचय देनेवाली स्वायत्त कलाकृति है। (आकृति 2 देखिए, इसको देखकर किसी को प्याज के खड़े छेद की याद हो आयी तो मुझे आपत्ति नहीं है।)

1. बिल्कुल प्राथमिक स्तर पर बात करनी हो तो कविता एक संहिता होती—अर्थात् उसका जो मूक या प्रस्फुट प्रस्तुतीकरण बार-बार होता रहता है उसका आधार-रूप नोटेशन ही कहिए। उसके समुचित प्रस्तुतीकरण के मानदण्ड या अभीष्ट इस संहिता में ग्रथित होते हैं।[1] अर्थात् यह स्तर रचना केवल कविता या अन्य साहित्यकृति में ही होगी ऐसा नहीं कहा जा सकता। साहित्य बाह्य क्षेत्र में भी ऐसी संहिताएँ मिलती हैं। उदाहरण के लिए चिट्ठियाँ, विज्ञापन (सौन्दर्य तारकों की पसन्द लक्स साबुन'), विनोदपूर्ण चुटकुले, पहेलियाँ, घोषणाएँ, कानून इत्यादि। इन मजमूनों की भी बीच-बीच में करीबन अचूक पुनरावृत्ति होती रहती है। इस प्रस्तुतीकरण का पाठक (या श्रोता) हर समय एक ही होगा, ऐसा नहीं कहा जा सकता।

ये सभी संहिताएँ—फिर वे साहित्यकृतियाँ हों या न हों—और समाज में पुनः-पुनः इस्तेमाल किये जानेवाले साँचे, इनके बीच का भेद हमें पहचानना चाहिए। किसी दरख्वास्त का रिक्त स्थानवाला कोरा नमूना और उसको भरने के बाद तैयार की हुई दरख्वास्त इनके बीच के अन्तर जैसा वह अन्तर है। मराठी में 'उखाणा' शब्द के दो अर्थ हैं—उनकी तुलना करने पर संहिता और संहिता-साँचे के बीच का अन्तर स्पष्ट हो जायगा। मराठी में पहेली के तौर पर 'उखाणा' कहा जाता है 'सूपभर लाह्या मध्ये रुपाया' (सूपभर लाइ के बीच में रुपया) यह पहेली जैसा मजमून एक संहिता है। (उत्तर : नक्षत्र और चन्द्र) बीच-बीच में उसकी ज्यों की त्यों पुनरावृत्ति की जाती है। प्रत्युत, 'बेलाच्या झाडाला त्रिदली पान, अमक्याचे नाव घेऊन राखते सर्वांचा मान' (बेल के पेड़ का त्रिदल पत्ता, अमुक का नाम लेकर करती हूँ सबका सम्मान) इस साँचे में विवाहित स्त्री समय-समय पर अपने पति के नाम का बयान देती रहती है—'उखाणा' का यह बिल्कुल दूसरा

---

1. मतलब यह कि कविता के जनक के द्वारा एक प्रणाली निश्चित कर दी जाती है और आने-जानेवाला पाठक उस पर चलता रहता है। अर्थात् यह सब स्थूल स्तर पर ही समझा जाये। बहुत आगे बढ़कर यही कथन करेंगे तो कवि आप को अपनी सुनायेगा : रसिक की सद्बुद्धि अनुगमन करे इस हेतु मेरी कविता सुलेखन का नमूना नहीं बनाती···किसी एक का ही वह 'अक्षर' है।

—मनमोहन : मराठी के प्रख्यात कवि

रूप है। हर समय नया मजमून तैयार होता है क्योंकि हर समय जिसका नाम लेना है, वे महोदय जिनका सम्मान करना है वह श्रोतागण, और सम्मान करनेवाली स्त्री—ये सब इस 'उखाणा' के साँचे में नये रहते हैं।[1] यह जरूरी नहीं है कि हर समय संहिता साँचे में इस तरह छोड़ दिये गये रिक्त स्थान हों। वाक्-सम्प्रदाय (किसी ने किसी को बोलकर ठण्डा कर दिया, गया था रोजा छुड़ाने, गले पड़ी नमाज), फलक (बिना अनुमति के अन्दर न आयें), सार्वजनिक जीवन में घिसीपिटी शब्द योजनाएँ (मुझसे अधिक योग्य अध्यक्ष आपको मिल सकता था—में हजारों की संख्या में शामिल हो जाइए, तारीख पर ध्यान रखें), महाराष्ट्र में प्रचलित पति का नाम लेने के समय का 'उखाणा'—ये सब संहिता-साँचों के उदाहरण हैं। पहेलियाँ ('उखाणा' अन्य अर्थ में), किस्से, कहावतें, कविताएँ इत्यादि संहिताओं के उदाहरणों में एक स्वायत्तता और स्थिरता होती है। अर्थात् कविता में संहिता-साँचे अन्तर्भूत हो सकते हैं (उदाहरण—कहत कबीर) लेकिन पूरी कविता साँचों से अलग होती है।

कविता-संहिता का स्वत्व तीन भाषिक स्तरों पर सिद्ध होता है। पहला स्तर बाह्यरूप का—कविता बोलते समय, लिखकर या छापकर प्रस्तुत करते समय, सुनते और पढ़ते समय कुछ तो अनुशासन आवश्यक है। पाठभेद के बारे में सतर्क रहना पड़ता है। स्व० पु० शि० रेगे की कविता में पंक्तियों की रचना भी विलक्षण महत्त्वपूर्ण होती है। कोई लोक-कविता पाठ-शिथिलता चला ले जाती है। कुल मिलाकर उपन्यासादि अन्य साहित्य कृतियों की अपेक्षा कविता का स्वत्व श्रुतिगम्य या दृष्टिगम्य बाह्यरूप से अधिक जुड़ा हुआ होता है। (इसलिए कविता का अनुवाद विशेष कठिन कार्य होता है) दूसरा स्तर भी रूप का होता है, लेकिन व्याकरण एवं कोश से आकार ग्रहण करनेवाला अधिक आन्तरिक रूप। व्याकरण के सूत्र के अनुसार कविता का अन्वय निश्चित हो जाता है और कोश की मदद से अन्वित होनेवाले विवक्षित पद उपस्थित हो जाते हैं। किसी कविता के पदों का अन्वय करना, सन्दिग्धता के बावजूद समुचित अर्थान्तर को चुनना यह सब उतना ही महत्त्वपूर्ण है, जितना सही पाठ निश्चित करना कविता पढ़ते समय जरूरी हो जाता है। तीसरा और (संहिता तक ही विचार करना हो तो) अन्तिम स्तर भाषा के रूढ़ और यौगिक अर्थ का। (मराठी के प्रख्यात कवि बी की 'चाँफा' नामक कविता है। यह चाँफा (चंपक फूल) 'देश' पर मध्य महाराष्ट्र पर अधिक परिचित Michelia campaca Linn न होकर कोंकण में विशेष रूप से परिचित Plumcrica

1. तर्कशास्त्रियों को यहाँ प्रपोजीशनल फंक्शन्स की ओर गणितज्ञों को वेरियेबल्स की याद हो सकती है। अमुक यह पद वेरियेबल है, उसकी जगह 'उखाणा' सुनानेवाली विवाहिता अपने पति का नाम रखती है।

acutifolia Poir है और वह तफसील ज्ञात न होने पर कविता ढंग से मूर्त नहीं होती। यानी वनस्पति विज्ञान का ज्ञान कविता का अर्थ करते समय काम में आता है।)

2. संहिता और कलाकृति को जोड़नेवाले बीच के स्तर पर कविता एक आस्वाद्य-संहिता होती है। बाह्यरूप, आन्तरिक रूप, अर्थ सभी स्तरों पर भाषा का अनुशासन वह कमोबेश रूप में मानती ही है—भाषा के अनुशासन को कविता में ठुकरा भी दिया जाय तो भी कौन से मूल भाषिक अभीष्ट ठुकरा दिये गये हैं, यह पाठक को जब तक ज्ञात नहीं होता तब तक ठुकराने का प्रयोजन सिद्ध नहीं होता। परन्तु कविता साहित्यिक धारणा का अनुसरण करते हुए अनेक अभीष्टों को व्यक्त करती है (उदाहरण के लिए पद्य-रचना के नियम)। कविता निर्मिति के समय कवि के रूप में उपस्थित विमर्शक और कविता प्रतीति के समय रसिक के रूप में उपस्थित विमर्शक का कार्य क्या होता है, इस प्रश्न का कम से कम एक उत्तर यहाँ प्राप्त हो जाता है। विमर्शक प्रचलित साहित्य-धारणा की शैली-विषयक रूढ़ियों का रक्षणकर्ता होता है! (यह व्यवस्था उसी प्रकार समझी जाय जिस प्रकार सर्वोच्च न्यायालय के सदस्य संविधान के रक्षणकर्ता होते हैं!) यह समझने का कोई कारण नहीं है कि भाषा की शैलीबद्ध बन्दिश केवल कविता का ही अधिकार है। भाषिक कौशल या गुणवत्ता कविता में ही नहीं, साहित्य के बाहर भी देखने में आती है। कोई व्यक्ति चिट्ठी कैसे लिखता है, आभार कैसे व्यक्त करता है, किसी घटना का ठसक से वर्णन कैसे करता है, प्रस्ताव का मसविदा कैसे तैयार करता है, इसको देखकर हम प्रशंसा करते ही हैं। हम यह भी देखते हैं कि यमकानुप्रास या अर्थालंकार कहावतों में भी आते हैं। अगर कोई माने कि कहावतें लोकसाहित्य का उदाहरण ही हैं तो बात दूसरी है। (देखिए क्रोबर 1948, पृ० 543-4) अरबीभाषिक समाज में गालियाँ देनी हों या अपमान करना हो तो ढंगदार शैली में ही करना होता है (मुझे एक सत्यकथा पढ़ने का स्मरण होता है जिसमें यह कला अवगत होने के कारण एक ब्रिटिश अधिकारी के प्राण बच गये थे।) गिबन जैसा इतिहासकार या रसेल जैसा दार्शनिक शैली का बहुत ध्यान रखता है। इन सभी कलाबाह्य उदाहरणों से आयी भाषाशैली अनुकरणात्मक है। अधिक से अधिक वह उपयोगिता का आस्वाद्य रूप (फंक्शनल डिजाइन) है। (किसी कुर्सी की या ओलिवेत्ती टंकयंत्र की सुगठित रचना की अपेक्षा इस शैली का महत्त्व अधिक है सो बात नहीं) किसी साहित्यकृति में मात्र भाषा द्रव्य के माध्यम से कलावस्तु को सिद्ध करने का महत्त्वपूर्ण कार्य शैली के द्वारा घटित होता है और कवि इस भाषा-द्रव्य का भरपूर उपयोग शैली द्वारा ही करता है।

3. चित्रकला का द्रव्य जिस तरह फलक और रंग या शिल्पकला का द्रव्य जिस तरह एकाध खोदने, ढालने या गढ़ने लायक पदार्थ, ठीक उसी तरह साहित्य

का कलाद्रव्य भाषा है। अगर ऐसा है तो चित्रकला का माध्यम रंग, रंगछटा[1], और रेखा या शिल्पकला का माध्यम घनाकार और पोत, उसी तरह साहित्य का माध्यम कौन-सा? मर्ढेकर के कारण कलाद्रव्य (मर्ढेकर उसे साधन, मटीरिअल कहते हैं) और कला-माध्यम (मीडियम) के बीच का भेद हमारे लिए स्पष्ट और परिचित हो गया है। (देखिए : 1937 में प्रकाशित 'मर्ढेकर ऑन मीडियम्स' और 'पोएट्री एण्ड एस्थेटिक थिअरी' दो निबन्ध) साहित्य कला के माध्यम के बारे में मेरी राय मर्ढेकर से कुछ भिन्न है। संहिता याने भाषिक स्तर पर रूढ़ और यौगिक अर्थ का स्तर हमने स्वीकार किया है। उसका समावेश कलाद्रव्य में ही होता है। इस स्तर पर अर्थ रेफरेन्शल होंगे उसी तरह इमोटिव्ह भी हो सकते हैं। मतलब रेफरेन्शल और इमोटिव्ह के बीच की रेखा यही द्रव्य और माध्यम के बीच की सीमारेखा मर्ढेकर की तरह मैं नहीं मान सकता। मैं मानता हूँ कि कविता की भाषा अपनी सभी श्रव्य-दृश्य-व्याकरणीय-कोशगत-अर्थसंक्रामक सामग्री के साथ उसके पाठक-विमर्शक-रसिक की खिदमत करती है और रसिक के अनुभव-विश्व में सदा की तरह कल्लोल पैदा करती है, बढ़ाव करती है, और इसे मोड़ भी देती है, यह भाषा-व्यापार ही, साहित्य का कला-माध्यम है।

उपर्युक्त वाक्य में 'सदा की तरह' शब्द महत्त्वपूर्ण हैं। भाषा-व्यापार वैसे भी साहित्य-कला के बाहर भी, हम बहुत बार समझते हैं उससे भी बढ़कर समृद्ध, और जटिल होता है। भाषिक मजमून (मेसेज या टेक्स्ट) क्या नहीं करता? वह बोलनेवाले, लिखनेवाले की ओर से प्रकटीकरण करता है, सुननेवाले, पढ़नेवाले को आवाहन करता है, व्यवहार-सन्दर्भ में अचूक प्रयोजन प्राप्त करता है, वाहन के लिए और निज के लिए संक्रमण मार्ग खोलकर सन्देश भेजनेवाले और सन्देश स्वीकार करनेवाले, इनके बीच जोड़ पैदा करता है, और यह सब सुचारु रूप से चले, इसलिए संकेतों का अनुशासन मान लेता है। (आ० 3)[2], मानव के हाथ में जितनी मानव

---

1. रंगछटा से यहाँ मंतव्य है टोन का—एक तरफ रंग का फीका-गहरापन (डिग्री ऑव सेचुरेशन) और दूसरी तरफ रंग का उजाला-कालापन (डिग्री ऑव ब्रिलियन्स) दोनों मिलकर रंगछटा बनती है।
2. भाषा व्यापार के क्रमशः एक्सप्रेशन, अपील, रेफरेन्स, सिग्निफिकन्स, एस्टेब्लिशमेंट ऑव टोकन-चैनेल एण्ड मैसेज चैनेल, और कोड युटिलाइज़ेशन, इन सब घटकों में किया हुआ पृथक्करण मैंने कुछ हेराफेरी के साथ आधुनिक भाषा विचार में से लिया है। (देखिए : हाइम्स 1962। इसके पीछे हैं—याकोब्सन 1960, ब्यूलर 1933, मालिनोव्स्की 1923) इस भाषाव्यवहार में विक्षेप (नाईज़) पैदा होकर विघ्न उपस्थित होता है तीन कारणों से :

निर्मित संस्कृति संचित चिह्नीकरण प्रणालियाँ हैं उनमें भाषा सबसे प्रभावी साधन है—उसकी क्षेत्रव्याप्ति सबसे बड़ी और उस पर नियंत्रण सबसे कम। भाषा के क्षेत्र में सब कुछ आता है—संख्या, स्थलकाल, ऐन्द्रिय संवेदनों से प्राप्त ज्ञान का वर्गीकरण, यह-वह-सब। मानवीय अनुभव में अनिर्वचनीय बहुत कम है। आसपास के बाह्य और अपने अन्तर के विश्व का आकलन और संवेदन जितना मानव को हुआ है, सबका पीछा भाषा ने किया है और भाषा की इतनी गरिष्ठता होते हुए भी साहित्यिकों के विशेषत: कवियों के हाथ का वह खिलौना बन जाती है। वह उसे तानता है, झुकाता है, और ऐसा करते हुए वह अपने पाठकों के लिए अड़चनें भी पैदा करता है। कुछ लोग रंग-अन्ध होते हैं, कुछ लोगों को ध्वनि की तीव्र-कोमलता का भान नहीं होता—वे सुरबहिरे होते हैं। ये क्रमश: चित्रकला और संगीतकला का आस्वाद कर ही नहीं सकते। शंका यह पैदा होती है कि कुछ लोगों को विनोद की इंद्रिय ही नहीं होती। मुझे गहन शंका है कि कुछ लोग भाषागत शैली ग्रहण करने में ही असमर्थ होते हैं। उनका पठन (या श्रवण) साहित्यिक रचना के सन्दर्भ में केवल पठन (या श्रवण) ही रहता है। प्रतीति के स्तर तक नहीं पहुँच पाता। इनको छोड़ दें तो औरों का क्या? कवि जिस तरह भाषा का उपयोग करते हैं उसको देखते हुए लगता है कुछ सीमा तक कृत्रिमता और जटिलता, दुष्प्राप्यता से कविता की भाषा को बचाना केवल असम्भव होता है। (जिसे हम सीधी सरल स्वभावोक्ति कहते हैं उसके बारे में भी अगर वह सममुच कला का द्रव्य हो गयी हो तो—यह बात लागू हो जाती है।) अगर यह कहें तो अतिशतोक्ति नहीं होगी कि कविता जो लिखी जाती है वह हमारी आपकी 'अपने आप घटित' भाषा में नहीं लिखी जाती, वह लिखी जाती है भाषा की 'सप्रयास गढ़ी गयी' किसी विवक्षित उपबोली में। रोजमर्रा की उर्दू और अभिजात उर्दू के अन्तर को मद्दे नजर रखा जाय तो यह बात स्पष्ट होगी। चिह्नीकरण प्रणाली के नियम जितने ब्योरेवार होंगे उतनी वह प्रणाली निश्चित विवक्षित होगी, अधिकाधिक वाक्यों और महावाक्यों को छान लिया जायगा और स्वीकार्य वाक्य, और महावाक्य तुलना में कम होंगे। (पत्थर में छिपी मूर्ति और भाषा में छिपी कविता के बारे में जो पहले लिखा गया है, उसे प्रस्तुत सन्दर्भ में फिर से देखें।) रोजमर्रा की निर्हेतुक शब्द-योजना सुनते या पढ़ते समय श्रोता या पाठक का कार्य इतना ही होता है कि पहले से आत्मसात् किये, उसे गोपनीय न रहे भाषा-संकेतों का इस्तेमाल करना—ऐसा करने पर वह मजमून अपने आप उसके अधीन हो जाता है। साहित्यकृति के, विशेषत: कविता

संकेतों में भिन्नता, वाहन संक्रमण में अड़चन (उदाहरणार्थ—शोर, अधूरा प्रकाश), सन्देश-संक्रमण में बाधा। (उदाहरणार्थ—प्रेषक और स्वीकारकर्ता के बीच मानसिक दूरी।)

के पाठक की स्थिति भिन्न होती है। कोई छोटा बच्चा हो, वह पहले-पहल भाषा सीख रहा हो, अभी वह स्वभाषा नहीं बनी हो—ऐसी स्थिति में सामने आये मजमून में उसे दो प्रकार से हाथ मिलाना पड़ता है। अभ्यासी संकेतों के अनुसार मजमून को सुलझाना और हाथ में अब तक न आये और गोपनीय रहे संकेतों को सामने के मजमून के आधार पर खोज निकालना—इस प्रकार दुहरी कसरत करनी पड़ती है। साहित्य के पाठक को इस मामले में खिरस्त की आज्ञा, 'छोटा बच्चा बन जाओ' (मैथ्यू 18:3) का पालन करना आवश्यक है। पहले पढ़ी हुई साहित्य-कृतियों की प्रतीति का संकेत-अनुभव अवश्य उपयोगी होगा। लेकिन इसी के साथ उसे इस शक्यता को भी नजरअन्दाज नहीं करना चाहिए कि सामने प्रस्तुत कविता की उप-उप-बोली के संकेत इतने विशिष्ट, इतने विवक्षित हैं कि उस बोली में एक ही महावाक्य बोला जा सकता है—वह है वही कविता। उस बोली को पूरी तरह सीखने के लिए वह कविता ही एकमात्र सामग्री है। कविता का यह जो विशेष अर्थ है उसी के कारण हम एक बात को सुलझा सकते हैं—वह बात है कोई कविता अनेक प्रतीतियों के बीच से गुजर जाती है, तब परिवर्तित होता रहती है फिर उस प्रतीति की घटना एक समान रह ही नहीं सकती।

कविता नाम की चीज

अब तक हमने बहुत विघटन किया। कविता क्या चीज है इसका एकत्रित

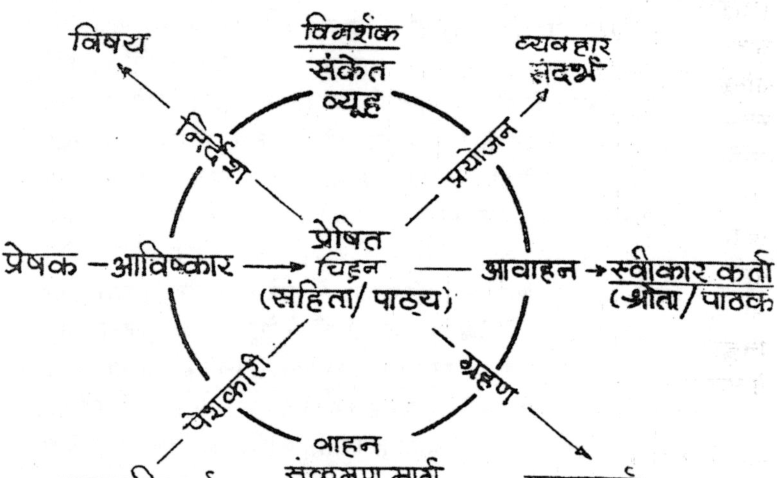

आकृति-3

चिह्नीकरण का व्यवहार (मानवी भूमिकाएँ अधोरेखांकित हैं।)

विचार न करके उसकी प्रतीति की फुटकर घटनाओं का विचार किया; संहिता-रूप, कलात्मक, और दो के बीच का शैलीगत स्तर—इस प्रकार तीन स्तरों की छानबीन की। अब तक जो खामी रह गयी उसकी पूर्ति करनी होगी। अंग्रेजी में कलाकृति (वर्क ऑव आर्ट) और कलावस्तु (आब्जेक्ट ऑव आर्ट) दो पर्यायी शब्द क्यों प्रयुक्त किये जाते हैं ? मुझे लगता है ये दो शब्द कला के दो पहलू दिखाने में मदद करते हैं। जनक-विमर्शक कवि और प्रस्तुतिकर्ता की नजर में कविता कलाकृति के रूप में ही गौरवान्वित होती है। अपनी मिहनत के फल के रूप में पाठक-विमर्शक के सामने कविता आयेगी, वह तैयार कलावस्तु के रूप में ही। सुजैन लैंगर कलावस्तु को वस्तुप्राय या अनंग-वस्तु (वर्च्युअल आब्जेक्ट) के रूप में सम्बोधित करती है—मतलब वस्तु ही, लेकिन दर्पण के सामने दिखनेवाली बिम्ब वस्तु की तरह या साफ-साफ आने वाली स्वप्नवस्तु की तरह। एकाध नृत्य या संगीतकृति अनंग वस्तु हैं, यह तो सहज ही समझ में आ सकता है। लैंगर आगे चलकर कहती है कि वही स्थिति कथा, शिल्पकृति या चित्र की होती है। शिल्प-कला या चित्रकला जैसी जड़-वस्तु रूप, वाहन पर निर्भर कलाओं की बात कुछ भी हो, कविता को अनंग-वस्तु कहने में हमारे हाथ में निश्चित कुछ आ गया है। कविता संहिता या मजमून के रूप में आपके सामने आती है। इस तरह आते समय भी आपको एक भाषा के चिह्नीकरण-व्यवहार में सहभागी होना पड़ता है। (आकृति-3 फिर से देखें) लेकिन आपके ध्यान में आयेगा कि यह प्रकरण उतना सादा नहीं है। पाठक में यह जागृति पैदा होने के लिए आसपास की सामाजिक-सांस्कृतिक उपस्थिति की सहायता तो होती है—कभी-कभी कविता पर ठीक से मजमून लिखा हुआ होता है। लेकिन यह सहायता न भी हो तो हर्ज नहीं। क्योंकि स्वयं संहिता ही पाठक को आवश्यक इशारा देती है। मान लीजिए कि वह अगर सादा मजमून ही होता तो व्यवहार-सन्दर्भ में उसका कुछ प्रयोजन दिखाई दिया होता। मजमून पाठक तक आया है प्रेम-पत्र के रूप में, अपमान का हथियार बनकर, आभार-अभिव्यक्ति के रूप में या और किसी के लिए, यह समझ में आ जाता। इशारा मिलने पर पाठक जाग्रत होता है और रोजमर्रा के भाषिक चिह्नीकरण के पीछे दूसरे प्रकार का एक चिह्नीकरण व्यापार है, यह उसके ध्यान में आता है। कविता वाहन के द्वारा भाषिक संकेतों के अनुसार कविता-संहिता

1. मतलब यह हुआ कि किसी दूसरे जानकार से कुंजी या गाईड माँगने का सवाल ही नहीं उठता। जो यह मानकर कि कविता शब्द-पहेली है, जिसका अधिकृत उत्तर मुहरबन्द लिफाफे में बन्द करके रखा गया है, सहम गये हों उन्हें इससे दिलासा मिल सकती है।

चिह्नित होती है और कविता-संहिता द्वारा व्यावहारिक विश्व के विषय का निर्देश न होकर एक नयी ही अनंग वस्तु चिह्नित होती है। कविता की शब्द-योजना में ऊपर-ऊपर से देखने पर किसी में किसी 'बनवाली फूल' या किसी शिवाजी का उल्लेख होगा भी, लेकिन नये चिह्नीकरण-व्यापार में से खड़ी रहती है एक अपने आप में समायी हुई, अन्दर से अभंग वस्तु।[1] यह स्वयंपूर्णता इस नये चिह्नीकरण के अन्य घटकों में भी दिखाई देती है : उसका निर्देश, उसका आविष्कार, उसका आवाहन और तो और उसका नामकरण (संकेतों का अनुशासन) ये सब स्वतन्त्र होते हैं। यहाँ अन्त में जिस चिह्नीकरण प्रणाली का याने कविता के व्याकरण का उल्लेख किया है उसे ही सामान्यतः शैली कहा जाता है। निम्नस्तर पर अवस्थित व्याकरण की यह सुधारी हुई, बिगाड़ी हुई, कसकी हुई, या बढ़ाई हुई आवृत्ति है शैली। यह समूचा शैली-व्याकरण सब का सब साहित्य धारणा से कवि और रसिक को बना बनाया नहीं मिलता। असल में रसिक को वह हर कविता के लिए नये ढंग से सीखना पड़ता है। इस शैली-व्यवस्था के दो अंग होते हैं—स्थूल अंग को कविता का 'गठन' कहेंगे और सूक्ष्म अंग को 'गढ़न' कहेंगे। गढ़न का सम्बन्ध पंक्ति-पंक्ति से आगे सरकनेवाले एकोन्मुख प्रस्तुतीकरण की ओर पहुँचता है, पद्य की लय, विम्ब-सृष्टि, शब्द-चातुर्य (विट) ये उसके उदाहरण। गठन का सम्बन्ध उल्टी दिशा से—प्रस्तुतीकरण होने के उपरान्त कविता के चिन्तन से स्थिर होनेवाले समग्र परिणाम की ओर पहुँचता है। वातावरण-निर्माण, प्रतीक-सृष्टि, प्रसंग-चित्रण—ये गठन के उदाहरण हैं। पीछे अभीष्टों के सोपान का उल्लेख किया जा चुका है। गढ़न उस सोपान की नींव की ओर का भाग और गठन सिरे की ओरवाला भाग (गठन और गढ़न-भेद मैंने कुछ अन्तर के साथ मुख्यतः अमेरिकन न्यू क्रिटिसिज़्म निकाय से लिया है। रैन्सम्, 1941 विषयसूची में टेक्स्चर और स्ट्रक्चर देखें। तुलना के लिए देखें बेथेल 1948 प्रकरण 6) कविता-वाहन, कविता-संहिता और अनंग कलावस्तु इन सोपानों से और ऊँचाई पर जाया जा सकता है? चिह्नीकरण का रिश्ता (चिह्न-चिह्नित-भाव) अगर ':' इस चिह्न से दिखाया जाये तो निम्नलिखित त्रैराशिक हल करके देखिए कि 'क्ष' का मूल्य निश्चित किया जा सकता है या नहीं।

1. यह भाषा के परे होनेवाली नये चिह्नीकरण की कल्पना, दि० के० वेडेकर ने (1954, पृ० 17-19) प्रस्तुत की हुई विकल्पन की संकल्पना, तथा संस्कृत साहित्यमीमांसा की 'भाव' संज्ञा से शुरू में दर्शायी हुई संकल्पना (देखिए वेडेकर 1964; आगे 'भाव' का अर्थ बदल दिया) ये तीनों एक ही हैं, ऐसा मुझे लगता है।

कवितावाहन : कविता संहिता

=कविता संहिता : अनंग कलावस्तु

=अनंग कलावस्तु : क्ष

कोई 'क्ष' है ? अगर है तो 'क्ष' क्या है ? इन दोनों प्रश्नों के उत्तर विभिन्न पक्षधर देंगे ही। अगर वह उत्तर मिल जाय कि 'क्ष मूल में है ही नहीं' तो भी प्रश्न का महत्त्व कम नहीं होता। हाँ, निबन्ध में स्वीकृत निर्लिप्तता के लिए इस प्रश्न को महत्त्व देना उपकारक नहीं है। असल में वह विषय ही अलग है। जिस कूट प्रश्न की ध्वजा 'कविता का होना' शीर्षक के रूप में कँधे पर उठाकर हम चल निकले, उस प्रश्न के अन्दर वह विषय आता ही नहीं।

लेकिन एक कदम आगे बढ़ने में क्या हर्ज है ? मैं इतना ही कहूँगा कि 'क्ष' है ? अगर है तो कौन-सा ? इन प्रश्नों के उत्तर विशिष्ट कविता तक ही खोजे जा सकते हैं या कुल कविताओं के सन्दर्भ में खोजे जा सकते हैं। किसी भी प्रकार से खोजे जायें तो भी आगे आनेवाली तीन कोटियों में किसी एक में आ सकते हैं :

(1) कविता को कुछ कहना नहीं चाहिए, उसे सिर्फ होना चाहिए।

(2) कविता को कुछ कहना नहीं है तो होना क्यों चाहिए ?'

(3) कविता कुछ कहती ही नहीं है तो वह होगी कैसे ?

अगर कोई चौथा उत्तर सुनने में आया—

उदाहरणार्थ : कविता हो न हो, उसे कहना तो होगा ही, तो समझिए कि हम समीक्षा-व्यापार की गलत राह पर चल पड़े हैं।

भई, प्याज के सभी छिलके छिल गये न ?'

अनुवाद : **चंद्रकांत वांदिवडेकर**

कविता में शब्द का इस्तेमाल

विपिनकुमार अग्रवाल

शब्द घिस गया है···द वर्ड इज़ वोर्न ।
—टी० एस० इलियट

कविता के बारे में कुछ भी निश्चित रूप से कह पाना मुश्किल काम है। ऐसी कोई कुशल कसौटी अभी तक नहीं मिली जिस पर जाँच कर यह कहा जा सके कि यह कविता है, जिस तरह से हम कह पाते हैं कि यह भूगोल है, यह इतिहास है, यह आलोचना है, या यह मेज़ है। इसलिए छूट बहुत है। कविता पर बोलनेवाला कोई भी दृष्टिकोण अपनाकर चल सकता है जो उसे रुचिकर लगे। वह चाहे तो, जानी-मानी बातों से विद्वत्तापूर्ण भाषा में पिरोकर बनायी गयी माला, हर सुननेवाले के गले में पहना सकता है। इससे एक सहज समर्थन और व्यवस्था का वातावरण बनता है; वैसा ही जैसा बनता है जब कोई व्यक्ति अवसर अनुकूल प्रचलित साफ-सुथरी पोशाक पहनकर भद्र पुरुषों की सभा में जाता है और सबका स्वागत पाता है। पर निराला जी ऐसी पोशाक पहनने के लिए मशहूर नहीं थे। वे तो जाने-माने, सजे-सजाये, प्रतिष्ठित पर पुराने चरमराते दरवाजे की टेक लगाकर खड़े हो जाते थे और उसके टूट जाने पर लाल बुझक्कड़ की तरह अन्दर पहुँच जाते थे। जिस भेष में होते थे, वैसे ही। इस मनोभाव के अधिक निकट होने के लिए और बहुत कुछ अपने अज्ञान के कारण, मैं ऊबड़ खाबड़-रास्ता ही अपनाऊँगा।

कवि शब्द से सुन्दरता गढ़ता है। शब्द तस्वीर है, प्रतीक है, ध्वनि है, अर्थवाहक है, और बहुत कुछ और भी। शायद उसका कोई रंग भी हो। शब्द ही कवि को विरासत में मिला है। उसके पहले बहुतों को मिलता आया है। पर हर बार पाना उसी को माना गया जब जो मिला उसे कुछ बदल दिया गया। घिसे-पिटे उपयोग

से निकालकर नये मेल-जोल में रख दिया गया। उसी भाषा में श्रीराम वर्मा लिखते हैं जिसमें मैथिलीशरण और प्रसाद ने लिखा। पर तीनों में अन्तर है। एक ही गुण में अन्तर का कोई अर्थ होता है। यह कहना कुछ नहीं बताता कि कविता भाषा में है और चित्र रंगों में। सब चीजें रंगीन हैं। पर कोई लाल है, कोई नीली और कोई पीली, आदि।

एक ही शब्द कई अर्थ दे सकता है, कभी विरोधी अर्थ भी। वह हरकत की तरह है। एक ही हरकत, एक ही शरीर की मुद्रा, किसी क्षण एक कार्य-कलाप में पायी जा सकती है, कभी दूसरे में। हम कोई काम करने उठते हैं जैसे किताब उठाने, पर बीच में कुछ और याद आ जाने पर चिट्ठी लिखने बैठ जाते हैं। दोनों के बीच अनेक स्थितियाँ एक-सी, या एक ही थीं। एक ही स्थिति हमें किताब उठवाने तक ले जाती है या पत्र लिखवाने तक। उसी स्थिति का प्रयोग हम दो अलग-अलग सन्दर्भों में कर लेते हैं। यह सन्दर्भ दो से अधिक भी हो सकते हैं। जब एक हरकत, एक मुद्रा, इतनी सम्भावनाओं से ओत-प्रोत हो सकती है तब शब्द के क्या कहने। यद्यपि शब्द के लिए उदाहरण ढूँढ़ना उतना आसान नहीं है जितना हरकत के लिए। पर शायद अब यह समझना आसान हो कि कैसे उन्हीं शब्दों से श्रीराम वर्मा मैथिलीशरण से भिन्न कविता रच लेते हैं।

मुझे अकेला ही रहने दो।
....
मैं हूँ फूल मुझे जीवन की
सरिता में ही तुम बहने दो
....

—अकेला, गोपालशरण सिंह

यह द्वीप अकेला स्नेह भरा
है गर्व-भरा मदमाता, पर
इसको भी पंक्ति को दे दो।

—यह द्वीप अकेला, अज्ञेय

एक-से शब्द हैं, एक-से भाव हैं, पर फिर भी एक कवि छायावाद के पहले का है दूसरा छायावाद के बाद का। एक का रवैया सादगी का, सबके साथ साधारण बने रहकर अकेलेपन को बनाये रखने का है। दूसरा गौरवयुक्त, अद्वितीय, असाधारण है, पर अपने अकेलेपन की आहुति देने को आतुर है। कविता में आकर शब्द इस प्रकार एक-सी स्थिति के दो एकदम अलग पहलुओं को इंगित करने की क्षमता प्राप्त कर लेता है।

शब्द बढ़ई की नयी लकड़ी की तरह, या मूर्तिकार के सादे पत्थर की तरह, नहीं है। वह पहले से अर्थ और अनुगूँजों से युक्त है। शब्द को खाया, ओढ़ा, पहना

या जिया नहीं जा सकता। कुछ कवि ऐसा कहते पाये अवश्य गये हैं। पर शायद वे कहना कुछ और चाहते हैं। कविता में चौकस बैठ जाने पर शब्द में एक विशेष मोहकपन आ जाता है। कब, कैसे और क्यों? मुश्किल सवाल हैं। उत्तर समय के साथ बदलते जा सकते हैं।

शब्दों का एक समूह एक समय के कवियों के साथ हो लेता है। उस समय, उस जगह, जो भाव जिस ढंग से कवि व्यक्त करना चाहता है, उसके अनुरूप यह समूह होता है। कवि इस समूह का 'बैण्डमास्टर' होता है। कवि आगे-आगे, शब्द पीछे-पीछे। शब्दों का समूह बड़ा होता जाता है, फैलता जाता है, बैण्डमास्टर बदलते जाते हैं। एक स्थिति ऐसी आती है जब धुन से असन्तुष्ट हो बैण्डमास्टर मार्च करते-करते मुड़ जाता है। पर शब्दों का समूह अपनी पुरानी राह पर चलता चला जाता है, अपनी परिचित दिशा में। इस समूह में इतनी कुशलता आ जाती है कि किसी भी साथ चलनेवाले को कवि बना दे। पर अब शब्द आगे-आगे कवि पीछे-पीछे। उन शब्दों का उपयोग कर लेना मात्र, कविता लिखना हो जाता है। अब बैण्डमास्टर नहीं रह जाता। उसकी जगह पिछलग्गू ले लेता है। कभी-कभी असावधान क्षणों में प्रतिष्ठित कवि भी अपने को ऐसी स्थिति में पहुँचा देता है। उदाहरणों से यह बात स्पष्ट हो जायेगी :

हिमगिरि के उत्तुंग शिखर पर
बैठ शिला की शीतल छाँह
एक पुरुष, भीगे नयनों से
देख रहा था प्रलय-प्रवाह

—कामायनी, प्रसाद

आज जीवनोदधि के तट पर
खड़ा अवांछित, क्षुब्ध, उपेक्षित
देख रहा मैं क्षुद्र अहम् की
शिखर लहरियों का रण कुत्सित।

—स्वर्ण-किरण, पन्त

प्रसाद के 'उत्तुंग शिखर' में जो चित्र खिंचता है वह 'जीवनोदधि के तट' पर के बूते के बाहर है। 'प्रलय-प्रवाह' का स्थान जब 'लहरियों का रण कुत्सित' जैसे शब्द लेते हैं तो कविता वर्णन-मात्र बन जाती है, सीमित हो जाती है, घट जाती है। 'एक पुरुष' के बाद जब 'भीगे नयनों से' आता है तब शब्दों का नया मेल-जोल होता है। बिना किसी व्याख्या के सहसा एक स्थिति सामने आती है जो आरम्भ से प्रत्याशित नहीं थी। यह भी लगता है कि समय में पहले बहुत कुछ हो चुका है और कवि ने अति कम शब्दों का प्रयोग कर बीच से ही सूत्र पकड़ा है। पुरुष को अवांछित, क्षुब्ध, उपेक्षित या अकेला न कह 'एक' कहा गया है। ऐसा अयाचित

पन्त की पंक्तियों में कहीं नहीं मिलता। न शब्दों के मिलन में, न स्थितियों में। प्रसाद के शब्द वर्णन तो करते ही हैं, साथ ही चित्र खड़ा करते चलते हैं और बिम्ब भी। हम कह सकते हैं कि प्रसाद के शब्द बहुआवेशित हैं, अतः सरल होते हुए भी प्रभाव में जटिल। पन्त में हर शब्द एक ही काम करता है। आगे चलकर बच्चन तक आते-आते लगता है कि कविता का सारा आन्तरिक कौतुक जैसे बुझ गया :

कितना अकेला आज मैं
संघर्ष में टूटा हुआ
दुर्भाग्य से टूटा हुआ
परिवार से छूटा हुआ कितना अकेला आज मैं

—कितना अकेला आज मैं, बच्चन

दुर्भाग्य और टूटा जैसे शब्दों का साथ-साथ आना, इतना स्वाभाविक और साधारण है कि शब्दों का पूरा आयोजन निरावेशित है। शब्दों का जो समूह प्रसाद से चला था, वह बच्चन तक आ अपनी तासीर खोकर इधर-उधर बिखर गया।

नया बैण्डमास्टर जो असन्तुष्ट होकर मुड़ गया, वह निराला था। एक छोटी कविता की पंक्तियाँ हैं :

बाँधो न नाव इस ठाँव, बन्धु।
पूंछेगा सारा गाँव, बन्धु
यह घाट वही जिस पर हँसकर
वह कभी नहाती थी धँसकर
आँखें रह जाती थीं फँसकर
कँपते थे दोनों पाँव बन्धु।

—बाँधो न नाव इस ठाँव, निराला

'बाँधो, नाव, ठाँव' में एक प्रतिसाम्य है, ध्वनि में भी और अर्थ में भी। एक तराजू की तरह 'नाव' की कमानी पर दोनों ओर दो शब्द 'बाँधो' और 'ठाँव,' पलड़े बने भार-से लटके हुए हैं। फिर शब्द आता है 'बन्धु' जो 'बाँधो' को ध्वनि और अर्थ में अनुनादित करता है। पूरे हिन्दी साहित्य में ऐसी अनूठी पंक्तियाँ मिलना कठिन होगा। दूसरी पंक्ति पहली पंक्ति की सहज स्थिति को सहसा एक नाटकीय और रहस्यमयी स्थिति में बदल देती है और छायावादी नाव (मेरे नाविक धीरे-धीरे—प्रसाद; हम चले नाव लेकर सत्वर,—पन्त) को ठोस जमीन (गाँव) से जोड़ देती है। यहीं निराला मुड़े और बहुत से परिचित शब्द-समूह को तोड़कर अपने साथ नयी दिशा में ले गये, उन्हें नये मेल-जोल में रखा, उन्हें नये ढंग से आवेशित किया, उनसे नयी

धुन बजवायी : उन्होंने नाव को बाँध दिया। उनकी नाव जाती नहीं है, आती है॥ यह क्रान्तिकारी बदलाव है। लगा प्रसाद के बाद फिर कोई कविता को गम्भीरता-पूर्वक ले रहा है। यह विश्वास गहरा जाता है जब निराला लिखते हैं :

आँखें रह जाती थीं फँसकर
कँपते थे दोनों पाँव···

छायावादी नयनों ('नयनों की नीलम घाटी', प्रसाद; 'बाले ! तेरे बाल-जाल में कैसे उलझा दूँ लोचन', पन्त) को कवि पार्थिव बनाकर 'आँखें' में बदल देता है। छायावादी शब्दों का पिछलग्गू न बनकर कवि फिर जैसे यथार्थ को सीधे देख रहा है। 'फँसकर' के बाद 'कँपते थे दोनों पाँव' पढ़कर सुखद आश्चर्य होता है। कवि एक सहानुभूतिपूर्ण समझ हम तक पहुँचाता है। साथ ही पाँव फिर नाव को ध्वनि और अर्थ में अनुनादित करता है। नाव का कम्पन जैसे पाँव ने ले लिया हो। इस प्रकार हर शब्द बहुआवेशित हो जाता है, महज ऊपरी स्थिति का समाचार नहीं देता।

सूरदास एक विशेष संसार रचकर उसमें डूब जाते हैं। प्रसाद भी अपना एक लोक बनाते हैं और उसमें लीन हो जाते हैं। कुछ बिम्ब और कुछ भाषा के तत्त्व ऐसे हैं जिन्हें हम नितान्त सूरदासीय कह सकते हैं। इसी प्रकार एक तरह के बिम्बों और शब्दों के चयन को प्रसादीय कह सकते हैं। हर कवि में यह गुण होना श्रेयस्कर है और साहित्य के लिए लाभदायक है, ऐसा नहीं कहा जा सकता। पर किसी भी समृद्ध साहित्य में ऐसे गुणवाले कवि पाये जाते हैं, यह कहा जा सकता है। वे एक नया रास्ता ढूँढ़ते भी हैं और आगे आनेवाले कवियों के लिए बन्द भी कर देते हैं। इस दृष्टि से परोक्ष रूप से नया रास्ता खोजने में मदद भी करते हैं। नया उदाहरण प्रस्तुत करते हैं, फिर अलग जाने के लिए मजबूर करते हैं। निराला ने इस बात को पूरी तरह समझा।

जब लिखने का एक ढंग हावी हो जाता है तब नया लिखने के लिए यथार्थ की ओर लौटना पड़ता है। हावी शब्दावली साहित्यिक यथार्थ ही प्रस्तुत करती है। अतः वास्तविक यथार्थ को बताने के लिए अपनी बनावट से दूर के कवि की शब्दावली को चुनना पड़ सकता है। वह कवि जितना दूर होगा उतना उससे लेना आसान होगा और उपयोगी भी। उदाहरण के लिए :

कद्दू कुँहड़े फैले
खरबूजे मटमैले
ककड़ी की क्यारी से
लहकी बाड़ी

—महकी साड़ी, निराला

यह शब्दावली प्रसाद के निकट न हो, मैथिलिशरण के निकट है :

छोटे से मिट्टी के घर हैं
लिपे-पुते हैं, स्वच्छ-सुघर हैं
कहीं लौकियाँ लटक रही हैं
काशीफल कुष्मांड कहीं हैं।

—साकेत, मैथिलीशरण

कोश में जितने शब्द हैं उन्हीं से कविता रची जा सकती है। इनमें से एक शब्दों का झुण्ड एक दौर में अधिक उपयोग में आने लगता है, उस दौर की पहचान बन जाता है और अन्त में उसकी सीमा भी। शब्द का वस्तु से गहरा सम्बन्ध है। आरम्भ में हम वस्तु से शब्द की ओर जाते हैं। बाद में शब्दक वस्तु की ओर। शब्द से वस्तु को देखने लगते हैं। यहाँ तक कि शब्द वस्तु को पैदा करने की शक्ति प्राप्त कर लेता है, यदि वास्तव में वस्तु उपस्थित न हो।

एक तरह के शब्द एक तरह की वस्तुएँ पैदा करते हैं। हम उन शब्दों और उनसे उपजी वस्तुओं के आदी हो जाते हैं। एक बार आदत पड़ जाये तब उतना ही दीखता है जितना उन शब्दों में समाता है। शेष को हम अपने बने 'फोकस' के बाहर कर देते हैं। कट्टर हो गये तो त्याग भी देते हैं। जैसे वे चीजें हों ही नहीं। अत: शब्दों के एक विशेष समूह पर वल देने पर हम यथार्थ को भी संक्षिप्त कर लेते हैं। यह अनिवार्य है।

कोई कभी पूरे कोश का उपयोग नहीं करता। शेक्सपियर और तुलसीदास भी नहीं। पर एक समय ऐसा आता है जब उस शब्द-समूह से जितना देखा जा सकता है देखा जा चुका होता है। तब घुटन पैदा होती, जैसे जेल में वन्द हों। जेल और वाहर में यही अन्तर होता है कि बन्दी रोज-रोज एक ही दीवारें देखता है। एक अवस्था ऐसी आती है जब वह इन दीवारों को तोड़कर कुछ और देखना चाहता है, क्योंकि बार-बार वही देखना कुछ देखना नहीं होता। भरी बाल्टी में पानी भरना जैसा होता है। जब किसी तरह बाहर आते हैं तो नया देखते हैं, उसे अपनी पूर्व-परिचित भाषा में ही फिट करने की कोशिश करते हैं। देर-सबेर यह महसूस होता लगता है कि इससे काम चलेगा नहीं। तब शब्दों का नया चुनाव आरम्भ होता है। एक दूसरा शब्द-समूह 'फोकस' में आने लगता है।

शब्द और यथार्थ के इस गहरे और गतिशील रिश्ते की गाथा है—कविता। शब्द के अनेक गुण गिनाये गये हैं। नमूने के लिए उसमें चित्रात्मकता है, संगीत है, लय है, अर्थ है। प्राय: एक ही गुण के प्रति सतर्क रहते हैं। वह है अर्थ का। सुबह अखबार पढ़ते हैं तो अर्थ ही खास अहमियत रखता है। कभी-कभी उसमें व्यंग्य भी आ जाता है जो अर्थ का ही विस्तार है। यदि कोई कविता अपने को शब्द की इसी सामर्थ्य पर आधारित करती है तो वह हमारे मस्तिष्क के उसी हिस्से में सिहरन, कम्पन या गुदगुदी पैदा करती है जो अखबार पढ़ने में काम आता है।

दिमाग का बाकी हिस्सा सोया रहता है। यदि हम कविता की परिभाषा इस रूप में दें, कि कविता वह है, जो मस्तिष्क के हर हिस्से को हिला दे जो शब्द के दायरे में आता है, वो केवल अर्थ-आधारित कविता कहीं कम कविता होगी। वह एक विशेषज्ञ की कविता होगी जो मस्तिष्क के एक विशष हिस्से को गुदगुदाने में माहिर है, जैसे विशेषज्ञ डाक्टर होते हैं—कोई आँख-नाक का, कोई फेफड़े का, इत्यादि।

एक कविता की कुछ पंक्तियाँ रख रहा हूँ जो मुझे बचपन से अच्छी लगती आयी हैं और आज भी वैसी ही लगती हैं :

सूर्यास्त होना जानकर फिर जब लड़ाई रुक गयी
निष्प्रभ पराजित कौरवों की रण-पताका झुक गयी
तब नृप युधिष्ठिर के निकट आनन्द से जाते हुए
बोले वचन हरि पार्थ से रणभूमि दिखलाते हुए—
हे वीर ! देखो, आज तुम संग्राम में कैसे लड़े
मरकर तुम्हारे हाथ से ये शत्रु कितने हैं पड़े।
ज्यों कन्ज वन की दुर्दशा कर डालता गजराज है
शोभित तुम्हारे शौर्य से त्यों यह रणस्थल आज है ।।
जो तुच्छ अपने सामने थे इन्द्र को भी मानते
वे शत्रु देखो, आज भू पर सर्वदा को सो रहे
हैं मर चुके लाखों तथा घायल हजारों हो रहे।
झुकते किसी को थे न जो नृप-मुकुट रत्नों से जड़े
वे अब श्रृगालों के पदों की ठोकरें खाते पड़े
पेशी समझ माणिक्य को वह विहग देखो, ले चला
पड़ भोग की ही भ्रान्ति में संसार जाता है छला ।।

—जयद्रथ-वध, मैथिलीशरण गुप्त

शब्द के जितने गुण हैं, सब यहाँ मौजूद हैं, सरल शब्द, चित्र खींचते चलते हैं : सूर्यास्त होना जान कर, रण-पताका झुक गयी, आनन्द से जाते हुए, वह विहग देखो ले चला, आदि। संगीत और लय विषय के अनुसार हैं। अर्थ भरा पड़ा है व्यंजना में। बिना किसी विश्लेषण का उपयोग करे हरि पार्थ को हे वीर ! कहकर सम्बोधित करते हैं, यह वर्णन नहीं करते कि तुम किस वीरता और कुशलता से लड़े। यह सब मानकर चलते हैं। फिर एक सटीक और सुन्दर उपमा देते हैं, 'ज्यों कंज वन की दुर्दशा कर डालता गज राज है'। कौरवों के लिए कंजवन, रण-परिणाम के लिए दुर्दशा और अर्जुन के लिए गजराज का प्रयोग कर कवि जैसे सारे रण को एक प्रतीक-भरे चलचित्र में बाँध देता है। कौरवों की मनःस्थिति को नाम न देकर कहते हैं, 'जो कुछ कहो बस हैं हमी'। यह सब जो वर्णन और बिम्ब एक साथ बन रहा था, इसका फिर दार्शनिक अन्त सुखद ढंग से अचानक आता

है : 'पड़ भोग की ही भ्रान्ति में संसार जाता है छला।' पूरा संसार एक रणस्थल है, यह सहसा भान होता है। अब तक दिया वर्णन एक नये अर्थ से शोभित हो जाता है। 'पेशी समझ माणिक्य को वह विहग देखो, ले चला', तुरन्त पहले की पंक्ति है। वह न केवल एक चित्र प्रस्तुत करती है जो सारे रण-स्थल को नाप रहा था, वरन् अब सारे संसार और उसमें होनेवाले व्यापारों को भी अपने अन्दर समेट लेती है। कहीं कोई शब्द बदला नहीं जा सकता। इन्द्र की जगह और कोई देवता मैं बहुत प्रयत्नों के बाद भी प्रस्थापित नहीं कर पाया। यहाँ तक कि छन्द के लिए भरे गये शब्द भी ऐसे चुने गये हैं कि वह अपने से अधिक कहते हैं। फिर जब लड़ाई रुक गयी —में फिर, 'मरकर तुम्हारे हाथ से ये शत्रु कितने हैं पड़े' में 'ये जो कुछ कहो बस हैं हमी जो थे सदा यह मानते' में 'जो' का दो बार आना और अलग-अलग प्रभाव पैदा करना, और 'वे शत्रु देखो'...में 'वे' का प्रयोग कौरवों को एक दूरी पर स्थापित कर देता है, जैसा पहले 'जो' ने किया था, और कृष्ण पार्थ की ओर हैं, तटस्थ नहीं हैं, यह भी। यह सोलहों पंक्तियाँ सादे शब्दों का एक कसा जाल बनाती हैं। एक साथ इतनी सारी ऐसी कसी पंक्तियाँ ढूँढ़ना किसी भी साहित्य में कठिन होगा। विशेषकर जब विषय किसी रणस्थल का वर्णन मात्र हो।

शब्द का शब्दार्थ हर शब्द के चारों ओर एक शोर पैदा करता है जिसके कारण हम उससे प्राप्त हो सकनेवाले अन्य संकेतों को सुन नहीं पाते। कुछ न कर पाना एक तरह की दासता है। कविता शब्द के जड़ अर्थ के बजाय विस्थापित अर्थ में अधिक रुचि लेती है। पर हमारी अपनी निष्क्रियता, हमारी ध्यान देने की प्रति लापरवाही, हमें प्रथम में ही उलझाये रहती है। इसलिए हमारे सबसे कम निजी विचार सबसे अधिक व्यक्त हो जाते हैं। कैसे इस निष्क्रियता को दूर किया जाये कि हम उत्तेजित हो अन्य अर्थों के प्रति संवेदनशील हो जाये ? हम दासता से मुक्त हो जायें ? यह एक समस्या है। इसीलिए कविता में लय और संगीतत्त्व का महत्त्व है। इनकी उपस्थिति हमें रोजमर्रे की अनगढ़ और बेडौल स्थिति से ऊपर या अलग खींच लेती है। हम अधिक ध्यान देने की खास मुद्रा में आ जाते हैं। तब शब्द जिस सत्य की ओर इशारा कर रहा है उस ओर हम शायद मुड़ जायें। आवश्यक नहीं है, लय किसी छन्द की हो। वह सहज बातचीत की भी हो सकती है। मुक्तिबोध की कुछ पंक्तियाँ हैं :

अन्तःकरण का आयतन संक्षिप्त है
आत्मीयता के योग्य
        मैं सचमुच नहीं।
पर, क्या करूँ
यह छाँह मेरी सर्वगामी है।

....

न जाने कहाँ किन-किन साँकलों को
खटखटाती वह :

....

मेरी छाँह सागर-तरंगों पर भागती जाती
दिशाओं पार, हल्के पाँव।

....

अजाने प्रियतरों का मौन चरण-स्पर्श
वक्ष-स्पर्श करती मुग्ध
घर में घूमती उनके
लगाती लैम्प, उनकी लौ बड़ी करती।

....

व सीती फटे कपड़े, दिल रफू करती
किन्ही प्राणांचलों पर वह कसीदा काढ़ती रहती

—अन्तःकरण का आयतन, मुक्तिबोध

हर शब्द का यहाँ एक साधारण अर्थ है, एक असाधारण। भक्तिकाल के कवियों की तरह। वहाँ सखी आत्मा है तो यहाँ छाँह। 'अन्तःकरण का आयतन' शब्दों का नया संयोजन कर हमें अपनी ओर आकर्षित करता है। 'पर, क्या करूँ: यह छाँह मेरी सर्वगामी है!' यह पंक्ति नयी बेबसी की ओर इशारा कर हमें उत्सुक बना देती है। उसके बाद का दैनिक कार्यों का वर्णन जादू भरा लगने लगता है। शब्दों में ऐसा जादुई प्रभाव पैदा कर लेना कविता में ही मुमकिन है। तब शब्द वर्णन के स्थान पर संकेत करने लगता है। जब विश्लेषण का काम संज्ञा करने लगे तब अति साधारण बातें काव्यात्मक हो जाती हैं। मुक्तिबोध हमेशा ऐसा नहीं कर पाते, पर यहाँ अवश्य सफल हुए हैं।

बहुत अच्छी कविता अक्सर बिना किसी मायने के होती है। शब्दों का ऐसा संयोजन कि शब्द अपना अर्थ खो दें, मुश्किल है। जब शब्द अपने से कम कहता है तब भी विस्थापित अर्थ देता है। ज्यादा कहना और कम कहना दोनों का उपयोग कवि मामूलीपन से हटने के लिए करता है। जब ज्यादा कहता है तो एक दबाव पैदा करता है। जब कम कहता है तो एक खालीपन या शून्य, जिसकी ओर अनेक अर्थ स्वयं ही सरक आते हैं, उसे भरने के लिए। जब भी शब्द असन्तुलित अर्थ पैदा करता है वह एक गति का केन्द्र हो जाता है :

लौट आ, ओ फूल की पंखड़ी!
फिर/फूल में लग जा

—लौट आ ओ धार, शमशेर बहादुर सिंह

कुछ बात है इसमें तो बेसिर-पैर की है। पर कुछ खास बात न कहते हुए भी ये शब्द याद रह जाते हैं--क्योंकि वास्तव में कुछ भी नहीं करते। पर परोक्ष में बहुत कुछ।

सच बात तो यह है कि शब्द रोजमर्रे की मामूली बातें ही कह सकते हैं। इससे ऊपर उठना, या शब्दों को उठाना, ही सृजन करना है। इसी प्रकार भावनाएँ न बदलती हैं, न पहले से आज कम या अधिक पवित्र होती हैं। आज प्रेम में पड़ने के अनुभव और कालिदास के समय में प्रेम में पड़ने के अनुभव में कोई अन्तर नहीं है। पूछने पर दोनों ही कहते' मैं प्रेम में पड़ गया हूँ"। लेकिन कवि यह जानता है कि इतना कहना अपने मनोभाव को अभिव्यक्त करना नहीं हैं वरन महज उसका सूचनात्मक वर्णन है। वर्णन अभिव्यक्ति नहीं है। विस्तृत वर्णन भी अभिव्यक्ति नहीं है। एक प्राणि-विज्ञानी हो सकता है कि अपनी तकनीकी शब्दावली में वह सब इतने विस्तार से बता जाये जो प्रेम में पड़ते समय उसमें हुआ था कि उसे दूसरा प्राणि-विज्ञानी ही समझ सके, पर फिर भी वह वर्णन ही होगा, न प्रेम की अभिव्यक्ति, न कविता। यहाँ जिन शब्दों का उपयोग वह करेगा वह काव्यात्मक उपयोग नहीं है, महज वर्णन का। जब कवि, या सम्भाव्य कवि, प्रेम में पड़ता है तो उसका प्रेम कोई अलग प्रेम है, ऐसा नहीं है। अन्तर केवल इतना है कि वह प्रेम के ऊन को अपने चारों ओर लपेटकर असहाय हो 'बँध गया बँध गया' चिल्लाने के बजाय, शब्दों की बिनाई डाल एक स्वेटर बुनने का प्रयत्न करता है। इसी क्रिया में वह अपनी प्रेम की भावनाओं को समझता है और औरों को उसकी गरमाहट पहनाता है।

कवि किसी भावना को तभी अभिव्यक्त करना चाहता है जब उसमें कुछ नया देखता है, या कुछ ऐसा जो अभी तक अपरिचित था। इतना अपरिचित कि उसका वर्गीकरण कर उसे किसी वर्ग में नहीं रखा जा सकता। ऐसे में सारी तकनीकी शब्दावली, वह चाहे जितने विकसित मनोविज्ञान पर आधारित हो, बेकार हो जाती है, क्योंकि वह उसका वर्णन करने में, सामान्यीकरण करने में ही समर्थ है। ऐसी विकसित शब्दावली का भाषा में उपस्थित होना, या न होना, कवि के लिए अहमियत नहीं रखता, क्योंकि उसका सहारा लेना वर्गीकरण करना है, वह चाहे जितना सक्षम हो। यदि यही करना है तो सहज वर्णन करना है, नाम देना है, अतः सामान्यीकरण करना है। वह गद्य कर सकता है, कविता की आवश्यकता नहीं। कविता लिखने की बाध्यता तो तब महसूस होती है जब जो अपरिचित दिखा उसे किसी न किसी तरह, चाहे संकेतों द्वारा ही, अभिव्यक्त करना है। यह कविता में ही मुमकिन है यदि शब्दों के सहारे करना है। इस आयोजन में तकनीकी शब्दावली खतरनाक है, अतः साधारण शब्दों से ही काम लेना है। साधारण शब्द इकहरे अर्थ से उठकर बहुअर्थ, या अनुगूंज पैदा कर सकते हैं। एक शब्द, नहीं तो ऐसे कुछ

चुने शब्दों का एक साथ आना, मदद कर सकता है। शब्द इस तरह से चुने जा सकते हैं कि उनमें संगीत और लय हो। तब वह हमारे अन्दर उपस्थित हिचकिचाहट या विरोधी भाव को घुलाकर, वह मनःस्थिति पैदा कर सकता है कि हम चारों ओर से मन हटाकर अपना ध्यान केन्द्रित कर सकें और शब्दों की अनुगूँज को सुन सकें। काव्यरूप हमारे उस भाव को जगाने की कोशिश नहीं करता जो कवि में उपस्थित था। वह हमें अपने अनेक तत्त्वों से अधिक संवेदनशील बनाने का अवश्य प्रयत्न करता है और एक बार ऐसा हो जाने पर अपरिचित, अतः नये या उसके अपने खास निजी पक्ष को अभिव्यक्त कर देता है। तब हमारे अनुभव संसार को भी विकसित करता है और शब्दों की शक्ति को भी, क्योंकि इसके पहले कभी इस प्रकार शब्दों को जुटाने का अवसर आया ही न था। साधारण शब्दों का असाधारण संयोजन कविता का एक महत्त्वपूर्ण पहलू है। वर्णन और अभिव्यक्ति के उदाहरण दे रहा हूँ। पहले वर्णन का :

पर्वत है या मेघ है, बादल है या शृंग है
कहते कुछ बनता नहीं किस का कैसा रंग है
बादल और पहाड़ के अंगों में है भेद क्या ?
दोनों ही मजदूर हैं बहता है ना स्वेद क्या ?
—मंसूरी का राज, वीरेन्द्र मिश्र

अब अभिव्यक्ति का :

पार्श्व गिरि का नम्र, चीड़ों में
डगर चढ़ती उमंगों-सी।
बिछी पैरों में नदी ज्यों दर्द की रेखा
विहग-शिशु, मौन नीड़ों में
मैंने आँख-भर देखा
दिया मन को दिलासा—पुनः आऊँगा
(भले ही बरस-दिन अनगिन युगों के बाद।)
क्षितिज ने पलक-सी खोली
तमककर दामिनी बोली—
'अरे यायावर ! रहेगा याद ?'
—दूर्वाचल, अज्ञेय

कविता में लिखे पिछले शब्द की याद में जब अगला शब्द आता है तब शब्द अपने योग से अधिक कह पाने की शक्ति प्राप्त कर लेता है। यह आसान नहीं है, विशेषकर किसी लम्बी कविता में। लिखते समय प्रायः तात्कालिक अभिव्यक्ति में कवि इतना अधिक संलग्न हो जाता है कि अच्छे शब्द और अच्छी बात कहने में

वह इस बात की अहमियत को भूल जाता है। 'तब कविता शब्द-उपयोग के झटके देती चलती है। विषय और बिम्ब का सहसा आना प्रीतिकर होता है कविता में। फिर भी कविता एकरूप लगती है शब्द-विन्यास के कारण। पर शब्द के झटके लगने पर कविता बिखर जाती है :

हिमगिरि की ऊँचाई से ज्यादा ऊँचे हम
सागर से भी गहरे हैं
इस भ्रम में रखना सब को
कुछ दिन की खातिर सम्भव था।

—वीतराग का गीत, अजित कुमार

'हिमगिरि की ऊँचाई से ऊँचे हम' न कह कवि 'ज्यादा ऊँचे हम' कहता है। यहाँ 'ज्यादा' शब्द ज्यादा लगता है और खटकता भी है। अपनी ध्वनि के कारण पूरे वाद्य-वृन्द में जैसे एक साज़ ज्यादा जोर से बज गया हो। फिर आगे 'कुछ दिन की खातिर सम्भव था' में 'खातिर' शब्द तो जैसे कविता को समाप्त ही कर देता है। एक विदेशी शब्द की तरह अधिक तीव्र स्वर का लगता है और बेहद बेमेल।

भाषा की उपस्थिति तीन तरह से सामने आती है। एक, शब्द के तमाम अर्थ जो उसके साथ लिपटे हुए हैं, अब तक हुए प्रयोगों के फलस्वरूप; दो, वे सभी अर्थ जो अनुभव और व्याकरण दोनों के अनुरूप हैं; तीसरे, विशेष शब्द और सारी व्याकरण के परे, जो केवल कविता में व्यक्त हो पाता है।

जब हम पूछते हैं कि वास्तव में क्या राम थे, तो सारा मिथक ढह जाता है। हम महाकाव्य से हटकर बहस के क्षेत्र में आकर गिर पड़ते हैं। कुछ इससे मिलती-जुलती स्थिति शब्द की कविता में होती है। यदि शब्द का शब्दार्थ वही है जो कविता में दे रहा है, इस पर प्रश्न उठने लगता है, तो कविता समाप्त हो जाती है। राम के भक्त के मन में राम के लिए ऐसा प्रश्न नहीं उठता। राम उसके लिए एक सत्य है, इस सांस्कृतिक वातावरण में वह पला है। इसी प्रकार कविता के वातावरण में रमा पाठक शब्द को नये आवेशित अर्थ ग्रहण कर लेने देता है और उस पर प्रश्न नहीं उठाता। जब वह बहुत दिनों तक इसे स्वीकार कर लेता है तो धीमे-धीमे और लोग भी स्थिति को स्वीकार कर लेते हैं। इसलिए, मुमकिन है कि एक अजीब लगती कविता इलाहाबाद में आसानी से ग्रहण कर ली जाये और कानपुर या दिल्ली में नहीं। लौटकर, कोई नया उपकरण या नया कपड़ों का फैशन दिल्ली में तुरन्त स्वीकार कर लिया जाये और इलाहाबाद में हम सवाल उठायें कि यह उपयोगी है या नहीं। कवि के लिए इसलिए हमेशा कठिन होता है कि वह शब्द के तकनीकी शब्दार्थ से हटकर उसका सांकेतिक अर्थ उभारे और उस पर प्रश्न न उठे। उसको इसमें सफलता तब मिलती रहेगी जब तक वह शब्द का नितान्न निजी और वैयक्तिक प्रयोग नहीं करने लगता। तब भाषा

मनमानी हो जाती है और एक दूसरी तकनीकी भाषा में परिणत हो जाती है। ऐसा खतरा रहस्यवादी कवियों में आ सकता है जो शब्द को सारे सन्दर्भों से अलग कर उसे एक नितान्त प्रतीक में बदल देते हैं। मन्त्र में शब्द का प्रयोग एक अलग अर्थ रखता है। कविता से उसका सरोकार हो सकता है और नहीं भी। मन्त्र-पाठ एक धर्म-क्रिया है अतः उसके आतंक में हमारे अन्दर प्रश्न नहीं उठता। यदि उठता है तो मन्त्र का प्रभाव समाप्त हो जाता है। कुछ ऐसी ही दशा कविता की है :

आज इस निभृत एकान्त में
तुमसे दूर पड़ी हूँ मैं
और इस प्रगाढ़ अन्धकार में
तुम्हारे चन्दन कसाव के बिना मेरी देहलता के
बड़े-बड़े गुलाब धीरे-धीरे टीस रहे हैं
और दर्द उस लिपि के अर्थ खोल रहा है
जो तुमने आम्र मंजरियों के अक्षरों में
मेरी माँग पर लिख दी थी।

—कनुप्रिया, धर्मवीर भारती

चन्दन कसाव, देहलता के गुलाबों का टीसना, दर्द का लिपि के अर्थ खोलना, आम्र मंजरियों के अक्षर जो माँग पर लिखे हैं, आदि अनेक शब्द एक साथ इस प्रकार आये हैं कि कुल मिलाकर हमारे प्रश्न करने की लालसा को दबाते हैं और कवि के मन की बात को अभिव्यक्ति प्रदान करते हैं। पर अगर इन टुकड़ों को अलग-अलग रखा जाये तो तमाम प्रश्न हमें घेर लेंगे और लगेगा कि कवि शब्दों का मनमाना प्रयोग कर रहा है।

कवि के अनुभव असाधारण नहीं होते। उसे वही अनुभव होते हैं जो सबको। वह उसी दुनिया में रहता है जिसमें सब। अन्तर है अनुभव में तो इसमें कि उसने ध्यान को बहुत तरह से 'फोकस' करने का अभ्यास कर लिया है। बहुत-सी मामूली घटनाएँ जो हमसे छूट जाती हैं वह देख या सुन लेता है। खिड़की के नीचे से गुजरती रिक्शे की खड़खड़, टहनी पर बैठी चिड़ियों का गाना, सीढ़ियों पर किसी के चढ़ने की आवाज, दूर के घण्टाघर से घड़ी का बजना, बगल में कहीं कनस्तर के खुलने की किरकिराहट, सब एक-दूसरे से अलग और एक साथ भी। इसी तरह से कमरे में बैठे खिड़की से बाहर देखते समय हम कभी बाहर के पेड़ों और सड़क पर आने-जानेवालों को देखते हैं, और कभी दृष्टि सिकोड़कर खिड़की में लगे सींखचों को। प्रायः दोनों की खिचड़ी। बहुत कम लोग इस बात की परवाह करते हैं रोजमर्रे के जीवन में कि अपनी सुनने और देखने को तरह-तरह से 'फोकस' करें। कवि और कलाकार इसमें माहिर होते हैं। इतना ही नहीं, 'फोकस' की

क्रिया को विस्तृत कर वे पुरानी सुनी पनचक्की की आवाज, कारखाने के भोंपू की पुकार, और पिछले वसन्त की कोयल की कूक भी इसी चित्र-फलक पर आँक लेते है। इन सब अनुभवों के ढेर को सचेतन मस्तिष्क एक व्यवस्था देने के लिए आतुर हो जाता है। इसके लिए कोई मनोवैज्ञानिक शब्दावली नहीं है, क्योंकि कोई भी तकनीकी शब्दावली केवल उन मन:स्थितियों के लिए बनती है जो नित्य दुहरायी जाती हैं, अलग-अलग या उसी मरीज में। कवि तमाम प्रतिबिम्बनों, अपवर्तनों, प्रकीर्णों, विघटनों और घनीकरणों से गुजरते अपने मनोभावों को अभिव्यक्ति देने के लिए शब्दों को सजा उनके जड़ अर्थों को लचीना बना अपनी जरूरत के अनुसार सजाता है। जो शब्द जितना तकनीकी होता है उतना अधिक उसका अर्थ जड़ होता है, अत: उतना कवि के लिए कम काम का। जो शब्द भण्डार कविता के एक दौर में एक खास तरह के यथार्थ से जुड़कर छा जाता है, वह भी कम लचीला हो जाता है। अत: उसके उबरने की अकुलाहट नया आनेवाला कवि महसूस करने लगता है। हम उसकी इस मजबूरी को ही क्रान्ति का नाम देते हैं।

बिम्ब की बात

विपिनकुमार अग्रवाल

सदियों से लोग पेड़, पौधे, फूल, चिड़ियाँ, स्त्री, हिरन, देखते आये हैं। व्यस्त अफसर, किसान, आवारा, कवि या चित्रकार, सभी आज भी इन्हें देखते रहते हैं। कब और कितना सुन्दर लगता है, इस पर निर्भर करता है कि कौन कैसे और क्या देखा पा रहा है। सब को देखना नहीं आता या सब को सब तरह से देखना नहीं आता। सब, सब कुछ देख पाते तो शायद सुन्दरता का कोई निरपेक्ष माप बन पाता। एक आदर्श स्थापित हो पाता। इसके अभाव में सुन्दरता का बोध सापेक्ष ही होगा। इससे बच नहीं सकते क्योंकि हर अनुभव सीमित होता है, सीमित अनुभव, अधूरी या पक्षीय सुन्दरता का ही अवसर होगा। हर कोण एक सुन्दरता को प्रस्तावित करेगा। हर कोण अपने से सम्बन्धित चल राशियों को ही निश्चित करेगा (अगर कर सका तो) जिन पर सुन्दरता का बोध आधारित है। शेष को अनिश्चित छोड़ देगा। अतः सुन्दरता की कोई एक परिभाषा दी ही नहीं जा सकती। जो एक कोण से सुन्दर लगता है वह दूसरे कोण से असुन्दर लग सकता है। इसीलिए चित्रकला में संयोजन का महत्त्व है। कोण के चुनने का महत्त्व है। जो चित्रकला के लिए महत्त्वपूर्ण है वह कविता में बिम्ब के लिए महत्त्वपूर्ण है।

आंशिक सुन्दरता ही सुन्दरता है। इसीलिए एक सुन्दरता से दूसरी सुन्दरता तक जाया जा सकता है। सम्पूर्ण सुन्दरता या स्वर्ग, एक आदर्श है जिसमें कुछ नहीं बदलता। आदर्श सुन्दरता ठस होती है।

साहित्य में एक दौर का आरम्भ किसी अधूरी सुन्दरता को लेकर होता है। फिर उसका विस्तार किया जाता है। खाली खाने भरे जाते हैं। सजावट और कढ़ाई होती है। यह तब तक होता है, जब तक सभी सम्बन्धित मुमकिन तत्त्व उसमें मिला नहीं लिये जाते। यह सब सहयोगी तत्त्व हैं। इन सबके सहयोग से इस कोण या दृष्टि से दिखनेवाली सुन्दरता का जब सिंहासन पूरा बन जाता है

तब कुछ और सार्थक मिलाना सम्भव नहीं रह जाता। यहाँ आकर वह दौर एक आदर्श को प्राप्त होता है। वह पूर्णतः परिपक्व हो जाता है। अब वह सिर्फ अपने को दुहरा सकता है। उसी दुनिया को दिखला सकता है जो उसके अनुरूप है। क्योंकि, इसी दुनिया में और आदर्श में सहयोग है और यह सहयोग सुन्दरता का आवश्यक अंग है।

कितना भी प्रीतिकर आदर्श हो, उस पर थम जाना स्वर्ग पहुँच जाना है। जो पृथ्वी पर रहना पसन्द करते हैं उन्हें इससे बाहर आने की अकुलाहट महसूस होगी। स्वर्ग जेल लगेगा।

एक रचनाकार आयेगा, या उसी आदर्श के निर्माताओं में से कोई होगा जिसे इस प्राप्त आदर्श में और वास्तविक दुनिया में अनबन का एहसास होगा। जैसा निराला को रह-रहकर हुआ। जब आदर्श और अनुभव में दरार पड़ती है तब सुन्दरता का एक विशेष आधार ढह जाता है। सुन्दरता जीवन्त नहीं रह जाती। महज संग्रहणीय या अध्ययन-योग्य रह जाती है। रचना की दृष्टि से, उसे दोहराना सुन्दरता के अवसर को पैदा करना नहीं होता। वह एक शिल्प में बदल जाता है। उससे अब कोई खोज-बीन नहीं की जा सकती। हाँ एकदम दुहराने से बचने के लिए प्रायः कवि अधिक सरल और सुकुमार हो जाता है, जो बच्चन की परिणति हुई।

किसी स्थापित आदर्श से बाहर आना आसान नहीं होता। लौटकर देखने में ऐसा लग सकता है। इसके लिए एक अनायास सहजता या जंगलीपन की आवश्यकता होती है। लगता है जैसे स्वीकृत रिवाज से हटनेवाला कवि असभ्य है। अधिक हट्टा-कट्टा है। इस हट्टी-कट्टी मानसिकता की आवश्यकता इसलिए पड़ती है कि साहित्य अपना जीवन अलग जीने लगा है। यथार्थ अब रचना का, पृथक् पड़ जाने के कारण, अवसर नहीं रहा। इन दोनों को पुनः एक राग में मिलाने के लिए निर्मम होना अनिवार्य हो जाता है। एक बार फिर जब इन दोनों में सहयोग आरम्भ होता है तो नयी सुन्दरता का समावेश होता है, क्योंकि सहयोग सुन्दरता की आवश्यक शर्त है।

> (द्विवेदी युग) का काव्य-प्रवाह हमें दो धाराओं में दिखाई देता है। एक को स्वच्छन्दतावादी धारा कह सकते हैं और दूसरी को अनुशासन की धारा।··· स्वच्छन्दतावाद की प्रमुख विशेषताओं में हैं—वन का महत्त्व, प्रकृति-पर्यवेक्षण···(इसने) जीवन से लगाव की एक भूमिका तैयार की जो आगे चलकर छायावाद में और गहरी हो जाती है।
>
> —डॉ० रामस्वरूप चतुर्वेदी

इसी रेखा को आगे बढ़ाकर कह सकते हैं कि नयी कविता के आरम्भ काल में प्रकृति और मनुष्य को एक राग में बाँध मिला-जुलाकर रखने की आदत प्रसाद,

निराला, पन्त से मिली। इसके अनेक कारण हो सकते हैं। एक अजीब-सा कारण यह भी है कि उन दिनों कवि बनना राष्ट्रीय चेतना का वाहक बनना था : "राष्ट्रीय भावना का दैवीकरण भारतमाता की कल्पना में हुआ"—डॉ० रघुवंश। परोक्ष रूप से प्रकृति से जुड़ना भारतमाता से जुड़ना था। अतः प्रकृति और मनुष्य के मध्य अन्योन्यक्रिया अज्ञेय और शमशेर के बिम्बों का आधार अक्सर बनती है। फलस्वरूप वे एक अविच्छिन्न जीवन-जगत में विचरते रूमानी कवि रह-रह लगते हैं।

भोर की
प्रथम किरण
फीकी :
अनजाने
जागी हो
याद
किसी की—
अपनी
मीठी
नीकी।
......
......
दिन है
जय है
यह बहु-जन की
—अज्ञेय, प्रथम किरण

स्नेह निर्झर बह गया है।
रेत ज्यों तन रह गया है।
आम की यह डाल जो सूखी दिखी
कह रही है—"अब यहाँ पिक या शिखी
नहीं आते; पंक्ति मैं वह हूँ लिखी
नहीं जिसका अर्थ—"
जीवन ढह गया है।
—निराला, स्नेह-निर्झर

चमक तारे लजाते हैं
प्रेरणा का दुर्ग
पार पश्चिम के क्षितिज के पार

अमित गंगाएँ बहाकर भी
प्राण का नभ धूलधूसर है।

—शमशेर बहादुर सिंह, फिर गया है समय का रथ

सूखी डाल कह रही है, फीकी किरण और जागी याद किसी की, प्राण का नभ धूल-धूसर, आदि प्रयोग बेझिझक किये गये हैं जैसे मनुष्य और प्रकृति एक-दूसरे के संगी-साथी हों। दोनों मिलकर पूरे जीवन (जीवन ढह गया है), पूरे समय (दिन है नभ है) या पूरे अन्दर-बाहर के ब्रह्माण्ड (अमित गंगाएँ बहाकर प्राण का नभ) को एक मिली-जुली तस्वीर बनाकर निरन्तरता में प्रस्तुत करते हैं। ऐसी तस्वीर जब प्रतीक के गुण धारण कर लेती है तब बिम्ब का अस्तित्व बनता है। बिम्ब किसी सीधे अनुभव का वर्णन न होकर एक खास अर्थ या दृष्टि का रूपक बनकर आता है। अतः बिम्ब में चित्र, प्रतीक और रूपक के लक्षण पाये जाते हैं। छोटी कविता प्रायः एक बिम्ब बनाकर समाप्त हो जाती है। लम्बी कविता में कई बिम्ब मिलकर एक वृहत् बिम्ब की रचना कर सकते हैं, जो कविता बनाता है। कई बिम्ब आपस में सहयोग कर एक दूसरे को प्रभावित कर एक नया प्रभाव पैदा करने में समर्थ हो सकते हैं, और एक नया अनुभव भी। नयी कविता में इसकी प्रमुख भूमिका है। इसे समझने के लिए यह पहले देखना होगा कि शब्द से बिम्ब तक की यात्रा कैसे तय हुई। बिम्ब कैसे स्वयं एक शब्द की भूमिका अदा करने लगता है। उँगली उठाकर ऐसे भाव की ओर इशारा करता प्रतीत होता है जिसे हम किसी और तरह से नहीं देख सकते थे। कभी हम शब्द से देखते हैं, कभी बिम्ब से।

किसी अनुभव से गुजरने और उसे जानने में अन्तर है। शोर कान में पड़ता रहे, सूर्य सामने उगता रहे, फिर भी मुमकिन है हम किसी और उधेड़-बुन में लगे हों। न शोर सुनाई देगा, न सूर्य दिखाई देगा, जानकारी के अर्थ में। जैसे हमारी इन्द्रियों और मस्तिष्क में अभी विवाह नहीं हुआ है। जब दोनों एक साथ मिल-जुलकर सक्रिय हो जाते हैं तब कल्पना का जन्म होता है। इसीलिए जब एक अमूर्त भाव को दूसरे अमूर्त भाव से जोड़ते हैं तब कल्पना नहीं जाग्रत होती, महज एक और अमूर्त भाव बनता है। कला में इन्द्रियों और मस्तिष्क का आपसी क्रिया-कलाप महत्त्वपूर्ण है। अतः यथार्थ में अनुभव की जड़ें न होने पर साहित्य कल्पना-विहीन होने लग जा सकता है। महज साहित्यिक होकर रह जाता है।

रचना-प्रक्रिया और प्रशंसा-प्रक्रिया का कोई स्वीकृत सिद्धान्त नहीं है। जब हम ध्यान लगाकर और जानकारी के साथ देखते हैं तो दो काम एक साथ करते हैं। मान लीजिए हम एक चित्र देख रहे हैं। तब एक तो हमारी आँखें उस रोशनी को स्वीकार कर रही हैं जो चित्र से आ रही है, अर्धचेतना में भी यह मुमकिन है; दूसरे, ध्यान केन्द्रित कर हम इस बात से आगाह भी हैं कि हम देख रहे हैं। हम

अपनी सारी समझ-बूझ के साथ देख रहे हैं। तब उस चित्र को उपस्थित अन्य वस्तुओं के साथ नहीं देखते, केवल चित्र देखते हैं। अर्जुन की चिड़िया की तरह। यह भी सजगता रहती है कि चित्र मेरे द्वारा देखा जा रहा है। इधर इस प्रकार की अवलोकन-क्रिया का चित्रकला में और वहाँ से उठाकर कविता में लगाने का प्रचलन रहा है। पर मेरा अनुभव भिन्न है। किसी चित्र को देखने में या कविता को पढ़ने में यह आरम्भिक स्थिति तो है, पर अन्तिम नहीं। विशेषकर जब कोई नया प्रतीक या बिम्ब-विधान उपस्थित हो। इस शुरुआत के बाद एक क्रिया आरम्भ होती है जब प्रशंसक और कृति धीरे-धीरे एक दूसरे में मिलने लगते हैं। पढ़ने या देखने में हम रमने लगते हैं। ध्यान दोनों के बीच पसरने लगता है। तभी देखना देखना है। दोनों के मध्य कुछ देर के लिए एक समस्वरित संसार बस जाता है। इस सीमित समय के अनुभव का अन्त यहाँ नहीं हो जाता। व्यक्तित्व का हिस्सा बन जाता है। कोहनी की चोट के दर्द की तरह। दर्द हल्का-सा अनजाने बना रहता है पर किसी से छूकर उभर आता है। कला-अनुभव तुरन्त पूरा नहीं होता। मनोरंजन से इस अर्थ में भिन्न है। कलाकृति सामने न रहते हुए भी संग रहती है। क्योंकि कुछ बिना समझा हुआ, अस्पष्ट बच रहता है। सब अर्थ, सब अनुगूंजें, एक बार में नहीं मिलतीं। इसलिए भी कि हमारे अनुभव सीमित हो सकते हैं। यदि कृति में विकसित अमूर्तन या कल्पना की जड़ें, जीवन-जगत के अनुभव में हैं तो अवलोकन के बाद का कोई अनुभव लौटकर सहसा उस बिम्ब को आलोकित कर देता है जो प्रथम साक्षात्कार में धुँधला रह गया था, पर बराबर साथ था। ऐसा देखना, लम्बे काल में देखना, हमें बदल देता है। एक नया अपरिचित अनुभव जैसे हमें बदल देता है। यह हमें इस लायक भी बनाता है कि किसी सरल घटना को बीते कला-अनुभव से जोड़कर उसे महत्त्वपूर्ण बना दें। हम चौकन्ने हो जीने लगते हैं। अतः अधिक जीने लगते हैं। इस अर्थ में कविता पढ़ना और चित्र देखना लाभदायक है। जो बदलता है वह हमारा पूरा व्यक्तित्व है। यह मुमकिन नहीं है कि चित्र केवल हमारे देखने सम्बन्धी चेतना की काया बदल दे और संगीत केवल सुनने सम्बन्धी चेतना की। उस एक चेतना की धुरी पर सब जैसे घूम जाता है। सामान्य जीवन में एक भँवर पड़ जाती है।

इस कायापलट में कल्पना सक्रिय भूमिका अदा करती है। पुरानी याद आयी बातें, इच्छाएँ, शब्द, ध्वनियाँ, सब एकजुट हो एक नये सम्मिलित भाव पैदा करती हैं। कोई विशेष शब्द उसे व्यक्त नहीं कर सकता। कवि को लगता है कि इसे या तो किसी प्रतीक के सहारे व्यक्त किया जा सकता है, या किसी बिम्ब के। यदि कवि उन सब बातों को, इच्छाओं को, ध्वनियों को, या सम्बन्धित शब्दों को एकत्र कर देता है तो इतने-भर से बिम्ब की रचना नहीं हो जाती। संरचना इतनी यान्त्रिक नहीं है। इन सब तत्त्वों के समूह को पार कर, मीमांसा के परे, बिम्ब को रचती

है।

सूना-सूना पथ है, उदास झरना
एक धुँधली बादल-रेखा पर टिका हुआ आसमान
जहाँ वह काली युवती
हँसी थी।

—शमशेर बहादुर सिंह, सूना-सूना पथ है उदास झरना

यह एक बिम्ब है। बहुत बार पढ़ने पर भी मैं नहीं मालूम कर पाया कि किसके बारे में है ? इसका क्या विषय है ? कवि भी मदद नहीं करता। शीर्षक में पहली पंक्ति दुहराकर चुप हो जाता है। कोई अता-पता नहीं बताता। 'सूना-सूना पथ है' वर्तमानकालिक है और 'हँसी थी' भाव में विरोधी और भूतकालिक। सूना, उदास, धुँधली, काली, फिर हँसी। विचित्र संयोजन है। एक प्रकार से बिम्ब मना करता है कि उसका कोई एक अर्थ निकाला जाय। इस बिम्ब में शब्द, चित्र, ध्वनि तीनों का तालमेल है और सब अलग-अलग साधारण होते हुए भी मिलकर असाधारण हैं, या कुछ नहीं हैं। जो कविता को बहुत गम्भीरतापूर्वक लेता है वही इसके चक्कर में आयेगा। एक बार चक्कर में आने के बाद उससे बँध जायेगा।

औद्योगीकरण के कारण एक नयी संस्कृति संसार में फैली जिसमें अनुभवों की भीड़ टुकड़ों में बँटकर सामने आयी। इसने कविता को बिम्बों के समूह में रचने को प्रोत्साहन दिया। रोजमर्रे की जिन्दगी कुछ अधिक तेज, खतरनाक और कठिन हो जाने के कारण मनुष्य में चौकन्नापन बढ़ा। फलस्वरूप, वह एक अच्छा प्रेक्षक बनने के लिए बाध्य हुआ। किसी तरह बचा रहे, यह चिन्ता बढ़ी। सच में उस पर कुछ घटित हो जायेगा और इसी में उसे जीना है। जैसे पूरा वातावरण ही विषाक्त और रोगी हो गया है। प्रसिद्ध पंक्तियाँ हैं :

लेट अस गो देन
यू एण्ड आई
ह्वेन द ईविनिंग इज़ स्प्रेड आउट अगेन्स्ट् द स्काई
लाइक ए पेशन्ट इथराइज़्ड अपॉन ए टेबिल
....
द यलो फ़ौग
....

—टी० एस० इलियट, दि लव सौंग ऑफ जे अल्फ्रेड प्रुफ्रॉक

हमारे यहाँ लिखा गया :

आज की बीमार, बुझी
साँझ की यह रोशनियाँ
पीले टिंचर की तरह

फैल रहीं, फैल गयीं।
आज तो बीमार सभी
बेहोश सभी
....

—नरेश मेहता, बीमार साँझ के किनारे

आजाद भारत में कवि को अन्तर्राष्ट्रीय चेतना से जुड़ने में पहले जो संकोच था वह नहीं रहा। औद्योगीकरण को विरासत में ही नहीं पाना, वरन् आगे बढ़कर स्वयं स्वीकार करना देश को अनिवार्य लगा। तब टुकड़ों में विश्लेषित देश, काल और अनुभव को अपनाना सहज हो गया। इसे पश्चिम का प्रभाव मान भी लिया जाये तो इसमें मानहानि नहीं महसूस हुई। यह असर किसी विदेशी सत्ता के कुप्रभाव के रूप में नहीं था। स्वतन्त्र चुनाव था, किया। इस चुनाव ने नयी कविता को जन्म देने में एक प्रमुख भूमिका निभायी, यद्यपि इतने सचेतन ढंग से नहीं जैसा यहाँ कहा गया। संसार में छायी कला और कविता की गति-विधि से जुड़ने की ही नहीं, उसमें कुछ जोड़ने की आकांक्षा भी प्रबल हुई। गलतियाँ भी हुईं।

एक दिन
चिड़चिड़े बच्चों को लिये
दवाखाने में खड़े-खड़े
मुझे एकाएक लगा मैं अधेड़ हो गया
न गलाबन्द कोट
न दुपट्टा
न टोपी
मैं बड़ा हुआ हा हा हू हू करता हुआ।

—रघुवीर सहाय, 'एक अधेड़ भारतीय आत्मा'

यह हा हा हू हू का वातावरण उस समय भी था, और आज भी है। उसका आज भी होना समझ में नहीं आता। इससे भी उबरने की जरूरत थी। एक अधिक व्यवस्थित, बहुअर्थवाली, बिम्बविधान से परिपूर्ण, कविता आकार नहीं ले पायी। कवि महज एक अच्छा अवलोकनकर्ता होकर रह गया। वह देखे हुए का सटीक, व्यंग्यभरा, साहसिक विवरण देकर सन्तुष्ट हो गया। पर शब्द इकहरा रह गया और बिम्ब नहीं बन पाया, जो प्रतीक-सा बनकर अपने से अधिक कह ले। शब्द बढ़ गये, बात कम हो गयी। कविता को एक बार पढ़ना काफी लगने लगा। इसमें ऐसा कुछ नहीं था जिसे पाने के लिए अधिक चौकन्ना और संवेदनशील रह जीवन जीना हो। फिर भी यह कदम उठाना आवश्यक था।

इससे कविता का ह्रास हुआ ऐसा कुछ लोग मान सकते हैं। मुख्यतः वे जो भारतीयपन को केवल सम्पूर्णता और निरन्तरता की चेतना से जोड़ते हैं। उसे वहीं

रोक देते हैं। उन्हें शान्त जल पसन्द है, लहरें नहीं। लहरें क्षणिक हैं। अन्त में शान्त हो जायेंगी, ऐसा उनका विश्वास है। यह सच हो तब भी लहरें हैं। इसे अस्वीकार करना कम देख पाना होगा। लहरें भी जल की पृष्ठभूमि को रेखांकित करती हैं, इससे भी कि वे सीमित हैं। कहीं निरन्तरता से बँधी हुई हैं। पर जो कविता महज इकहरा व्यंग्य-भरा वर्णन करके समाप्त हो जाती है और एक सार्थक बिम्ब में नहीं बदल पाती, अवश्य कहीं कमजोर है। उसकी उपयोगिता इस मायने में फिर भी है कि इसने बहुत से वस्तुजगत को और इससे जुड़ी असाहित्यिक दीखती शब्दावली को, कविता के विषय और कविता की भाषा में बदल डाला। फ़ोकस बदलने में सहायक हुआ। परम्परागत दृष्टि से बाहर आने के लिए ऐसी किसी अपरिचित दिशा में कदम उठाना अनिवार्य हो जाता है। साहित्य में ऐसी सट्टेबाजी एक गम्भीर कमी को पूरा करने की सामर्थ्य रखती है। नये कवियों में इसके लिए साहस था और पूँजी भी।

आगे चलकर किसी नयी और अधिक विशाल समष्टि को इन खोजों के इस्तेमाल से आकार दिया जा सकेगा, या नहीं, यह देखना है। यहाँ यह कहना समीचीन होगा कि सम्पूर्णता से विश्लेषण की ओर इसलिए भी जाना पड़ा कि हमारी विभेदन-शक्ति बढ़ जाये। निरन्तर होनेवाले शोरगुल और भागा-दौड़ी में डूबे किसी संवेदनशील खण्ड को हम अलग कर बचा सकें। इस ओर कदम हमने एक लम्बे दौर में धीरे-धीरे नहीं बढ़ाया। हमें यह प्रक्रिया जैसे एक झटके में पूरी करनी पड़ी। एक पीड़ादायक त्वरण से गुजरना पड़ा। इसलिए पश्चिम की तुलना में हमारी स्थिति भिन्न है। कुछ अर्थों में सम्पूर्णता के अनुभव से न उतनी अलग हुई है, और न ही उतनी अपरिचित है। अतः ऐसी अनेक सम्भावनाएँ हैं जो हमारे लिए अनखोजी पड़ी हैं। खतरे भी बहुत हैं।

एक अधिक व्यापक सम्पूर्णता की खोज पुरानी निरन्तर और नयी खण्डित चेतना के सतही तालमेल में ढूँढ़ना कम समझ का द्योतक होगा। यह एक बड़ा खतरा है।

शिव के धनुष-सी रखी रही परम्परा
कितने निपुण आये-गये
धनुर्धारी।
कौन इसे बौहे ? और कौन इसे
कानों तक खींचे ?
एक प्रश्नचिह्न-सी पड़ी रही परम्परा।
मैं सब में छोटा और सबसे अल्पायु—
मैं भविष्यवासी।
मैंने छुआ ही था, जीवित हो उठी।

मैंने जो प्रत्यंचा खींची
तो टूट गयी परम्परा।

—श्रीकान्त वर्मा, टूटी पड़ी है परम्परा

यहाँ भी शब्द इकहरे हैं। शिव का धनुष व्यंग्य के काम आता है, अतः उसका अवमूल्यन होता है। कोई बिम्ब रचना नहीं होती। कुछ ऐसी ही गलती अन्य नये कवियों ने की जिन्होंने पौराणिक पात्रों को दुकानों पर खड़ा किया, चौराहों पर चलवाया, या बसों पर बैठाया। व्यंग्य और कार्टून बने, कविता नहीं। इससे अधिक सतर्क हैं श्रीराम वर्मा और रमेशचन्द्र शाह :

लौट आयीं चिन्ताएँ—कृष्ण की कातर पुकार से
....
क्षितिज की झुकी हुई भौंहों पर
खोल दो यह द्वार
दस्तक नहीं देंगे हाथ।
सखी
रात
विजन में धुआँ देती
रुकी हुई रेल है

—श्रीराम वर्मा, 'गली का परिवेश'

आँखें मलते हुए पहाड़ उठे
अलसाये
चीड़ों ने करवट बदली
किरनों ने लुके-छुपे शिखरों की समिधा उकसा दी
नियराती सुबह की पगध्वनियाँ
सुनती प्रतीक्षामय ध्यानमग्न अन्तर्मुख धरा
और
भूमिष्ठ अर्चनाकुल आकाश।

—रमेशचन्द्र शाह, हिमालय की वत्सल दृष्टि

यह कविता बिम्ब के टुकड़ों में रचित है। व्यंजना है तो नये तरह से पूर्व-परिचित को देखने में। एक तरह के मानवीयकरण में। रूमानी होते हुए भी 'आँखें मलते हुए पहाड़ उठे' में कुछ खोजने की, परिचित में नया गुण ढूँढ़ने की प्रवृत्ति साफ झलक आती है। टोपी लगा देने पर मेंढक का मानवीयकरण हो जाता है और वह बच्चों को प्यारा लगने लगता है। वैसी ही क्रिया यहाँ हो रही है।

जितना सचेत उपयोग बिम्बों का होना चाहिए था, उतना नहीं हो पाया। उसकी तमाम सम्भावनाओं के प्रति सजगता नहीं उपज पायी। इसका बहुत बड़ा

कारण शायद यह गलतफहमी अधिकतर कवियों में रही कि जितना अधिक रंगीन और स्पष्ट चित्रण होगा उतना अधिक प्रभावी बिम्ब होगा। यह भी कि बिम्ब अभिव्यक्त अनुभव के जितना निकट, करीब-करीब नकल करता हुआ होगा, और कुछ नहीं तो ध्वनि में ही सही, उतना वह सफल और काव्यात्मक होगा, जबकि स्थिति यह है कि चुनाव और बनावट में बिम्ब जितना प्रसंग से दूर, सूक्ष्म और एवजी भावों से खाली होगा, उतना अधिक निपुण होगा। जब आपस में भिन्न बिम्बों की माला बनती है, जो एक वाद्य-वृन्द-सी लगती है, तब मूल भाव का कहीं नाम या सीधा चित्रण न होने पर भी मन पर बहुत गहरा प्रभाव पड़ता है। सब बिम्ब मिलकर सिर्फ एक और बिम्ब नहीं बनाते, वरन कविता बनाते हैं :

गोल हैं खूब मगर
आप तिरछे नज़र आते हैं ज़रा
भाप पहने हुए हैं कुल आकाश
तारों जड़ा
....

आप घटते हैं तो घटते ही चले जाते हैं
और बढ़ते हैं तो बस यानी कि
....

यों भी दिल खींच तो लेते ही हैं आप
....

ज्वार-भाटा-सा अजब, जाने क्यों
उठने लगता है ख्यालों से मेरे

—शमशेर बहादुर सिंह, चाँद में थोड़ी-सी गप्पें

कविता में कहीं चाँद का नाम नहीं आता, पर वातावरण उसका पूरा सजता है। शीर्षक में भी न आता तो अच्छा होता। शब्दावली छोटी बच्ची की है। इसलिए उसकी छटा का अलग बिम्ब बनता है। ज्वार-भाटा अलग बिम्ब बनाता है, पर चाँद से उसका रिश्ता बहुत सीधा है। उतनी विविधता नहीं आ पाती, जितनी कि शुरू में आशा जगती है।

बिम्ब के बहुत से पहलू हैं। वे गिनाये नहीं जा सकते, क्योंकि गिनाना उन्हें अलग-अलग करना होगा। फिर भी सुविधा के लिए उन्हें नाम दिया जा सकता है। ये नाम उन आपस में गुंथे हुए आकारों को दिये जा सकते हैं जिनकी झाँकियाँ किसी बिम्ब में मिल सकती हैं। उदाहरण के लिए एक बिम्ब पहचाना जा सकता है ध्वनि-वितरण के कारण। अपनी विशिष्ट लय के कारण। चाहे वह बातचीत की ही लय क्यों न हो :

झाड़ ऊँचे और नीचे
चुप खड़े हैं आँख मींचे
घास चुप है, कास चुप है
मूक शाल, पलाश चुप है
बन सके तो धँसो इनमें
धँस न पाती हवा जिनमें
सतपुड़ा के घने जंगल
....

—भवानी प्रसाद मिश्र, सतपुड़ा के घने जंगल

किसी बिम्ब का चित्र-विधान भी अपना होता है। यह चित्र-विधान अपने भीतर एक प्रतीक की आभा भी धारण करता है :

निस्तब्ध लहर का पानी
कंकड़ से काँपा
मैंने जाना
कम से कम जड़ता एक बार तो सिहरेगी।

—कीर्ति चौधरी, अनुभव

एक अर्थ का आकार भी बिम्ब से व्यंजित होता है जो पूरी कविता के अर्थ को सहारा देता है :

द्वीप हैं हम
यह नहीं है शाप, यह अपनी नियति है।
हम नदी के पुत्र हैं, बैठे नदी के क्रोड़ में।
वह बृहद् भूखण्ड से हमको मिलाती है।
और वह भूखण्ड
अपना पितर है।

—अज्ञेय, नदी के द्वीप

शब्दों का चुनाव ऐसा हो सकता है जो आपसी सन्दर्भों का एक अपना ताना-बाना बुने और एक अन्दरूनी कंकाल खड़ा करे। इसी से जुड़ा एक विचारों का ढाँचा भी खड़ा हो सकता है जो अभिव्यक्त अनुभूति को बल दे :

एक आत्मीय सम्बोधन—तुम्हारा नाम
स्मृति-खण्डों के बीच झलकता चितकबरा प्रकाश।
एक हँसी बन्द दरवाजों को खटखटाती। सुबह
किसी बच्चे की किलकारी से तुम जागे हो, पर
आँखें नहीं खोलते। उसके उत्पात ने तुम्हें विभोर
कर दिया है : पर नया दिन आलस्य की करवटों से

टटोलते—तुम नहीं देखते कि यह दूसरा दिन है
और वह बालक जिसने तुम्हें जगाया, अब बालक नहीं।
—कुँवरनारायण, आत्मजयी

किसी बिम्ब की अस्पष्टता भी अपना एक अलग रूप ले सकती है :

एक रंग होता है नीला
और एक वह जो तेरी देह पर नीला होता है।

इसी तरह लाल भी लाल नहीं है
बल्कि एक शरीर के रंग पर एक रंग
दरअसल कोई रंग कोई रंग नहीं है
सिर्फ तेरे कन्धों की रोशनी है
और कोई एक रंग जो तेरी बाँह पर पड़ा हुआ है।
—रघुवीर सहाय, तेरे कन्धे

यह ध्यान में रखना होगा कि एक आकार दूसरे आकार को प्रभावित कर उसके प्रभाव को बदल भी देता है। जैसे शब्द एक दूसरे की ओर खींचा-तानी का प्रभाव-क्षेत्र बनाते हैं, वैसे ही बिम्ब भी।

यह बात कुछ और आगे बढ़ायी जा सकती है। बिम्ब एक रूपक के गुण धारण करता है जो भाषा को मिथक से जोड़ता है। इसे हम कई तरह से कह सकते हैं। कवि के लिए जो उपयोगी है उसे बताने के लिए पहले कुछ रूपक के बारे में जानी-मानी बातों को अपने ढंग से रख लेना सहायक होगा।

रूपक का एक प्रचलित अर्थ है किसी विचार वस्तु को किसी दूसरे के सहारे इस तरह से व्यक्त करना कि दोनों में कुछ साम्य हो। जिन दो धारणाओं के मध्य यह सम्बन्ध बढ़ाया जाएगा वे दोनों ही अपनी-अपनी जगह अटल और एक दूसरे से स्वतन्त्र हैं। रूपक होने के कारण एक दूसरे की छटा रखते हैं। इन वैचारिक रूपकों से एकदम भिन्न स्तर पर काव्य रूपक है। यह उस स्थिति के निकट है जहाँ मिथक और भाषा का जन्म एक साथ होता है। यहाँ यह कहना मुमकिन नहीं है कि दोनों पहले से थे और बाद में जुड़ गये। यहाँ जुड़ना भाषा की बनावट और मिथक के आकार के बीच जैसे हो रहा हो। मूल रूप से दोनों ही मानो एक आधार-भूत रूप के ही दो रूप हों। डमरू से ही शब्द भी निकलता हो और शिव भी।

कवि कोई साधारण वर्णन नहीं करना चाहता है, जैसा अखबार में या किसी लेख में होता है। वह जब कविता रचता है तब कविता-जगत् में भाषा द्वारा वर्णन और रूपक गुणयुक्त बिम्ब दोनों एक साथ आते हैं। एक को हटाना दूसरे को मिटाना है। एक को देखना-सुनना दूसरे को देखना-सुना है। यहाँ तक कि वर्णन और बिम्ब में कोई अन्तर ही नहीं रह जाता। हम कुछ अलग करके नहीं कह सकते कि यह पूरे का हिस्सा है। हर भाग पूरे को भी धारण करता है।

रचना-प्रक्रिया में जाना एक खतरनाक और अँधेरे क्षेत्र में जाना है। पर एक बात को स्पष्ट करने के लिए इसमें जाना जरूरी है।

सुविधा के लिए हम मानकर चलते हैं कि हमारे अनुभवों के दो चरम बिन्दु हैं। एक, जिसमें अनुभव स्पष्ट और परायों-से साझे का-सा लगता है। दूसरा, जिसमें अनुभव धुँधला, बहाव भरा और निजी-सा लगता है। पहले को सीधे शब्दों में बाँधकर रखा जा सकता है। जैसा देखा, जाना, वैसा कहा। पर दूसरे को व्यक्त करना मुश्किल लगता है। शब्दों में रखना उसके बहाव को, स्पन्दन को, क्षति पहुँचाना, उसे ठहरा देना, रोक देना-सा लगता है। कुछ नष्ट होता लगता है। कहने कुछ चले थे, कह कुछ और गये। शब्दों में व्यक्त करने के लिए जैसे तरल को ठोस बनाना जरूरी हो जाता है। शब्द अपने साथ ले जाकर जो दूसरे तक पहुँचा पाते हैं वह ठोस या बँधा-बँधाया ही है। जैसे एक ढेला या गेंद या बर्फ का टुकड़ा। पर अगर पानी ले जाना है तो किसी बर्तन में रखना पड़ेगा। यह बाल्टी ही बिम्ब है। पर इसकी भी सीमा है। यह अपना आकार पानी को दे देती है। चाहते हुए भी बहता पानी धारा सहित नहीं ले जाया जा सकता। यदि बर्तन या बिम्ब बदल-बदलकर रखे जायें तो मुमकिन है कि कुछ उस बहाव का बोध हो जो व्यक्त करना था। शब्द तो उसी को नाम देता है जो थिर है, अतः बार-बार एक-सा देखा या अनुभव किया जा सकता है, दुहराया जा सकता है। तभी वह सब में करीब-करीब एक-सा है। इतना एक-सा कि उसे कोई भी बिना पहचाने नहीं रह सकता। जो इस प्रकार पहचाना जाता है वह जड़ होता है, मामूली होता है। इससे बचने के लिए शब्द की जकड़ से छूटना जरूरी होता है। शब्द का सीधे वर्णन के लिए उपयोग न किया जाय। वह बिम्ब रचना के काम आये। तब मुमकिन है कि अन्दर की तरल भावना, या देखे हुए का हरा-भरापन, कम से कम बदलाव के साथ, व्यक्त किया जा सके। तब शायद मौलिकता बनी रहें। बाद में सबकी हो, जैसे शब्द सबका है।

एक अनुभव हमारे अन्दर धीरे-धीरे पकता है। हम उसके बहुरंगीपन से जैसे-जैसे वाकिफ होते जाते हैं वैसे-वैसे पाते हैं कि वे रंग एक-दूसरे से अलग नहीं हैं। घुले-मिले हैं। एक-दूसरे को प्रभावित करते हैं। उन्हें अलग-अलग सुविधा के लिए या नाम देने के लिए करना निर्जीव करना होगा। हम उन्हें बिना निर्जीव बनाये अभिव्यक्त करना चाहते हैं। कैसे करें? एक तरीका है कि कवि बिम्बों को सजाये। हमें लगे कि किसी ऐसी घटना की उपस्थिति के वे प्रक्षेपण हैं जो अपने में विरोधाभासों से गझिन है। इस आभास के मिलने पर हमें लगेगा कि कवि ने हमें जैसे हमसे ज्यादा समझ लिया है। हम अभी तक जिसे जानी-मानी जड़ स्थितियों का सुलझा हुआ समुदाय समझे हुए थे, अतः टाले हुए थे, वास्तव में एक प्राणभरा, अदलता-बदलता समग्र है, जो महत्त्वपूर्ण है। सहचारी विचारों या स्थितियों का

एकत्रीकरण जिसे पूरी तरह प्रस्तुत नहीं कर सकता। बिम्ब ही कर सकता है।

भाषा का विकास कविता में एक बिल्कुल अलग दिशा में होता है जब बिम्ब रचना होती है। इसका उस भाषा से दूर का ही सम्बन्ध रह जाता है जो तार्किक दिशा को विकसित करती है। तर्क द्वारा बहु-सम्बन्धों को स्थापित कर लेने के उपरान्त भी पृथक तत्त्व अपनी-अपनी जगह जमे रहते हैं। वे मिल कर अपने जोड़ से अधिक कह लेते हों तब भी। पर कविता की बिम्ब रचना में कुछ अलग-अलग रह ही नहीं जाता। शब्द नया जीवन प्राप्त करता है, नयी ध्वनि को प्राप्त होता है, नये ढंग से आवेशित होता है। इसीलिए कवि पुनः सृजन करता है भाषा का, जब बिम्ब रचता है। इसका यह अर्थ नहीं है कि कविता बिना बिम्ब के लिखी ही नहीं जा सकती। पर यहाँ हमारी रुचि उसी कविता में है जो बिम्ब-विधान को महत्त्व देती है।

माँ कभी बच्चे को भाषा उस तरह से नहीं सिखलाती जैसे किताब या स्कूल। किताब में एक ओर मेज लिखा रहता है और सामने मेज की तस्वीर बनी रहती है। मैं आज तक ऐसी माँ नहीं ढूँढ़ पाया जो अपने बच्चे के सामने एक मेज रखकर बार-बार उसे उँगली से दिखा-दिखाकर मेज, मेज, चिल्लाती हो। माँ तमाम बातें, कभी-कभी बड़ी जल्दी-जल्दी, अपने बच्चे से कहती रहती है। वह परवाह नहीं करती कि बच्चा सारी बात, या उसका अंशमात्र भी समझ रहा है या नहीं। अकेले में वह उससे सारी मन की बातें कह अपना मन भी हल्का कर ले सकती है और इसी सिलसिले में बच्चा बोलने लगता है। अगर आलमारी के नीचे घर का पिल्ला बैठा हो और बाहर केवल उसकी पूँछ और सिर झांक रहे हों तो वह दुम या सिर नहीं कहता। वह उसे उसके नाम से ही पुकारता है। वह दोनों के भागों के बीच शेष की कल्पना कर लेता है। यही बात बिम्बों के उपयोग पर भी लागू होती है। पूरी कविता में जब अलग-अलग बिम्ब आते हैं तो उन सबको पढ़ने के बाद, कभी-कभी बार-बार पढ़ने के बाद, हम उन्हें मिलाकर एक पूरी कविता की कल्पना कर लेते हैं। फर्क सिर्फ इतना है कि वह जानवर की तरह एक तय की हुई हस्ती नहीं है। पाठक पर भी निर्भर है। सब बिम्ब, दुम और सिर की तरह भिन्न होते हुए भी एक दूसरे के पूरक हैं। जब अलग लगते बिम्ब इसी तरह एक दूसरे के पूरक बन जाते हैं तब पूरी बात बन पाती है। इसे न समझने पर कविता दुम और सिर की तरह अजीब और ऊलजुलूल लग सकती है। यह खतरा है। पर कवि अगर खतरा नहीं उठायेगा तो कौन उठायेगा।

इन सब बातों को स्वीकार कर लिया जाय तो भाषा और मिथक का जो आपस में सम्बन्ध है, वही भाषा और बिम्ब का है। इस अर्थ में हर बिम्ब एक मिथक है।

मिथक में मनमानी कल्पना की उड़ान होती है पर साथ ही बीच-बीच में कोई

पार्थिव घटना घट जाती है। इसलिए एक मिथक का प्रभाव परी की कहानी की तरह समाप्त नहीं हो जाता। अन्य मिथकों से जुड़कर वह एक जीवन-दर्शन का वाहक हो जाता है।

इसी प्रकार एक बिम्ब रह-रह अपनी सारी कल्पना और रंगीनियों के बीच कहीं जीवन-जगत से जुड़ जाता है, वह चाहे पेड़, चिड़िया, स्कूल जाती बच्ची या हल्दी से सनी गृहिणी हो। कई बिम्ब मिलकर जब कविता बना लेते हैं तब एक छुपा दर्शन, एक चाहे जितनी तिरछी जीवन-दृष्टि, एक भंगिमा, छलक आती ही है।

मिथक और कविता दोनों इतिहास से मुक्त हैं क्योंकि इतिहास में कल्पना का कोई स्थान नहीं है। इतिहास की बनावट तथ्य को तथ्य से जोड़ने की है। ऐसा इतिहास कविता का दोस्त नहीं है। मिथक और कविता कल्पना को तथ्य से जोड़ते हैं, विज्ञान की तरह। विज्ञान कविता का दोस्त है।

परिशिष्ट

कहाँ समय, कहाँ पड़ाव

अशोक वाजपेयी

[पूर्वग्रह का सौवाँ अंक, जो उसका अन्तिम भी सिद्ध हुआ, भारत भवन भोपाल द्वारा प्रकाशित तो सितम्बर के 1991 में हुआ पर अधिकतर अप्रसारित रहा आया। उसके लम्बे सम्पादकीय का अधिकांश आज के कविता-परिदृश्य के लिए उसकी प्रासंगिकता को ध्यान में रखकर यहाँ परिशिष्ट के रूप में शामिल किया जा रहा है।]

> किनारे पर खड़ा आदमी अवाक् होकर रह जाता है। जहाज लंगर डाले खड़े हैं। भोंपू बज रहे हैं। पानी पर बत्तियाँ झिलमिला रही हैं। नावें तिर रही हैं। गहमागहमी। मेले लगे हुए हैं जीनेवालों के इस लोक में, पृथ्वी और पानी की रौनकें। कहाँ वह समय और कहाँ यह आखिरी पड़ाव।
>
> —कृष्णा सोबती की ताजा लम्बी कहानी 'ऐ लड़की' के मुख्य चरित्र की एक उक्ति

अभी एक देर रात विदिशा से लौटते हुए त्रिलोचन जी से बात हो रही थी। सन्दर्भ था उर्दू कविता की अन्तर्पाठीयता का और जिक्र हो रहा था कि किस तरह एक ही बहर में कई शायरों ने ग़ज़लें कही हैं और कैसे आज तक भी कई पुराने बिम्ब या कहने के अन्दाज उर्दू कविता में अन्तर्ध्वनित होते हैं। उस समय यह बात सूझी कि हिन्दी कविता में, कम से कम आज की हिन्दी कविता में, इस तरह की पुरानी कविता की अन्तर्ध्वनियाँ या कि पुनर्रचना लगभग बिल्कुल ही नहीं है। हिन्दी कविता पर जीवन ही हावी है, कविता नहीं। जबकि कविता निरे जीवनानुभव से नहीं कवितानुभव से भी लिखी जाती है। बोर्खेज़ ने कहा भी है, 'लिखने की इच्छा जीवन से नहीं बल्कि दूसरे लेखन से आती है'। 'पूर्वग्रह' के सौवें अंक के प्रकाशन के अवसर पर शायद यह दावा करना अनुचित न हो कि हमने 17 वर्ष याने जब से उसका प्रकाशन शुरू हुआ तब से आज तक, आज की कविता पर जीवन के अलावा दूसरी कविता का दबाव लाने, उसे कविता की रोशनी

दिखाने की लगातार विनम्र चेष्टा की है—इसे यों भी कह सकते हैं कि हिन्दी में अधिकांश समकालीन कविता की निपट और अतीतहीन समकालीनता के चलते पूर्वग्रह ने जो हस्तक्षेप किया, उसका मुख्य लक्ष्य कविता में नहीं तो आलोचना में स्मृति का पुनर्वास करना रहा है।

पूर्वग्रह का द्वन्द्व शुरू से ही स्पष्ट रहा : एक ओर उसने आलोचनात्मक उद्यम और ध्यान को कृति और कृतिकारों पर एकाग्र कर हिन्दी आलोचना की हवाई वैचारिकता को ठोस और पदार्थवाची बनने पर जोर दिया और दूसरी ओर उसने कृति या कृतिकार को पूरी तरह समझने के लिए उनमें उलझे-लिपटे और उन्हें अनिवार्यतः घेरनेवाले विचारों और प्रत्ययों को स्पष्ट और विश्लेषित करने का आग्रह किया। हिन्दी में प्रायः कृति या कृतिकार को किसी विचार के उदाहरण या संस्करण के रूप में देखा-परखा जाता रहा है : इसके बरक्स पूर्वग्रह में कृति या कृतिकार की प्राथमिकता का, उनकी ठोस और विविधवर्णी उपस्थिति का विकल्प बराबर सामने रखा और पहचान पर बल दिया कि सच्ची कृति जरूरी नहीं कि किसी साहित्येतर विचार से अनुप्राणित होकर ही निकले। बल्कि अक्सर वह स्वयं आत्मस्फूर्त विचार होती है—साहित्य, दर्शन, धर्म, विज्ञान, विचार-धाराओं में उपजे-पनपे विचारों का उपनिवेश नहीं है वह अपने ही विचारों का घर है। न केवल विराट वैचारिक उथल-पुथल और विचारधाराओं की दैत्याकार टेक्नॉलॉजियों की इस शताब्दी में साहित्य की अपनी स्वतन्त्र और स्वायत्त वैचारिक सत्ता है बल्कि ऐसी सत्ता हमेशा ही रही है। भक्त कवियों ने अपनी दृष्टि, विचार और अनुभवों के रासायनिक संयोग से जो प्रतिराज स्थापित किया था वह किन्हीं दार्शनिक प्रत्ययों का साहित्यिक अनुवाद-भर नहीं था। छायावादी कवियों ने अपनी स्वतन्त्रचेता मनीषा से जो लोक रचा था वह गाँधीवाद या स्वतन्त्रतासंग्राम का एक ललित संस्करण-भर नहीं था—वह संसार, भारत और भाषा को, अपने समय में मनुष्य की स्थिति और नियति को समझने-बूझने का एक अनन्य यत्न था, आत्मनिष्ठ विचारभाव-सम्पन्न संरचना। हमारा साहित्य और कलाओं की स्वायत्तता का सत्याग्रह बार-बार रूपवादी कहकर आज के विचार अक्षम जनवादी समय में लांछित किया जाता रहा है। पर अगर हम उस पर लगभग दो दशक अटल रहे हैं तो यह किसी सनक या ऐंठ में नहीं। हमारी यह गहरी और लगातार आस्था रही है कि साहित्य राजनीति, धर्म या दर्शन का पिछलगुआ न रहा है और न आज हो सकता है। दूसरी दृष्टियों से सम्वाद करती, उनसे प्रतिकृत होती, उनके साथ जूझती-चलती साहित्य-दृष्टि स्वतन्त्र और स्वाधीन दृष्टि है—हमने उसे न केवल साहित्यजगत् में इसी रूप में प्रतिष्ठित करने में अपना यत्किंचित् योगदान देना जरूरी समझा है बल्कि उसे व्यापक वैचारिक जगत् में अवस्थित करने की भरसक कोशिश की है। इसे यों भी कह सकते हैं कि

हमें आलोचना की नयी जरूरत यही लगती रही है कि वह एक ओर तो साहित्य को और उसके माध्यम से मनुष्य, उसके संसार को अपना परम लक्ष्य माने और दूसरी ओर समकालीन बौद्धिकता को साहित्यदृष्टि और साहित्यदर्शन को सम्मानास्पद और विचारणीय मानने पर विवश करे।

कभी-कभार की गर्वोक्तियों को अपवाद मानकर यदि छोड़ दिया जाये तो वस्तुस्थिति यही रही है कि साहित्य अपनी जगह बना रहा है और उसने किसी और की जगह पर, फिर वह राजनीति, धर्म या दर्शन या विज्ञान की जगह हो, कभी काबिज होने की कोशिश नहीं की है। तो फिर राजनीति या धर्म या दर्शन आदि को साहित्य की अपनी जगह पर बेजा कब्जा करने की इजाजत क्योंकर दी जा सकती है? ऐसा बेजा कब्जा करने की हरकतें हमारे समय और समाज में लगातार होती रही हैं और उनका कड़ा प्रतिरोध करना पूर्वग्रह को अपना सहज कतव्य लगा है। यह कहना अनावश्यक है कि साहित्य न तो कोई अभयारण्य है और न ही किसी विजन वन का मनोरम हिस्सा : वह इसी समाज के और इसी भाषा के बीचोंबीच, भरे-पूरे मुहल्ले में रसी-बसी जगह है जहाँ सारा शोरोगुल, झगड़े-झाँसे होते और सुनायी देते रहते हैं—वह खुली और वेध्य जगह है पर ऐसी नहीं कि उस पर आँख बचाकर कोई कब्जा कर ले। अपने अटालों से भरा साहित्य का अपना घर है लेकिन वह किराये पर या हों ही कब्जा करने के लिए सुलभ नहीं है। इस घर की थोड़ी-सी चौकसी हमने भी की है।

विचारधाराओं द्वारा उकसाये भावावेग और उपभोक्तावाद दोनों ने ही क्या कलाकृति है और क्या नहीं है, इसकी सरहदें धुंधली करने की अथक कोशिश की है। पर जैसा कि पीटर बर्जर ने कहा है "हर बार जब कला और रोजमर्रा के बीच अन्तर मिटा दिया जाता है, हम इसका जवाब उसे फिर बहालकर देते हैं। अन्तर्विरोध यह है कि जिस अनुपात में कलाकृतियों और रोजमर्रा की वस्तुओं के बीच अन्तर अभेद्य होता जाता हैं उस संस्थान का महत्त्व बढ़ता है जो यह निश्चित करता है कि किसे कलाकृति के रूप में विचार में लेना चाहिए और किसे नहीं।" हम यह दावा नहीं करते कि हम ऐसा संस्थान रहे हैं; बस यही कि हम इस दिशा में एक सांस्थानिक उपस्थिति बराबर रहे हैं। अगर सब धान बाईस पसेरी होने लगे तो जरूरी है कि यह ध्यान से देखा-परखा जाये कि धान है भी कि नहीं और इस पर भी गौर किया जाये कि तराजू कैसी-किसकी है और किन बाँटों का, किस वजन का इस्तेमाल किया जा रहा है।

दुर्भाग्य से पिछले दो दशकों में हिन्दी में विचार और सम्वाद दोनों का ही स्तर सामान्य रूप से बहुत उत्साहजनक नहीं कहा जा सकता है। हालाँकि कुछ खास किस्म की विचारधारात्मक प्रतिबद्धता और वफादारी के प्रभाव में बहुत सारी आलोचना लिखी गयी है और ऐसा भ्रम होता रहा है मानो कि हमारी भाषा में

और विशेषतः साहित्य में बड़ा सोच-विचार चल रहा है। यह सोचकर थोड़ा अचरज होता है कि इतने सारे लोग वही-वही बात तरह-तरह से कहने में इस तरह मुब्तिला हैं और इतने अबोध हैं कि इस सारे व्यापार को वैचारिक उद्यम और आलोचना-कर्म मानते हैं। जैसे बहुत सारा कविताभास कविता बनकर दृश्य पर हावी है, वैसे ही बहुत सारा विचाराभास भी विचार बनकर। यों संसार में और हमारे यहाँ भी ऐसे अनेक बड़े या महत्त्वपूर्ण लेखकों के उदाहरण हैं जो किसी विचारधारा के साथ एक आत्मालोची और द्वन्द्वात्मक सम्बन्ध रखते हैं और उससे अपनी रचना को तीखी धार देते रहे हैं। हमारे यहाँ ऐसी मुक्ति और स्वाधीनता के लिए अवकाश सिकुड़ता गया है जबकि हम एक खुले और प्रजातान्त्रिक समाज में रहते हैं और हम पर किसी विचारधारा विशेष का कठोर या अनिवार्य अनुशासन नहीं है। राज्यव्यवस्था तो इन विचारधाराओं के हल्ले-गुल्ले से प्रायः अछूती रही है और कई बार सन्देह होता है कि अपने प्रति राज की इस अन्यमनस्कता ने ही इन विचारधाराओं को कट्टर और असहिष्णु व्यवस्थाएँ बनने की ओर उत्प्रेरित किया है। पहले सम्वाद की बात होती थी और सम्वादहीनता की स्थिति को लेकर जब-तब दो आँसू बहाये जाते थे पर अब सम्वाद प्रायः बन्द है—पूर्वग्रह बरसों तक इस सम्वाद का मंच बना था और उसके लिए यह बात सच्चे क्लेश और यातना की है कि अब लोग मुँह फेरे बैठे हुए हैं और अपने से असहमत व्यक्तियों से बात करना न उन्हें जरूरी लगता है और न ही उसकी कोई बौद्धिक या सर्जनात्मक उत्कण्ठा उन्हें होती है। मुँहफेरों के बीच सम्वाद हो तो कैसे ?

आलोचना-बुद्धि के क्षरण का ही यह नतीजा है कि एक-दूसरे को गैर-आलोचनात्मक ढंग से समर्थन देने के अनेक सर्किट बन गये हैं और अगर कोई युवा प्रतिभाशाली दृश्य पर आता है तो उसे ये सर्किट फौरन लपक लेते हैं : बिना किसी संघर्ष के मान्यता और प्रशंसा का एक बना-बनाया सर्किट इस प्रतिभा को मिल जाता है और वह विचार से अपसरण कर लेती है। अगर आज की बहुत सारी कविता में एक तरह का बौद्धिक पिलपिलापन है तो यह अकारण नहीं है। सच्ची, चौकन्नी और जिज्ञासु वैचारिकता के लिए कोई उत्साह ही हमारे साहित्यिक परिवेश में नहीं रह गया है। सूक्ष्मता और जटिलता की खिल्ली-सी उड़ायी जाती है और उनसे कुछ यों परहेज किया जाता है मानो कि वे विचार मात्र की चारित्रिक विशेषताएँ न होकर कोई रूपवादी चोचले हों। ज्यादातर रचना और आलोचना में बौद्धिक सख्ती या टफनेस का अभाव है। अगर वह कहीं नजर आती है तो उस पर एक तरह की बर्बरता से सब लोग टूट पड़ते हैं। अज्ञेय की एक प्रसिद्ध काव्योक्ति को थोड़ा बदलकर कहें :

> विचार के नाम पर मारते हैं, मरते हैं
> क्योंकि विचार से डरते हैं।

पिछले दो दशकों में हिन्दी साहित्य में नवाचार और प्रयोगशीलता की प्रवृत्ति अगर समाप्त नहीं तो काफी शिथिल हुई है। भाषा, शिल्प और माध्यम के प्रति वह सजगता भी नहीं रही जो पहले काफी व्यापक थी। चूँकि इधर की पीढ़ियों के अधिकांश लेखक सामाजिक यथार्थ को चित्रित करने को अपना परम लक्ष्य मानते रहे हैं, शिल्प की खासी कामचलाऊ अवधारणाएँ उन्हें अनुशासित करती रही हैं। ऐसी स्थिति में अगर शिल्प के क्षेत्र में कोई निर्भीक दुस्साहसिकता नजर नहीं आती तो यह अप्रत्याशित नहीं है। हिन्दी कविता की लय में जो परिवर्तन रघुवीर सहाय और श्रीकान्त वर्मा ने किये, लगता है कि उसके बाद विनोद कुमार शुक्ल के अपवाद को छोड़कर, कम से कम दो पीढ़ियों ने लय या रूपविधान के क्षेत्र में कुछ नया न किया, न जरूरी समझा। अपनी सारी अग्रगामिता के नाट्य के बावजूद इस मामले में वे निपट रूढ़िवादी ही सिद्ध हुए हैं। शायद यह कहना गलत न हो कि इन पीढ़ियों में रैडिकल के लिए आवश्यक साहस का अभाव रहा है : उसमें फॉर्म और भाषा में कोई रैडिकल परिवर्तन नहीं है, उसमें सम्वेदना और विचार का रैडिकलाइजेशन नहीं है जबकि ताजगी और आक्रामकता जब-तब नजर आती है। उन्होंने साहित्य में देखने और विन्यस्त करने की विधियों में अपनी ओर से नया कुछ नहीं जोड़ा है। अपने सारे दिखाऊ व्यवस्था-विरोध के बावजूद इन पीढ़ियों पर इस अर्थ में खासी दकियानूसी हावी रही है। जिन लोगों के यहाँ शिल्प के प्रति सतर्कता और भाषा के रैडिकलाइजेशन की हिम्मत है उन्हें रूपवादी कहकर साहित्य से देशनिकाला देने की बर्बर तैयारी है। दिलचस्प यह भी है कि इधर हमारी कविता से ऐन्द्रियता का तत्त्व लगभग ओझल हो गया है : लगता है मानो इन दिनों सक्रिय युवा पीढ़ियों के लिए प्रेम और रति अनावश्यक हो गये हैं। मनुष्य का एक केन्द्रीय अनुभव, जीवन की सुन्दरता और अर्थमयता का एक मूल कारक इधर की कविता से गायब है। सन्देह होता है कि जैसे ये पीढ़ियाँ जानबूझकर श्रृंगार के अत्यन्त समृद्ध और अद्वितीय भारतीय उत्तराधिकार से अपने को वंचित कर रही हैं। रहस्य और आश्चर्य, जो कि मनुष्यता को उसकी अनन्यता में परिभाषित करनेवाले आवेग रहे हैं, हमारे साहित्य से लुप्त-से हो चुके हैं। लगता है जैसे कि हमने विमानवीय शक्तियों से संघर्ष करने के बजाय उनके सामने आत्मसमर्पण कर दिया है। हमारे संघर्ष में आत्मसंघर्ष नहीं बचा है और हमारा यथार्थ भी आधा-अधूरा है : भरे-पूरेपन से रहित और उसका सपना देखने में भी रुचि न रखनेवाला। ऐन्द्रियता, रहस्य और आश्चर्य की यह त्रिगुण हानि अन्ततः साहित्य की मानवीयता की ही क्षति है।

2

'पूर्वग्रह' को लेकर हिन्दी जगत् में विवाद बहुत हुए। आरम्भ में ही एक रंगीन

साप्ताहिक ने उसके विरुद्ध एक अभियान छेड़ दिया था। सूक्ष्मता और बारीकी को लेकर पूर्वग्रह की सजगता से त्रस्त कुछ मित्रों ने उसे रूपवाद का मंच माना और कुछ ने उसमें लिखनेवालों को भोपाल-घराने के लेखक बताना शुरू किया। हमें वामविरोधी रूपवाद-कलावाद समर्थक पूर्वग्रह-स्कूल कहकर भी लांछित किया गया। चूँकि गैरमुद्दों को हमने शुरू से ही अपने लिए अविचारणीय माना था, हमने कभी पूर्वग्रह के पृष्ठों में इन विवादों-प्रवादों का नोटिस नहीं लिया और न ही एक पत्रिका के रूप में अलग से, सिवाय अपने आलोचनात्मक आचरण की शुद्धता के, अपना बचाव करने की कोई जरूरत महसूस की। हमने सच्ची और बौद्धिक असहमति के सम्मान से शुरुआत की थी और बावजूद इसके कि ऐसा सम्मान स्वयं हमें अकसर अन्यत्र नहीं मिलता रहा है, हमने भरसक अहंकार से मुक्त रहकर अपनी सक्रियता जारी रखी है। अपने पक्ष पर दृढ़ रहना और उस पर अहंकार करना दो अलग बातें हैं, यह यों तो स्पष्ट है पर हमने एक पत्रिका के रूप में बल दृढ़ता पर ही दिया है, अहंकार पर नहीं—न अपने और न दूसरों के। बहुत खोजबीन की जरूरत नहीं है—सरसरी तौर पर देखने से ही जाहिर हो जायेगा कि पूर्वग्रह के अपने रुझानों और उसके प्रिय लेखकों पर भी खुले तौर से प्रश्नचिह्न लगाने का अवसर देने से पूर्वग्रह कभी नहीं हिचकिचाया। आज जब हिन्दी की अधिकतर साहित्यिक पत्रकारिता कट्टर और असहिष्णु आत्मरति की गिरफ्त में है, यह खुलापन और वेध्यता, हम उम्मीद करते हैं, अलक्षित न जायेगी। यह खुलापन हमारी अपनी उपलब्धि नहीं है : हमने इसे हिन्दी की जातीय परम्परा से, उसके बौद्धिक व्यवहार से ही उत्तराधिकार में पाया है। हमारी चेष्टा इस उत्तराधिकार के योग्य बने रहने की रही है।

इसकी थोड़ी-सी पड़ताल जरूरी है कि हिन्दी में इधर सूक्ष्मता, जटिलता और बारीकी के प्रति अरुचि-विरति और सरलीकरण अखबारीपन के प्रति आकर्षण क्यों बढ़ा है। सामान्य सिद्धान्त तो यह है कि जैसे-जैसे भाषा का बौद्धिक और सर्जनात्मक विकास होता है, वह अधिक आत्मविश्वास और सजगता से कठिनतर विषयों, प्रत्ययों और रूपों की ओर बढ़ती है और उनका अभ्यन्तरीकरण करती है, उन्हें अपने सामान्य बौद्धिक व्यवहार में शामिल करती चलती है। क्या हिन्दी की आज की साहित्यिक बौद्धिकता इस नियम के विपरीत जा रही है? हमने आज के साहित्यिक परिदृश्य पर बौद्धिक सख्ती या टफनेस के अभाव का जिक्र पहले किया है। लगता यह है कि इस समय जो युवा और युवतर पीढ़ियाँ हिन्दी में सक्रिय हैं वे संघर्षजनित भावुकता से घिरी हैं और आलोचना-बुद्धि उनका सहज स्वभाव नहीं है। जनसंघर्ष और उसके अनुरूप आत्मसंघर्ष की कुछ भावुक युक्तियाँ, कुछ चमकदार सामान्यीकरण, थोड़ी-सी करुणा और कुछ मोटी-मोटी समझ इन पीढ़ियों के कुल उपकरण हैं। यह आकस्मिक नहीं है कि इन पीढ़ियों के एक बड़े तबके का

काव्यशास्त्र सरलता और सहजता का काव्यशास्त्र बताया या बनाया जा रहा है—गुपचुप अज्ञेय, मुक्तिबोध, शमशेर की कठिन बौद्धिक सम्वेदनात्मक जटिलता और ज्ञान को अपदस्थ कर नागार्जुन की देसी सरलता को बैठा दिया गया है। अपने वामपंथी रुझान के रहते उन्हें जाहिरा तौर पर मुक्तिबोध का यह परित्याग स्वीकार करने में झिझक है, पर उनका काव्य व्यवहार इस परित्याग की ईमानदार और अचूक अभिव्यक्ति है। मुक्तिबोध अखबार में काम करते थे पर उनकी कविता आश्चर्यजनक रूप से किसी तरह के अखबारीपन से सर्वथा मुक्त है—हमारे बहुत-से प्रतिभाशाली कवि आजकल अखबारों में काम करते हैं और उनकी कविता पर अखबार बुरी तरह से हावी हैं—उसका शास्त्र अखबार की तरह आत्महीनता और कठोर संघर्ष को अनावश्यक बनाता हुआ सफलता और शक्ति का शास्त्र है। अगर दो पीढ़ियों ने अपने कोई आलोचक या बौद्धिक प्रवक्ता पैदा नहीं किये तो इसमें आश्चर्य नहीं होना चाहिए—उनका शास्त्र उन्हें आलोचना के कठिन उद्यम से बचाकर अखबारी टिप्पणी से तुष्टि की ओर ही ले जा सकता है : वहीं वह ले भी गया है। ये कवि या उनके प्रवक्ता निबन्ध नहीं लिखते, टिप्पणियाँ लिखते हैं—वे आलोचक नहीं, टिप्पणीकार हैं। आलोचना तो आलोचना, उनकी कविता तक में अभिधा ही उनकी चारित्रिक उक्ति है। इसका प्रबल और विचारोत्तेजक अपवाद भी है पर वह उन लेखकों का कृतित्व है जिन्हें पूर्वग्रह-घराने का युवतर सदस्य माना जाता है और जिनके आलोचनात्मक चिन्तन में सचमुच नया विकास है। हम पूर्वग्रह की परम्परा के अनुसार उन पर यहाँ कुछ और नहीं कहना चाहेंगे। पर यह बात नोट करने की है कि इन दो-तीन आलोचकों के काम को लगातार हिन्दी के प्रभुत्वशाली युवा और युवतर लेखक नजरअन्दाज करते रहे हैं जो कि उनके आलोचना-विरत रुख का एक और प्रमाण है : टिप्पणीकारों से तुष्ट लोगों को आलोचक क्यों सुहाने लगे।

प्रसंगवश यहाँ यह बात याद करने की है कि ऐसा क्यों हुआ है कि हमारे यहाँ इतने व्यापक और सशक्त वामपन्थी आन्दोलन के, जिसे अनेक संगठनों, मंचों और पत्र-पत्रिकाओं की सुविधा भी प्राप्त है, संसार में वामपन्थी समाजव्यवस्थाओं और विचारधाराओं में जो आश्चर्यजनक परिवर्तन आये हैं उन्हें लेकर किसी तरह का आत्मपरीक्षण या पुनर्विचार नहीं हुआ है। निश्चय ही मार्क्स ने अपने दर्शन के जरिये मनुष्य की समता, मुक्ति और पूर्णता का एक महान् स्वप्न देखा था : मानवीय इतिहास में जो सबसे क्रान्तिकारी स्वप्न देखे गये हैं, उनमें से वह एक है। उस स्वप्न का बीसवीं शताब्दी के अन्तिम वर्षों में इस तरह चकनाचूर होना, जबकि एक तरह से इस शताब्दी की शुरुआत ही इस स्वप्न के सच में रूपान्तरण के विराट यत्न से हुई थी, एक महान ट्रेजिडी है। पर हिन्दी प्रगतिशीलता और जनवादिता इस ट्रेजिडी और उसके भावी परिणामों के बारे में जरा भी सजग दिखायी

नहीं देती। वह किसी तरह के वैचारिक ऊहापोह या बौद्धिक यातना से गुजर रही हो इसका कोई प्रमाण नहीं दीखता। यों तो आमतौर पर भी हमारी प्रगतिशीलता मार्क्सवाद में हो रहे वैचारिक विकास और परिवर्तनों से हमेशा ही पिछड़ी रही है, पर एक ऐसे समय में जब यह परिवर्तन लगभग एक विध्वंस की शक्ल में सामने हैं, उसके फलितार्थों से मुँह चुराना या पुरानी आश्वस्तियों के बाड़े में घिरे रहना समझदारी की बात तो नहीं कही जा सकती। यह थोड़ा विचित्र है कि स्वयं वाम-पन्थी पार्टियाँ नयी परिस्थिति के प्रति अधिक तेजी से प्रतिक्रिया करती हैं और अपने रुख में जरूरी संशोधन कर लेती हैं, पर उनकी विचारधाराओं से अनुप्राणित और अधिक चौकन्ने-सम्वेदनशील समझे जानेवाले लेखक, अपनी घोषित प्रगति-शीलता के बावजूद बुद्धि और सम्वेदना में इतने सुस्त और शिथिल सिद्ध हो रहे हैं। या शायद जिस तरह के बौद्धिक भोथरेपन और बिना सोच-विचार की झंझट से पाये सामान्यीकरणों का इधर बोलबाला रहा है, उस तरह के परिवेश में जो विध्वंस हुआ है उसे समझने के लिए और उसके फलितार्थों के आलोक में नया सन्तुलन प्राप्त करने के लिए जो बौद्धिक टफनेस, बहुनिन्दित सूक्ष्मता और जटिलता चाहिए, वह नहीं है। सो पुरानी कट्टरता और वफादारी की, विचाराभास की संकीर्णताएँ ही सुरक्षादायी लगती हैं।

3

हमें यह सखेद स्वीकार करना चाहिए कि इधर के वर्षों में सामाजिक स्थिति पर साहित्य का प्रभाव क्षीणतर हुआ है। दो दशक पहले भी साहित्य समाज के लिए अधिकतर हाशिये पर ही था। पर फिर भी ऐसे मूर्धन्य व्यक्तित्व थे जिनका समाज में आदर था। अब वह स्थिति नहीं रही—यह तब जबकि पिछले दो दशक साहित्य में तथाकथित सामाजिक यथार्थ पर कनफोड़ आग्रह के और उस आग्रह को व्यापक संगठनात्मक रूप देने के रहे हैं। यह भी साफ है कि इन दो दशकों में राजनीति ने समाज को और परिवर्तन को अनेक तरह से छला और अवरुद्ध किया है—कम से कम हम भारतीय समाज के सन्दर्भ में तो यह सामान्यीकरण कर ही सकते हैं। इसके बावजूद ऐसे लेखक हैं, जिनमें हमारे वामपन्थ और तथाकथित दक्षिणपन्थ के मूर्धन्य शामिल हैं, जो कभी भी मौलिक परिवर्तन की आशा राजनीति से ही लगाते हैं—हर तरह की राजनीति का मूल्यों से अपसरण देखते रहने के बावजूद उसी से आस लगाते हैं। शायद राजनीतिक सत्ता ने हमारे जीवन के सभी अंगों पर इतना व्यापक प्रभाव डाला है कि हम उससे अलग हटकर सोचने को तैयार ही नहीं हैं। बीसियों बार राजनीति ने और राजनेताओं ने साहित्य के साथ विश्वास-घात, अधिक से अधिक अपने शक्ति-सम्वर्द्धन के लिए उसका शोषण किया है पर फिर भी यह लगभग अक्षम्य अबोधता है कि 'हमको उनसे वफा की है उम्मीद, जो

नहीं जानते वफ़ा क्या है।' शायद इस अबोधता में एक तरह की शुद्धता का तत्त्व है, एक तरह की पवित्रता जो परिवर्तन को हमेशा के लिए गँवा दिया गया मुद्दा मानने से इनकार करती है। पर इस पवित्र हठ के साथ ही हमें यह पहचान सकना चाहिए कि अब हमारी सदी की भीषण ट्रेजिडी यह हो गयी है कि उसमें मनुष्य की नियति अपने को राजनैतिक पदावली में ही व्यक्त करती है। राजनीति द्वारा मनुष्य की सभी अन्य शक्तियों और विकल्पों का अपने में ही विलय किये जाने का साहित्य विरोध या प्रतिकार न करे, यह उसके लिए अनैतिक होगा। अगर हमारा समय दुर्भाग्य से ऐसा समय हो गया है जिसमें इस विलीनीकरण के प्रतिकार का कोई अवकाश ही नहीं, और साहित्य और कलाओं के पास उसके लिए नैतिक साहस नहीं बचा है तो यह मनुष्य की सिसृक्षा और भाषा दोनों की पराजय है। किसी तरह की अबोधता से इस क्रूर और हिंसक समय में बचा नहीं जा सकता : साहित्य ने चुना न हो पर एक युद्ध, एक संग्राम उस पर लाद दिया गया है और वह अपने मोर्चे और अपने हथियारों से लड़ा जा सकता है। निश्चय ही यह युद्ध नैतिक है—पर सत्ताधर्मी तात्कालिक राजनीति और मनुष्य की स्थायी राजनीति के बीच। राजनीति आज का सच और साहित्य कल का सपना नहीं है : दोनों ही सपने हैं और राजनीति की ही तरह मनुष्य का कुछ आज का सच साहित्य के पास है, भले ही वह राजनीति को अपने मुकाबले छोटा सच लगता हो। पर तत्त्वतः वह बड़ा और अन्ततः सच है और उसका दबाव दृश्य पर बना रहना चाहिए। सारे सुसज्जित धकापेल में आलोचना यही जतन करती है कि साहित्य का यह अक्षय सच अलक्षित और अवमूल्यित न हो जाये। हम आलोचना की इस भूमिका पर हठपूर्वक सत्याग्रह करते रहे हैं। यों तो हमारा समय भीषण चकाचौंध से भरा है। पर वह इस अर्थ में कुछ अँधेरा होता जाता समय है कि आज ऐसी शक्तियों का बोलबाला है जिनके आतंक में या कि प्रलोभन में सृजन-कर्म से विश्वास ही उठ जाये—न सिर्फ रसिकों का, (जो वैसे ही अधिक तो क्या पर्याप्त तक नहीं हैं) बल्कि स्वयं सृजनकर्मियों का। हम शुरू से यह मानते रहे हैं कि इस युग की सारी उथल-पुथल और आपाधापी के बावजूद कविता या साहित्य पर्याप्त नागरिकता है। हमसे असहमत दूसरे हैं जो मानते रहे हैं कि कविता लिखना या साहित्य रचना पर्याप्त नहीं है, सृजनकर्मी को कुछ और भी करना चाहिए—उसकी सक्रियता सीधे कर्म के क्षेत्र में भी होना चाहिए। ऐसा डर लगने के कारण हैं कि अब कुछ ऐसे सृजनकर्मी हैं जो सोचते हैं कि ऐसे खूँखार समय में कलम का उपयोग रचने में नहीं, कुछ अधिक कारगर, सीधे हस्तक्षेप में करना चाहिए। उनमें से कुछ को यह भी लगने लगा है कि फिलवक्त कविता-कहानी लिखना छोड़कर या कि साहित्य-कला-चिन्तन को स्थगित कर राजनैतिक कुछ करना या कि वर्तमान स्थिति पर सीधे टिप्पणी करना अधिक मूल्यवान है। हम इस रुख का कड़ा विरोध करते हैं :

ठीक ऐसे समय में जब तात्कालिकता और आज-अभी के सरोकार पूरी तरह से हावी हों यह जरूरी है, कि साहित्य और कलाएँ मनुष्य की चिरन्तन जिज्ञासा, सम्वेदना और अनुभव की विकलता, प्रश्नाकुलता और अभिव्यक्ति का अपना बुनियादी काम जारी रखें। हम 'आत्मा के गुप्तचर' हों न हों, पर हम उसके अमिट साक्षी बन सकें, इस आकांक्षा को कभी भी धूमिल या निष्क्रिय नहीं हो जाना चाहिए। हमारे राजनैतिक-सामाजिक समय के बरक्स साहित्य और कलाएँ दूसरा समय हैं—उन्हें यही बने रहना चाहिए। मनुष्यता के लिए वे इसीलिए जरूरी हैं कि वे एक और समय हैं, जिसके बिना वह अपनी पूर्णता का कोई स्वप्न तक नहीं देख सकती। मनुष्यता उन्हीं के माध्यम से न सिर्फ समय बल्कि समयातीत में, अनन्त में रहती है। रचना का स्थगन या उससे विरक्ति, इस सिलसिले में, इस बात को स्वीकार करना होगा कि हमारे समय और समाज का पूरा एजेण्डा राजनीति तय करेगी और सम्वाद और सक्रियता के रूप भी उसी से निर्धारित होंगे। राजनीति की अपनी जगह है और उसे वहाँ जो कुछ उसे ठीक लगे, करने का पूरा अधिकार है। पर सृजन, विचार और आलोचना के ऊपर उसका शासन चले यह सिर्फ साहित्य और विचार का ही नहीं, समूची मानवीयता का भी अवमूल्यन होगा। यह किन्हीं तात्कालिक प्रश्नों और दबावों से मुँह मोड़ना नहीं बल्कि उन दबावों को समग्रीकरण के उनके छद्म से मुक्त करना और उन्हें अपनी औकात और जगह दिखाना है। अगर यह प्रतिरोध रचना और आलोचना मिलकर नहीं करते हैं तो मानवीय सम्वाद की जनतान्त्रिकता और बहुलता दोनों ही तिरोहित हो जायेंगी।

पिछले दो दशकों में हमारे सामाजिक जीवन का एक अत्यन्त महत्त्वपूर्ण पहलू उसमें लगातार बढ़ती आक्रामकता और हिंसा रही है। बहुत सारी हिंसा उपभोक्तावादी शक्तियों ने उकसायी है तो दूसरी ओर स्वयं जनतान्त्रिक छूट और मुक्ति का लाभ लेकर भी वह बढ़ती गयी है। बढ़ती हुई आकांक्षाओं की क्रान्ति ने भी जब-तब अपनी अभिव्यक्ति के लिए हिंसा का रास्ता चुना है। सबसे खतरनाक बात यह है कि क्रूर भौतिक तथ्य होने के अलावा हिंसा हमारे वैचारिक सम्वाद में भी घर करती गयी है। असहमति और अस्वीकार को अब सामान्यत: हम शत्रुता मानने लगे हैं और दूसरों के विचारों के प्रति इतने असहिष्णु हो गये हैं कि किसी खुले शास्त्रार्थ या सम्वाद में अपनी वैचारिक विजय या परिपक्वता के स्वीकार से हमें सन्तोष नहीं होता—हमें अपने शत्रु का सम्पूर्ण नाश और लोप चाहिए। हिंसा के इस बौद्धिक वैधीकरण ने ऐसी स्थिति उत्पन्न कर दी है कि अब दंगे, झगड़े-फसाद, हत्याएँ हमारे निकट रोजमर्रा की साधारण ध्यान न देने योग्य घटनाएँ मात्र हैं और हम प्राय: उनसे अविचलित रहते हैं। हिंसा और साम्प्रदायिक उन्माद की राजनीति हमारे प्रजातन्त्र और लोकजीवन के लिए एक भयानक खतरा है और

उस संस्कृति का ही अस्वीकार है जो अपनी सामासिकता के लिए हमेशा ही हमारे साहित्य और कलाओं से अपना जीवत्व, रूप और पहचान पाती रही है। पर उससे बड़ा खतरा यह है कि स्वयं साहित्य और कलाओं के क्षेत्र में हम वैचारिक हिंसा की घुसपैठ के प्रति सचेत नहीं हैं। पूर्वग्रह ने इस हिंसा का, उसके वैधीकरण और उसके प्रति बढ़ती असम्वेदनशीलता का बराबर प्रतिरोध किया है। आज की आलोचना वैचारिक उद्यम के इस हिंस्र परिवेश को अनदेखा करके कुछ मूल्यवान नहीं कर सकती—हिन्दी भाषा की अपनी जातीय परम्परा और उसका साहित्य किसी लेखक को साम्प्रदायिक होने की इजाजत नहीं देता और हम इस पर उचित ही अभिमान कर सकते हैं। इस पर भी कि आज जो शक्तियाँ छद्म् अध्यात्महीन छिछली धार्मिकता को अपना मुहरा बनाकर एक व्यापक विभाजन हमारे समाज में पैदा कर रही हैं, उनके पास अपने समर्थन में कहने के लिए भी, कोई महत्त्वपूर्ण लेखक या कृतियाँ नहीं हैं। वे शक्तियाँ सृजन-विरोधी हैं, यह इसी से प्रमाणित है कि कोई सृजनात्मक साक्ष्य या समर्थन वे अपने पक्ष में प्रस्तुत ही नहीं कर सकतीं। पर यह विडम्बना ही है कि इन सृजन-विरोधी विचार-विमुख, शक्तियों को, अपने उन्माद और आक्रामकता को फैलाने का सबसे अधिक अवसर, हिन्दी समाज ही दे रहा है। कुछ इस हद तक कि लगता है कि हमारा साहित्य और कलाएँ आज हमारे समाज के विरुद्ध खड़े हैं। इतिहास में ऐसे विरोध के अवसर पहले भी आये हैं। नाजी जर्मनी द्वारा यूरोप की अक्रान्ति के समय साहित्य और कलाओं ने जिस तरह का रेजिस्तांस (प्रतिरोध) विकसित किया था, जाने-अनजाने हम वैसा ही कुछ कर रहे हैं। जरूरत इस बात की है कि हिंसा और साम्प्रदायिकता के विरोध को हम तात्कालिक आत्मसुरक्षा की युक्ति-भर न मानकर उसे दीर्घकालीन संघर्ष मानें जो कि वह दरअसल होगा।

पूर्वग्रह शुरू ही से अपनी जातीय परम्परा से अन्तर्भुक्त और अधिक आत्म-विश्वस्त भारतीय आधुनिकता का समर्थक रहा है: दरअसल कई महत्त्वपूर्ण लेखकों और चिन्तकों ने उसके पृष्ठों में इस आधुनिकता के नक्श उभारे हैं। इस आधुनिकता का केन्द्रीय भाव दृष्टियों की बहुलता रही है और हमारा यत्न इस बहुलता को उसकी पूरी समृद्धि और सूक्ष्मता में प्रस्तुत करने का रहा है। हम भारतीय संस्कृति-साहित्य और कलाओं में एक परम्परा नहीं कई परम्पराओं के सह-अस्तित्व को उजागर और यह इसरार भी करते रहे हैं कि सच्ची भारतीयता इसी बहुलता में अवस्थित है और वही हमारी आधुनिकता को सम्भवत: पश्चिम की तुलना में अधिक सार्वभौम और समावेशी बनाती है और निश्चय ही अधिक जनतान्त्रिक भी। वैचारिक और सर्जनात्मक स्पष्टता इस बहुलता और सह-अस्तित्व को पहचानने में है, न कि किसी तरह के दो-टूकपन को मानने-बरतने में। इधर हमारे राष्ट्रीय जीवन में ऐसी स्थिति बनी है कि साधारण लोगों पर भारतीयता की एक

अत्यन्त संकीर्ण, इकहरी, बहुलता-विरोधी लेकिन आक्रामक अवधारणा लादी जा रही है और दुर्भाग्य से उसे कुछ बुद्धिजीवियों द्वारा समर्थन भी मिल रहा है। विचित्र यह है कि भारतीयता की यह धारणा न तो ऐतिहासिक साक्ष्य से मेल खाती है, न ही उस विशाल साहित्य-कला सम्पदा, से, जो निश्चय ही हमारी संस्कृति की सबसे स्मरणीय और प्रामाणिक अभिव्यक्ति है। संस्कृति के मूल उत्सों से सर्वथा अपरिचित और असमर्थित, बल्कि कला-साहित्य में अन्तर्भूत दृष्टियों के जनतन्त्र को पूरी तरह से नजरअन्दाज करती और नकारती भारतीय संस्कृति की यह अवधारणा धीरे से भारतीय जन के सामने एक केन्द्रीय प्रश्न बनाकर पेश कर दी गयी है। यही नहीं बल्कि भारतीय परम्परा में साहित्य, कला, आस्था-उपासना, विचार आदि के लिए जो स्वायत्त स्पेस छोड़े जाते थे और जिनकी मर्यादाओं का व्यापक सामाजिक पालन और सम्मान होता आया है, वे सब इस अवधारणात्मक इकहरेपन और आक्रामकता द्वारा पददलित किये जाने के खतरे के सामने हैं। स्वायत्तता का खुलेआम अपहरण चालू हो गया है। अपने सर्जनात्मात्मक बाँझपन के बावजूद इस भारतीयता को भयंकर आत्मविश्वास है और अपनी लोकप्रियता का पूरा भरोसा भी है। आलोचना का एक कर्तव्य, इसलिए, आज यह भी है कि वह इस परम्पराच्युत, और भारतीय इतिहास की औपनिवेशिक समझ से उपजी भारतीयता और उसके फलितार्थों की निर्मम परीक्षा करे। उसके अपने मूलाशय में ही भारतीय मनीषा और दृष्टि-बहुलता का प्रत्याख्यान होने को स्पष्ट करे। राजनीति संस्कृति के प्रति भारतीय जन के स्वाभाविक लगाव और अनुराग का संस्कृति के बुनियादी मूल्यों के विरुद्ध दुरुपयोग करती रहे और लेखक-कलाकार इसे चुपचाप देखते रहें, यह एक ऐसा अपराध होगा जिसके लिए साहित्य और कलाओं की दुनिया में क्षमा नहीं हो सकती। दरअसल साहित्य और कलाओं में अपने आप इस तरह की छिछली भारतीयता और उसके जातीय अहंकार का गहरा प्रतिकार है—जरूरत उसे इस अँधेरे होते जाते समय में रोशन करने और किये रखने की है।

आलोचना की अपनी स्थिति को लेकर बीसवीं शताब्दी के अन्त के निकट शायद यह दावा किया जा सकता है कि उसने विध्वंस और विनाश की शक्तियों के विरुद्ध जो महासमर, पूरी जद्दोजहद के साथ, चलता रहा है उसमें साहित्य की हिस्सेदारी और मनोबल को बनाये रखने में मदद की है। जो व्यापक प्रजातान्त्रिकता आज समूचे विश्व में फैल गयी है और जो सत्ता की जवाबदेही को हर हालत में सुनिश्चित कर रही है, उसका एक मूल तत्त्व आलोचना की भावना रही है। किसी अनूठे सत्य या किसी अभूतपूर्व क्रान्ति के नाम पर, मुक्ति और स्वाधीनता के नाम पर अनेक विचारधाराओं और व्यवस्थाओं ने हमारे समय में मनुष्य को लुभाने का प्रयास किया है और प्राय: मनुष्य ऐसे प्रलोभन का शिकार

भी हुआ है। पर अगर उसने ऐसे प्रलोभन से मुक्ति भी पायी है या कि अन्तत: वह उसका प्रतिरोध करने में सफल हुआ है तो इस संग्राम में आलोचना ने उसे चीजों को साफ देख पाने, उन्हें उनके सही नाम से पुकारने की हिम्मत करने और स्वयं आत्मपरीक्षण के लिए विवश करने में सहायता की है। ऐसे वर्गों और समूहों में भी आलोचना की इस जनतान्त्रिक व्याप्ति ने बेचैनी और प्रश्नाकुलता पैदा की है जो पहले यथास्थिति को अपनी नियति मानने के आदी थे। यह सही है कि पश्चिम में जार्ज स्टाइनर जैसे चिन्तक आलोचक आलोचना के विराट तन्त्र पर भी, उसे प्राथमिक गणतन्त्र को दबोचे माध्यमिक गणतन्त्र बताकर प्रश्नचिह्न लगा रहे हैं और साहित्य की बुनियादी सर्जनात्मक उपस्थिति को आलोचना के मकड़जाले से मुक्त करने की माँग कर रहे हैं। किसी हद तक हमारे यहाँ भी अकादेमिक और अखबारी आलोचना का विराट व्यापार अपनी अप्रासंगिकता में इसी तरह का धुँधलका फैलाता रहा है। पर आनुपातिक रूप से वह इस तरह का खतरा नहीं बना है, जैसा कि पश्चिम में। हैमलेट पर दस हजार पुस्तकें लिखी गयी हैं, जिनमें से अधिकांश हैमलेट के बारे में नहीं बल्कि हैमलेट के बारे में लिखी गयी दूसरी पुस्तकों के बारे में हैं। हिन्दी में तो इसके उलट हालत यह है कि 'रामचरितमानस' जैसे महान् क्लैसिक के बारे में आलोचना का एक दूसरा क्लैसिक नहीं है। यहाँ तो जो सचमुच केन्द्रीय है उस पर पूरा आलोचनात्मक ध्यान दिया जाना बाकी है। दूसरे जैसा कि कहा गया है "आलोचना को पुस्तकों के बारे में बात करने तक अपने को न सीमित करना चाहिए न वह कर ही सकती है। अपनी बारी में आलोचना के पास हमेशा ही जीवन के बारे में कहने के लिए कुछ होता है।"

हमारी शताब्दी की अनेक विकृतियाँ और अनेक भीषण नरसंहार किसी दृष्टि या विचार के समग्रीकरण के कारण हुए हैं। सौभाग्य से साहित्य इस समग्रीकरण का प्रतिरोध करता रहा है और उसे इसमें आलोचना की सहायता भी मिलती रही है। पर जब बौद्धिक दुर्बलता और पिलपिलापन बहुत फैल जाये, जैसा कि इस समय हिन्दी में दुर्भाग्य से हो रहा है, तो समग्रीकरण के विरुद्ध चौकन्नापन शिथिल पड़ जाता है। यही इन दिनों हो रहा है और विडम्बना यह है कि युवतम पीढ़ी जिसकी नवाचार और अपनी दृष्टि की विशिष्टता और अद्वितीयता के लिए चिन्ता प्रबल और गहरी होनी चाहिए और उसके रहते पिछले समग्रीकरण के प्रति व्यापक अविश्वास भी, इस तरह आचरण कर रही है मानो कि वह अपने पदार्पण से ही पिछले समग्रीकरण की कारा में बन्द है—न उसकी रचना में, और न ही आलोचना में किसी तरह की मुक्ति की छटपटाहट दीख पड़ती है।

आलोचना का एक जरूरी काम लेखकों, कृतियों, प्रवृत्तियों और साहित्यिक परिवेश आदि को शामिल करते हुए व्यापक सभ्यता-समीक्षा करना भी है। वह

साहित्य में चरितार्थ विश्वदृष्टियों के आपसी सम्बन्ध और द्वन्द्व को सुस्पष्ट करने के अलावा उन्हें व्यापक वैचारिक परिप्रेक्ष्य में देखती-परखती है। साहित्य मनुष्य, उसकी स्थिति और नियति के बारे में जो चरम प्रश्न पूछता और उनके जो समाधान खोजता है वह उन्हें दूसरे क्षेत्रों की समकक्ष प्रश्नाकुलता और उत्तरों से जोड़ती-मिलाती है। हमारे जैसे एक प्राचीन परम्पराजीवी लेकिन आधुनिक बनते उत्तर-औपनिवेशिक समाज में सभ्यता-समीक्षा के कुछ अनूठे पक्ष होंगे। हम यह बहुत आश्वस्त भाव से नहीं कह सकते कि हमारी आलोचना ने इस तरह की विशिष्ट सभ्यता-समीक्षा करने की इच्छा और शक्ति दिखायी है। अगर भारतीय समकालीन विचार-संसार में आलोचना की कोई अनिवार्य जगह और मान्यता नहीं बन पायी है तो इसका एक कारण यह कमजोरी भी निश्चय ही रही है।

4

आलोचना अपना जीवत्व जहाँ एक ओर रचना से पाती है, वहाँ दूसरी ओर उसे विचार और चिन्तन की सम्पदा भी चाहिए, भले ही आलोचना स्वयं वैचारिक और चिन्तधर्मी कर्म है। हिन्दी में मुश्किल यह है कि आलोचना को यह दूसरा और अनिवार्य उत्स सुलभ नहीं है क्योंकि बहुत कम मौलिक चिन्तन हिन्दी में सीधे होता है। चूँकि हमारी आलोचना पर हिन्दी की अपनी जातीय वैचारिकता का कोई दबाव नहीं है, उसमें प्रायः वैसी प्रखरता और समावेशिता नहीं पायी जाती जैसी कि हम अनेक अन्य भाषाओं की आलोचना में पाते हैं। इसी का एक और पहलू यह है कि हिन्दी में आलोचना साहित्य की ही है, अन्य कलानुशासनों की आलोचना बहुत कम और क्षीण है। इसलिए आलोचना की कोई व्यापक वैचारिक और अन्तरानुशासनपरक बिरादरी नहीं बन पायी है। पूर्वग्रह जैसे प्रयत्न की एक बड़ी विफलता इस क्षेत्र में व्यापक सक्रियता न ला सकने की रही है। निरे साहित्य पर ही आलोचना की निर्भरता ने हिन्दी आलोचना को अक्सर उबाऊ, विचार-शिथिल और आत्मरत बनाया है। अगर समूचे भारतीय परिदृश्य पर नजर डालें तो एक और दुर्भाग्यपूर्ण पक्ष यह उभरकर सामने आता है कि आलोचना में कोई अखिल भारतीय परिप्रेक्ष्य या सहकार नहीं है। यूरोप में न केवल प्राचीन बल्कि आज के साहित्य को लेकर, उसकी इतनी सारी भाषाओं के रहते भी, यूरोपीय आलोचनात्मक आयाम स्पष्ट और सक्रिय है और समकालीन क्लैसिक्स या रुझानों को लेकर जो आलोचनाकर्म एक भाषा में होता है उसमें व्यापक यूरोपीय दृष्टि और सन्दर्भ लगभग स्वाभाविक रूप से जुड़ जाते हैं। स्वयं भारत में हमारी शास्त्रीय परम्परा में इस तरह का व्यापक अखिल भारतीय साझा था। औपनिवेशिक हस्तक्षेप से वह ऐसा विखण्डित हुआ है कि हम आज तक उसे फिर से जोड़ नहीं पाये हैं। पूर्वग्रह में हम यह यत्न करते रहे हैं (इस अंक में प्रकाशित अनेक

भाषाओं के लेखकों से मँगाये गये समान प्रश्नों के उत्तर इसी के अन्तर्गत हैं) कि वह इस तरह की समझ-बूझ, पूछ-पहचान और आदान-प्रदान का मंच बन सके। जिस तरह से यूरोप के आलोचक सहज भाव से तॉल्सतॉय, दॉस्तॉएवस्की, रिल्के, पॉलवेलरी, काफ्का, इलियट, सार्त्र, कामू आदि से लेकर ज्वेन्यू हर्बर्ट, मिरौस्लाव होलुब, टॉमस, ट्रान्सटोमर, ईव बोनफ़ुआ, मिलान कुन्देरा, इतालो काल्बीनो आदि पर लिखते हैं, उसी तरह से हमारे यहाँ सम्भव हो। शायद यह आलोचना के लिए इस अर्थ में गुणकारी भी हो कि उसे अपनी ही भाषा के बाड़े से बाहर आकर कुछ सोचने-समझने और बताने का मुक्त अवकाश मिले। दृश्य कितना बदल सकता है—और अधिक विचार-मनोरम हो सकता है—अगर उदाहरण के लिए नामवर सिंह शंख घोष की कविता पर, रमेशचन्द्र शाह यू० आर०अनन्तमूर्ति के कथा-साहित्य पर, मदन सोनी रमाकान्त रथ की कविता पर लिख रहे हों।

जिन लेखकों और कृतियों, जैसे कि विचारों का भी, हो-हल्ला बहुत हो उन्हें आलोचना थोड़ा सन्देह से देखे, यह जरूरी है। जन से प्रतिबद्धता और तादात्म्य के बड़बोले दावों के बावजूद सच तो यही है कि आलोचना जन का नहीं, गुणीजन का मामला है। वही उसे लिखते और ज्यादातर वही उसे पढ़ते हैं। सच्चा आलोचक वह नहीं है जो अपने समय में विकसित आलोचनात्मक मतैक्य की पुष्टि या सत्यापन करता चले : सच्चा और खरा वह है जो इस मतैक्य से प्रश्नवाचकता का सम्बन्ध बनाये और उन लेखकों और कृतियों पर नजर रखे जो किसी अलग लीक पर या अकेले चल रहे हों। वह समाज पूरी तरह से मुक्त और मानवीय नहीं कहा जा सकता जिसमें अकेले रहने का, एकान्त का अवकाश न हो। वह आलोचना सर्जनात्मक नहीं मानी जा सकती जो इस तरह के एकान्त का अवकाश अपने में न बनाती हो : ऐसा एकान्त जहाँ अकेले पड़ जाने की हिम्मत करनेवाला लेखक या कृति उत्सुक-सम्वेदनशील अवधान पा सके।

कई बार यह सोचकर आश्चर्य होता है कि इतने विपुल और विशाल हिन्दी समाज का साहित्य उसकी परम्परा और आकार, विविधता और संघर्ष के अनुरूप महाकाव्यात्मक और विराट क्यों नहीं है ? साहित्यिक विवादों और बहस में तो हमारे लेखकों का छुटभैयापन और कुन्दजहनी अक्सर प्रकट होते रहते हैं, पर व्यापक रचनात्मक धरातल पर भी कल्पना की प्रगल्भता, साहस तथा यथार्थ के बहुरंगेपन और जटिल संयोजनों का अभाव दीख पड़ता है। इतने बड़े और गतिशील समाज में रूपों-शैलियों, कल्पना और यथार्थ की जितनी बहुलता होनी चाहिए उतनी हमारे साहित्य में नजर नहीं आती। यह ठीक है कि हिन्दी समाज अभाग्यवश साहित्य के प्रति उदासीन समाज भी है, अगर हम उसकी बंगला, मराठी, कन्नड़, मलयालम समाजों से तुलना करें। यह भी सही है कि इन अन्य भाषाभाषी समाजों की तुलना में वह अधिकांशतः निरक्षर और अशिक्षित भी है। पर इस सबसे

उसकी न्यूनताओं को समझाया या उनका बचाव नहीं किया जा सकता। कई बार लगता है कि कहीं न कहीं हमारा साहित्य समाज के समकक्ष और समानुपाती सिद्ध नहीं हुआ है : अपनी सारी उपलब्धियों और लम्बे संघर्ष के बाद भी साहित्य समाज और भाषा की पूरी गहरी जटिलता के समक्ष कुछ-कुछ निस्तेज और विफल-सा है।

यह आपत्ति की जा सकती है कि हम साहित्य और आलोचना की बड़ी उदात्त भूमिका प्रस्तावित कर रहे हैं और उनसे बहुत अधिक उम्मीद लगा रहे हैं, जबकि हमारे एक आधुनिक मूर्धन्य ने कहा है कि साहित्य से बहुत अधिक उम्मीद करना मूर्खता है। जब परिस्थिति उतनी विषम हो जितनी कि आज वह है तो व्यावहारिक और कामचलाऊ से अधिक कुछ सम्भव नहीं है, ऐसी सलाह देने वाले सयाने भी बहुतेरे हैं। एक दूसरा, अधिक कठिन और दुस्साध्य मार्ग भी है— विषम के सामने ही उदात्त और असम्भव के दुस्साहस का रास्ता। सम्भव और औसत से व्यावहारिक जीवन या व्यवस्था तुष्ट हो जाती हो, साहित्य नहीं हो सकता। उसके लिए असम्भव और उदात्त से, अलभ्य और उत्कृष्ट से कम का सपना देखना और उस सपने के दबाव-तनाव में अपना मूल सच खोजने-पाने के अलावा सचमुच कोई और विकल्प नहीं है। जो साहित्य मेजर न होना चाहे, अपनी आकांक्षा में ही अल्पप्राण हो, वह मनुष्य का पक्षधर कितना ही क्यों न हो, उसका सहचर और मित्र, साक्षी और सहभोक्ता नहीं हो सकता। कितना ही छुटभैया समय यह क्यों न हो, मनुष्य और उसका जीवन, यह सृष्टि और संसार महाप्राण हैं और उन्हें अपने समतुल्य महाप्राण साहित्य भी चाहिए।

विपिन कुमार अग्रवाल : नंगे पैर, इस धरती पर (कविता संग्रह); आधुनिकता के पहलू (आलोचना); तीन अपाहिज (नाटक); आप बीती (उपन्यास) आदि पुस्तकें प्रकाशित। 1989 में मृत्यु। इलाहाबाद विश्वविद्यालय में भौतिकी के आचार्य रहे।

कुँवर नारायण : आत्मजयी, चक्रव्यूह, अपने सामने (कविता संग्रह); आकारों के आसपास (कहानी संग्रह) आदि पुस्तकों के साथ-साथ पत्र-पत्रिकाओं में आलोचनात्मक निबन्ध प्रकाशित। लखनऊ में स्वतन्त्र लेखन।

अशोक केलकर : भाषा वैज्ञानिक और मराठी के आलोचक। पुणे में रहते हैं।

रमेशचन्द्र शाह : नदी भागती आयी (कविता संग्रह); मुहल्ले का रावण (कहानी संग्रह); पूर्वापर (उपन्यास); आडू का पेड़ (निबन्ध संग्रह); भूलने के विरुद्ध (आलोचना) आदि पुस्तकें प्रकाशित। भोपाल के हमीदिया कॉलेज में अंग्रेजी के प्राध्यापक।

विष्णु खरे : खुद अपनी आँख से (कविता संग्रह) और आलोचना की पहली किताब (आलोचना) समेत अनेक यूरोपीय और भारतीय कवियों की कविताओं के अनुवादों की पुस्तकें प्रकाशित। नवभारत टाइम्स, नयी दिल्ली के विचार-प्रमुख।

प्रभात त्रिपाठी : नहीं लिख सका मैं (कविता संग्रह); सपना शुरू (उपन्यास); प्रतिबद्धता और मुक्तिबोध (आलोचना) आदि पुस्तकें प्रकाशित। राउरकेला के एक महाविद्यालय में हिन्दी के प्राध्यापक।

वागीश शुक्ल : लेखन पत्रिकाओं में प्रकाशित। आई० आई० टी० दिल्ली में गणित के प्राध्यापक।

नवनीता देवसेन : बंगला लेखिका। उपन्यास, कविता, कहानी, यात्रा संस्मरण और आलोचना की तेरह पुस्तकें प्रकाशित। जाधवपुर विश्वविद्यालय, कलकत्ता में तुलनात्मक साहित्य की प्राध्यापिका।

मदन सोनी : ज्यादातर लेखन पत्रिकाओं में प्रकाशित। कविता का व्योम और व्योम की कविता (कविता पर पुस्तकाकार निबन्ध) पूर्वग्रह सीरीज में प्रकाशित। भारत भवन के प्रकाशन अधिकारी। 'पूर्वग्रह' और 'समास' के सहसम्पादक।

उदयन वाजपेयी : ज्यादातर लेखन पत्रिकाओं में। सुदेशना (कहानी संग्रह) पूर्वग्रह सीरीज में प्रकाशित। भारत भवन के एशिया कविता केन्द्र में रहे। अब गाँधी चिकित्सा महाविद्यालय, भोपाल में अध्यापन। 'समास' के सहसम्पादक।